小学校
中学校

Google Workspace for Educationで創る

10X授業

監修｜イーディーエル株式会社
平塚知真子・樋口直宏・山本光
著｜井上嘉名芽・井上勝・
清水洋太郎・平井聡一郎・
松本博幸・渡辺光輝

東洋館
出版社

はじめに

「10X 授業」を "最短最速" で実現するために

本書『小学校・中学校　Google Workspace for Education で創る 10X 授業のすべて』は、GIGA スクール構想によって「ICT を活用した授業」を自信を持って始めたい先生方のために、今すぐにお役に立つよう編集した 1 冊です。

それもただ ICT ツールを操作できるようになれば良いということではありません。

書名に込められた**「10X（テンエックス）」**とは、10 倍にする、という意味で、**Google 成功の秘密といわれる「考え方」**です。10 倍という大きなビジョンを掲げることで、「現在からの延長」で未来を考えるのではなく、本当に望む「未来からの逆算」へと考え方が変わります。すると、その未来を実現するために、これまで思いつきもしなかった「イノベーション」が起きやすくなるのです。

Google によれば「イノベーション」とは、「昨日とは違う明日を今日つくる」こと。そして、10X は自分一人で取り組むものではなく、志を同じくする仲間と一緒に取り組むものなのです。

本書ではこうした **10X 思考を授業デザインに取り入れ、授業の魅力（ワクワク）と成果（「主体的・対話的で深い学び」の実現による学力向上）を 10 倍にし、効率（授業準備、実践、評価等の時短化）も良くしていく**という意味で使っています。これは決して大げさな目標ではなく、必ず実現できるものです。

しかし、なぜ「実現できる」と言い切れるのでしょうか。

もちろん Google Workspace for Education というツールの各種機能や操作方法を説明するだけでは実現し得ないでしょう。**ツールをいつ、何のために、誰がどう使えば、10X 授業が成立するのか、その目的と考え方を先生方一人ひとりに理解していただくことが成功への鍵**となります。

すなわち、**ツール×マインドのかけ算**で 10X は実現できるのです。

本書は、Google の認定研修パートナーであるイーディーエル株式会社が全体の構成案を練り上げ、教育現場の最前線でいち早く ICT の利活用を実践され、成果を上げられている現役の先生方に執筆をお願いしました。さらに教育研究者に助言いただき、皆で大いにディスカッションを重ねました。現場からの智慧を集結して、本当に明日からすぐにでも授業でご活用いただけるよう考案したのが、**「Google Workspace for Education 活用 10 の型」（以下、「10X 授業 10 の型」と表記）**です。

「10X 授業 10 の型」とは授業における ICT 活用のコツをいち早くつかめるように、「場面（目的）」と「活用メリット」を組み合わせたパターンを、できる限りシンプルに解説したものです。この「型（パターン）」を理解することで、先生方ご自身で ICT の特性を生かした授業をデザインできるようになります。本書の特長は、これまで多くの先生方に親しまれてきた「板書シリーズ」[1] をベースに解説している点です。これまでの授業に、「10X 授業 10 の型」を意識して、あるシーンの置き換えを行うだけで、10X 授業をすぐに実現できるというわけです。

1　東洋館出版社の累計 110 万部突破（2021 年 1 月 31 日時点）している「板書シリーズ」は、教科ごと、学年ごとに分かれ、小・中学校の先生が明日の授業からすぐに使える内容を、分かりやすく整理して収録。全単元の 1 時間ごとの授業づくりのポイント、学習活動の進め方と板書のイメージなどが、ひと目で分かるように構成されている。

また方法論は必要不可欠ですが、それよりもさらに大事なことがあります。それは、ICT を活用する上で本質的な、しかし「今さら聞けない」疑問への答えについてです。

序章では**「なぜ、これからの学びにテクノロジーは "絶対に" 必要なのか？」**、そして第 1 章では**「なぜ、Google なら 10X 授業が誰でもラクラクできるのか？」**について解説しています。

続いて第 2 章では、いよいよ**「10X 授業を成功に導く活用 10 の型とは何か？」**を解き明かしていきます。ここで誤解のないよう申し添えるなら、本章は授業を何かの「型」にはめようというのではなく、10 の型それぞれを思い起こすだけで、ICT ツールを活用する最適な場面が脳裏にひらめくようになることを目的としています。もっとも ICT ツールを効果的に活用できるのは、授業のどの場面においてなのか、まずはパターンで覚えてしまおうという試みです。

第 3 章では、10 の型を意識した授業デザインの設計図とも言える**「Google ティーチャーズ・マップ（GTM）」**について解説します。この第 3 章で、より具体的にどのアプリを授業のどこで活用すれば良いのかが納得でき、イメージが湧くようになるはずです。さらに欲を言えば、本書をお読みになった先生方が誰でも、この GTM を 30 分で作成できるようになることを目指しましょう。

そこで第 4 章では、**小学校 1 年生から中学校 3 年生までの全学年、全教科・領域を網羅し、「板書シリーズ」から具体的な事例を用いて、71 本の GTM を作成しました**（板書シリーズ非該当教科はオリジナル実践）。ぜひこの豊富な 10X 授業デザイン案を練習問題のように活用し、来週の授業をご自分でデザイン、実践してみてください。繰り返し自分自身で GTM を考え、実際に授業をしてみることで、基本の型が自然に身に付き、それを応用した授業が短時間で組み立てられるようになります。

アプリの基本的な設定や操作方法については、第 3 章でご紹介したアプリの活用方法を中心に厳選し、第 5 章にコンパクトにまとめました。本書では、アプリの操作方法よりも、どの場面でどのアプリのどの機能を何のために使うのか？「When: いつ」「Where: どこで」「Who: だれが」「What: 何を」「Why: なぜ」「How: どのように」を GTM から読み取り、自分で応用できるようにすることに重点を置いています。

授業のデザインには「一つだけの正解」はありません。大事なことは、ICT ツールを活用することで「授業のめあて」「ねらい」を達成することです。どのアプリを使っても正解ですし、設定や操作はより良いもの、より効率の良い手順へと使いながら覚え、工夫して改善していってください。

児童生徒はもちろん、先生方自身も、ワクワクが 10 倍になる「10X」の授業デザインを、ご自身の手でつくり出せるようになるために、ぜひ本書をご活用ください。

「10X 授業 10 の型」を意識するだけで、すぐに ICT ツールを授業に取り入れることができるでしょう。これまでの方法に Google のアプリを効果的に追加して、ぜひあなたの授業を 10X してください。

これからも私たち、EDL は全力で教育現場、そして先生方を応援します！

2021 年 6 月吉日

執筆者を代表して　イーディーエル株式会社（EDL）平塚知真子

CONTENTS

第4章
実践！「10X授業10の型」で創る授業デザイン ……147

小学校: 板書シリーズ非該当教科

中学校: 板書シリーズ該当教科

中学校: 板書シリーズ非該当教科

第5章 アプリの基本機能と設定、操作方法 ……363

序章

いよいよ始まった
GIGA スクール構想
～教室が変わる！～

GIGA スクール構想いよいよ始動。今、求められるものはビジョンと覚悟

GIGA スクール構想によって、全国津々浦々、児童生徒向け 1 人 1 台端末と高速大容量の通信ネットワークの一体的な環境整備が完了しました。

令和 3 年度からはいよいよ、学校教育がこれまでとは劇的に変わり始めます。

すでに最先端の ICT を取り入れた授業に対応するため、ICT 機器活用の研修を受講された先生方も多いことでしょう。

ここで、質問です。

あなたの学校は、「これまでの実践とテクノロジーとの最適な融合を図っていく準備はもう万端！」と言える状況になっていますか？

「はい」とは答えられない……。そんな方がおそらく多数ではないでしょうか。

この教育の技術革新は、**「多様な子どもたちを誰一人取り残すことのない公正に個別最適化された学びや創造性を育む学びにも寄与するもの」**であり、**「特別な支援が必要な子どもたちの可能性も大きく広げるもの」**です。

しかし、一方では、個別最適化された学びは、子どもたち同士の対話や相互作用をなくすのではないかと疑問を呈する人たちもいます。目の前のモニターに向かって黙々とキーボードを操作する教室の様子を想像することで、ICT 機器を活用した授業に寒々しいイメージを持つ人たちがいるのです。

では、実際のところ、どうなのでしょうか？

「AI によって最適化された学習は、能力主義に基づいて個別化した学習プログラム。だから、理解できない児童生徒は、自己責任とされ放置されてしまう」。そんな現実が、本当に来るのでしょうか？

ゾッとしますが、インターネットにつながったデバイスが「悪魔のツール」となり得る可能性は確かにゼロとは言えません。ナイフや自動車と同様、最先端のテクノロジーもユーザーの扱い方によっては、有用な道具にも人に災いをなす道具にもなり得ます。文明がもたらすものは、恩恵だけと決まっているわけではないからです。

では、教育はどう変わっていくのでしょうか？

さあ、あなたなら、どう考えますか？

私たちは**「現場の教育者のビジョン次第で教育は如何ようにも変わっていく」**と考えます。

言い換えるなら、**「未来は予測するものではなく、自ら夢を描いて、行動により創造すべきもの」**だと信じています。

夢なき者に理想なし、
理想なき者に計画なし、
計画なき者に実行なし、
実行なき者に成功なし。
故に、夢なき者に成功なし。

これは、幕末、明治維新に活躍した数多くの志士を輩出した吉田松陰の名言です。

あなた自身は、どんな未来を創りたいか、考えてみたことはありますか？

教育現場は、今、まさに幕末から明治維新のときと同じ、最大級の変化に直面しています。

そもそも海外に比べて後れを取っていると言われる日本のデジタル教育ですが、一体どれくらい遅れているかご存じでしょうか？

残念ながら、とても遅れています。

2018 年に実施された PISA（国際学習到達度調査）ICT 活用調査[1] によれば、日本の順位は OECD 加盟国 38 か国中、ダントツの最下位でした。

「こういう ICT 環境にしたのはだれか？　私たち、今の大人たちです。
今の大人たちが学びに ICT を使おうとしてこなかった。
そのために日本の ICT 環境は、世界から取り残されてきた。
他の社会から置いてけぼりにされてきた。
これを何とかしなければならないのです。」

2020 年 5 月 11 日、学校の情報環境整備に関する説明会で、文部科学省の髙谷浩樹氏が決意表明されたとおり、今こそ私たち大人自身が変わる「ときが来た」のではないでしょうか。

そして**この状況を本気で改善するため、GIGA スクール構想に巨額の予算が付いた**のです。

今の小学生が大学入試に挑戦する頃には、もはやテストは「紙」を使わず、パソコンを通じて試験をする CBT 方式（コンピュータ・ベースド・テスティング）に移行していきます。すでに世界から周回遅れ。一刻も早く追い上げないと手遅れになります。

否定や批判に終始するのではなく、夢や理想（教育ビジョン）について、みんなで話し合い、計画を立て、それぞれが自分の立場で今できることを、一つひとつ実行に移していこうではありませんか。

時代はどんどんスピードを加速させて、今この瞬間にも進んでいます。私たちは走りながら考え、より良いものに修正しつつ、前に進まなければなりません。

新しい時代に、最初から完成された失敗しない方法は用意されていないからです。

今私たちに必要なものは、ビジョンとそれを現実のものにしようとする覚悟です。子どもたちのためにも、素晴らしい未来をしっかりとイメージして、みんなで前へ進んでいきましょう。

1 「OECD 生徒の学習到達度調査 2018 年調査（PISA2018）のポイント」10p　文部科学省・国立教育政策研究所
https://www.nier.go.jp/kokusai/pisa/pdf/2018/01_point.pdf

ICT活用の基礎知識〈デジタル化〉とは

ではここで、授業におけるGoogle Workspace for Educationの使い方に入っていく前に少し、根本的なことについて考えてみましょう。

そもそも「デジタル化」とは何か、あなたは自分の言葉で説明できるでしょうか？

「紙などのアナログデータをパソコンに入力してデジタルデータに変換すること？」

はい、そのとおりです。

「現実の世界で行っていたことがオンラインに移行されること？」

はい、それも正しいです。

正しい回答ですが、なぜ「デジタル化」がここまで世の中で重要視されているのか、この回答だけではあまりピンと来ないのではないでしょうか。

実は「デジタル化」とは、**「人間がやっていたことを、コンピュータでも処理できる形に変えること」**なのです。

逆に言えば、**「デジタル化」されていない情報をコンピュータは処理できない**のです。言われてみれば当たり前のことかもしれませんね。

では、「コンピュータが処理できる形」になると、何がどう変わるのでしょうか？

実はそれこそが「デジタル化」のメリットであり、デジタル化が求められる理由なのです。

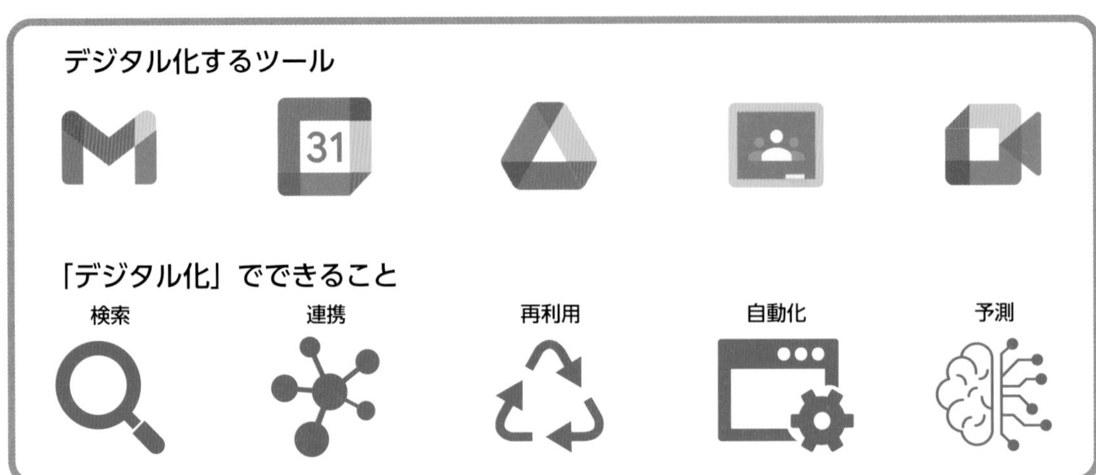

授業も同じです。教科書やノート、資料を「デジタル化」しておくと、次のことを人間に変わって、コンピュータが瞬時にやってくれるようになります。

	デジタル化の特性	デジタル化の恩恵
検索	● ファイル名だけでなく、文書や画像、PDF のすべてを全文検索できる。	● 必要な情報を短時間で発見できる。 ● 画像に写っている文字まで検索対象になる。
連携	● 必要な相手に必要な権限を付与して、情報を共有できる。 ● どの端末からでも同じ情報にアクセスできる。 ● アプリ同士シームレスにデータ連携できる。	● いつものアカウントで安全にアクセス可能。 ● 再入力の手間が不要なので、時間がかからず、紛失や誤入力の恐れがなく安心である。 ● いつでもどこでも情報にアクセスできる。 ● 自動更新された最新情報がリアルタイムで表示されているため、連絡が不要になる。
再利用	● ファイルは自動保存。 ● 劣化しない。 ● 場所を取らない。 ● 情報の複製や加工が簡単にできる。	● いつでも何度でも再利用できる。 ● 一部分を修正すればすぐに使える。 ● 共有されたファイルも再利用できる。 ● クラウド上に無数の良質な教材が存在している。
自動化	● 予約配信できる。 ● アプリ同士を連携させておけば 1 クリックで最新情報に更新できる。 ● 特定の関数や機能を使えば、自動集計や自動でグラフ化までできる。	● 一度設定しておけば、指定したとおりに情報を自動的に毎回処理できる。 ● 設定後は、手間も時間もかからない。 ● ミスを起こさない。
予測  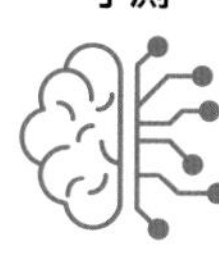	● Google の AI ／機械学習は、情報のパターンを読み取り、ニーズを予測して情報処理の候補を提示する。	● 時間と手間がかからない。 ● スライドや表のデザインなども提案できる。

こうしたデジタルツールを活用することで、Google Workspace を導入した企業では、一人のユーザーあたり平均して以下の表に示すような驚くべき時短効果が出ているという実績があります。

	1 年目	2 年目	3 年目
一人あたりの年間平均削減時間	96 時間	133 時間	157 時間
調査人数	800	880	968

この数字は、独立系調査会社 Forrester による 2019 年の調査結果[2] です。年々節約できた時間が増え、Google Workspace を使う人も増えていることがはっきりと分かります。

生産性を低減させることなく、効率化を図り時短を実現できるツールを使うことは、忙しすぎる先生方にとっても今、必要なことではないでしょうか。

2　出典: Forrester Report「The Total Economic Impact™ Of Google G Suite, a commissioned study conducted by Forrester Consulting, January 2019」
https://services.google.com/fh/files/blogs/total_economic_impact_gsuite_forrester.pdf

3 これだけは知っておきたい〈クラウド〉の恩恵とは

ここでさらにもう一つ、「クラウド」についても考えてみましょう。

文部科学省は「政府情報システムにおけるクラウド サービスの利用に係る基本方針[3]」で提唱された**クラウド・バイ・デフォルトの原則**に則り、**教育現場においてもクラウドの活用が促進**されるよう、2019年12月、そして2021年5月に「教育情報セキュリティポリシーに関するガイドライン[4]」を改訂しました。**GIGAスクール構想ではクラウドの活用が前提**となっているのです。

「クラウド」とは自分のデバイスからインターネットを経由して、別の場所にあるコンピュータに保存されているデータやソフトウェア、アプリを利用するスタイルのことを意味します。一般的に、「クラウド」が「どこ」にあるのかは、私たちには知らされませんし、知る必要もありません。なぜなら、データやソフトウェア、アプリはそれらを提供、管理する企業のデータセンターに安全に保管されているのです。「クラウド」上に情報を保管することで、特定の端末（デバイス）からだけでなく、自宅のノートパソコンからでも、修学旅行先でのタブレットからでも安全かつ即時に自分が必要とする情報にアクセスできるようになります。さらに、自分以外に情報共有すべき相手に対して、安全かつ即時に**「共有」**できます。

ここでの「共有」とは、これまで私たちが理解してきたものと少々異なる概念になります。

「共有」とは「一つの物を二人以上が共同で持つこと[5]」という意味で通常使われています。ここでは「情報共有」ですので、「物」という目に見えるものではなく、デジタル化されたファイルや文字、音声、映像、やり取りなどの「情報」を指します。さらに、「二人以上」という「自分以外の誰か」との共有だけでなく、「自分が取り扱う複数のデバイス」との共有を含みます。

分かりやすく言い換えるなら、「情報共有したい相手」そして「あらゆるデバイス」に、自分の所有するデータ等へのアクセス権を設定できるのです。これは自分以外の複数のメンバーで、データを同時に編集できるようになるということですし、いつでもどこでもどのデバイスからでも、自分のデータにアクセスできるようになるということです。

「クラウド」活用の最大のメリットとは、ズバリこの「共有」です。

これを分かりやすく図にすると次のようになります。

3　出典:「政府情報システムにおけるクラウド サービスの利用に係る基本方針」
https://cio.go.jp/sites/default/files/uploads/documents/cloud_policy_20210330.pdf

4　出典: 文部科学省「教育情報セキュリティポリシーに関するガイドライン（令和元年12月版）」
https://www.mext.go.jp/content/20200225-mxt_jogai02-100003157_001.pdf
「教育情報セキュリティポリシーに関するガイドライン(令和3年5月版)
https://www.mext.go.jp/content/20210528-mxt_jogai02-000011648_003.pdf

5　出典: goo辞書　https://dictionary.goo.ne.jp/word/%E5%85%B1%E6%9C%89/#jn-57128

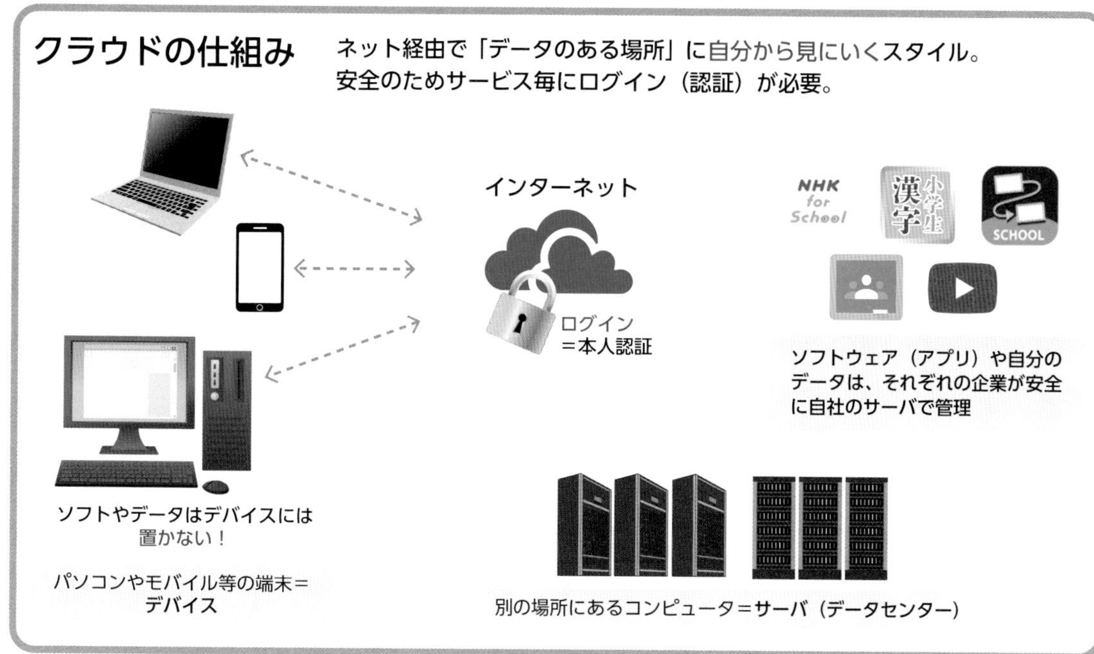

"情報を「共有」する"という概念を理解することで、あなたも、クラウドのメリットを120％活かす効果的なICT活用ができるようになります。

「なんだって？　どのデバイスからでも情報に簡単にアクセスできる仕組み？　それじゃ情報の機密性はどうやって守ればいいんだ？」と不安になる方もいらっしゃるかもしれません。

ご安心ください。すべての情報・データには「鍵」がしっかりかかっているので、安全なのです。

例えて言うなら、自分の端末にアプリや情報を保存しておくのは、「タンス預金」をしているようなものです。お金（情報）を使いたいとき、毎回自宅に戻り、自宅のドアの「鍵」を開けなければなりません。しかし、銀行（クラウド）にお金（情報）を預けておけば、いつでもATM（普段使っているPC以外のデバイス）やコンビニ（他者所有のデバイス）からでもお金（情報）を引き出したり、他の人に振り込んだり（共有）することができるようになります。

現代社会で銀行にお金を預けることに、セキュリティ上のリスクを心配する人はいないでしょう。実はクラウドに情報を預けることも同様で、自分の端末で管理するより遥かに安全なのです。

ただし、銀行のキャッシュ カードや暗証番号の管理が重要であるように、**クラウドを使用する際にも、「鍵」の役割をするアカウントやパスワードの管理、安全な共有方法を徹底する必要があります**。アカウントで「ログイン」することが、鍵を開けるという行為になります。

情報を特定の端末1台1台に、あるいは独自のサーバ、ハードディスクに保存し管理したりする時代はすでに終わりました。

ですから、これからのクラウドを利用し、情報をオンラインで管理する時代では、まったく新しいセキュリティの概念について、一人ひとりが学び、実践していく必要があるのです。

このクラウドを最大限活用することで、その場にいなくても、離れていてもリアルタイムで、あるいは時差があったとしても、コミュニケーションの量と質を高めていくことができるようになります。

4 「10X授業」とは

直接会って話すこと、同じ釜の飯を食うことなど、これまでの対面を基本とするアナログなコミュニケーションは、これからの新しい時代においても変わらず、教育にとって大事なことです。むしろデジタル社会においては、これまで以上に重要な活動になるかもしれません。

しかし、ここまで述べてきたように、デジタル化、クラウド化することで、私たちはアナログでは実現し得なかった**「空間」と「時間」を超越することができるようになります**。

すでに**ドラえもんがやってきた未来の世界に、私たちは今、生きている**のです。

授業を10Xする方法は、一つではありません。学年や教科によっても異なりますし、目の前の児童生徒の状況によっても違ってきます。自治体のビジョン、学校のビジョン、そして教師個人としてのビジョン、それぞれの立場によっても変わるでしょう。

では、私たちが考える**「10X授業」**とはどんなものでしょうか？

児童生徒の心を**ワクワク**させ、**主体的**に学習に取り組みたくなるような授業。
対話を通じて児童生徒が自分自身の考えや在り方に気付き、**学びを深めていける**授業。
技術革新により変容する社会と労働環境の**変化に対応し得る学び**につながる授業。
授業を準備する時間が今までの10分の1なのに、**成果は10倍**になる授業。

まず、現状にとらわれず、本当に望ましい未来をイメージすることが重要です。

Google Workspace for Educationのツールは、まるでドラえもんのひみつ道具のようなものです。例えば、Google マップのストリート ビューは「どこでもドア」。瞬時に修学旅行先の様子を3Dで疑似体験できます。Google Meetもまた、離れた場所にいる人と顔を見て話すことができる「どこでもドア」です。この「どこでもドア」を使ってどこへ行くのか、何ができるのか？　ワクワクしてきませんか？　これは、使う人のビジョンによってまったく変わってくるはずです。

学習環境にGoogle Workspace for Educationのツールを効果的に取り入れることで、10倍の成果をもたらすイノベーションを起こすことができます。ぜひ、高い理想を掲げて教育に利活用していきましょう。

とはいえ、私たち大人も学校で習ったことのないツールです。最初からうまく使えるはずがありません。むしろ、児童生徒のほうが早く使い慣れ、思いもよらない使い方で大人たちを驚かせる可能性も高いでしょう。しかし、どうか不安に駆られて何もかも規制する方向へ向かわないでください。危険なことや、他の人の気持ちを傷付けることは避けなければなりませんが、できるだけ児童生徒が自由に使えるような環境を整え、教師も彼らと共に学んでいきましょう！

Google アプリを 10X 活用するための素材集

ここでは、文部科学省や Google for Education などが提供している、アプリ活用に役立つさまざまな無料コンテンツをご紹介します。購入者特典のダウンロードサイトで、PDF を共有しますので、その PDF からリンクをクリックしてアクセスすると簡単です。

- **文部科学省サイト 「Google for Education　ICT 活用に関するリンク集」**
  ▶ https://www.mext.go.jp/content/20201109-mxt_jogai01-000010310_001.pdf

- **Google for Education　活用ライブラリ**
  ▶ https://sites.google.com/chromebookjp.com/library/home

- **Google for Education　これからの学び**
  Google が主導する、遠隔学習に役立つ情報やリソースの提供を目的とした取組です。
  ▶ https://teachfromanywhere.google/intl/ja/

- **Google for Education　Teacher Center**
  教育者向けの無料のテクノロジー トレーニングとリソースをご紹介します。
  ▶ https://edu.google.com/intl/ja_ALL/teacher-center/

- **1 人 1 台環境導入直後にもすぐ使える G Suite for Education 授業・校務素材集**
  ▶ https://sites.google.com/view/1-1-g-suite-for-education/

- **EDL『Smart Educators' 通信』**
  ▶ https://sec.edl.co.jp/se-book

Download

本書で解説する「10X 授業」が理解できる
サポートデータのダウンロードはこちらより
https://toyokan-publishing.jp/book/gwe/contents.zip

小学校 中学校 Google Workspace for Educationで創る10X授業のすべて

Column 1

Google 認定教育者のススメ

「ICT 未開の地」と言われたことで発奮

東奥義塾高等学校教諭　井上嘉名芽

1. 週 2 回校内研修を実施

「**青森県は ICT 未開の地**だよね」。

2018 年 1 月の ICT 教材の研修会に参加した際に言われたこの言葉が、私が ICT 活用をさらに推進していく大きなきっかけになりました。

東奥義塾高等学校では、2016 年から ICT 化を本格的に進めていたものの、2016 年当時の青森県全体の ICT 整備は全国平均より低く、地域で格差が出てしまうことに危機感を抱いていました。そこでまず、ICT を使うこと自体に拒否反応を示す先生もいる中、ICT 教材の研修会を校内でスタートさせました。最初は、先生方がもともと Word や Excel でつくっていた資料を大型提示装置に投影するといった「**紙をデジタルに置き換える**」ところから始め、次に実際の授業でアプリを使うという研修を行っていきました。研修の方法も、当初は複数人でのグループで開催していましたが、先生によって理解度や進度が異なったため、一人ひとりに合わせた個別サポートに切り替えました。現在は、月～水曜の 3 日間に担当の情報科の授業をまとめて行い、残り 2 日間は同僚の先生の対応にあてて、4 年間でのべ 150 回以上もの研修を行いました。

2. Google 教育者グループ（GEG）との出会い

研修開始当時は別のアプリをメインに使っており、研修を重ねていくうちに「**共同編集できるアプリがほしい**」と感じていました。そんな折、Google Workspace for Education を知り、そのよさに魅了されました。そこで、独学で勉強を始め、2020 年には最初の資格である「Google 認定教育者レベル 1」を取得し、続いて「Google 認定教育者レベル 2」に合格、その半年後に「Google for Education 認定トレーナー」に合格しました。

この前後から、校種や地域を超えた Google 教育者の先生方との輪が広がっていきました。特に、Google 教育者のグループである「GEG」の存在が大きかったです。

出会いやコミュニティで得た知識をもとに、2021 年 1 月には「Google for Education 認定コーチ」の資格も取得することができました。青森県の新聞や教育系の雑誌で取材されるなど話題になり、こうした活動が青森県の ICT 教育を盛り上げるきっかけに寄与できればと考えています。

3. Google 認定教育者のメリット

Google は、「Google for Education」のさまざまな認定制度を設けています。

Google Workspace for Education を使う先生にまず挑戦していただきたいのが、「Google 認定教育者 レベル 1 / 2」の資格試験です。この試験では、各アプリの基本的な操作や知識だけでなく、クラス運営や授業を模したような実技もあり、試験後も Google Workspace for Education を使った授業やクラス運営がイメージしやすくなることは間違いありません。

試験対策をすることはもちろん、試験を受けること自体で、活用スキルが格段に上がっていきます。また、試験問題でつまずいた箇所は、実際の授業でもうまくいかない可能性があるといった気付きにもつながります。そして、資格試験に合格すれば、「自分もGoogle Workspace for Educationを使える」という自信になるでしょう。

私は、2020年10月に「GEG Hirosaki」を立ち上げました。青森県だけでなく全国から先生、教育委員会といった教育関係者の方々が参加しています。コロナ禍の現在は対面での開催が難しいですが、GEGは本来地域に根差した組織ですので、地域の教育コミュニティをつくることで、小中高の縦のつながりが生まれ、情報やノウハウを共有し合えるという目的もあります。GEG Hirosakiは、Google認定教育者の資格を独学で目指せるように、さまざまな教材を無償で用意しています。興味のある方は、ぜひご参加ください。

全国に広がるGEG。最新の情報は https://sites.google.com/view/geg-japan/home

4. 1年目の先生がICTで飛躍

私がGoogle for Education認定コーチを目指すにあたり、非常に役立った**「5つのステップ教材」**を紹介します。この教材はGoogleが無償で公開しているもので、誰でも利用することが可能です。具体的には、**「課題を設定する」「ICTで実現可能なのか調査する」「授業の中で行う準備をする」「実践する」「生徒のプラスになったのか振り返る」という5ステップ**に沿って進めていきます。校内で5ステップを使って研修したところ、新任の先生のスキルが格段に上がりました。例えば、「紙テストの採点が大変」という課題に対しては、Google フォーム を使うことで解決し、さらに解説の画像や動画を掲載することで、生徒は自宅でもテストの直しができるようになりました。複数の生徒が同時に問題に対して答えを書けるように、Google Jamboardに背景として問題文を掲載するといった工夫も生まれました。

このように、先生みんながICTスキルを高めていくことで、最終的には生徒に還元されていきます。一番に生徒のことを考えて、ぜひ先生自身のスキルを伸ばしてほしいと思います。

第 1 章

なぜ Google Workspace for Education なら 10X 授業を実現できるのか？

1 Google Workspace for Education とは？

新型コロナウイルス感染症の拡大により、世界中の教育機関が遠隔授業に移行した 2020 年。この困難な状況を乗り切るため、1 年間で 4000 万ユーザーが Google Workspace for Education（旧 G Suite for Education）の新規利用を始め、今や 1.7 億人を超える生徒と教育者が使用しています[1]。

また我が国においても、GIGA スクール構想により、Google の Chrome OS を搭載した端末、Chromebook の導入が急増しました。これまでに 700 以上の教育委員会が Chromebook を採用し、併せて Chromebook を導入していない自治体も含め、GIGA スクール構想で ICT 環境を整備している自治体全体の半数以上が Google Workspace for Education を導入[2] しています。

なぜこれほどまで、Google の教育機関向けサービスは評価されているのでしょうか？　無料だからでしょうか？

一つはっきりと分かっていることは、Google がユーザーの意見を絶えず取り入れ、教師と児童生徒のためにツールを改善してきた、ということが理解されてきたということです。

Google の使命は、「世界中の情報を整理し、世界中の人がアクセスできて使えるようにすること」。これは 1998 年の設立以来、一貫して変わっていません。

さらに Google は、教育分野への取り組みにおいても大きな使命を掲げています。それは **「誰でもどこからでも効果的に教育、学習できるようにする」** ということです。

「デジタル化」、そして「クラウド化」が、教育現場においても大きな成果をもたらす可能性があることは前章で解説しました。では、数多あるクラウドツールの中で、Google のアプリ群は教育分野での活用において、一体どのような優位性を持っているのでしょうか。

ここで、「クラウド」の意味を考えてみましょう。まず、そもそも「クラウド」という言葉の正式名称をご存知でしょうか。答えは「クラウド コンピューティング」です。この言葉は、2006 年 8 月「検索エンジン戦略会議」の中で、**当時 Google の最高経営責任者だったエリック・シュミット氏が言及したことがきっかけで広く認知**されるようになりました。

そして、**Google のアプリ群は、なんと 2004 年からこの間ずっと「クラウド 100 %」**、「いつでもどこからでも」世界中の人が情報にアクセスでき、使えるようにする、という理念で開発が進められ、進化を続けています。つまり、**クラウド サービスの本家本元**なのです。

Google Workspace for Education とは、Google が提供する、複数のツールをまとめた学校向けサービスの総称で、時間や場所を問わず、教師だけでなく児童生徒、さらには保護者も共同利用することができます。

1　出典: Google for Education 公式サイト　https://edu.google.com/intl/ja_ALL/products/workspace-for-education/
2　MM 総研「GIGA スクール構想実現に向けた ICT 環境整備調査」（2021 年 2 月 19 日公表）

2021年2月にサービスを一新し、「Google Workspace for Education」という名称になりました。図1-1に示したように、合計14のアプリがすべてのエディションで利用できるようパッケージされています。

共有できる端末Chromebook（ハード）とそれらを管理するためのChrome Education Upgrade（管理コンソール: ソフト）、そしてシンプルかつ柔軟で安全なツールGoogle Workspace for Education（アプリ群: ソフト）を合わせて、**Google for Education**と総称します。

Gmail	世界中で利用されているWebメールアプリ
Google Classroom	課題の一元管理や児童生徒・保護者とのコミュニケーションが取れる授業支援アプリ
Google ドライブ	ファイルの共有を一元管理するオンラインストレージアプリ
Google ドキュメント	メモから本格的なレポートまで作成できる文書作成アプリ
Google スプレッドシート	表作成から高度な関数を利用した集計まで可能な表計算アプリ
Google スライド	児童生徒の発表を支援するプレゼンテーションアプリ
Google フォーム	児童生徒にアンケートを取ってリアルタイムで意見を集約、可視化したり、自動採点テストとしても活用したりできるアプリ
Google サイト	専門知識なしでも簡単にWebサイトを作成・共有できるアプリ
Google Keep	Web上で作成・共有できるデジタルメモアプリ
Google Meet	Google Classroomと連携して使える遠隔教育に欠かせないオンラインビデオ会議システム
Google Chat	テーマや参加者ごとのチャットルームをつくって会話ができるアプリ
Google カレンダー	Web上で簡単に予定の作成・共有ができるスケジュール管理アプリ
Google グループ	特定のメンバーをグループとして管理・統合できるアプリ
Google Jamboard[3]	低学年の児童でも直感的に使え、手書き入力もできるデジタル ホワイトボード アプリ

図1-1　Google Workspace for Educationのアプリ一覧（以下、略称を用いて記載）

3　Jamboardは、Googleが開発した55インチの4K電子ホワイトボード。その機能を、ブラウザやモバイル端末、**Google Meet**で利用できるようにしたのが**Jamboard**アプリ。本書で言う**Jamboard**はこちらのアプリを指す。

Googleの無料で使用できるツールのほか、教育機関のニーズに合わせた高度な機能を有償で追加することもできます。詳しくは公式サイト[4]を参照してください。

Google Workspace for Educationが他社サービスと異なるのは、**多種多様なアプリが持つ機能を縦横無尽に組み合わせてデータ連携できる**こと。つまり、現在教育界に求められる、学びの連続性の実現に最適のツールと言えます。

言い換えるなら、**授業や校務におけるデジタル情報は、Googleのアカウント一つあれば、すべて一元管理でき、業界最高のセキュリティ レベルを誇るGoogleのサーバで安全に運用できる**のです。

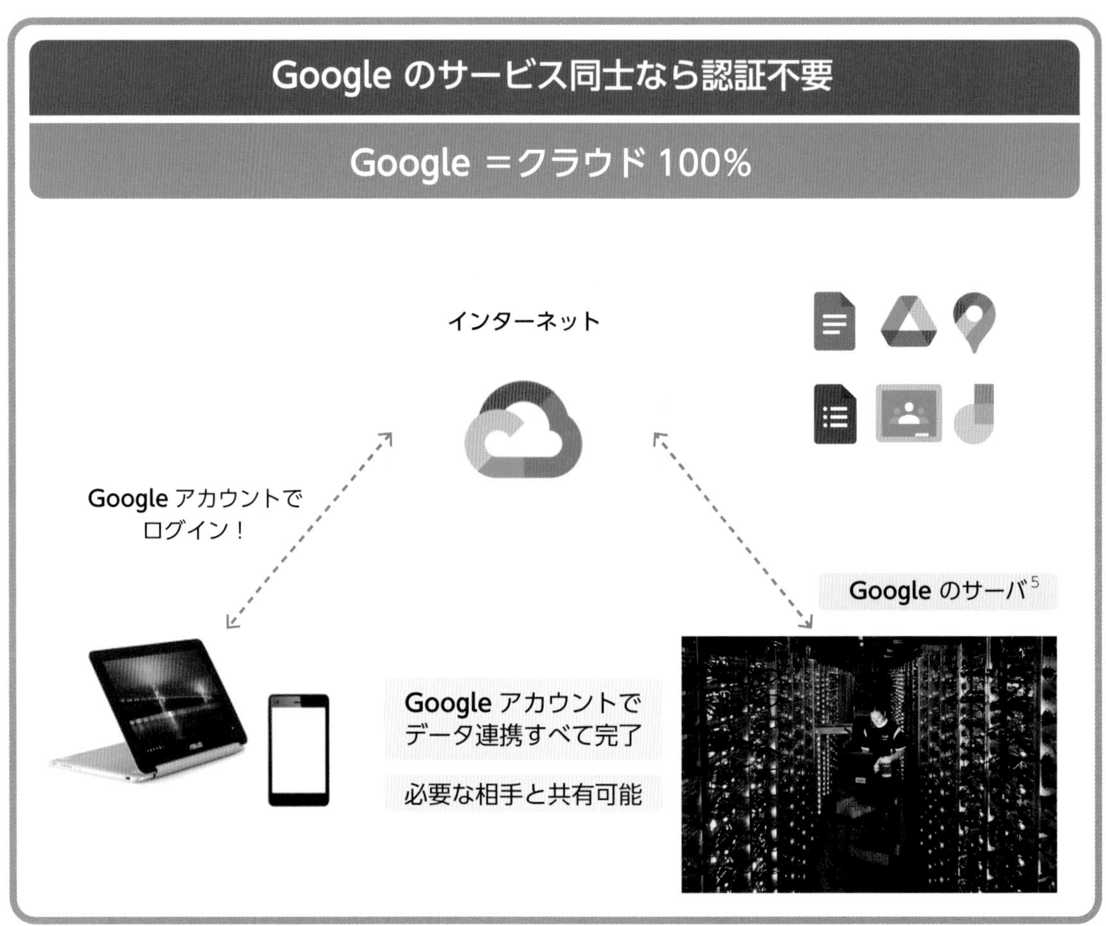

図1-2　Googleのサービスの仕組み

一般的に、Gmailも Googleカレンダーも、個人のGoogle アカウントを作成すれば、無料で利用できます。では、自治体がGoogle Workspace for Educationという「組織のアカウント」をわざわざ導入するメリットはどこにあるのでしょうか。

その答えは**「セキュリティと管理機能」**にあります。次のページの表にまとめたこれらの機能を使うことで、使用するアカウントによって組織の中と外を明確に分けることができ、安全に情報を管理、共有できるようになります。

4　出典:「Google Workspace for Educationエディションの比較」https://support.google.com/a/answer/10077155?hl=ja https://edu.google.com/products/workspace-for-education/editions/
5　出典: https://i.gzn.jp/img/2013/12/11/google-data-center/013.jpg

	個人の Google アカウント	組織の Google アカウント
セキュリティ センター ダッシュボードで脅威を未然に防ぎ、監視を一元的に自動化し、セキュリティ効果を向上	×	○
セキュリティの状況ページを確認してドメインやキャンパス、部門、クラス向けに設定を最適化することで、インシデントを検出	×	○
調査ツールを使用してフィッシングやスパム、その他の侵害を特定、ブロック、修正	×	○
モバイルの詳細管理機能を使用してデバイスとアプリの管理、監査、ルールの強制適用を行うことで、学校のモバイルデータを安全に保護	×	○
データ リージョン[6]を定義し、必要に応じてデータを制限または分散	×	○
個人やグループ、部門、組織外を対象に権限を設定して、ファイル共有とアプリの利用を管理	×	○
動的グループを使用し、ユーザー属性に基づいてグループ メンバーの管理を自動化	×	○
Gmail と Google Classroom のログ[7]を書き出して分析情報を生成し、BigQuery[8]（またはお使いのツール）で分析	×	○
Google Classroom、デバイス、LDAP[9]などの監査ログを分析して使用状況を確認	×	○

難しい専門用語が並びますが、こちらはセキュリティの担当者である管理責任者の方が理解しておけばよい単語になります。

本書は授業における Google Workspace for Education アプリ群の活用方法について解説していきますが、この後に紹介する**「10X 授業 10 の型」は校務においても応用できる**はずです。つまり、本書の内容を理解し、実践することで学校全体のデジタル化が進むと言ってもよいでしょう。

6　リージョンとは、クラウドサービスで利用する、データセンターを設置している独立したエリアのこと。
7　ログとは、コンピュータの利用状況やデータ通信など履歴や情報の記録のこと。
8　Google BigQuery とは、Google Cloud Platform で提供されているビッグデータ解析サービスのこと。
9　LDAP（Lightweight Directory Access Protocol）とは、ネットワーク機器やユーザーなどの情報を管理するディレクトリサービスへ接続するためのプロトコルのこと。ディレクトリサービスとは、ネットワークの情報を一元管理し情報提供などを行うサービス。またプロトコルとは、コンピュータなどの機器同士で通信を行うために取り決められた約束ごとを意味する。

2 授業を 10X するアプリの選び方とは？

「10X 授業」は、魅力（ワクワク）と成果（主体的・対話的で深い学び）、そして効率を向上する、ICT を効果的に活用した GIGA スクール構想時代の新しい授業デザインです。

具体的にどんなアプリをどんな場面でどう活用すれば、**魅力と成果と効率が 10X する授業**になるのでしょうか。

Google Workspace for Education のアプリ群にはよく似ている機能を持つものが少なくありません。例えば、小学 1 年生の「生活科: 元気にそだてわたしのアサガオ」という単元があります（第 4 章 p.232 参照）。これまでの「アサガオの成長記録」をまとめようとするとき、どんなアプリを選べばいいでしょうか？

実は、正解は一つではありません。もっと言えば、Jamboard（デジタル ホワイトボード アプリ）でも Google スライド（プレゼンテーション アプリ）でも、Google ドキュメント（文書作成 アプリ）でも Google Keep（デジタル メモ アプリ）でも、どれを使っても正解です。

「えっ！　それは困る……。同じようなアプリが四つもあるんですか？」

そう戸惑われる方も多いかもしれません。しかし、もっとも簡単で、低学年でも直感的に使えるアプリが Google Keep です。そこでまずは、Keep を使った授業デザインをご紹介しましょう。

なぜ Keep なのか？と言うと、写真と関連するメモをもっとも簡単に作成できるからです。1 枚のメモに複数の写真を紐付けることができます。さらに、スマホ、iPad、Android タブレットでは音声入力が使えます[10]ので、低学年でも入力の負荷がかかりません。

例示した「アサガオの成長記録をまとめる」という単元では、アサガオと自分との関わりや、長期間に渡るアサガオと自分の成長を振り返ること、**感じたり考えたりしたことを自分の言葉で表現できること**が目的となります。

授業の流れの中で、もっとも時間をかけたいのは、どこでしょうか。**成果（主体的・対話的で深い学び）**を意識すれば、まとめた記録用紙を見返して気が付いたことを班で話し合う場面。そして、班で話した内容を児童がまとめ、最後に全体で振り返りをする場面となるでしょう。

この時間を増やすために、ICT ツールを活用します。

まず、従来の「板書シリーズ」ではこれまでの記録を綴じて本にする活動を行っていました。これを Keep を取り入れると、どうなるでしょうか？　本時の活動を見越して、用紙に観察記録を記入したときにそれを撮影し、画像として保存するようにしておきます。

Keep を立ち上げた後、教室での児童への指示は、次の 4 ステップで完了です。

10　Keep の機能として Chromebook での音声入力はないが、Chromebook のシステム全体で音声入力を有効にしておけば Chromebook でも音声入力は可能となる。ユーザー補助機能から設定できる。

1. [メモ]にアサガオの観察記録を取り込む。
2. 誰のものか分かるように、[メモ]の[タイトル]に名前を入力する。
3. 教師も確認できるように、「共有」を設定する。
4. [メモ]にまとめを入力する。

以上です。具体的な操作に関しては、次の図をご覧ください。デバイスやアプリの操作に慣れるまでは時間がかかるかもしれませんが、数週間もするとすっかり慣れて、数分で発表の下準備ができてしまうので、節約できた時間を対話にあてることができます。

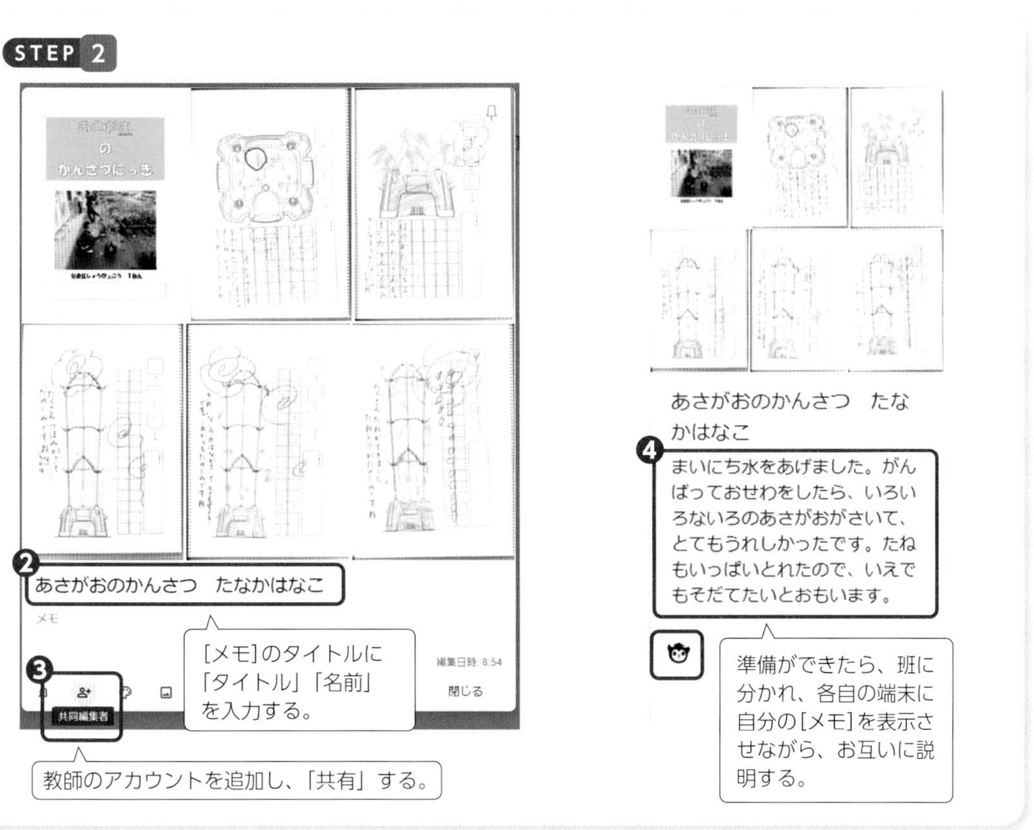

STEP 3

［ペンツール］を使えば、説明する箇所に◯などを書き込むことができます。

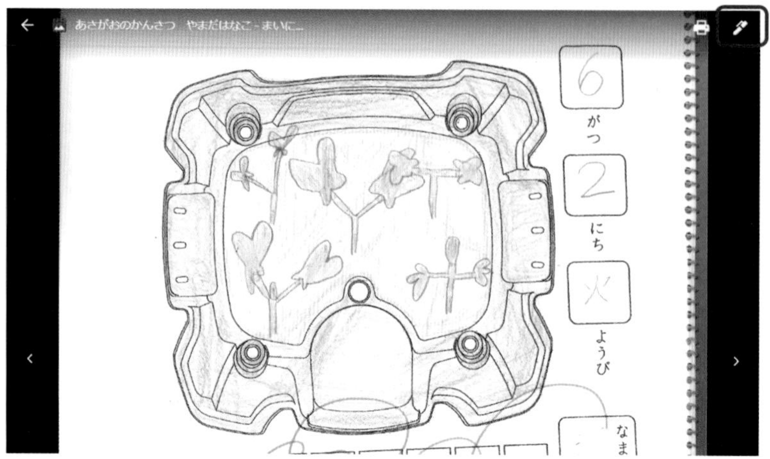

［メモ］の画像右上にある［図形描画を編集］をクリックすると、編集画面になり、画像の上に手書きができる。

編集画面

ペンの種類、色、太さを選択していく。

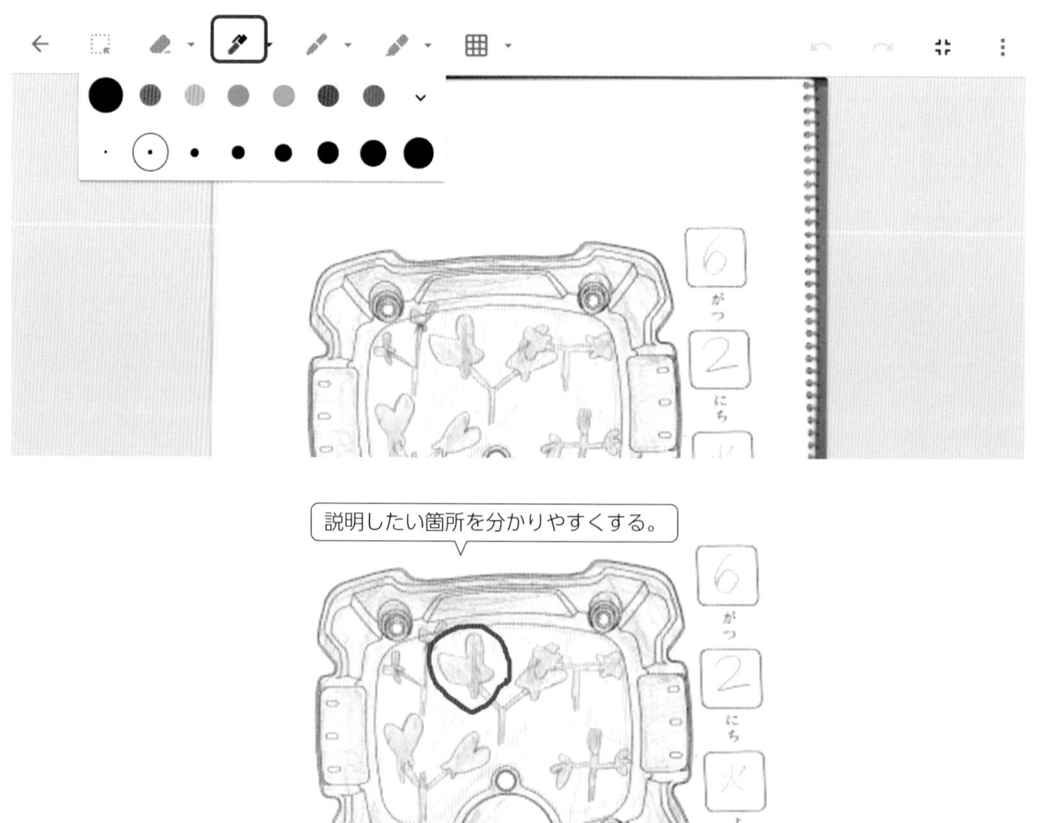

説明したい箇所を分かりやすくする。

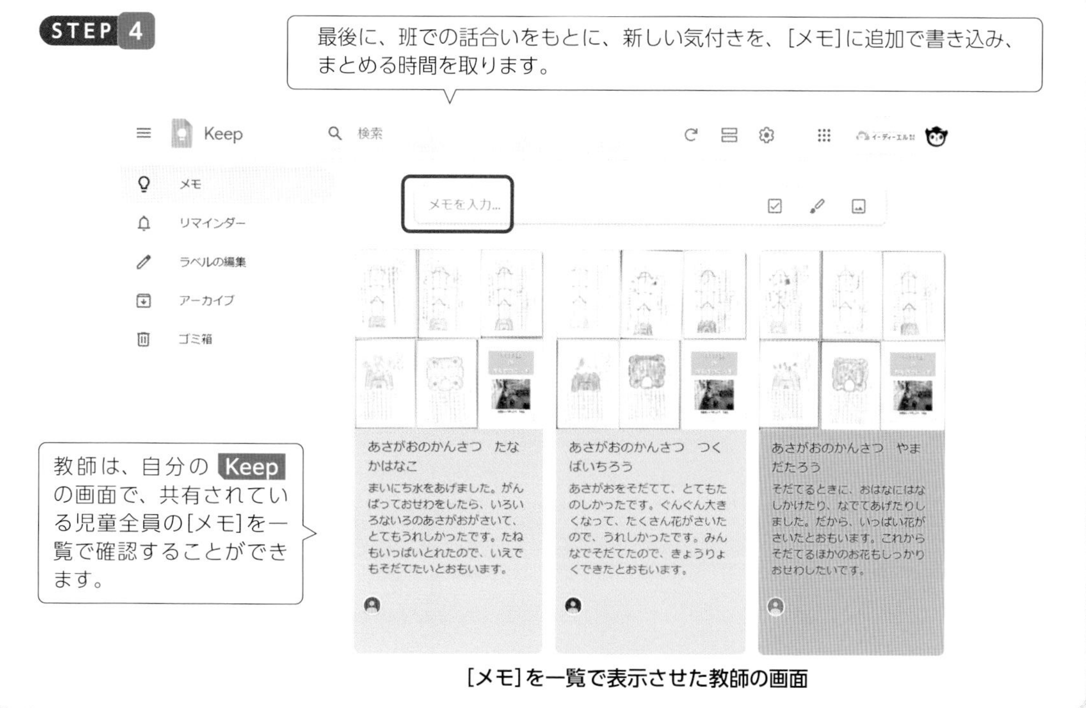

[メモ]を一覧で表示させた教師の画面

教師は、大型提示装置で自分の Keep を表示しながら、発表してほしい児童のまとめや画像を投影し「共有」します。

後日、教師は各児童の[メモ]にコメントを入れることができます。

さらに、[共同編集者]に保護者を追加することも可能です。すると、保護者にも児童の活動を確認してもらうことができます。共有すると、共有者のアイコンが表示され、すぐにお互いに分かります。保護者から、我が子に向けてのコメントを入れてもらうことで、これまでにはない**魅力（ワクワク）**が、児童にも保護者にも生まれます。

授業の準備は、Chromebook とこれまでの観察記録のみで OK。板書する時間も半減。その分、対話とそれを受けての追記、そして発表の時間に多くの時間をかけることができます。

Keep ではなく、スライド を使えば、プレゼンテーション アプリなので、発表する際にスライドを順序立てて話すことができます。また Jamboard はホワイトボードのように付箋や画像、手書きテキストなどを[フレーム][11] 上に追加できます。班のメンバーに気付いた点をどんどん意見してもらうのには最適です。ドキュメント は、中・高学年向けです。レポートとしてまとめる場合に最適です。

つまり、単元の目標を達成し、魅力、成果、効果をそれぞれ 10X するために、どのアプリを使ってもいいのです。迷ったら、使いやすいもの、簡単なアプリを選んでください。それでまったく問題ありません。

使ううちにどのアプリがどんな活動に適しているのか分かってきます。まずは一つのアプリを授業で使ってみることから始めましょう！

11　Jamboard は、作業スペース（ページ）を[フレーム]と言う。

3 Google のツールとマインドをかけ合わせると、授業が 10X する

10X 授業を実現するために、必ず意識してほしいことがあります。それは**「ツール」と「マインド」をかけ合わせることで、授業の魅力、成果、効率が変わる**ということです。

「ツール」とは、Google Workspace for Education などの教育 ICT アプリ群を指します。もちろん Google 以外にも教育分野で利活用できる素晴らしいアプリがたくさん存在しています。さらに、Chromebook なら、Google Play[12] のアプリが使えますし、Chrome ウェブストアから「拡張機能[13]」を追加して、より便利な環境にカスタマイズすることができます。

こうした「ツール」はたくさんありすぎて、どれを選べばいいか分からない、という方も多いかもしれません。そんなときは、**すすめられたもの、自分でも使えそうだと思ったものを一つずつ**試してみましょう。そして、このときの成功ポイントが、**「マインド」**です。

「マインド」とは「心持ち」や「考え方」を指しています。考え方一つで、未来が大きく変わります。「10X 思考」も一つのマインド、考え方です。

Google はイノベーションとコラボレーションに非常に優れた会社です。つまり、Google が社内で実践し、有効だとしている Google 式の「マインド」を知り、積極的に自身に取り入れていくことで、行動を少しずつ変えていくことができます。

ぜひ、新しいマインド（考え方）を自分にインストールしてください。追加するたびに、使いこなせるようになったツールの種類とマインドのかけ算で、授業の魅力、成果、効率がどんどん向上します。

10X 思考

では、どんなマインドを新たに追加すべきでしょうか？

もっとも効果的なものがやはり**「10X 思考」**です。大きく考え、小さく行動する。つまり、始めから**「できない」「難しそう」と否定から入るのではなく、「もし実現できたら素晴らしい」「こうなったらみんなが喜ぶだろう」という理想、夢を信じてみるところから始める**のです。さらに、10X 思考で一番重視されていることが、「行動する」ということ。**10X 目標に直結する今日できる小さな一歩**を踏み出し、日々、前に進むことを継続させましょう。

モチベーションは高いほうがいいと信じられていますが、人の意思とは案外弱いものです。モチベー

12　Google Play は、Google が提供する、主に Android 端末と Chromebook 向けのデジタル コンテンツの配信サービス。Google Play ストアから、利用者は世界中の個人や企業の開発者が開発した数百万というアプリを入手可能。
13　拡張機能とは、Google Chrome ブラウザに機能を追加するプログラム ファイルのこと。

ションは上がったり、下がったりするのが常。ここに時間を費やすよりも、本来必要な**「行動」にフォーカスしたほうが結果が出ます**。**ほんの 5 分でも、たった一つでもいい**ので、とりあえず手をつけることが重要です。一旦物事をやり出せば、やる気が出てくるものです。

フェイルベル

次におすすめしたいマインドは**「失敗」に対する考え方**です。

Google には「フェイルベル」という文化があります。これは、誰かが何かを失敗したときにベルを鳴らしてみんなで「失敗、おめでとう！」とお祝いする、というものです。

右の写真は、Google for Education　認定イノベーター アカデミーで使用された実物の「フェイルベル（失敗の鐘）」です。

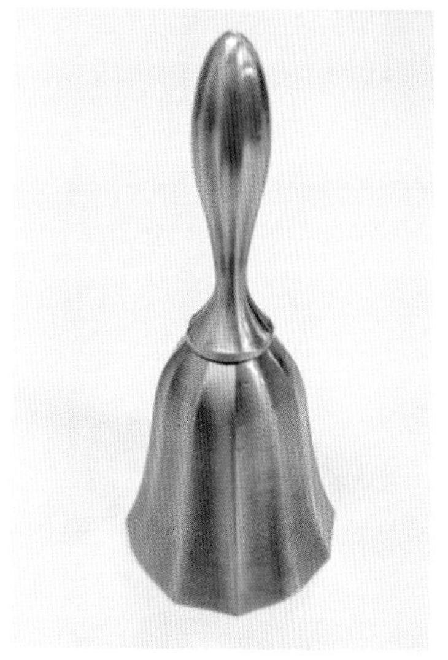

フェイルベル

失敗したいと思って失敗する人はいません。そして当然ですが、失敗しないで済めば、それに越したことはありません。しかし、今、時代がどんどん変わり、**これまで体験したことのない挑戦をしなければならないタイミング**なのです。逆に、みんなが「初めてやろうというのに、一度も失敗しないで成功できる」なんてあり得るでしょうか？

「失敗」を避けようとするよりも、むしろすぐに失敗して、その失敗から学ぶべし、ということ。それをどんどん繰り返せば、成長スピードを速めることができます。だから、フェイルベルを鳴らすのです。みんなで、**失敗を受け入れ、変化していこうとする勇気を称える**のです。

オープン・マインド

こうした**オープン・マインドな「文化」**が、Google の 10X を支えています。つまり、今や「失敗」は、"恥ずかしいもの" "起きてはいけないこと" では、まったくないのです。

とはいえ、「完成させ、完璧な状態になってから見せるべき」というのがこれまでの "常識" です。ましてや教師として、児童生徒の前で失敗なんてあり得ない。そうお考えでしょうか？

Google では、**「できていないところ、未完成な部分があっても大丈夫！　"全部" 見せ合い、仲間の力を借りて、もっと良くする」「早く学ぶことが大事」**という考え方なのです。

多様性を認める / 心理的安全性

「イノベーションは、一人の天才から生まれるのではなく、多様な人材で構成されるチームの力を最大化することで実現される」と Google は言っています。

そういえば、Google の創業者の名前をご存知でしょうか？

ラリー・ペイジとセルゲイ・ブリン、この二人が創業者です。

カリスマ的な創業者がよく知られているIT企業も多い中、Googleはこれほど有名な会社なのに、あまり彼らの名前が知られていません。それは、Googleが「一人の天才」ではなく、「チームの力」でイノベーションを起こし続けている会社である証拠と言えるのではないでしょうか。

あなたのビジョン・目標は、たった一人でも達成できるものでしょうか？　**大きな目標を実現するためには、必ず、誰かと力を合わせる必要があります**。

しかし、現実的には、人はさまざまな考えや習慣を持っていて、コラボレーションを成功させるのも一筋縄にはいきません。

達成すべき目標に対して、温度差があったり、状況への理解にも差があったりします。これは、メンバー間で「情報」の量や鮮度が違うために起きてしまう"あるある"です。

だからこそ、一人ひとりが「主体的・対話的」になることを意識すべきです。忙しい先生同士が**「一人ひとりが恐怖や不安を感じることなく、安心して発言や行動できる状態」**、つまり**「心理的安全性」を高める**ためにできることがあれば、ぜひやってみましょう。

それは組織の全員で、**「相手を理解し、受け入れる、という姿勢を示すこと」**です。言い換えるなら、「チーム内で発言したことで、他のメンバーが反対したり、拒絶したり、罰したりしない」ということ。心理的安全性が確保されたチームでは、成果を上げていることが長年の研究により、明らかになっています。これは、「多様な子供たちを誰一人取り残すことなく、子供たち一人一人に公正に個別最適化され、資質・能力を一層確実に育成できる[14]」という、**GIGAスクール構想にも共通する**ものがあります。

自分とは考えが違うからといって、相手を否定するのはやめましょう。今、学校にとって大事なことは、いろいろな考え方を出し合って、ビジョンを一致させ、小さな行動を全員で起こすことです。

実は、この**「心理的安全性」**は、Googleのリサーチチームが"チームのパフォーマンス向上のためには、心理的安全性を高める必要がある"と発見・発表[15]したものです。

こうしたマインドを意識しつつ、ツールをまずは今日から使い始めてみてください。使ってみたら、定期的に他の先生と使ってみてどうだったか、意見を交わしてみましょう。これを「ワイワイガヤガヤ会議」と呼んで、ぜひ定期的に開催してください。

失敗しても大丈夫です。人と意見が違っても大丈夫です。そして、大きな目標、どうなったらみんながハッピーになれるのか、という大きなビジョンを関係者と一緒につくりましょう。

確かな未来に向かう小さな一歩が大事です。行動をしている自分だからこそ、自分を信じられるのです。自分を信じるから、自信が生まれます。だからまずは、行動すべきなのです。

「ツール」×「マインド」で10X授業を実現していきましょう！

14　出典: 文部科学省「GIGAスクール構想の実現へ」
https://www.mext.go.jp/content/20200625-mxt_syoto01-000003278_1.pdf

15　Google re:Work『ガイド「効果的なチームとは何か」を知る』(アクセス日: 2021/04/12)
https://rework.withgoogle.com/jp/guides/understanding-team-effectiveness/steps/introduction/

4

10X 授業と Computational Thinking（計算論的思考）

Google Workspace for Education という新しいツールを、どんなマインドで活用すれば 10X するのかお分かりいただいたところで、次は、「授業」にどう取り入れて 10X すればいいのか、誰もが活用できる方法論について考えてみましょう。

実はデジタル化、クラウド化が求められる **10X 授業だからといって、最初から最後までずっと ICT ツールを使わなければいけない、ということはありません。**むしろ、従来のアナログな活動のほうが教育効果が高い場面では、そのまま何も変えないほうがよい場合もあります。つまり、**10X 授業をデザインするには、どこに ICT を使うべきなのかの判断が求められる**ことになります。

そこで、**授業のどんな場面で ICT ツールを使うと効果的**なのか、考えなくてはなりません。

この判断をするのに、**「Computational Thinking（計算論的思考: 以下 CT）」**が役立ちます。

CT とは、「コンピュータのように考える方法」ではなく、「コンピュータ科学者のように考える方法」です。コンピュータは考えないし、考えられません。CT とはコンピュータに指示を出せるようになるための考え方なのです。実際に指示を出すスキルは、「コーディング」と呼ばれるものですが、その前提となる考え方が CT となります。

いわば「問題解決のプロセス」を解明したもので、一見難しそうな印象とは異なり、コンピュータ・サイエンスの専門家のみならず、**小学生も含めてあらゆる問題の解決に使える手法**[16] です。

CT は、次の四つの概念で構成されます。

1. **問題の分解（Decomposition）**
   複雑な問題を解決可能なレベルまで分解する
2. **パターンの発見（Pattern Recognition）**
   データから周期性や法則性を見抜く
3. **抽象化（Abstraction）**
   枝葉を切り落として問題解決に必要な要素だけ抜き出す
4. **手順化（Algorithm Design）**
   ステップバイステップで問題解決のプロセスを明らかにする

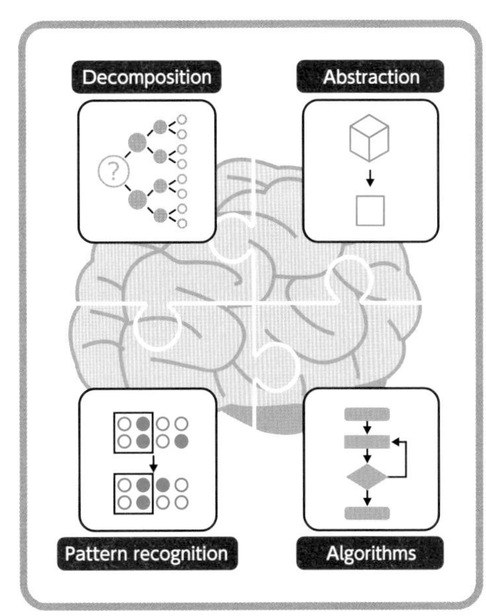

図 1-3　Computational Thinking

CT は、**目に見えない情報や思考を見える化する方法**とも言えるでしょう。

まず一つめは**「問題の分解」**です。

「困難は分割せよ」。

デカルトが遺した言葉として有名ですが、単に作業量が小さくなるという意味ではありません。複雑な問題の本質を捉えるのは、容易なことではありません。しかし、**分解し細かいプロセスにすることで複雑な問題も簡単になります。**

言い換えるなら、今、自分の目の前にある問題を、一度すべてバラバラな要素に分解してみると解決の糸口をつかむことができます。解決したい問題や成し遂げたい仕事を、取り組みやすく、管理しやすいサイズにまで分割し、細分化した後に、個々の部分の解決方法を考えてみるのです。

次に二つめの**「パターンの発見」**です。

突然ですが、「30 秒で 1 から 200 までを全部足し算してください」と言われたらどうしますか？

まず、「問題の分解」でしたね。1 から 10 まで数字を書き、190 から 200 までの数字を書きます。1 と 200 を足すと 201、2 と 199 を足すと 201、という「パターンの発見」ができれば、問題は一瞬で解決します。

そして、ビッグデータの分析・処理を行い、傾向を見つける一連の流れが「パターンの発見」です。コンピュータ（AI）が見つけたパターンに、**意味を見いだすことが人の仕事**です。さらに、**どんな問題を解決するためにどんなパターンを発見すべきなのかを決めるのが人にしかできない仕事**となります。授業にはどんなパターンがあるのかは、次章で詳しく見ていきましょう。

続いて三つめは**「抽象化」**です。

これは問題の本質的な部分、重要な部分を残して不要な部分をそぎ落とすことでもあります。例えば、地図を見ながら電車に乗って目的地へと移動するときを想像してください。地図にはさまざまな情報が掲載されていますが、山手線に乗って移動したいときに必要最小限の「情報」とは、何でしょうか？

「出発地と目的地」「路線図」「出発時間と到着時間」だけでいいはずです。関連するものにだけ、照準を合わせ、パターンに共通する一般的な原理・原則を見いだすのが、この抽象化の作業です。

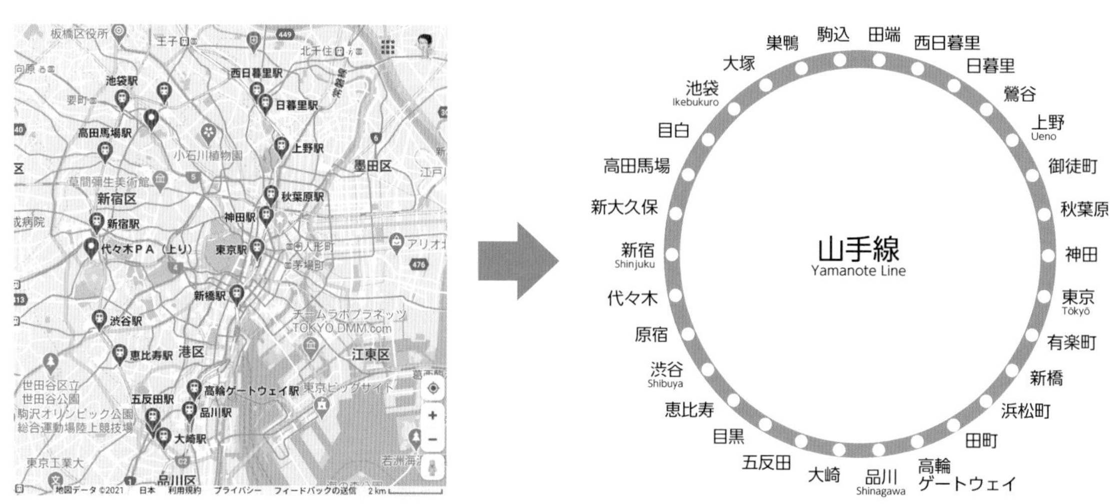

16　カーネギーメロン大学 Jeannette Wing 氏によるエッセイによって、Computational Thiking が問題解決の基礎スキルとして万人に役立つものであると認識された。

四つめは**「手順化」**です。何かを行ったり、課題を解決したりする手順のことを、「アルゴリズム」と言います。こちらはイメージしやすいでしょう。授業も流れに沿って、手順を考えているはずです。

問題解決のためにプログラムを書くわけですが、その前に考えるべきことがあります。

プログラムは料理のレシピをつくるようなものです。しかし、料理のレシピと違って人間が読むわけではありません。レシピを読むのはコンピュータなので、コンピュータに分かる形で伝えられるように、どんな順番で、どのような処理で行っていくかをあらかじめ考える必要があります。

この「考える順番」がとても重要になります。

まず、①の問題の分解、そして②パターンを発見し、③抽象化して、④手順化の順です。そして、「試行錯誤を繰り返しながら、改良をする」。これを実現するために、最後に「評価」を加え、サイクルを完成させましょう。

以上が、CT の四つの概念です。これに「評価」を加えたサイクルが授業を 10X するのにも役立ちます。

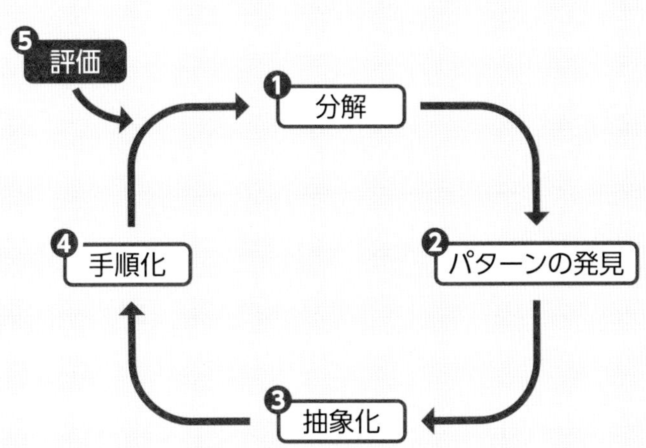

考える、思考する、理解する、そして価値を見いだす、共感する、相手を思いやる、というのは人間だからこそできることです。

どうすれば、考える力や理解する力を高めることができるのか？　コミュニケーション力やコラボレーション力を付ける授業とは？

その答えが「問題解決スキル」を身に付けることであり、日本では「プログラミング的思考」で知られる CT を身に付ける理由です。

私たちが、具体的に **10X 授業をデザインするための「問題の分解」「パターンの発見」「抽象化」そして「手順化」を進めた結果、完成したのが、次章で紹介する「10X 授業 10 の型」**です。どのようなものか、早速ご覧ください。

Column 2

情報×情操×デジタル・シティズンシップ

ICT 活用は社会の第一歩

千葉県印西市立原山小学校長　**松本博幸**

1.「貸与式」でデジタル社会の一員を意識させる

私は原山小学校に赴任するまで文部科学省の情報教育課において、さまざまな自治体の情報施策に携わっていました。

2018 年、本校に校長として赴任した当時、パソコン室のコンピュータは 30 台しかありませんでした。しかし、情報教育は限られた中でもできると考え、2020 年度からの新学習指導要領に向けて準備を始めました。

その一つが、**年間カリキュラム**です。まず、**どんな能力を育成するかを明確に**し、教科ごとのねらいを情報教育にリンクさせて、6 年間の段階をつけて育成していく「**情報活用能力育成の指導体系表**」を作成しました。

ところが 2020 年になると、コロナ禍で教育現場の状況も大きく変わってしまったのです。休校中でも子どもの学びを止めないよう、「Google for Education の遠隔学習プログラム」で当時導入を検討していた Chromebook の無料貸出を申請しました。幸い 6 年生 46 人全員に通信機能を搭載した 1 人 1 台の Chromebook を借りることができ、3 月から早速オンラインによる朝の会や授業を開始することができました。

10 月からは、印西市 ICT モデル校となり、先行的に全校児童の 1 人 1 台の環境が整いました。ICT 活用を本格的にスタートするにあたり、情報活用能力、市民性と社会性、非認知能力[1]をしっかり育てていくことを本校の方向性として定めました。

そのためには、情報教育だけでなく、情操教育、さらにはデジタル・シティズンシップの教育が必要だと考えたのです。

GIGA スクール構想において、全員が等しく 1 人 1 台の端末、アカウントを持ち、クラウドを活用することになりました。子どもたちには、使っているアカウントやクラウド環境は、私的なものではなく、公的なものだという意識をしっかり持てるよう指導をしました。

その一つが、Chromebook を渡すに先立って全校で行った「貸与式」です。自ら初期設定作業を行う科学的目的と、機器を大切に取り扱う、善きデジタル市民になるという道徳的目的がありました。

「あなたたちはオンライン社会の入口に立ち、その先にはいろいろな人とつながる大きな世界がある。端末やアカウントは、その世界のパスポートになる。オンラインでは、人格がデジタル上にできあがるので、『善き人格』を確立するために、行為や行動についてよく考えよう」ということを、学年に応じて話をしました。

また、貸与式では、高学年が低学年の教室に行ってログインの仕方などを教える形をとりました。自分たちのできることで、他の人を助けてあ

1　非認知能力とは、テストでは測定できない個人の特性による能力のこと。意欲、協調性、粘り強さ、忍耐力、計画性、自制心、創造性、コミュニケーション能力など学力（認知能力）と対照して用いられる。

げる思いやりの気持ちを育む情操教育も兼ねています。コロナ禍で縦割りの活動が制限されていたこともあり、高学年の子どもたちもとても喜んで、下級生のお手伝いをしてくれました。また、貸与式以降も新しいサービスを使うときなど、担任の先生だけでは大変なシーンでは、高学年が活躍してくれています。

2. 社会とつながるSDGsの活動

本校では、授業のさまざまな活動においてICTを活用する一方、家庭教育や学習、委員会活動、高学年の係活動などでの活用も進めています。

情報活用能力、市民性と社会性、非認知能力という三つのテーマとSDGsは親和性が高いと考えています。

例えば５年生は、社会科や家庭科の学習と関連付け、「エシカル消費」をテーマに学習を進めました。子どもが持続可能な社会の創り手となるように、地域の大型店舗と連携し、子どもたちが売り場で何ができるかを考え、企画書を作成し、活動を展開しました。ポップやチラシをGoogle スライド で作成したり、世界の諸課題や自分たちからの提案をGoogle サイト や動画でまとめたりして、店舗にあるエシカル商品の近くで展示すること等も行いました。

大型店舗の特設コーナーに商品を陳列する子どもたち

3. 子どもたちが学校ブログで発信

３年生以上はBlogger（ブロガー）というGoogleのブログサービスを使って、学校の様子などを発信しています。

また、Google サイト で、授業・行事の予定や持ち物等のお知らせもしています。学級日誌を書くような感覚で、写真を撮る子、文章を書く子など役割を分担し、さらにローテーションしてみんなが均等に担当します。外部に発信するものなので、公的な立場をよく認識してもらいながら、学校や自分たちのよさを広報活動することは、情報活用能力の育成にもつながります。

今年度（2021年度）は、Google サイトを使って、子どもたち一人ひとりが個人サイトをつくり、これまでの学習成果やログをすべて掲載するポータルサイトを作成しています。その足掛かりとして、３月に全学年でこれまで学んできたことをまとめる学習発表会を行いました。

学習だけに縛られず、Google for Educationのサービスを家庭との情報共有にも活用しています。現在、全家庭に保護者用アカウントを配付しているほか、保護者用のGoogle サイトやGoogle Classroomを構築しています。また、特別支援学級では、紙の連絡帳からGoogle Chatに移行し、授業の合間に写真を撮って、様子をリアルタイムに伝えています。これまで分かりづらかった子どもの表情まで伝えることができ、とても喜んでいただいています。

*

新しい環境になり、現場の先生方も大変ですが、**先生自身がその変化を楽しむことが大切**です。私は先生たちに、「自由な発想で、小さなことから、思うようにやってください」と伝えています。

授業で効率的に使うことも大切なのですが、あまり押し付けると、これからICTに取り掛かる先生は萎縮してしまいますし、ダメ出しばかりしていたらやる気もなくなってしまいます。

変化をプラスに受け止めて、ぜひ「**小さいことから自由な発想で**」やってみてください。

第2章

10X授業を成功に導く ICT活用10の型

1

「10X授業10の型」とは何か

本章では、いよいよ具体的にICTツールを活用して、授業を10Xする具体的な方法を解き明かしていきます。

一つのアプリには、さまざまな機能が備わっています。そして、Google Meet の「ビデオ会議システム」のように、特定のアプリにしか備わっていない機能もあれば、多くのアプリに共通して搭載されている、リアルタイムで共同編集ができる「共有」などの機能もあります。

そのため、第1章第2節でご紹介したとおり、どんなアプリを使っても同じような結果を出せる場合もあるわけですが、やはり基本となる活用やお手本となる授業デザイン案をいくつか押さえておいたほうが、スピーディーに10X授業をデザインできるはずです。

そこで本書では、Google Workspace for Educationのアプリごとに活用方法を解説するのではなく、**アプリ群に搭載されている機能そのものに着目しました**。そして、授業に活用できる機能を「分解」して書き出したのが、以下になります（一部を抜粋）。

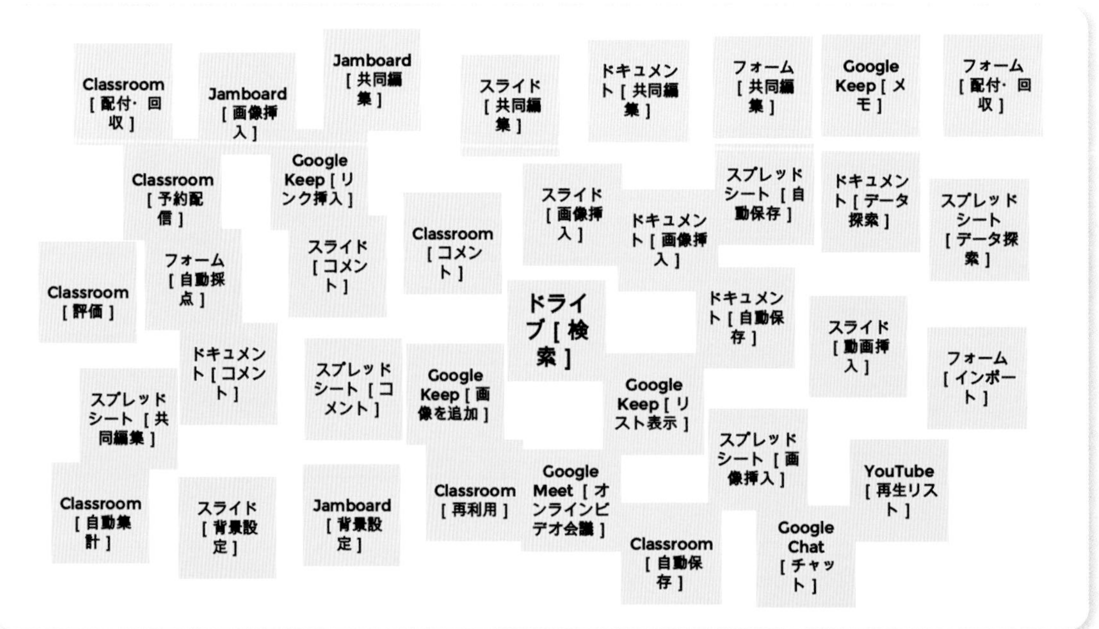

授業に活用できる機能をランダムに書き出したJamboardのイメージ

ここからさらに、Computational Thinkingの「パターンの発見」を試みたところ、**10種類に整理**することができました。

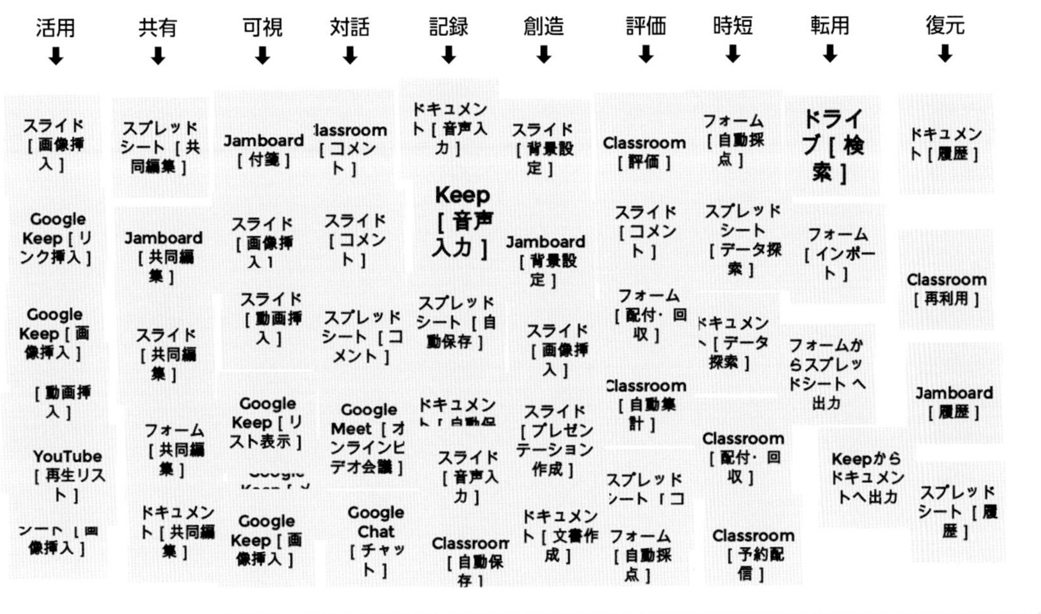

前ページの図をカテゴリー別に並び替えてみたもの

前ページの図でランダムに書き出した付箋（＝機能）を似ている効果ごとに分け（パターン化）、それぞれの持つ効果に名前を付ける作業（抽象化）をした際のイメージ図が上の図になります。この10種類を「**10X授業10の型**」と呼ぶことにします。ところで、お気付きになったかもしれませんが、重複する機能もたくさんあります。つまり、10の型は「この機能はこの型」と一つに絞られるものではなく、「一つの機能が複数のメリット（型）を持っている」ことが分かります。

あくまでこの分類は、ICTツール、すなわちGoogle Workspace for Educationアプリが授業のどの場面で使えそうか、想起しやすくするためのパターン化です。ぜひ柔軟に捉えていただければと思います。

10の型は、二つに分類することができます。授業の魅力（ワクワク）と成果（主体的・対話的で深い学び）を10Xするものが七つ、そして、準備や評価といった校務も含めて授業の効率を10Xするものが三つです。

授業の魅力（ワクワク）と成果（主体的・対話的で深い学びと学力向上）を10Xする型

〈活用の型〉〈共有の型〉〈可視の型〉〈対話の型〉〈記録の型〉〈創造の型〉〈評価の型〉。七つの頭文字をとって、**「カ・キ・カ・タ・キ・ソ・ヒョウ（書き方基礎表）」**と覚えてください。次ページの表に、それぞれの「型の特徴」と、使用するアプリの「機能」、そして活用することによって得られる「恩恵」を整理しました。さらに、次節にて、〈型〉の具体的な活用イメージがつかめるように詳述しますが、その際に使用する代表的なアプリをアイコンで表しています。

〈型〉の名称とアイコン	〈型〉の特徴 使用するアプリと機能	〈型〉活用の恩恵	このアプリで解説！
〈活用の型〉 活用 クラウドの素材やサービスの活用	アプリの編集画面から**クラウド上に存在するさまざまな素材（画像・動画・ファイル等）を直接「検索」して「埋め込み表示」**できる。 ★方法 メニューバー[挿入]から追加したい項目を選択する。	**ビジュアルなマルチメディア教材を手軽に活用**できるようになり、児童生徒の**興味を引き出し、理解を深める**ことができる。 動画なら注目したいところを何度も見返すことができる。写真なら、拡大して注目したり、縮小して全体像を見たりすることもできる。	
〈共有の型〉 共有 同期・連携・共同編集	メールアドレスで、ファイル原本やフォルダを**必要な相手に安全に「共有」**できる。 **「編集者」「閲覧者（コメント可）」「閲覧者」の三つの権限**でアクセス権を管理できる。 変更は共有された全員に**リアルタイムで反映**される。	共有されたファイルは**共同編集**が可能となる。 グループで協力して資料やレポートを作成できる。 短時間で多くの友達の意見に触れ、考えを交流することができる。 権限を変えて共有することで**情報を安全に管理**できる。 ワークシートを共有すると、教師は随時児童生徒の活動状況をリアルタイムで確認できる。 資料やワークシートを共有すると、簡単に全員に配付できるため、印刷等の事前準備が不要になる。	
〈可視の型〉 可視 思考の可視化・手書き入力・音声入力	共有されたファイル上で自分のアカウントから各自が入力することで、**リアルタイムで思考を可視化**できる。 Jamboard の付箋と フォーム は特に可視化に向いているアプリである。 ドキュメント の音声入力は可視化を容易にする。 Jamboard は手書き入力ができる。	発言に消極的な児童生徒も手軽に**自分のペースで考えを表現**できる。 **全員の考えを短時間で共有できる。** 思いついた考えを言語化し、数にとらわれず自由に表現できる。 自分や友達の考えがリアルタイムで把握できる。 考えたことを画面上で確かめることができるため、理解が深まる。	
〈対話の型〉 対話 コメント・チャット・オンラインビデオ会議システムで対話	Classroom や ドキュメント などの[コメント]機能を使えば、共有したファイルやアプリ上で**各自が入力した内容に対して返答でき、やり取りができる。** コメントを付けたい場所に直接入力して対話できる。 Google Meet を使えば、離れていてもオンラインで顔を見ながら話すことができる。 Google Meet や ドキュメント の[チャット]機能で対話ができる。	**離れていても、同時でなくても、やり取りを継続し、対話を完結**させることができる。 **誰が誰に対して返答したのか判別**できる。 コメントを付けた本文の場所が直接すぐに見つかる。 一対一でも一対複数でもオンラインで対話ができる。	

〈記録の型〉

動画化・スクリーンショット・音声記録

ファイルは基本的に自動保存される。

劣化しない。

物理的な保管スペースを必要としない。

検索でいつでも発見できる。

音声・動画・画像・ファイル等、さまざまな形で記録を残すことができる。

記録することで、後から振り返ることができる。

進行度やかかった時間を把握できるので計画を立てるのに役立つ。

記録を見返すことであまり取り組めていない課題に気付くことができ、Plan（計画）→ Do（実行）→ Check（評価）→ Act（改善）を繰り返すことでPDCAサイクルが身に付く。

実際の操作活動では消えてしまう複数の考え方をスクリーンショットで保存できるため、復元したり、比較して考えを深めることができる。

〈創造の型〉

思考のプロセスを経てアウトプット・表現

アイデアを「表現」と言えるレベルにまで高める創造的思考プロセス。

情報を調べ、整理し、まとめ、発表する一連の過程。

ドキュメント の［提案モード］や［コメント］機能で文章をブラッシュアップできる。

ドキュメント で、指示や記入欄を追加したり、必要な資料へのリンクを掲載したりして、あらかじめ指示や問いを教師が設定する「ワークシート」を児童生徒に提供することで思考や情報を整理し、まとめることができる。

Jamboard で［付箋］にアイデアを可視化した後、「思考ツール」の画像を［背景］に設定し、［付箋］を移動し、整理できる。

考える順番や内容が明記されているので、そのとおり作業することで学びを深めることができる。

扱う情報量が増え、比較や関連付け等の情報整理・分析の活動が充実する。

誰がいつどこをどう直したのか一目瞭然に示され、またその修正提案に対して、各自の対応も即時に行うことができる。

［背景］に設定しておくと、児童生徒が誤って削除・移動することがなくなり、作業に集中できる。

〈評価の型〉

自動採点・限定公開コメント・ルーブリック

フォーム には他のタブを開けない［ロックモード］を設定できる。

正解を事前に設定しておくことで、自動採点できる。

正解・不正解に応じて、フィードバックを表示できる。

限定コメントによる個別のフィードバックができる。

Classroom にはルーブリックを設定できる。

成績は自動集計され、平均点や提出期限も通年で記録される。

自動採点されたフォームで到達度を児童生徒自身が即時確認できる。

繰り返し問題を問いて到達度を高めることができる。

フィードバックを活用して個別最適化した学びを提供できる。

フィードバックを短時間に返すことができる。

クラス全員へのコメントと限定コメントを使い分けることができる。

学習履歴が集約・保存され、事後の評価や補充指導に活かせる。

準備と評価等校務を含めた授業の効率を 10X する型

続いて、授業を効率化するのが、三つの型、〈時短の型〉〈転用の型〉〈復元の型〉となります。

〈型〉の名称とアイコン	〈型〉の特徴 使用するアプリと機能	〈型〉活用の恩恵	このアプリで解説！
〈時短の型〉 時短 自動配信・自動収集・自動集計	これまで紙を使うことによって物理的な移動が必要だった配付・回収が、ペーパーレスとなることによって、**一瞬で情報の受け渡しが可能**となる。 **いつでもどの端末からでも安全に最新の情報にアクセス**できる。 一度設定しておけば**作業フローを自動化**できる。 **情報を集約**できる。	**自分の都合の良いタイミングで情報を確認**できる。 一度の設定で同じ作業を自動化できるため、**時間も手間もかからない**。 物理的な移動がないので**一瞬で完了し、ミスや紛失もない**。 共有する相手を指定できるため、共有漏れがなくなる。 学習で活用する課題や資料を短時間で効果的に配付できる。	
〈転用の型〉 転用 複製・再利用	すでに存在している資源（画像・動画・ファイル・サイト等）を**転用**する。 「編集者」として共有をかけられたファイルは、検索や複製、再編集が可能。 **[履歴]から過去の版をコピー**できる。 **ドキュメント** の[データ探索]機能で **ドライブ** に格納された関連ファイルをキーワードで検索できる。 **ドライブ** に保存した PDF や画像は **ドキュメント** に変換することで文字起こしが可能。 **Classroom** は過去の投稿を再利用できる。	一部を加筆修正するだけで短時間で必要な文書やワークシートを作成できる。 クラウド上の良質な教材を参考にすることでアイデアが刺激されたり、ヒントが見つかったりする。 これまでに学習した資料や過去に作成して忘れていたデータを再利用できる。	
〈復元の型〉 復元 即時保存・復元	自動保存されたファイルは、任意の版を復元させることができる。 児童生徒が間違って操作をして削除してしまった場合には、[元に戻す]あるいは、[変更履歴を表示]から版の復元で対応できる。	紛失を恐れず、安心して編集できる。	

次節以降で、この「10X 授業 10 の型」を具体的に紹介していきます。

あらかじめお断りしておきたいのが、「10X 授業 10 の型」は、先生方の創造性に制約を加えるような〈型〉ではないということです。ここでいう〈型〉とは、ツールの強みを理解し、より効果的に、かつ、自在に使いこなせるようになるためのもの。最速最短で 10X 授業デザインを習得することを目的として開発しました。

2 授業の魅力と成果を上げるための七つの型

それでは、まず児童生徒はもちろん、先生方にとってもワクワクする授業、そして、主体的・対話的で深い学びを実現する授業をデザインするための七つの〈型〉を一つずつ見ていきましょう。

〈活用の型〉: クラウドの素材やサービスの活用

〈型〉の名称とアイコン	〈型〉の特徴 使用するアプリと機能	〈型〉活用の恩恵	このアプリで解説！
〈活用の型〉 活用	アプリの編集画面から**クラウド上に存在するさまざまな素材（画像・動画・ファイル等）を直接「検索」して「埋め込み表示」**できる。	**ビジュアルなマルチメディア教材を手軽に活用**できるようになり、児童生徒の**興味を引き出し、理解を深める**ことができる。	
	★方法 メニューバー［挿入］から追加したい項目を選択する。	動画なら注目したいところを何度も見返すことができる。写真なら、拡大して注目したり、縮小して全体像を見たりすることもできる。	

まずは、すでに多くの先生方に馴染みのある〈活用の型〉からご紹介していきましょう。

学校生活の中では、教科の学習に限らず特別活動や総合的な学習の時間など、さまざまな場面で調べ学習が行われています。その際にもっとも活用されているツールが Google 検索 ではないでしょうか。Web 上にある無数のコンテンツの中から、キーワードで必要な情報をたちまち探し出すことができます。

これを〈活用の型〉として意識することで、ビジュアルコンテンツなどを授業により取り入れられるようになり、**学習に対する児童生徒の興味・関心を手軽に高める**ことができます。また、**児童生徒にもっと分かりやすく説明したり、児童生徒の思考や理解を深めたり**しやすくなります。

Google Workspace for Education のアプリには、Web 上のこうしたコンテンツを瞬時に「取り込む」ことができる機能が搭載されています。多くのアプリで、**［挿入］機能から［画像］や［動画］をほんの１工程で直接追加できる**ようになっているのです。

例えば、低学年でも直感的に活用できるデジタルホワイトボード Jamboard でご説明しましょう。まず従来の ICT ツールの場合、Google 検索 や Google 画像検索 で見つけた画像は、いったんデバイスに保存して活用していました。スマホやタブレットなどで撮影した画像は、メールに添付したり、クラウド上のファイル保管庫であるオンラインストレージサービスを利用したり、USB メモリを使用したりして、データをデバイスからデバイスへと移動させる必要がありました。

ところが、Google Workspace for Education アプリならクラウド 100%。最初からクラウド上に保存されるため、同じアカウントを使っていれば、1クリックでの即時活用が可能となります。

実際にパソコンでの操作を確認してみましょう。まず Jamboard を始めるところから説明します。

1. Google 検索 または Gmail の画面右上に表示される九つの点 をクリックし、開いたアプリ一覧からアイコンをクリック[1]。
2. Jamboard を立ち上げて、[+]をクリックして[Jam][2] を新規作成する。

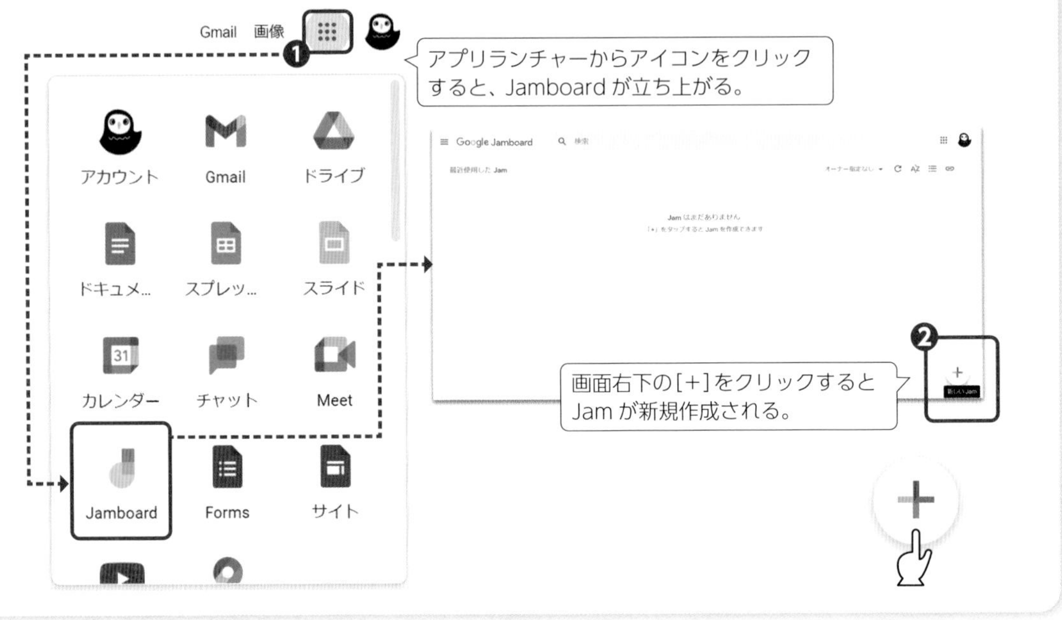

3. [フレーム]の画面左に設置されている、[画像を追加] アイコンから、Google 画像検索 で検索した画像を追加できる。
※ ドライブ からの追加や端末からのアップロードも可能。

こうしたクラウド上にあるさまざまな学習に有効な素材を活用して、授業を10Xしていきましょう。Google 検索 や Google 画像検索 を使うと、世界中の優れた教材が山程見つかります。

キーワードを工夫して、ぜひ世界中の良質なコンテンツを「活用」してください。調べたいテーマを英語など外国語に翻訳して検索してみると、また新しいアイデアが生まれるかもしれません。

最後に、検索のコツについてご紹介しておきます。

例えば、小学校5年生の社会科の単元「これからの食料生産とわたしたち」で使える授業アイデアを探したい、とします。あなたならどうしますか？

こんなときは頭に思い浮かんだ文をそのまま単語にして、「小学校5年　社会　これからの食料生産とわたしたち」のように、キーワードとして入力します。すると、たくさんの「学習指導案」が検索結果に表示されます。Google 検索 と会話をするように、日本の政府機関を表すドメイン名「go.jp」[3] をキーワードに追加すると、日本の政府に関連したサイトに絞り込まれます。より信頼のおける確実な情報が得られます。

授業の「つかむ」「調べる」場面で大いに取り入れることができる〈活用の型〉。ぜひ、意識してみてください。

1　Google Workspace for Education のアプリは基本的にこの方法で使い始めることが可能。詳細は第5章 p.365 参照。
2　Jamboard は、ファイルを[Jam]、作業スペース（ホワイトボード）を[フレーム]と呼ぶ。
3　「go.jp」の「go」は「government（政府）」を、「jp」は「Japan」を意味する。属性型 jp ドメイン名は他に、「ac.jp（高等教育機関や学校法人）」、「ed.jp（初等中等教育機関および18歳未満を対象とした教育機関）」などがある。

〈共有の型〉: 同期・連携・共同編集

〈型〉の名称とアイコン	〈型〉の特徴 使用するアプリと機能	〈型〉活用の恩恵	このアプリで解説！
〈共有の型〉  	メールアドレスで、ファイル原本やフォルダを**必要な相手に安全に「共有」**できる。 **「編集者」「閲覧者（コメント可）」「閲覧者」の三つの権限**でアクセス権を管理できる。 変更は共有された全員に**リアルタイムで反映**される。	共有されたファイルは**共同編集**が可能となる。 グループで協力して資料やレポートを作成できる。 短時間で多くの友達の意見に触れ、考えを交流することができる。 権限を変えて共有することで**情報を安全に管理**できる。 ワークシートを共有すると、教師は随時児童生徒の活動状況をリアルタイムで確認できる。 資料やワークシートを共有すると、簡単に全員に配付できるため、印刷等の事前準備が不要になる。	

〈共有の型〉は、まさに小・中学校における1人1台端末環境下にあっての、10Xできる基本の学びの〈型〉と言えます。この型を理解するだけで、これまでとは授業が大きく変わるでしょう。

ところで、「共有」と言いますが、いったい何を共有するのでしょうか？　まず、イメージしやすいのは **スライド** などの「ファイルを共有する」場面です。「ファイルを共有する」ことによって、複数の児童生徒による共同編集が可能になります。もちろん、机までわざわざ見に行かなくても、先生も手元の端末で、全児童生徒の活動の様子がリアルタイムで分かります。つまり、**「情報の共有」のみならず、「活動の共有」が簡単に実現する**のです。

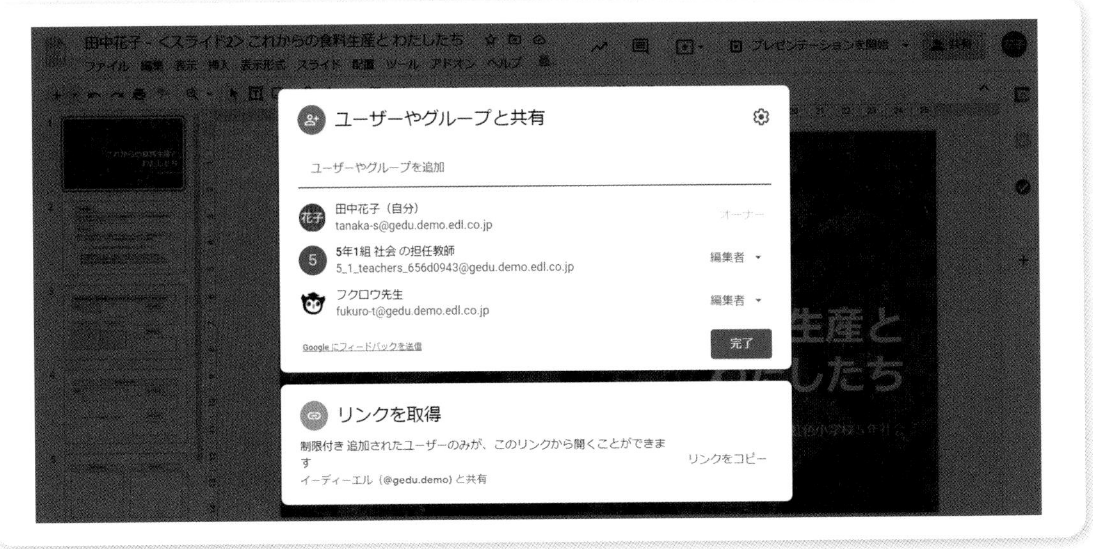

ファイルのコピーをメール添付で送って「共有」する従来のスタイルではなく、メールアドレス（＝アカウント）を使って本人認証を行うことで、**ファイルの原本そのものを安全に「共有」**することができます。〈共有の型〉は、文字どおりこの「共有」機能を使います。

ちなみに、ファイルの所有者を「オーナー」と呼びます。ファイルを最初に作成した人、ドライブにアップロードした人が「オーナー」となります。オーナーは誰にどの権限で「共有」するか、以下の3種類で使い分けることができます。
※なお、ファイルは「オーナー」のみが削除できます。共有相手は削除することはできません。

	編集者	閲覧者（コメント可）	閲覧者
ファイルの編集（加筆・修正などの変更）	○	×	×
ファイルの閲覧	○	○	○
（ファイル内の）文字列、画像、セルにコメントを付ける	○	○	×
コメントの確認	○	○	×
コメント・提案の承認 / 拒否	○	×	×
他のユーザーを「共有」に追加	○	×	×

それぞれの「権限」でできること

〈共有の型〉を意識すると、**共有相手は全員が自分のアカウントから自分の端末でいつでもどこでもファイルに安全にアクセスできるようになり、権限に応じてコミュニケーションやコラボレーションを実現する**ことができます。
例えば、これからは〈共有の型〉を使い、児童生徒の作文や発表スライドなどを教師が共有することで、直接対面しなくても、離れている場所からでも、いつでもどこからでも確認し、適宜助言することができるようになります。また、児童生徒も個人あるいは共同での作業をクラウドに移して、自分のペースで継続できます。
編集者として「共有」すると、互いの「作業プロセス」までを含めたすべてが共有されます。また、一度共有しても、いつでも解除できますし、解除しなければ、いつでも最新版が共有された状態を保ちます。従来のスタイルのように毎回、情報が更新されるたびにメールに添付する必要はありません。

この〈共有の型〉をもっとも手軽に利用できるのが、Classroomです。[授業]ページを開き、[＋作成]の[課題]や[質問]、[資料]から児童生徒にさまざまなファイルやリンクを配付できます。スライドなどのアプリから直接共有を設定することもできますが、Classroomを使って配付すれば、共有すべき相手にミスなく共有できるだけでなく、指定した日時に自動配信したり、ファイルをどう扱うのかといった指示や提出期限をファイルと一緒に通知したりできるようになります。
[資料]から配付すると、自動的に[生徒はファイルを閲覧可能]な状態で配信されます。第5章でClassroomからの共有については詳しく解説しますので、参照ください。

〈可視の型〉: 思考の可視化・手書き入力・音声入力

〈型〉の名称とアイコン	〈型〉の特徴 使用するアプリと機能	〈型〉活用の恩恵	このアプリで解説！
〈可視の型〉 可視	共有されたファイル上で自分のアカウントから各自が入力することで、**リアルタイムで思考を可視化**できる。 Jamboard の付箋と フォーム は特に可視化に向いているアプリである。 ドキュメント の音声入力は可視化を容易にする。 Jamboard は手書き入力ができる。	発言に消極的な児童生徒も手軽に**自分のペースで考えを表現**できる。 **全員の考えを短時間で共有できる。** 思いついた考えを言語化し、数にとらわれず自由に表現できる。 自分や友達の考えがリアルタイムで把握できる。 考えたことを画面上で確かめることができるため、理解が深まる。	

児童生徒の思考や情報は、これまで「ノート」や「レポート」「ワークシート」「テスト」のような形で質量を伴ってほとんど**すべて紙の上**にありました。この場合、**保管場所**が必要でしたし、その情報が必要になったときには、置いてある場所まで取りに行かなければなりませんでした。

また、それぞれの児童生徒が各自で保管しているため、受け渡しには**物理的なやり取りが必要**でした。さらに同じタイミングで多人数が同じ資料を見ることはできませんでした。そのため**多くの手間と時間**がかかっていたのです。

〈可視の型〉を意識すると、**児童生徒の人数に関わりなく、空間を超えて全員の頭の中を一瞬で見える化**できるようになります。つまり、教室にいても、離れた場所にいても、一瞬で可視化できるのです。

可視化された内容は、教師だけが見えるようにすることもできますし、児童生徒にもリアルタイムで共有することもできます。**書き込むと同時に、教師や友達に自分の考えが可視化されていく**という活動は、これまでに体験したことのない新鮮な感動をもたらします。「教師と児童生徒一人ひとりがつながっている」という実感が持てるため、教室の雰囲気が変わるのを実感できるでしょう。

自分と他の児童生徒の考えがリアルタイムで可視化される環境は、他者との比較により**自分一人では気付けなかった視点**で、**思考を整理**し、**自分の考えを再構成して、分かりやすく表現できる力を育てる**のに役立ちます。

例えば、Jamboard の**[付箋]機能**や**[テキストボックス]機能**は低学年でも活用しやすく、リアルタイムで頭の中を「見える化」できます。**[画像を追加]機能**で、Web 上の画像を検索したり、あるいは自分が撮影した写真を[フレーム]と呼ばれるホワイトボードに直接取り込んだりすることもでき、イメージを手軽に共有することができます。また**[レーザー]機能**は、離れた場所にいても、今、着目してほしいところをすぐに指し示すことができます。

なお、フォーム で**一問一答のアンケート**を実施し、回答の結果をプロジェクターで共有しても、クラス全員の思考を即時可視化させることができます。フォーム には、自動集計し、グラフ化する機能が備わっており、ビジュアルに見せてくれます。

これまで「書く」作業は、基本的に一人で取り組むものでした。文章を完成させる前に、それも全員に「見える化」しておくことは到底不可能でした。口頭で発表させるにしても、時間がかかり、全員の考えを聞くことが現実的には難しかったのではないでしょうか。

しかし、今や〈可視の型〉は、作文やレポートを序論、本論、結論などの場面に「分解」し、その都度取り入れることができます。

また、ドキュメント の**音声入力機能**は、入力スピードが上がるため、思考のスピードで、そのまま言語化する、という活動が可能となります。入力が苦手な児童生徒にとって可視化を一層サポートしてくれる機能です。特別な支援を必要とする児童生徒にも有効[4]です。

Jamboard の**手書き入力機能**も、より柔軟に、スピーディーに頭の中のアイデアを可視化してくれるでしょう。

〈可視の型〉を意識して授業に取り入れると、「考えを短時間で言語化する」「考えをビジュアルに表現する」という機会を圧倒的に増やすことができます。他の児童生徒が書き込む様子を確認しながら、気付きを得て自分の考えを深めていけます。これは主体的・対話的で深い学びにつながっていきます。

〈可視の型〉は非常に手軽に取り入れることができます。すべての児童生徒が繰り返し言語化を試み、自らの考えを表現する機会を増やしていきましょう。

〈対話の型〉: コメント・チャット・オンラインビデオ会議システムで対話

〈型〉の名称とアイコン	〈型〉の特徴 使用するアプリと機能	〈型〉活用の恩恵	このアプリで解説！
〈対話の型〉 対話	Classroom や ドキュメント などの[コメント]機能を使えば、共有したファイルやアプリ上で**各自が入力した内容に対して返答でき、やり取りができる。**	**離れていても、同時でなくても、やり取りを継続し、対話を完結**させることができる。	
	コメントを付けたい場所に直接入力して対話できる。	**誰が誰に対して返答したのか判別**できる。	
	Google Meet を使えば、離れていてもオンラインで顔を見ながら話すことができる。	コメントを付けた本文の場所がすぐに見つかる。	
	Google Meet や ドキュメント の[チャット]機能で対話ができる。	一対一でも一対複数でもオンラインで対話ができる。	

〈対話の型〉は、以下のアプリで搭載されている**[コメント]や[チャット]機能**を使って実現することができます。

[コメント]	Google ドキュメント / Google スライド / Google ドライブ 内の PDF ファイル / Google Classroom
[コメント]及び[メモ]	Google スプレッドシート
[チャット]	Google ドキュメント / Google スプレッドシート / Google スライド / Google Chat / Google Meet

[コメント]や[チャット]機能を使えるアプリ

4 Google では、すべての児童生徒が学び、刺激を受け、最大限の可能性を発揮できるように、ユーザー補助を考慮したうえで Google for Education サービスを開発している。詳しくは「ユーザー補助に関する Google Workspace ユーザーガイド」を検索し、参照のこと。

Classroom や ドキュメント などの[**コメント**]**機能**は、〈可視の型〉でも使いましたが、投稿や記載内容について追加で説明したり、質問を受け付けたりと、ちょっとした対話をするのに大変便利です。

ドキュメント の場合、ファイル内のテキスト、画像、セルを選択して、その場所に文字どおりコメントを追加することができます。「こうしたほうがいいのでは？」「こう修正してほしい」など、**コメントしたい場所に直接書き込むことができる**ため、相手もそれとすぐに分かり、スピーディーに確認できます。

コメントを書いた人の氏名（アカウント）が必ず表示されるので、誰がどんな発言をしたかも分かります。また、対面でのリアルな意見交換では、記録が容易ではありません。しかし、コメントでは自動的に記録され、後から見返すことができるのです。

さらに、**コメントへの返信は時系列でスレッド状に表示**され、時間と空間を超えて対話が成立していきます。そのため、本文は影響を受けることなく、会話が実現します。班別での意見の全体交流が容易になり、児童生徒の考えを広げることができます。

授業中、あるいは自宅からでも、**児童生徒同士、あるいは児童生徒と教師が、必要な対話を簡潔に素早く行うことができるようになる**のです。あらかじめ個人で考え、記述したことを、コメントを使って意見交換をしたり、議論したりできるので新たな考えに気付いたり、自分の考えをより妥当なものとしたりする学びへとつなげます。また、「対話」には、学び合いとともに「相互評価」という側面もあります。

対面での会話を苦手とする児童生徒でも、コメントからなら気軽に対話に参加することができるというメリットもあります。しかも、教室での授業のように、挙手して指名されて発言するという順番を待つことなく、全員がコメントすることができ、対話の輪に参加することができるようになるのです。

ところで、コメント機能にはせっかくコメントを付けても、「相手になかなか気付いてもらえない」というデメリットがありました。しかし、Google Workspace for Education のユーザーであれば、コメントを使用して他のユーザーにタスクを割り当てることができます。

例えば、他学年の同じ教科の先生に向けて、作成したドキュメントについて一つ質問をしたい、という場面で、コメント内に半角で「@」、そして割り当て先の相手のメールアドレスを追加しましょう。すると、[[名前]に割り当て]という文字が表示されるので、左横のチェックボックスをオンにします。

ここで[割り当て]をクリックすると、割り当てた相手にメールが自動送信され、コメント機能を利用したタスクの割り当てができるのです。

割り当てられた相手はコメントを確認し、タスクが終了した時点で、[完了]をクリックしてコメントを非表示にすることができます。完了していないタスク（コメント）のみ、表示されるようルールをつくることで、確認も容易になります。

一方、ドキュメント スプレッドシート スライド に搭載されている[チャット]機能は、同じタイミングでファイルを開いているユーザー同士であれば誰でも活用できます。やり取りが長くなる場合にはチャットのほうがいいでしょう。ただし、ファイルを終了するとチャットのやり取りは残りません。特長を理解して、[コメント]でのやり取りと使い分けるといいでしょう。

チャット機能は、画面右上に表示されている[チャット アイコン]をクリックして使います。チャットボックスにメッセージを入力したらエンターキーで送信できます。この機能は、ファイルで作業しているのが自分だけである場合はチャットアイコンが非表示となり、使用できません。

Google Meet は Google のオンラインビデオ会議システムです。こちらは分かりやすく、離れていても対面で会話ができます。ゲストティーチャーに来校いただかなくても、児童生徒と対話が可能です。また、Google Meet のチャット機能は、画面右下の[チャットアイコン]をクリックして使います。テキスト メッセージを入力し、送信アイコン をクリックで送信できます。ビデオ会議を録画している場合にはチャットのやり取りも保存[5] されます。

〈対話の型〉を授業に取り入れると、**シーンとした教室でも、実は活発な会話がクラウド上で多数展開されている**という、これまでにはなかった光景が見られるようになります。

〈記録の型〉: 動画化・スクリーンショット・音声記録

〈型〉の名称とアイコン	〈型〉の特徴 使用するアプリと機能	〈型〉活用の恩恵	このアプリで解説！
〈記録の型〉 ⦿REC 記録	ファイルは基本的に自動保存される。 劣化しない。 物理的な保管スペースを必要としない。 検索でいつでも発見できる。 音声・動画・画像・ファイル等、さまざまな形で記録を残すことができる。	記録することで、後から振り返ることができる。 進行度やかかった時間を把握できるので計画を立てるのに役立つ。 記録を見返すことであまり取り組めていない課題に気付くことができ、Plan（計画）→ Do（実行）→ Check（評価）→ Act（改善）を繰り返すことでPDCA サイクルが身に付く。 実際の操作活動では消えてしまう複数の考え方をスクリーンショットで保存できるため、復元したり、比較して考えを深めることができる。	

〈記録の型〉を授業に取り入れると、**児童生徒の学習記録、ポートフォリオが充実し、成長の過程が蓄積**されていきます。

また、**これまで教師が児童生徒に向かって話したり、書いたりしてきた 1 回限りのものを記録**し、必要な場面で繰り返し、確認したり、再利用したりできるようになります。

1 人 1 台端末環境下において、児童生徒の学習活動はこれまで以上にコンピュータ上で行われることが多くなっていきます。

例えば、国語や英語などの教科書の音読で児童生徒に録音してもらい、Classroom で提出する、体育でマット運動の様子を撮影して、自分の姿や表現を客観視し、改善するなど、〈記録の型〉を取り入れることで、10X 授業デザインが実現します。

〈記録の型〉で活躍する代表的なアプリは、デジタルメモアプリ Google Keep です。思い立ったときに手軽にメモや写真を記録でき、さらにその情報にテキスト入力や手書きでメモを追加できます。調べ学習の際、Web サイトの URL を Keep に保存し、気付きをメモしておくこともできます。記録したメモは、スライド や ドキュメント に連携されているので、一瞬で再利用することもできます。

5　ビデオ会議を録画する機能は有料のエディションで提供されている。ただし、2021 年 12 月末までは無償提供される。録画中にやり取りされたチャットは、映像ファイルとともに ドキュメント のファイルで会議の主催者の Google ドライブに保存される。

Classroom は、日常的に〈記録の型〉で大活躍します。日頃 Classroom から課題や資料を配付していると、それだけで、やり取りを含めたすべてが自動的に記録されていきます。教師、児童生徒、双方にとって、「いつ何をしたのか」「どのタイミングで実施したのか」などを振り返ったり、分析したりするのに役立ちます。

Google Workspace for Education のアプリ群は、基本的に作成したファイルが自動保存されます。〈記録の型〉を積極的に意識すると、「その記録をどう活用するか」という次のステップに進めます。

また、見えている画面をそのまま画像データとして保存することを「スクリーンショット」と呼びます。スクリーンショットの方法は、デバイスによって異なります。以下に代表的なものを紹介しておきます。

Chromebook の画面	画面右下の時刻をクリックし、メニューから[スクリーンキャプチャ]を選択する。あるいは、[Shift]＋[Ctrl]＋[ウィンドウを表示 □||]を同時に押す。下のメニューのスクリーンショット ◙ を選択。画面録画 □◂ も選択可能。撮影したスクリーンショットは「画像」フォルダに、動画は「動画」フォルダに保存。
Windows の画面	[Print Screen (PrtSc)]キーを押すだけで OK。 画像は自動保存されず、クリップボードにコピーされている状態。
Mac の画面	[Shift]＋[command]＋[3]を同時に長押しする。 デスクトップに保存。
iPad の画面	[電源ボタン]＋[音量を上げるボタン][6] を同時に押し、すぐ放す。 「写真」アプリの「アルバム」＞「スクリーンショット」に保存。
Android 9.0 以降の画面	電源キーを長押しして「スクリーンショット」をタッチする。内部ストレージ内にある「Pictures」フォルダか「DCIM」フォルダに保存。

代表的なスクリーンショット撮影の方法

ちなみに Google はさらに教育機関向けに使いやすいものにしたいと、2021 年 3 月の OS アップデートですべての Chromebook に画面録画機能を提供しました。

こうした機能を活用することで、教師は画面で資料を解説しながらその操作を手軽に録画することができます。児童生徒に Classroom から作成した解説動画を配付することで、〈記録の型〉を活かした 10X 授業が実現できそうです。

6　ホームボタンがある機種の場合は、[電源ボタン]＋[ホームボタン]を同時押し。

〈創造の型〉: 思考のプロセスを経てアウトプット・表現

〈型〉の名称とアイコン	〈型〉の特徴 使用するアプリと機能	〈型〉活用の恩恵	このアプリで解説！
〈創造の型〉 	アイデアを「表現」と言えるレベルにまで高める創造的思考プロセス。 情報を調べ、整理し、まとめ、発表する一連の過程。 **ドキュメント** の[提案モード]や[コメント]機能で文章をブラッシュアップできる。 **ドキュメント** で、指示や記入欄を追加したり、必要な資料へのリンクを掲載したりして、あらかじめ指示や問いを教師が設定する「ワークシート」を児童生徒に提供することで思考や情報を整理し、まとめることができる。 **Jamboard** で[付箋]にアイデアを可視化した後、「思考ツール」の画像を[背景]に設定し、[付箋]を移動し、整理できる。	考える順番や内容が明記されているので、そのとおり作業することで学びを深めることができる。 扱う情報量が増え、比較や関連付け等の情報整理・分析の活動が充実する。 誰がいつどこをどう直したのか一目瞭然に示され、またその修正提案に対して、各自の対応も即時に行うことができる。 [背景]に設定しておくと、児童生徒が誤って削除・移動することがなくなり、作業に集中できる。	 

〈創造の型〉は、児童生徒の思考を「可視化」した後のプロセス、いわばアイデアの断片を**「表現」にまで高めるといった創造的なプロセスを支援するためのICT活用パターン**です。

新しい知識を得ても、そのままでは「学んだ」ことにはなりません。その知識や事象に対して、自分なりに気付きや疑問を言語化し、友達や教師に共有して、さまざまなフィードバックを受け取ります。新しい視点が加わることで、児童生徒は主体的に加筆修正したり、表現やイメージを変化させたりします。これを繰り返すと表現やイメージは再構築されて、どんどん洗練されていきます。学びをアウトプットするためには、こうした活動プロセスが必ず必要です。

〈創造の型〉を意識することで、児童生徒が主体的に学びを深めるために必要不可欠な作業でICTを活用することになり、従来よりもさらにスピーディーに、かつスマートに実行できます。

〈創造の型〉の活用イメージとしては、まず〈可視の型〉で **Jamboard** の**[付箋]**を使って、思考やアイデアをどんどん出していきます。続いて、この可視化されたアイデアである[付箋]を児童生徒がカテゴリーに分けたり、[付箋]の内容を書き換えたりすることで、次第に思考を整理することができます。ICTツールを使うことで、アウトプットの形に整えるための時間や手間を省力化できるのです。

例えるなら、頭に浮かんだメロディーを誰もが再現できるよう、可視化したものが"楽譜"です。具体的には、**Jamboard** なら[付箋]一つひとつが"音符"となります。この音符でメロディーをつくり、"楽譜"にするのに〈創造の型〉が役立ちます。

"音符"は"楽器"によって音色が変わります。"楽器"には、ピアノやカスタネット、笛、ギターなどたくさんの種類があります。Googleのアプリ群は、この"楽器"に似ていると言えます。

例えば Jamboard では、[背景を設定]機能で「ベン図」や「クラゲチャート」などの思考ツールを背景画像にして使うと、児童生徒の創造的な営みをサポートできます。背景にしたコンテンツは、児童生徒が移動したり、削除したりできない状態となります。つまり、「ワークシートをコピーして配る」のと同じことがペーパーレスでできるのです。

デジタル化されているので紛失しませんし、複製もすぐにできます。紙の大きさに制限されて自由に数多く書き出せないということもありません。

「比較する」「分類する」「多面的に見る」「関連付ける」「構造化する」「評価する」等の思考スキルを習得させる際に役立つ「思考ツール」は、児童生徒の「考える」という活動をサポートしてくれます。

他にも**「文章」で表現し、発信**する場合には ドキュメント が使えます。

作文やレポートなど、文章を書き上げたら、誰にでも伝わる文章になっているか、第三者の視点をもらって、また書き直します。〈創造の型〉で使える機能は、[提案モード]や[コメント]です。

ドキュメント の[提案モード]機能は、誰がいつどこをどう直したのか一目瞭然に示され、またその修正提案に対して、次のアクションがスピーディーに完結するため大変便利です。修正箇所は「承諾」をクリックすると本文にそのまま即時反映される一方、「拒否」をクリックすると本文はそのままの状態となります。修正を加えようとした意図も[コメント]でき、そのコメントに返信を付けることも可能です。作文やレポートを推敲する場面において、児童生徒同士、あるいは教師と児童生徒のやり取りが、時間と空間に制約を受けることなく行えるようになります。

さらに、ドキュメント に思考が活性化するような質問や記入欄を設定した「ワークシート」を作成することもできます。児童生徒は書かれている内容をヒントに、自ら考え、学びを深めることができます。ドキュメント 以外にも、スライド や スプレッドシート Jamboard などでも「ワークシート」を作成し、10X 授業に活用していきましょう。

今の小学生たちが大学受験に挑む頃には、入学試験がすっかり CBT（コンピュータ・ベースド・テスティング）化していく予定です。CBT とは、従来の解答用紙に手書きするのではなく、コンピュータ上で受験する新しいスタイルです。長文の課題文をスクロールして読んだり、複数の画面で課題文を提示したりといったパソコンの操作に、現在の日本の子どもたちはまだ慣れていませんが、「ワークシート」を使えば、こうした操作にも次第に習熟できるはずです。

〈評価の型〉: 自動採点・限定公開コメント・ルーブリック

〈型〉の名称とアイコン	〈型〉の特徴 使用するアプリと機能	〈型〉活用の恩恵	このアプリで解説！
〈評価の型〉 評価	フォーム には他のタブを開けない[ロックモード]を設定できる。	自動採点されたフォームで到達度を児童生徒自身が即時確認できる。	
	正解を事前に設定しておくことで、自動採点できる。	繰り返し問題を問いて到達度を高めることができる。	
	正解不正解に応じて、フィードバックを表示できる。	フィードバックを活用して個別最適化した学びを提供できる。	
	限定コメントによる個別のフィードバックができる。	フィードバックを短時間に返すことができる。	
	Classroom にはルーブリックを設定できる。	クラス全員へのコメントと限定コメントを使い分けることができる。	
	成績は自動集計され、平均点や提出期限も通年で記録される。	学習履歴が集約・保存され、事後の評価や補充指導に活かせる。	

最後に〈評価の型〉です。授業の最初や最後に用い、どんなことを学んだか、という学習した内容を整理・確認する場面で学びを深めるために取り入れることができます。

「振り返り」は「見通しを持つ」と「学んだことを確認し、次へつなげる」という二つの役割があります。新しい課題に向き合うとき、「この考え方を使うと解決できるかな」と今まで学習してきた既習事項を振り返ります。前時までの学習をよりどころにして、解決の見通しを持つのです。

また学習の最後には、この時間で分かったことや次に解決すべき課題など、今回の学習をもとにして自分が習得した知識や考え方、方法などを確認します。このとき、個人での振り返り、ペアやグループで対話しながらの振り返り、学級全体で学び合いを確認しながらの振り返りと、さまざまな方法があります。従来は紙のテストや口頭での発表が一般的でした。しかし、「話合いの活動」に時間がとられ、「まとめ」や「振り返り」の活動の時間まで確保できないという声も多く聞かれます。

〈評価の型〉では、アプリを使うことで短時間で効果的な振り返りの時間を設定することが可能になります。具体的には フォーム **が一番イメージしやすいアプリです。**例えば、一問一答形式にして、自由記述で投稿してもらい、内容をプロジェクターで全員に可視化する形でも、振り返りに有効です。選択式の質問を設定すれば、ビジュアルなグラフが自動で作成されます。

学びの成果を実感させ、学んだことや意欲・問題意識等を次につなげられるような質問を設定しましょう。〈型〉にこだわるのではなく、教科の特性や単元の展開、本時のねらい等に応じて柔軟に、そして適切に設定することが大切になります。

Classroom の[テスト付きの課題]機能は、フォーム と連携しており、すぐに[テスト機能]を使えるようになっています。思うより簡単に、定着状況について自動採点で確認できるテストが作成できます。

自動採点を有効にするには、フォーム にそれぞれの質問に対する[正解]と[点数]を事前に設定しておくことが必要となります。自動採点により、教師が児童生徒の状況を把握し、個別の支援を検討する材料をスピーディーに収集できるようになります。また、児童生徒が自身で到達度を確認しながら、同じテストを繰り返し受けて、自分自身で理解度を深めることもできます。

また、正解・不正解ともに回答に対する[**フィードバックの追加**]ができます。正解した場合には、「よくできました！」の言葉とともに別の フォーム で作成したより難易度の高いテスト問題へのリンクを掲載したり、不正解だった場合には、見直すべき教科書や動画などへのリンクを掲載することができます。この[フィードバックの追加]により、個別最適化した支援をすぐに始めることができます。授業での活用だけでなく、家庭学習においても授業内容を自発的に復習できる演習として利用できます。

さらに、問題の正答率など収集されたデータの分析により、教師は児童生徒に定着していないところが効率良く分かり、補充学習を行うなど、結果をもとに支援することができるようになります。

もう一つ、Classroom も振り返りの活動に最適なアプリです。操作手順の詳細は第5章で解説しますが、Classroom の[授業]ページから[＋作成]で[**課題**]を作成すると、評価やフィードバックが手軽にできるようになります。例えば、採点した後に[返却]をクリックすると、児童生徒へのコメントを添えて採点結果を知らせることができます。

ネットにつながるデバイスさえあれば、課題の採点やコメントをいつでもどこでもスキマ時間で進めることができます。なお、繰り返し使用するコメントは登録しておくことができます。また、[テキスト付きの課題]を選ぶと、そのまま フォーム でテキストを作成し、課題に添付できます。

Classroom **でのやり取りに慣れてきた先生には、[ルーブリック]機能**もおすすめです。

ルーブリックとは、学習の到達状況を評価するための基準で、「教育目標－教育活動－評価」の一貫性を確保しやすく、客観的な評価がしやすくなるという特徴があります。

評価基準は、教師が課題の中で児童生徒に重点的に取り組んでほしいと考えていることに基づいて設定します。**到達レベルを数段階に分けて特徴を記述するので、到達レベルが明確化される**というメリットがあります。ルーブリックは、児童生徒にも理解できる言葉を使い、授業で明確に提示することで、児童生徒の学ぶ意欲を引き出す効果を発揮します。なぜなら、児童生徒側からも、提出した課題がどのように評価されるかが明確であるため、取り組みやすくなるからです。

授業のねらい・目的と合格ラインという評価の基準を具体的に提示することで、○×だけでは測れないレポートやプレゼンテーション、実習などの複雑な課題を評価できるようになります。[ルーブリック]は スプレッドシート にエクスポートして、他の教師と共有することもできます。

〈評価の型〉として授業に取り入れ、意見を述べたり、まとめたりする作業が評価される基準をルーブリックによって示せば、児童生徒は単に暗記するだけでなく、より深く思考するようになります。教師も、児童生徒の頑張りを点数で認めることができる軸を持てるようになります。

以上七つが、授業の魅力と成果を10Xする型でした。

3 準備と評価等校務を含めた授業の効率を上げるための三つの型

本節では、**授業の効率を上げる三つの型**について紹介します。効率が上がり、今までよりも多くの時間が生み出せれば、その分、成果を高める活動に時間を配分することができるようになります。

〈時短の型〉: 自動配信・自動収集・自動集計

〈型〉の名称とアイコン	〈型〉の特徴 使用するアプリと機能	〈型〉活用の恩恵	このアプリで解説！
〈時短の型〉 時短	これまで紙を使うことによって物理的な移動が必要だった配付・回収が、ペーパーレスとなることによって、**一瞬で情報の受け渡しが可能**となる。 **いつでもどの端末からでも安全に最新の情報にアクセス**できる。 一度設定しておけば**作業フローを自動化**できる。 **情報を集約**できる。	**自分の都合の良いタイミングで情報を確認**できる。 一度の設定で同じ作業を自動化できるため、**時間も手間もかからない。** 物理的な移動がないので**一瞬で完了し、ミスや紛失もない。** 共有する相手を指定できるため、共有漏れがなくなる。 学習で活用する課題や資料を短時間で効果的に配付できる。	

〈時短の型〉は、**ICT を活用しなければ、まずあり得ないような大幅な時間短縮を成功させる活用術**です。しかも、そこに努力は不要です。ツールを使う際、単に〈時短の型〉を意識するだけで実現します。

〈時短の型〉には、**自動配信、自動収集、自動集計の機能**を使います。「ある情報を必要な相手に届け、さらにその情報に関連する必要な情報を追加して、また相手から返却してもらう」といった必要があるときに、大いに効果を発揮します。

教室ではどんな場面がイメージされるでしょうか？

児童生徒からの提出物がない日はありません。連絡帳、宿題、自習ノート、作文、テストなどなど。毎日多くのものが提出されているはずです。これらを素早くチェックし、返却することは、児童生徒の学習意欲を向上させるだけでなく、身に付けた力の定着にもつながります。

これまでの授業では、プリントの配付やテストの実施に、人数分を印刷したり、教室まで運んだりする手間だけでなく、後日忘れたり、なくしたりした児童生徒にも時間と手間がかかっていました。プリントにミスがあれば、回収したり、刷り直すということもありました。欠席した児童生徒に配付物を忘れずに届ける必要もありました。また、未提出の児童生徒を特定するには、自分で集計を終えなければ把握できませんでした。

こうした作業はいわば、当たり前に必要だったことです。そして、この時間を削減できるかもしれないなんて、考えたこともなかったかもしれません。しかし、デジタル化することで、できるだけ早く児童生徒の手元に返し、かつ、意欲を向上させつつも、先生方の負担をできるだけ減らしていく方法があります。それが〈時短の型〉です。

まずは Classroom を使いましょう。Classroom には[クラス]をいくつでも作成できます。[クラス]には、複数の教師と生徒をそれぞれ登録することができます。一つの[クラス]に登録できる「教師」の人数の上限は 20 人、「教師」と「生徒」を合わせた人数の上限は 1,000 人です。

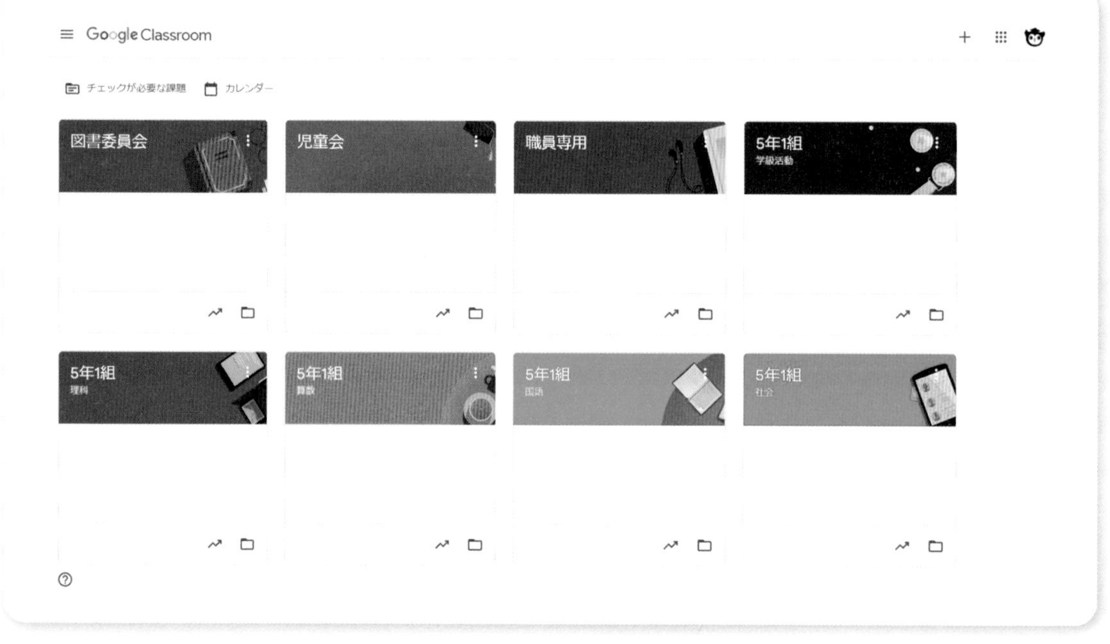

複数の[クラス]が設定された Classroom の画面

自分が受け持っているクラス、あるいは学年や教科ごとに[クラス]を作成しても OK です。委員会活動や部活動ごと、あるいは職員室を[クラス]にしても便利です。

操作手順の詳細は第 5 章で解説しますが、Classroom の[授業]ページから[＋作成]で**[課題]**機能を使うと、作成後、すぐに投稿したり、下書きを保存したりできます。指定した日時に投稿するように予定を設定することもできます。児童生徒が課題を完了して提出したら、教師は採点して本人にはクリックするだけで返却できます。

Classroom の課題作成画面

[クラス]に登録されている全メンバーに漏れなく配信できるだけでなく、複数の児童生徒、あるいは一人ひとりに個別配信することも可能です。

それぞれの課題には、提出期限を設定することもできます。どの[クラス]でどの課題をいつまでに提出するよう指示を出したのかは、[クラス]の **カレンダー** で一元管理されるため、一目瞭然となります。

未提出者も自動集計されているので、ひと目で分かります。提出を催促するメールもその画面からすぐに、何度でも送信できます。

フォーム もまた〈時短の型〉で活用できるアプリです。

例えば、イメージしやすいのは、「健康観察カード」です。家庭で保護者が子どもたちの健康について項目に基づいてチェックし、回答するというもの。

この健康観察カードを **フォーム** で作成してみましょう。

すると、健康観察カードを児童生徒に毎回印刷して配付し、回収する手間がなくなります。保護者も自分のスマホから、確認終了と同時に **フォーム** から送信するだけ。さらに、集計結果は自動的に一元管理され、グラフ化されます。

他にも学校説明会や文化祭などの行事の参加登録やアンケートに使えます。アイデア次第で多くの時間を短縮できます。

〈転用の型〉: 複製・再利用

〈型〉の名称とアイコン	〈型〉の特徴 使用するアプリと機能	〈型〉活用の恩恵	このアプリで解説！
〈転用の型〉 転用	すでに存在している資源（画像・動画・ファイル・サイト等）を**転用**する。 「編集者」として共有をかけられたファイルは、検索や複製、再編集が可能。 **[履歴]から過去の版をコピー**できる。 ドキュメント の[データ探索]機能で ドライブ に格納された関連ファイルをキーワードで検索できる。 ドライブ に保存した PDF や画像は ドキュメント に変換することで文字起こしが可能。 Classroom は過去の投稿を再利用できる。	一部を加筆修正するだけで短時間で必要な文書やワークシートを作成できる。 クラウド上の良質な教材を参考にすることでアイデアが刺激されたり、ヒントが見つかったりする。 これまでに学習した資料や過去に作成して忘れていたデータを再利用できる。	

デジタル化のメリットとして、データは劣化せず保存され、容易に複製や一部加工・修正することができる点をあげました。この特性を活用したのが〈転用の型〉です。

〈活用の型〉で見たとおり、クラウド上にはさまざまな教育効果の高い良質なコンテンツが存在しています。これをそのままそっくり活用するだけでなく、「リソース（資源)」として考え、〈転用の型〉で、目の前の児童生徒に最適なカスタマイズを行い、効率良く有効に活用しましょう。もちろん著作権には十分な配慮が必要です。

例えば、過去に自分が作成したファイルや、同僚の先生が作成し、[編集者]の権限で共有をかけてくれたファイルは、何度でも一部を加筆修正して再利用できます。もともとのファイルとは別に[ファイル]から[コピーを作成]してから、別のファイルとして編集できます。あるいは、もとのファイルをそのまま更新してしまっても、ドキュメント なら[ファイル]から[変更履歴]、さらに**[変更履歴を表示]**を続けてクリックすることで、過去の[版]にさかのぼって確認、復元することが可能です。この機能は、ドキュメント だけでなく、スプレッドシート や スライド Jamboard にも搭載されています。

なお、ドキュメント の**[データ探索]**機能を使うと、キーワード検索で過去のファイルやクラウド上の関連情報を発見し、利活用することができます。

PDF や画像から、文字起こしした ドキュメント を作成することができます（次ページの図参照)。

手順は、まず ドライブ にファイルのアップロード[新規]から PDF ファイルを追加します。続いて保存されたファイル名を右クリックし、プルダウンメニューから[アプリで開く]にポインタを置いて ドキュメント に変換するだけです。PDF が本文を編集可能な状態となり、加工・修正できるようになります。ドライブ は PDF だけでなく、なんと写真や画像の文字まで文字起こし可能[7] です。

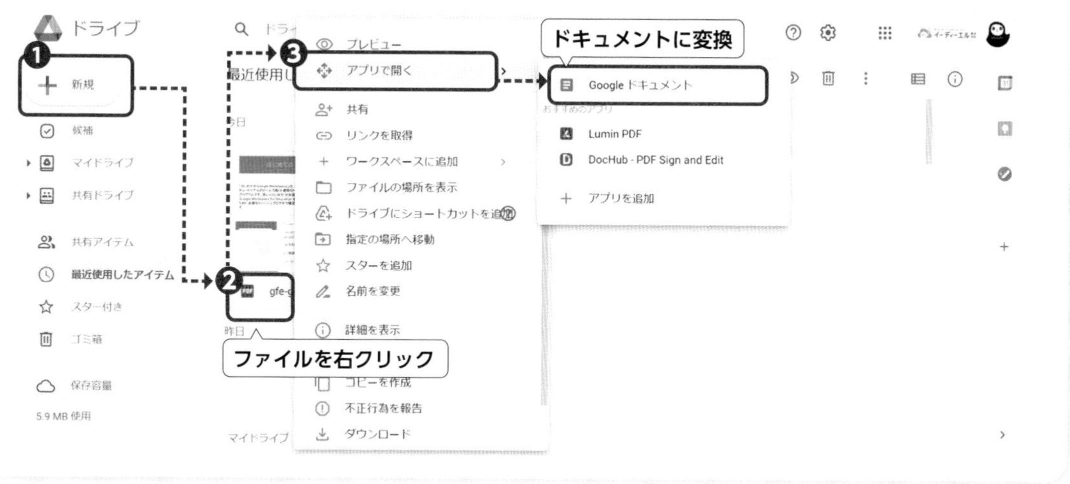

また、Classroom では複数の「クラス」に同じ[課題]や[資料]などを配信したり、過去の[投稿]を再利用して活用できたりします。〈転用の型〉を意識することで、個別最適化した教材を作成することがより簡単になります。〈共有の型〉や〈可視の型〉と組み合わせて、授業を 10X していきましょう。

〈復元の型〉: 即時保存・復元

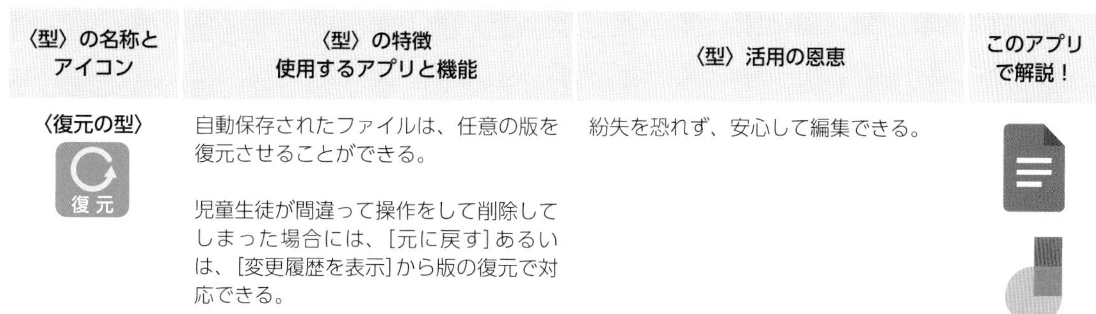

〈型〉の名称とアイコン	〈型〉の特徴 使用するアプリと機能	〈型〉活用の恩恵	このアプリで解説！
〈復元の型〉 復元	自動保存されたファイルは、任意の版を復元させることができる。 児童生徒が間違って操作をして削除してしまった場合には、[元に戻す]あるいは、[変更履歴を表示]から版の復元で対応できる。	紛失を恐れず、安心して編集できる。	

〈転用の型〉で説明したとおり、ドキュメント スプレッドシート スライド Jamboard には[**変更履歴**]機能があります。〈復元の型〉はこの機能を使います。この四つのアプリについては、いつでも過去にさかのぼって、版を復元できるのです。

プレゼンテーションやレポート、作文など、時間をかけて一生懸命に作成したファイルを保存し忘れたり、デバイスの故障で失ったりするのは耐えられないことです。内容を更新するたびに、いつも「上書き保存」を押したり、版を新しくして管理している、という方も多いのではないでしょうか。

Google Workspace for Education のアプリを使うことで、その不安と永久に決別できます。なぜなら、Google のアプリ群は、変更したデータが自動保存される[8]からです。

7　この文字起こし機能は、Google Keep や Google レンズ などのアプリにも搭載されている。画像を撮影してすぐに文字起こしできるため、アイデア次第でさまざまな場面で〈転用の型〉を活かすことができる。
8　アプリの設定に関する変更は自動保存されない場合もある。

ファイル名は付ける必要がありますが、「上書き保存」をしなくても、アプリが終了した時点で変更履歴が自動更新されます。もちろん変更履歴には名前を付けて、自分のタイミングで版を主体的に管理することも可能です。

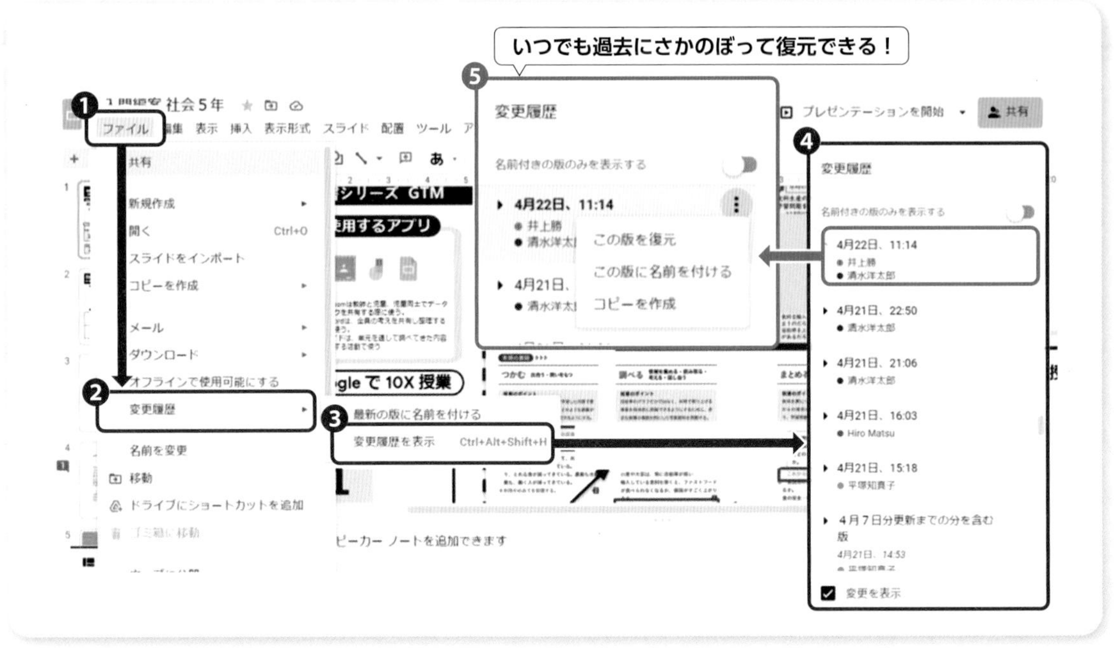

これがどんな意味を持つのでしょうか。

従来のように更新するたびに版を増殖させていくと、「最新の最新」とか「2021/04/14 最新版 2」とか、どれが最新だったのか自分でもすっかり分からなくなります。これが、コラボレーションで作成するファイルだとしたらどうなるでしょうか？　混乱は避けられません。

常に一つのファイルで、編集するようにしましょう。共同編集者には、常に最新の状態のファイルが共有されます。変更履歴は誰が編集しても残ります。

共同編集者のうちの誰かが誤って削除したり、変更したりした場合は、[変更履歴] ですぐに前の状態の版を確認できます。そして、いつでもその変更履歴からそのときの版に復元できますし、現在の版と別にその版だけ複製することもできます。

[変更履歴] という機能を知っていれば、いつでも〈復元の型〉を使えます。

以上が、「10X 授業 10 の型」となります。授業のどの場面でどのアプリを使えるのか分からないときには、まずはこちらで紹介したアプリを使ってみてください。他にも利用できるアプリや機能はたくさんあります。一つずつ、ご自身の授業で実際に使ってみながら、レパートリーを増やしていってみてください。

「10X 授業 10 の型」とアプリ

「10X 授業 10 の型」で使えるアプリの種類と機能

本節では、Google Workspace for Education アプリを中心にして「10X 授業 10 の型」との関係について、これまでとは別の角度から解説します。まずは、第 2 節、第 3 節でそれぞれ解説した**〈型〉で使えるアプリを含め、基本となる 14 のアプリについて整理し、まとめました。**

基本となる 14 アプリとその目的・使い分け

授業や授業準備で特によく使われるアプリは、14 になります。

なお、アプリは**単体で使用することもありますが、基本的には組み合わせてデザインする**ものだとお考えください。Google Workspace for Education アプリ群は、いわば「文房具」です。鉛筆だけで書くのではなく、マーカーや定規を使ったほうが見やすくなるようなものです。使用する色も、1 色より 3 色で意味付けしたほうが記憶に残りやすいでしょう。

アプリのそれぞれの特性、共通している機能は、「10X 授業 10 の型」を意識して使っているうちに自然と習得できます。目的は「アプリを使うこと」ではなく、あくまで「単元のねらいを達成し、児童生徒の学びを深めること」にあります。

それでは、それぞれのアプリについて、役割や似ている機能の使い分けについて確認していきましょう。

Google Classroom

◆**クラウド上の教室**

・資料（ファイル・リンク）の配付 / 回収 / 予約投稿
・質問の配付 / 回収 / 結果共有
・課題の配付 / 回収 / 評価
・課題の未提出者への一斉連絡
・採点後の評価の返却
・限定公開コメントのやり取り
・常設 Google Meet のリンク表示
・複数の教師（20 人まで）と共同運営
・Classroom のドライブにデータが自動保存
・ルーブリックの作成・評価・返却

Google Meet

◆**ビデオ会議システム**

・オンライン会議
・オンライン授業
・Google Meet 上でチャット
・画面共有
・背景のぼかし、バーチャル背景の設定
・最大 49 人までのレイアウト
※ブレイクアウトセッション（有料サービス）
※会議参加者リスト自動生成（有料サービス）
※会議の録画（有料サービス）

まず、Classroom と Google Meet です。

この二つは、他のアプリと少し分けて把握しておくべき存在です。というのも、他のアプリと組み合わせて使うことで 10X 授業をよりスマートに実現する肝心要とも言うべきアプリです。

特に Classroom は授業で活用する頻度がもっとも高くなります。**まずは、このアプリから慣れていく**といいでしょう。

Google Meet は、**オンライン会議システム**として遠隔授業に必須となるアプリです。

Google Meet を取り入れると、遠隔の学校との交流、ゲストティーチャーによるオンライン社会科見学や講演会にも使えるなど、**リモート環境でこれまでと同じことができる**ようになります。

また、教室に来ることができない児童生徒のためのオンライン授業や保護者面談に使用することもできます。

また、このアプリは**教室でも大いに活躍**します。例えば、**教室の後ろで黒板や電子黒板が見えにくい児童生徒のために「画面共有」を行う**ことも、すべての学年、教科において可能です。とある児童生徒の画面をクラス全員に見せたいとき、共有してあれば、教室の一番前にあるデバイスにわざわざ接続し直す必要なく、教師の端末からすぐに投影できます。

続いて基本の八つのアプリです。最初のステップはこのアプリのうち一つを選び、授業で使ってみてください。そして慣れてきたら組み合わせて使ってみましょう。すべて直感的に活用できます。

初学者が授業に取り入れやすいアプリから順番に解説していきます。

Google Jamboard

◆デジタルホワイトボードアプリ

・付箋・テキストボックス
・画像挿入
・ペンやブラシなど4色4種類手書き
・背景の変更・固定でワークシート化
・最大20のフレーム
・同時編集（最大25人）
・変更履歴
・手書き入力

Google フォーム

◆アンケートフォーム・自動採点テストアプリ

・11種類の回答形式
・自動収集・グラフ化
・テストモードで自動採点・分析
・ロックモード（他のタブを開けなくする）
・回答ごとにフィードバック
・分岐型アンケート・テスト
・スプレッドシートへの出力
・公開の限定

Jamboard と フォーム の二つは、授業にもっとも取り入れやすいアプリです。

まず Jamboard は低学年でも大人でも意見やアイデアを[付箋]によって可視化することが簡単です。移動させ、分類する活動を通して思考を整理し、まとめることが容易になります。個人でもグループでも、大型提示装置に投影することで教室全員でも、授業中に使用できる場面がたくさんあります。

フォーム は、授業の最初と最後、「振り返り」の場面で使用できます。理解度を確認したり、学んだことを言語化する活動が短い時間で効果的にできるようになります。

Jamboard の活用イメージ

フォームの活用イメージ

Google Keep

◆多機能メモアプリ

- メモに画像を追加
- やることリストとしてタスク管理
- 音声や写真から文字起こし（モバイルのみ）
- 音声でアイデアを記録（モバイルのみ）
- 場所や時間でリマインダーを設定
- メモを共有
- メモを検索
- メモをアーカイブ化 / 復元
- メモの色分けと固定表示
- ドキュメントとの連携

Google 検索

◆検索アプリ

- キーワード検索 / 画像検索 / ニュース検索 / 動画検索 / ショッピング検索 / 地図検索 / 書籍検索 / フライト検索 / 論文検索（Google Scholar）
- 音声入力
- 単位を換算（変換）例):「1 ヤードをメートル」「1349930000 立方キロメートルを東京ドーム」で検索
- Google 内の学術論文のみを対象にして検索してくれる機能
- Google アラート: キーワードを設定しておくと、その日にインデックスされたそのキーワードに関するページをメールで送ってくれる機能

Keep と Google 検索 の二つは、調べ学習の場面で大いに活躍してくれます。Keep は文字や画像を手軽にメモできるので、低学年から使いやすいアプリです。

ドキュメント と スプレッドシート 、そして スライド は、学びの主役となるアプリです。あらかじめ児童生徒への活動の指示や記入する枠などを設定し、「ワークシート」として使用すれば、目の前の児童生徒に最適化した学びを提供できます。Classroom と組み合わせ、［課題］機能を使って配付することで、「閲覧のみ」「個人で作業」「グループで作業」といった目的に応じた設定も手軽に実現します。

ドライブ は、ドキュメント や スプレッドシート スライド で作成したファイルはもちろん、PDF や画像、動画、音声などあらゆるファイル形式のデータを格納しておけるクラウド上の倉庫のようなものです。ただし、ドライブ は使用しているうちにだんだんと活用のイメージがつかめてくるアプリです。慣れないうちは積極的に使用しなくても大丈夫です。

ただ、Classroom の[授業]タブの画面右上に[クラスのドライブフォルダ]というリンクがあり、こちらはぜひ知っておいてください。ここをクリックすることで、Classroom で配付した資料や課題のファイルが一元管理されています。

〈転用の型〉で解説したように、PDF や画像ファイルの文字を ドキュメント に変換することで文字起こしができますが、これは ドライブ の機能を使った作業となります。

Google ドキュメント

◆文書作成アプリ

・音声入力
・コメント / 脚注 / ブックマーク機能
・変更履歴
・画像 / リンク挿入
・表 / グラフ挿入（スプレッドシート 連携）
・見出し設定 / 目次作成
・ドキュメントの概要を表示
・Microsoft Word との互換
・PDF で出力
・同時編集（最大 100 人）
・［データ探索］で情報検索

Google スプレッドシート

◆表計算アプリ

・関数
・グラフ作成
・条件付き書式設定
・他のファイルとの連携
・コメント機能
・画像 / リンク / メモ挿入
・Microsoft Excel との互換
・PDF で出力
・変更履歴
・同時編集（最大 100 人）
・［データ探索］で見え方やデータ分析の提案

Google スライド

◆プレゼンテーションアプリ

・画像・動画・リンク挿入
・アニメーション
・変更履歴
・視聴者との Q & A セッション機能
・スライドショー
・レーザーポインタ
・Microsoft PowerPoint との互換
・PDF で出力
・同時編集（最大 100 人）
・コメント機能
・スピーカーノート（音声入力）
・［データ探索］で AI がデザイン

Google ドライブ

◆オンラインストレージアプリ

・動画、PDF、Microsoft Office ファイル、音声ファイル、写真などのアイテムを保管可能
・Adobe ファイル等のプレビュー機能
・削除したファイルの復元
・ファイルオーナーを組織にする共有ドライブ
・ファイルオーナーを個人にするマイドライブ
・共有されたファイルを格納する共有アイテム
・最近使用したアイテムで素早くアクセス
・重要なファイルにスターを付けて管理

Google Chat	Google サイト

◆チャットアプリ ・個人へのダイレクトメッセージのやり取り ・グループでのチャットルームの作成 ・資料（ファイル・リンク）の配付 / 回収 ・Google Meet の設定	◆ Web サイト作成アプリ ・専門知識不要で Web サイトが作成可能 ・レスポンシブ対応でスマホサイトが自動生成 ・Google サービスとの連携・埋め込みが可能 ・Web サイトを共同編集できる ・閲覧制限可能

Google Chat と Google サイト は情報を集約するのに、とても効果的なアプリです。必ず使ったほうが良いということではありませんが、活用できれば「ココだけ見れば良い」という「場」を設定できるのでおすすめです。

Chat は、チーム向けに設計されたメッセージをやり取りするためのプラットフォームです。

1 対 1 のチャットでも、特定のグループで作業する場合でも、Chat を使えばチームでの組織的なコラボレーションを簡単に行えます。ドキュメント スプレッドシート スライド をすべて、1 か所で共有して、チームで話合いができる「場」をクラウド上に簡単に創出できます。

サイト は、レイアウトを工夫することで大量にある学習情報を整理し、見やすくすることができます。このアプリも ドキュメント スプレッドシート スライド 等を埋め込めるため、ドライブ に格納したファイルを関係者がすぐにアクセスできるようになり、非常に便利です。

クラスの Web サイトや委員会、部活動など、必要な情報を一元管理するのに最適なアプリです。共同編集できるので、複数のメンバーで常に情報を更新することで、「ここさえ見れば全部分かる」という情報の拠点を創出できます。

Chat の活用イメージ

サイトの活用イメージ

Google グループ	Gmail

◆グループ設定アプリ

・1つのメールアドレスでグループのメンバー全員にメールを一斉送信
・グループのメンバー全員への共有設定が可能

◆メールアプリ

・メールの送受信
・デバイスフリー（どの端末からでもメールにアクセス可能）
・迷惑メールのフィルタリング除去率 99・9%
・ラベル機能
・情報保護モード
・オフライン対応

最後に、Google グループ と Gmail について解説します。この二つは授業準備を効率化するのに非常に役立ちます。

まず、Google グループ は特定のメンバーをあらかじめグループとして一つのメールアドレスを設定しておくことで、全員への連絡、共有の設定、予定への招待などが一元管理できます。毎回、メンバー全員のアドレスを思い出したり、入力したりする手間がなくなりますし、連絡漏れを防ぐことができます。Google グループ で設定しなくても、Classroom の[クラス]に登録すると、自動的にこのグループアドレスが設定されることになります。そのため、[クラス]からの配付や設定が手軽なのです。

Gmail は外部との連絡手段と捉えられていますが、自分へのやることを思い出させてくれる機能としても活用することができます。すべてのアプリから自分に対する設定の追加・変更の連絡が Gmail に届く仕組みになっているからです。

ラベル機能やフィルタリング機能を使いこなすことで、複数の「やること」を記憶しておく必要がなくなります。設定しておけば、Google がリマインドしてくれます。

他にも授業で利活用できるアプリは、Google マップ や Google Earth などいろいろあります。興味を持ったものから、一つひとつ授業に取り入れてみてください。

次章では、具体的な授業のイメージがつかみやすいように、小学5年生の社会科から1単元4時間を選び、アプリと「10X 授業 10 の型」をどのように授業に取り入れるといいのか、そして実際の授業デザインをどう行うかを具体的に見ていきましょう。

Column 3

全児童39名小規模校のICTへの挑戦

Google for Educationを全教育活動で意識して活用

茨城県大子町立生瀬小学校長　清水洋太郎

1. ICTは子どもの幸せのために

生瀬小学校は、茨城県の北西山間部の大子町にある全校児童39名の小規模校です。私は新任2年目の校長ですが、子どもたち、保護者、教職員とともに力を合わせて、「子どもたちの幸せのため」にゼロからスタートして、飛躍的に活用が進んだICT活用の事例をご紹介します。

私はもともと教頭職を4年間、教育委員会の勤務をのべ8年間経験した後、2020年度に大子町立生瀬小学校に赴任しました。初めての学校、初めての校長ということで、当初はじっくりと学校経営に取り組もうと考え、ICT活用について、はじめは特に積極的に動いていませんでした。

しかし、昨年度当初の休校要請により5月31日までの臨時休校が決定し、オンライン教育に取り組まざるを得ない状況になりました。

こうした状況を背景に、2020年度は、「未来を幸せに生きる力を育む教育の推進」という教育理念のもと、全学年でICTを活用することにしました。約2か月の臨時休校期間中は、Google Classroomから課題を配信してのオンデマンド学習による学習保障や、Google Meetでのオンライン面談による生活支援に取り組みました。

学校再開後は、積極的にGoogle for Educationを活用し、授業はもちろん、学校行事、健康観察や委員会活動など全教育活動でICT活用を推進しました。実践を重ねる中で、Google for Educationの特徴であるクラウドを活用して、学びの個別最適化や共有が実現し、児童の自ら学ぶ意欲や共に学び合う意識も高まりました。

2. 大子町の掲げる「六つのK」とは

大子町教育委員会は、Google for Educationを通して得られる効果として、「6K」を提唱しています。「6K」とはGoogle for Educationの良さを表す**「協働」「共有」「Keep（自動保存）」「活用」「個別最適化」「可視化」の六つの頭文字**であり、学校現場の実践を通して生まれた活用のポイントとも言えます。

特に大事だと考えているのが、**「共有」**と**「Keep（自動保存）」**です。どこにいても、どんな端末からでも、誰もが最新のデータにアクセスし、活用することができます。

Google for Educationにはさまざまな利点や活用方法がありますが、突き詰めていくと、**「みんなで教材や資料などのデータを共有して、協働しながら学ぶ」**ことが、最大のポイントだと考えています。

大子町がGoogle for Educationを導入した3年前は、まだ自治体や学校での認知度が低く、「なぜGoogle？」という声もないわけではありませんでした。しかし、時間も場所も端末を選ばずにデータ（教材や資料等）にアクセスできることは、Googleならではの大きなアドバンテージであり、それが今の実践に生きています。

本校では2018年度からGoogle for Educationを導入したにもかかわらず、実は、2年間は調べ学習以外ではほぼ使われていない状態でした。

2020年度は、子どもも教職員もゼロからのスタートとなり、若手やベテランに関係なく、一緒に手探りで進めざるを得ませんでした。しかし、だからこそ、みんなで協力してたくさんの議論を交わす必然性があり、結果として教職員同士も同僚性を高めていったと感じています。

そして、ICTを活用したことで良い結果が出始め、自信につながっていきました。義務感だけでなく教職員自身が一生懸命楽しみながら取り組んだことで、結果として子どもが力を伸ばし、保護者との信頼も深まる…という良いサイクルが生まれ、ICTスキルが上がっただけではなく、教職員の資質・能力の向上、働き方改革、さらには組織力、学校力も高まったと感じています。

3. 低学年では「Google Jamboard」が大活躍

小学校でGoogle for Educationを活用する際、特に低学年でもっとも使いやすいと感じたのは「Google Jamboard」です。6Kのうちの**「可視化」**がしやすいのが特徴で、[手書き入力][音声入力][付箋]を使い、低学年でも考えを可視化して共有しやすいアプリです。もちろん、ドキュメントやスプレッドシートでも簡単に共有はできるのですが、思考を表現するという点では、低学年の児童にはややハードルが高いと感じています。

また、ICTを授業で活用するメリットとして、例えば、国語を例に挙げると、授業の中のやり取りをデータ化して残せるという利点もあります。小学校の国語では「話す・聞く、書く、読む」の三つの観点を目標としています。授業の中で、これまでは流れていってしまったやり取りを、音声入力でドキュメントに残したり、動画や録音データとして残したりすることで、何度でも繰り返し確かめることができます。将来的には、一度読んだ文章やその場で交わした会話を即時に「理解し→表現する力」も必要ですが、そのスキルを養う過程として、書いたり話したりした内容が可視化されて保存されていること、さらに活用できることはとても大きな利点だと感じています。また、Google for Educationを使うことで、友達がどのような根拠で考えたかを、より簡単に深く知ることができるようにもなります。さらに、国語に限らず、授業のさまざまなログがドライブに蓄積されていきます。このデータを今後の授業や個人の学習にどう生かしていくかは、本校に限らず、これからの課題となっていきそうです。

4. 自然とICTのハイブリッドを目指す

一般論ですが、「都市部の大規模校の方が優れている、地域間の教育格差がある」という見方も一部にはあると思います。しかし、ICTのおかげで山間部の小さな学校だからこその良さを生かせる機会が増えたと感じています。本校の児童はみんな素直で純朴な子たちですが、ICTのスキルは全国でもトップクラスだと自負しています。

豊かな自然と触れ合いながら、一方でICTを活用して先端の学びを経験し、広く世界とつながっていく…、これからの教育の一つのモデルになるのではないかと思っています。そして、都市部と山間部といった物理的な距離も、ICTを使うことでシームレスにつながり、それぞれの良さを補完し合える可能性があると感じています。

今後も恵まれた自然環境を生かし、ICTとのハイブリット教育の実現を目標に、いつでも、どこでも、子どもたちが「未来を幸せに生きる力」を育むための有効なツールとして、ICTの活用を推進していきたいと考えています。

学校園での全校田植えの様子を端末に記録する児童の姿

第3章

「10X 授業 10 の型」で創る授業デザインの基本

1 Google ティーチャーズ・マップ (GTM) を活用して 10X 授業を即実践！

ここまで序章と第 1 章では、Google 式 10X の考え方とアプリをかけ算すると、なぜ教師にとっても、児童生徒にとっても「ワクワクする授業」をデザインできるのか、なぜ効率を劇的に上げながらも、「主体的・対話的で深い学び」と「学力向上」が実現できるのか、について解説しました。

ICT ツールを授業に取り入れるだけで、授業が変わることがイメージいただけたと思います。

そして、第 2 章では、複数の ICT ツールに共通して装備されている**「機能」**に着目し、その機能が授業にどう作用するのか、その効果と活用場面について考え、独自に 10 のパターンに分けて「10X 授業 10 の型」と命名・整理し、解説しました。

〈型〉を意識することで、従来の授業のどの部分で ICT をより効果的に活用できるのか、気付くヒントになるはずです。

とはいえ、やはりご自分の授業で明日から ICT 活用を実践していくとなると、まだまだ具体的な事例が欲しいところです。授業の始まりから振り返りまで、10 の型とアプリをいつ、どの場面で、どう使うと **10X 授業**になるのか。もし、**必要最小限かつシンプルに可視化されている授業のデザイン案**があれば、それを参考に自身の授業にもすぐに応用できるようになるのではないでしょうか。

「Google ティーチャーズ・マップ（GTM）」とは

そこで本書では、**具体的な授業デザイン案、つまり「1 単元全体」あるいは「1 時間全体」を見通した「先生のための地図」**を準備しました。地図さえあれば、たとえ初めて向かう目的地であっても、地図を頼りに安心してたどり着くことができるはずです。

Google Workspace for Education を使った 10X 授業のデザイン案ですから、これを**「Google ティーチャーズ・マップ」と呼ぶ**ことにしましょう（以下、GTM とする）。これから AI 時代を生き抜いていく子どもたち。そして、その未来を拓く新しい教師像は、目の前の児童生徒に合わせて柔軟に授業で扱うコンテンツ（内容）を編集する**「コンテンツ エディター」**なのです。

GTM は、あくまでも一つの「授業デザイン案」です。まずは本書の GTM で、授業の魅力や成果を 10X させるヒントを見つけていただけるよう心がけましたが、同じ単元や時間でも、教師によって違うアプリを使い、違う素材を使うことが想定されます。対象となる児童生徒によっても変わってくるはずです。今後は、多くの先生方の手により新たな GTM がどんどん増えていくことを期待しています。

インストラクショナル デザイン[1] 研究では「ガニエの 9 教授事象[2]」がよく知られていますが、本書

1　直訳は、「教育設計」。学習活動の効果、効率、魅力を高めることを目指したシステム的なアプローチに関する方法論。

では大きく四つに授業の流れを整理しました。

①学習課題の把握➡つかむ / 出合う[3] / 問いを持つ
②児童生徒の活動: 個別ワーク（個人作業）
③児童生徒の活動: グループワーク（共同作業）
（②③）**➡調べる / 考える / 表現する**
④まとめと評価➡まとめる / 振り返る / 評価する

どの教科でも**「課題をつかむ」「課題と出合う」**際に有効なICTツールの〈型〉があります。同様に、**「調べる活動」「表現する活動」「振り返る活動」**にも効果的な〈型〉が存在します。

GTMは、小学校1年生から中学校3年生までの全学年、全教科・領域について71種類を作成し、第4章でまとめて掲載しました。低学年であればあるほど、使用するアプリの数や活用の〈型〉が少なくても効果を発揮するため、まずは、低学年のGTMから読み進めていただければ、最速最短でシンプルかつ必要十分な授業デザインを理解できるでしょう。

「複数のアプリを使って、すべての〈型〉を早くマスターしなければいけない」と考えるのではなく、**まずは、一つのアプリ一つの〈型〉から始めてください**。一歩一歩、ご自身のペースで大丈夫です。

小学校5年生社会科の四つのGTMを使って、10X授業デザインを理解する

さて本章では、小学校5年生の社会科「これからの食料生産とわたしたち」という単元（5時間扱い）のうち、4時間を取り上げ、解説していきます。これは、問題解決能力の育成を目指す社会科の授業は、「つかむ」➡「調べる」➡「まとめる」という学習段階で構成されることが多く、その結果、さまざまなアプリ、さまざまな〈型〉を意識するのにちょうどよい場面が数多くあるためです。

第3章を読むことによって、第4章のGTMにも共通する授業デザインの舞台裏が詳しく分かります。**どんな目的、どんな場面で、なぜその〈型〉を使うべきなのか、どんな準備が必要なのか**。紙面の制約もあって、GTMには書ききれなかった部分までを丁寧に解説しました。特にこの後の「GTM活用のポイント: アプリを使うだけで授業に取り入れられる五つの〈型〉」は、前提条件となりますので、必ずご確認ください。

私たちが第4章のGTMを作成する際に意識した、すべてのGTMに共通する前提条件やそのアプリを選んだ理由などを理解することで、10X授業デザインの「コツ」をつかむことができます。

最後に強調しておきたい点を述べておきます。

まず、**〈型〉は必ずしもすべて使う必要はありません**。一部の〈型〉を意識するだけで成果十分という場面や授業も、多々あります。本書のGTMは、できるだけ多くのヒントを提供しようと、特に第3章のGTMには毎時、多くの〈型〉を紹介していますが、「こうでなければダメ」というものではありません。

また本書では、**授業のすべてにおいてICTを活用しようとするのではなく、もっとも効果的な場面においてのみ活用すべき**だと考えています。これは、GIGAスクール構想が本格的に始まった令和の時

2　学習心理学者ロバート・M・ガニエが提唱した学習支援モデル。
授業や教材を設計して教える際、どのように行えばよいかというプロセスを整理し、九つの働きかけを提案している。
3　本書では、「板書シリーズ」の表記に合わせ、「出合う」と表記する。

代においても、従来のアナログ授業は、変わらず大きな教育的意義を持ち、ICT はさらにその意義を高め、補填拡充する役割を担う有効な手段だと考えるからです。

本書で紹介した Google Workspace for Education の活用例を参考に、すべての教科等において、クラウドをもっとも効果的に利活用できている授業とはどのようなものであるかを考えてください。そして、ぜひ具体的な ICT 活用のイメージを持ち、どんどん応用していただきたいと思います。

p.80 からは、いよいよ授業を「分解」し、「パターンを発見」して「抽象化」した後の**「手順化」**について詳しく解説していきます。学年、教科、領域を問わず取り入れられます。

すでに日常的に ICT を活用している学校では**「やりたかったができなかったことができるようになった」「できていたことの質が高まり、かつ、効果的に行えるようになった」**という感想が先生たちから上がってきています。

「アナログが良い」「デジタルが良い」という二者択一ではなく、「デジタルの良さ」が有効に活かされる場面で「アナログの良さ」を補填拡充する意味で ICT を利活用するということを根幹に据えていきましょう。

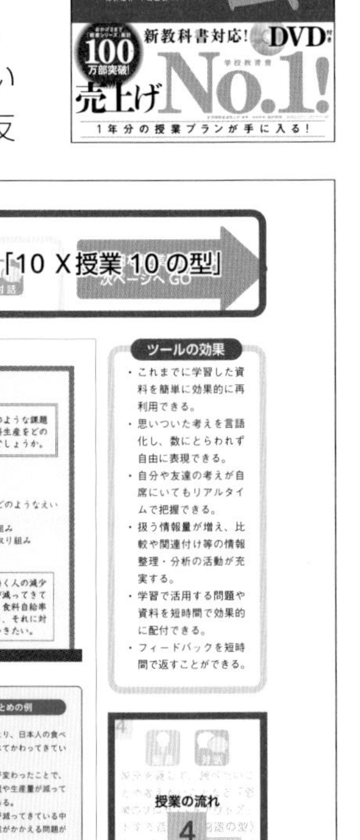

GTM の見方・使い方

本書の GTM は、「板書シリーズ」として著名な『板書（イラスト）で見る全単元・全時間の授業のすべて』（東洋館出版社）を下敷きに作成しました。小学校は 2020 年度から、中学校は 2021 年度からスタートしている新しい学習指導要領に完全対応されており、先生の負担を減らして、子どもたちの反

小学校
社会
第5学年
10X 授業 10 の型（ビフォー）
ティーチャーズ・マップ（TM）
第1時 / 5時
意識する〈型〉
本時間で意識すべき「10 X授業 10 の型」
次ページへ GO

板書シリーズ 実践活用例の概略
使用するツールと機能
Google Classroom / Google Jamboard / Google スライド
Jamboard：付箋・テキストボックス / 背景を設定 / 同時編集
スライド：画像・動画・リンク挿入 / 同時編集 / コメント

つかむ 出合う・問いをもつ 1/5
これまでの学習や資料から、食料生産における課題を話し合おう
本時の目標
これまでの学習を振り返ったり、食料自給率のグラフなどを読み取る活動を通して、食料生産について話し合い、学習問題を設定する。
本時の評価
・食料自給率のグラフなどから問いを見いだし、食料生産の課題について考え表現している。【思①】
・これからの食料生産について、予想や学習計画をたて、追究し、解決しようとしている。【主①】
用意するもの
これまでの学習の振り返り、実際の写真資料、主な食料の自給率のグラフなど

1 これまでの学習のふりかえり
・日本人の食生活が、和食中心から洋食へと移った。
・米の生産量や消費量が減ってきている。
・米から別の作物にかえたところもある。
・資源量が減り、とれる魚の量が減っている。
・農業も水産業も、働く人が減ってきている。
・新しい技術の開発が進んでいる。
2 本時のめあて
食料生産の課題について話し合い、学習問題をつくりましょう。
3 気づいたこと
・日本の食料自給率が低い
・日本は食料の多くを輸入に頼っている。
・国産のものだけだとファストフードが食べられない。
4 ぎもん
・日本の食料自給率が低いのはなぜだろうか。
・食料を輸入できなくなったらどうなってしまうのだろうか。
・自給率を上げるためにどのような取り組みがあるだろうか。
5 【学習問題】
日本の食料生産にはどのような課題があり、これからの食料生産をどのように進めたらよいのでしょうか。
6 調べること
・食生活の変化により、どのようなえいきょうがあるか。
・食の安全・安心の取り組み
・食料の安定的な確保の取り組み
本時のまとめ
日本の食料生産には、働く人の減少やなどにより、生産量が減ってきている作物がある。また、食料自給率が低いことが問題であり、それに対する取り組みを調べていきたい。

ツールの効果
・これまでに学習した資料を簡単に効果的に再利用できる。
・思いついた考えを言語化し、数にとらわれず自由に表現できる。
・自分や友達の考えが自席にいてもリアルタイムで把握できる。
・扱う情報量が増え、比較や関連付け等の情報整理・分析の活動が充実する。
・学習で活用する問題や資料を短時間で効果的に配付できる。
・フィードバックを短時間で返すことができる。

本時の展開 ▷▷▷
授業の流れ

つかむ 出合う・問いをもつ
板書のポイント
農業や漁業について、これまで学習した内容で使用した資料をもう一度活用し、どのような課題があったか学習を振り返ることができるようにする。
T これまで学習した農業や水産業には、どのような課題があったか、振り返りましょう。
C 日本人の食生活が変化して、米の消費量が減り、生産量も減ってきている。資源量が減り、とれる魚が減ってきている。農業も水産業も、働く人が減ってきている。
＊本時のめあてを板書する。

調べる 情報を集める・読み取る・考える・話し合う
板書のポイント
自給率のグラフだけではなく、本時で取り上げる事象を具体的に把握できるようにするために、身近な食事の場面を例にした写真資料を用意する。
T このグラフや写真から気付くことはなんですか。
資料「食料自給率のグラフ」
資料「食事の様子の写真」
C 日本の食料自給率が低い
小麦や大豆は、特に自給率が低い
輸入している食料を除くと、ファストフードが食べられなくなるか、値段がすごく上がりそう。
T 疑問を出し合い、学習問題をつくりましょう。

まとめる 整理する・生かす
板書のポイント
食料生産についての現状や課題を整理し、これからの食料生産における疑問を追究できるよう、学習問題や学習計画をまとめる。
学習問題：日本の食料生産にはどのような課題があり、これからの食料生産をどのように進めたらよいのでしょうか。
T これから調べることをまとめましょう。
C 食生活の変化により、どのような影響があるか。
食の安全・安心の取組。
食料を確保するための取組には、どのようなものがあるか。

学習のまとめの例
・食生活の変化により、日本人の食べるものが昔に比べてかわってきている。
・日本人の食べ物が変わったことで、米のように消費量や生産量が減ってきている作物がある。
・資源量や働く人が減ってきている中で、農業や水産業がかかえる問題が多い。
・日本は食料自給率が低く、多くの食料を輸入している。
・安全・安心な食料を安定して確保するために、どのような取り組みが行われているのか、調べたい。

授業の流れ 1
授業の流れ 2
授業の流れ 3
授業の流れ 4

図 3-1　GTM（ビフォー）

応を増やす授業づくりのポイントが分かりやすく解説されている手引書です。

本書はこの「板書シリーズ」の1時間分、見開きの紙面イメージをそのまま掲載（青の囲み部分）、その周囲に「10X授業10の型」のアイコンとともに、従来の授業のどの場面で、どのアプリをどう使うのか、またその効果について書き加えました（緑の囲み部分）。これを**「GTM（ビフォー）」**とします。

GTM（ビフォー）では、**板書シリーズで示された活動のうち、どこで（= where）何のアプリ（= what）を活用するのか、それは、なぜか（= why）、さらに、それでどんな効果を得られるのかについて〈型〉で説明**しています。

さらに、次の2ページで実際にGoogleのアプリ群を使って授業を10Xする際の児童生徒の活動について具体的にポイント解説しています。こちらが**「GTM（アフター）」**です。
GTM（アフター）では、**授業の流れの中で、いつ（= when）、どうすれば（= how）、何の効果（10X）が得られるのか（= what）を表現**しました。ここでは**〈型〉から離れて、「児童生徒」と「教師」という活動の主体（= who）を明確に意識しながら、その「効果」を中心に書いています。**
ただし、中には前述の書籍「板書シリーズ」ではカバーされていない教科や学年があります。その単元・時間では、このGTM（アフター）の2ページのみで構成し、**Who（だれが）、When（いつ）、Where（どこで）、What（何を）、Why（なぜ）、How（どのように）という5W1Hと〈型〉との関連**についてできる限り言及しています。

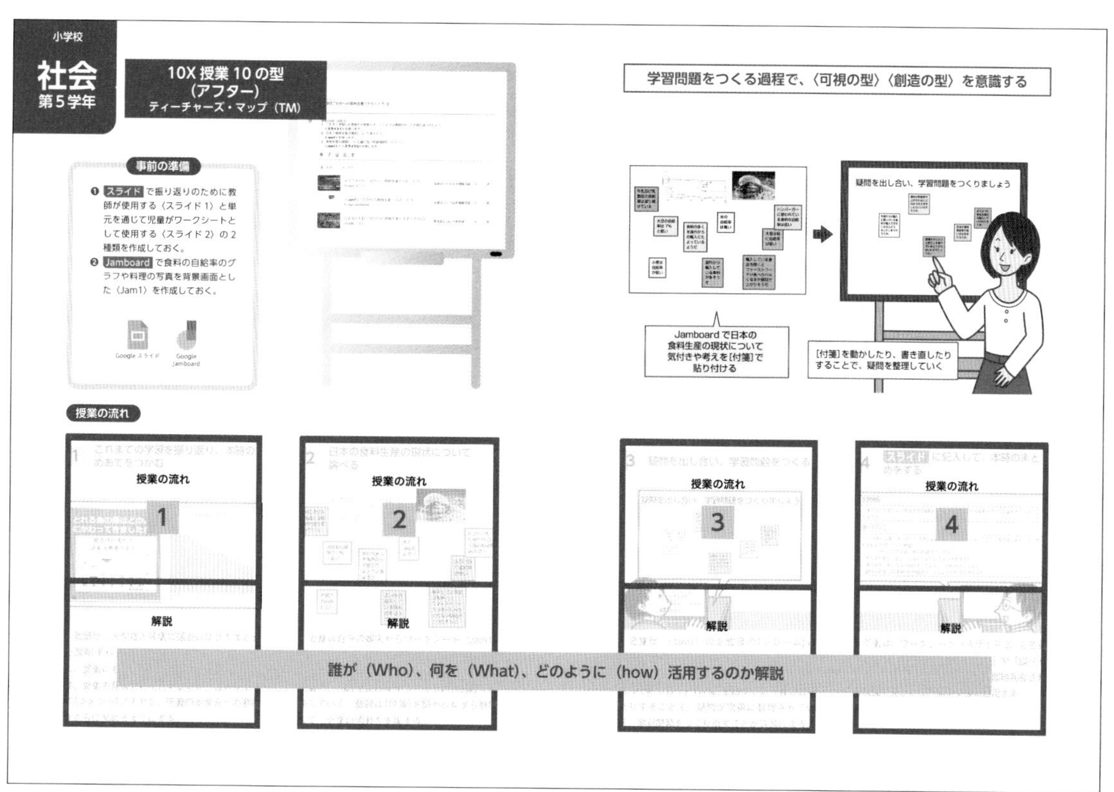

図3-2　GTM（アフター）

ここで、以後の事例で取り扱う4時間（第3時は割愛）について、その全体像を以下の図表で表しました。

場面	第1時	第2時	第4時	第5時
授業全体で共通するアプリと〈型〉	＋ 時短		可視 記録 復元	評価
めあて	〈つかむ〉 これまでの学習や資料から、食料生産における課題を話し合おう。	〈調べる〉 食生活の変化を具体的にとらえ、食料生産への影響を考えよう。	〈調べる・まとめる〉 食料の安定確保のための取組を知り、これまでの学習を整理しよう。	〈まとめる〉 これからの食料生産について、取組や考えをまとめよう。
使用アプリ			31	G
授業の流れ1	転用 可視	転用 共有	可視 共有	活用 記録
授業の流れ2	共有 可視	可視 創造	対話 記録	転用 共有
授業の流れ3	可視 創造	可視 共有	転用 創造	復元 転用
授業の流れ4	創造 対話	創造 活用	共有 対話	対話 評価

GTM活用のポイント: アプリを使うだけで授業に取り入れられる五つの〈型〉

実は、Google Workspace for Education のアプリを授業に取り入れると、特に意識していなくても使っているだけで発動する**お決まりの〈型〉**があります。どのアプリを使っても、その授業は自動的に、**〈時短の型〉〈可視の型〉〈記録の型〉〈復元の型〉〈評価の型〉という五つの型**が発動しているのです。

特にどの単元、どの授業にも活用できるアプリが Classroom です。このアプリを使って上記五つの型についてもう少し詳しく見ていきましょう。

Classroom は、プリントやワークシート、テスト、アンケートなど、これまで紙で配付、回収してきた活動をすべてペーパーレスで自席から動かずに行うことができる、もはや授業には欠かせない特別なアプリです。印刷や運搬といった事前の**準備から配付と回収、さらに不足分や紛失の際の対応にかかる時間がすべて削減**できます。つまり、これは**〈時短の型〉**です。

また Classroom には、**リアルタイムで児童生徒の思いや考えを可視化する機能**が備わっています。これは**〈可視の型〉**になります。実際、従来の紙を使う活動よりも、思考を言葉にしていくスピードが違います。[クラスのコメント]や[限定コメント]で教師や友達と自分自身のつながりを見つけたり、それに対する自分の考えを言語化し、やり取りしたりすることによって児童生徒のイメージやアイデアを広げたり、考えを分類、整理したりすることを促進できます。

そして、配付した**課題ややり取りしたコメントはすべて[自動保存]**されます。これは**〈記録の型〉**となり、履歴から必要なタイミングの版を**〈復元の型〉**によって確認したり、再利用したりすることもできます。もう大事なファイルを紛失する心配は一切無用です。

児童生徒の「可視化された思考が、自動保存によって記録され、いつでも復元、確認ができる」ということは、同時に**一人ひとりの履歴から、時系列で児童生徒の変容や習熟度、理解度を把握**することにも役立ちます。教師による評価だけでなく、児童生徒自身で、あるいは児童生徒同士で目標達成度を評価する場面にも有効です。これが**〈評価の型〉**です。

Classroom には、[採点]タブがあり、そこですべての課題についての提出状況、点数、[限定公開コメント]を使った個別のやり取りが記録され、自動集計されています。

また、Classroom 同様、フォーム **もすべての単元、授業で取り入れられる**アプリです。フォーム はアンケート作成アプリであり、正解を設定しておくことで自動採点付きテスト作成アプリにもなります。慣れれば３分もかからず、サッと作成して児童生徒に提示できるようになります。

質問がたった一つだけ、というシンプルなアンケートや小テストもすぐに自作できますし、分岐型の複雑なアンケートやテストを作成することも可能です。本時のめあてを理解できたかどうかの簡単な振り返りから、確認テストで理解度を児童生徒自ら把握できるよう、授業の始めや終わりの場面で フォーム を活用しましょう。

さらに、児童生徒が問題に正解しなかった場合、教師からのメッセージやリンクを表示できるように設定できます。YouTube からの動画や ドライブ に保存されているファイルなどを添付することにより、高度にカスタマイズされたフィードバックを児童生徒に提供できるのです。

確認テストは１回のみ、あるいは繰り返し受けられる、どちらでも設定できます。また、児童生徒の回答結果は自動的に保存されます。関係する教師にリアルタイムで結果を[共有]することもできます。採点の結果を児童生徒には表示しないよう設定することも可能です。

フォーム は、アイデア次第で 10X 授業を強力にサポートしてくれるアプリです。ぜひ大いに活用してみてください。

以上、上記で解説したすべての授業で発動している、**〈時短の型〉〈可視の型〉〈記録の型〉〈復元の型〉〈評価の型〉という五つの型**については、第１時から第５時までの解説では改めて触れません。そして、Classroom と フォーム についてはすべての時間で取り入れられることを前提として、GTM では重ねて記述していない場合があります。

また、例えば資料やワークシートを[共有]する場面などにおいて Classroom で配付すれば手軽ですが、正解は一つではありません。繰り返しになりますが、方法は複数あります。GTM はあくまで授業デザインの一つのヒントとして、解説もまた一つのアプローチとしてお読みいただければ幸いです。

それでは、小学校５年生社会科、単元「これからの食料生産とわたしたち」について実際の GTM を各時間ごとに、どのようにデザインしたのか、という舞台裏をご紹介していきましょう。

第 1 時　GTM の全体イメージをつかむ

それでは、小学校 5 年生社会科「これからの食料生産とわたしたち」で作成した GTM を 4 時間分、詳しく見ていきましょう。

全 5 時間扱いの単元のうち、まず第 1 時です。本時のめあてと目標は以下のとおりです。

本時のめあて: これまでの学習や資料から、食料生産における課題を話し合おう。
本時の目標　: これまでの学習を振り返ったり、食料自給率のグラフなどを読み取る活動を通して、食料産について話し合い、学習問題を設定する。

児童の気付きや疑問を教師が可視化することで、内容についての興味を深め、単元への意欲を高めていきます。

GTM（ビフォー）の中の板書シリーズで示された「本時の展開」は、以下の三つです。

GTM（アフター）で「四つの活動」に置き換えました。

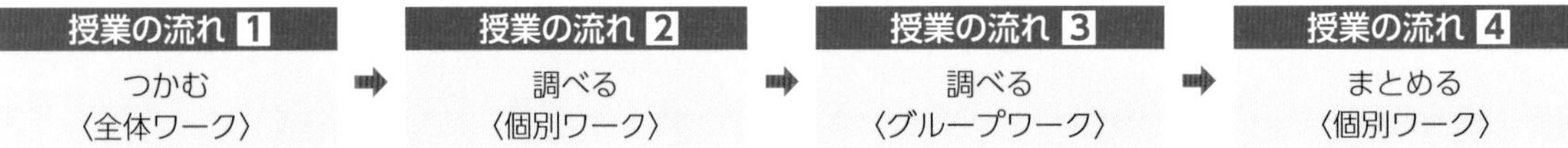

「どの場面」を**「どのように」10X** しているのでしょうか。まずは全体を概観し、四つの授業の流れをつかんでください。

つかむ ➡ 授業の流れ 1 〈全体ワーク〉

つかむ
出合う・問いを持つ
これまで学習した農業や水産業には、どのような課題があったか、振り返りましょう。

可視

授業の流れ 1
これまでの学習を振り返り、本時のめあてをつかむ。
教師は、大型提示装置に過去の学びをまとめた説明資料**〈スライド 1〉**を投影するとともに、児童にも各自の端末で開くよう促す。教師は、児童の発言を可視化するため、各スライドに**[コメント]**で入力し、児童の本単元への意欲をさらに高めるようにする。

ICT 活用のポイント

・教師は過去のファイルを**[検索]**機能で見つけ、振り返る際の資料として **スライド** に挿入、再利用する。〈転用の型〉
・教師は **スライド** の**[コメント]**機能で児童の発言を可視化する。〈可視の型〉

調べる ➡ 授業の流れ2〈個別ワーク〉

調べる
情報を集める・読み取る

このグラフや写真から気付くことは何ですか。
資料「食料自給率のグラフ」
資料「食事の様子の写真」

授業の流れ2
日本の食料生産の現状について調べる。

児童は自分の端末からワークシート〈Jam1〉の1枚目の**[フレーム]**に、個人の気付きや考えを**[付箋]**で言語化して貼り付けていく。他の児童の**[付箋]**を読みながら、さらに**[付箋]**を追加していく。教師は**[付箋]**を動かしながら整理して、児童の活動を支援する。

ICT 活用のポイント

- 児童はグラフや写真を**[背景に設定]**した Jamboard で、教師や友達と同じ画面を自分の端末から見ながら、資料を読み取る。〈共有の型〉
- 児童は**[付箋]**を使って、思考を短く言語化し、素早く可視化する。〈可視の型〉

調べる ➡ 授業の流れ3〈グループワーク〉

調べる
考える・話し合う

疑問を出し合い、学習問題をつくりましょう。

授業の流れ3
疑問を出し合い、学習問題をつくる。

児童は、〈Jam1〉の2枚目の**[フレーム]**に**[付箋]**で疑問や課題を書き込んでいく。その後、互いの考えを自分の端末で確認しながら、全体で話し合う。**[付箋]**を動かしたり書き直したりすることで、疑問が次第に整理されていき、学習問題をつくることが容易になる。

ICT 活用のポイント

- 児童は Jamboard の**[付箋]**で疑問を可視化していく。〈可視の型〉
- 教師は声をかけながら**[付箋]**を使って思考を整理し、学習問題をまとめあげる。〈創造の型〉

まとめる ➡ 授業の流れ4〈個別ワーク〉

まとめる
整理する・生かす

これから調べることをまとめましょう。

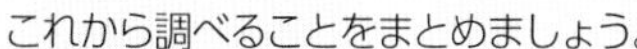

授業の流れ4
スライドに記入して、本時のまとめをする。

児童は、ワークシート〈**スライド2**〉を各自で開き、指示に従って「学習問題」や「調べること」を入力していく。
教師は、即時共有される画面を見ながら、個別支援に活用する。

ICT 活用のポイント

- 児童は**[各生徒にコピーを作成]**で配付された スライド のワークシートに従い、本時のまとめと今後の学習計画を記入することで、単元の見通しを持つ。〈創造の型〉
- 教師は Classroom から各児童のワークシートの入力状況を効率良く把握し、必要に応じて**[限定コメント]**で児童を個別支援できる。〈対話の型〉

ここまで、全体の授業の流れと10Xさせるための Google Workspace for Education アプリ群の活用のポイントを見てきました。この授業を成立させるために、事前に準備する内容も変わってきます。

事前の準備

GTM（ビフォー）
用意するもの

これまでの学習の振り返り、実際の写真資料、主な食料の自給率のグラフなど。

GTM（アフター）
事前の準備

- スライド で振り返りのために教師が使用する資料〈**スライド1**〉と単元を通じて児童がワークシートとして使用する〈**スライド2**〉の2種類を**作成しておく**。
- Jamboard で食料の自給率のグラフや料理の写真を背景画面とした〈**Jam1**〉を作成しておく。

どこをどのように置き換えているのかという視点で「**GTM（ビフォー）**」と「**GTM（アフター）**」を見比べていただけると、勘どころが見えてきます。それでは、第1時のGTMをご覧になってください。

小学校

社会 第5学年

単元名: これからの食料生産とわたしたち　第1時 / 5時

これまでの学習や資料から、食料生産における課題を話し合おう

板書シリーズ
実践活用例の概略

使用するツールと機能

Google Classroom

Google Jamboard

Google スライド

Jamboard: 付箋・テキストボックス / 背景を設定 / 同時編集
スライド: 画像・動画・リンク挿入 / 同時編集 / コメント

つかむ
出合う・問いをもつ　1/5

これまでの学習や資料から、食料生産における課題を話し合おう

本時の目標

これまでの学習を振り返ったり、食料自給率のグラフなどを読み取る活動を通して、食料生産について話し合い、学習問題を設定する。

本時の評価

・食料自給率のグラフなどから問いを見いだし、食料生産の課題について考え表現している。【思①】
・これからの食料生産について、予想や学習計画をたて、追究し、解決しようとしている。【主①】

用意するもの

これまでの学習の振り返り、実際の写真資料、主な食料の自給率のグラフなど

1

資源料の変化や漁業従事者の変化

これまでの学習のふりかえり

・日本人の食生活が、和食中心から洋食へと移った。
・米の生産量や消費量が減ってきている。
・米から別の作物にかえたところもある。
・資源量が減り、とれる魚の量が減っている。
・農業も水産業も、働く人が減ってきている。
・新しい技術の開発が進んでいる。

本時の展開 ▷▷▷

つかむ 出合う・問いをもつ

板書のポイント
農業や漁業について、これまで学習した内容で使用した資料をもう一度活用し、どのような課題があったか学習を振り返ることができるようにする。

T　これまで学習した農業や水産業には、どのような課題があったか、振り返りましょう。 1

C　日本人の食生活が変化して、米の消費量が減り、生産量も減ってきている。資源量が減り、とれる魚が減ってきている。農業も水産業も、働く人が減ってきている。

＊本時のめあてを板書する。 2

調べる 情報を集める・読み取る・考える・話し合う

板書のポイント
自給率のグラフだけではなく、本時で取り上げる事象を具体的に把握できるようにするために、身近な食事の場面を例にした写真資料を用意する。

T　このグラフや写真から気付くことはなんですか。 3
資料「食料自給率のグラフ」
資料「食事の様子の写真」

C　日本の食料自給率が低い
小麦や大豆は、特に自給率が低い
輸入している食料を除くと、ファストフードが食べられなくなるか、値段がすごく上がりそう。 4

T　疑問を出し合い、学習問題をつくりましょう。

授業の流れ

1

転用　可視

学習内容を振り返る活動で〈転用の型〉を意識し、過去の資料を再利用する。板書、資料の画像をスライドに挿入し、Classroom から配付する。教師は〈可視の型〉を意識し、児童の発言を各スライドにコメント追加し、意欲を高める。

2

議論活性化のため〈共有の型〉と〈可視の型〉を意識する。資料「食料自給率のグラフ」や資料「食事の様子の写真」を見て児童が話し合う場面で Jamboard に[付箋]で可視化することで、発言が苦手な児童も意思表示がしやすくなる。

意識する〈型〉

共有

詳細な授業展開例は次ページへ GO

2 本時のめあて

食料生産の課題について話し合い、学習問題をつくりましょう。

主な食料の自給率

3 気づいたこと

・日本の食料自給率が低い
・日本は食料の多くを輸入に頼っている。
・国産のものだけだとファストフードが食べられない。

4 ぎもん

・日本の食料自給率が低いのはなぜだろうか。
・食料を輸入できなくなったらどうなってしまうのだろうか。
・自給率を上げるためにどのような取り組みがあるだろうか。

5

【学習問題】

日本の食料生産にはどのような課題があり、これからの食料生産をどのように進めたらよいのでしょうか。

6 調べること

・食生活の変化により、どのようなえいきょうがあるか。
・食の安全・安心の取り組み
・食料の安定的な確保の取り組み

本時のまとめ

日本の食料生産には、働く人の減少やなどにより、生産量が減ってきている作物がある。また、食料自給率が低いことが問題であり、それに対する取り組みを調べていきたい。

ツールの効果

・これまでに学習した資料を簡単に効果的に再利用できる。
・思いついた考えを言語化し、数にとらわれず自由に表現できる。
・自分や友達の考えが自席にいてもリアルタイムで把握できる。
・扱う情報量が増え、比較や関連付け等の情報整理・分析の活動が充実する。
・学習で活用する問題や資料を短時間で効果的に配付できる。
・フィードバックを短時間で返すことができる。

まとめる 整理する・生かす

板書のポイント

食料生産についての現状や課題を整理し、これからの食料生産における疑問を追究できるよう、学習問題や学習計画をまとめる。

学習問題：日本の食料生産にはどのような課題があり、これからの食料生産をどのように進めたらよいのでしょうか。 5

T　これから調べることをまとめましょう。6
C　食生活の変化により、どのような影響があるか。
食の安全・安心の取組。
食料を確保するための取組には、どのようなものがあるか。

学習のまとめの例

・食生活の変化により、日本人の食べるものが昔に比べてかわってきている。
・日本人の食べ物が変わったことで、米のように消費量や生産量が減ってきている作物がある。
・資源量や働く人が減ってきている中で、農業や水産業がかかえる問題が多い。
・日本は食料自給率が低く、多くの食料を輸入している。
・安全・安心な食料を安定して確保するために、どのような取り組みが行われているのか、調べたい。

4

単元を通して、調べたいことや考えたいことなど「思考のプロセス」をアウトプットする活動で**〈創造の型〉**を意識する。**スライド**で作成したワークシートを活用し、**〈対話の型〉**を意識し、[コメント]で教師や他の児童との意見交流を行い、考えを深めていく。

3

単元を通した学習問題をつくる活動で**〈可視の型〉**と**〈創造の型〉**を意識する。自分や友達の疑問を[付箋]で可視化し、その[付箋]を自由に動かして、グルーピングする。考えを整理しながら学習問題を作成していく。

小学校 5年生　社会科　第1時 GTM　アフター

小学校 社会 第5学年

Google で 10X 授業

これまでの学習や資料から、食料生産における課題を話し合おう

事前の準備

❶ スライド で振り返りのために教師が使用する〈スライド 1〉と単元を通じて児童がワークシートとして使用する〈スライド 2〉の 2 種類を作成しておく。

❷ Jamboard で食料の自給率のグラフや料理の写真を背景画面とした〈Jam1〉を作成しておく。

Google スライド

Google Jamboard

授業の流れ

1 これまでの学習を振り返り、本時のめあてをつかむ

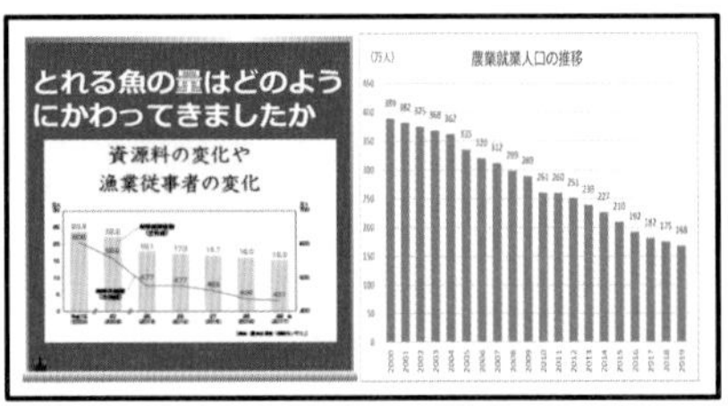

教師は、大型提示装置に過去の学びをまとめた説明資料〈スライド 1〉を投影するとともに、児童にも各自の端末で開くよう促す。教師は、児童の発言を可視化するため、各スライドに[コメント]で入力し、児童の本単元への意欲をさらに高めるようにする。

2 日本の食料生産の現状について調べる

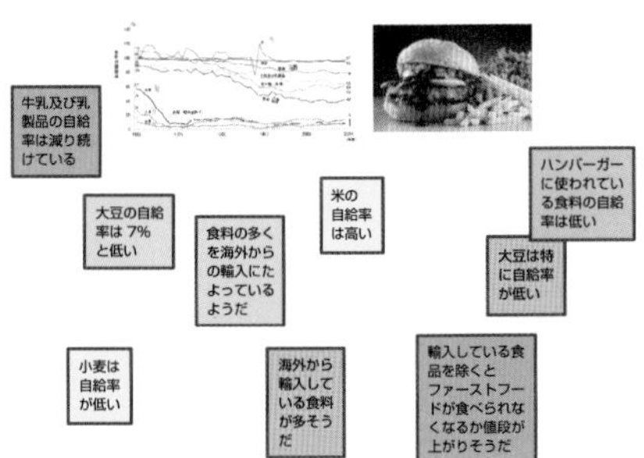

児童は自分の端末からワークシート〈Jam1〉の 1 枚目の[フレーム]に、個人の気付きや考えを[付箋]で言語化して貼り付けていく。他の児童の[付箋]を読みながら、さらに[付箋]を追加していく。教師は[付箋]を動かしながら整理して、児童の活動を支援する。

学習問題をつくる過程で、〈可視の型〉〈創造の型〉を意識する

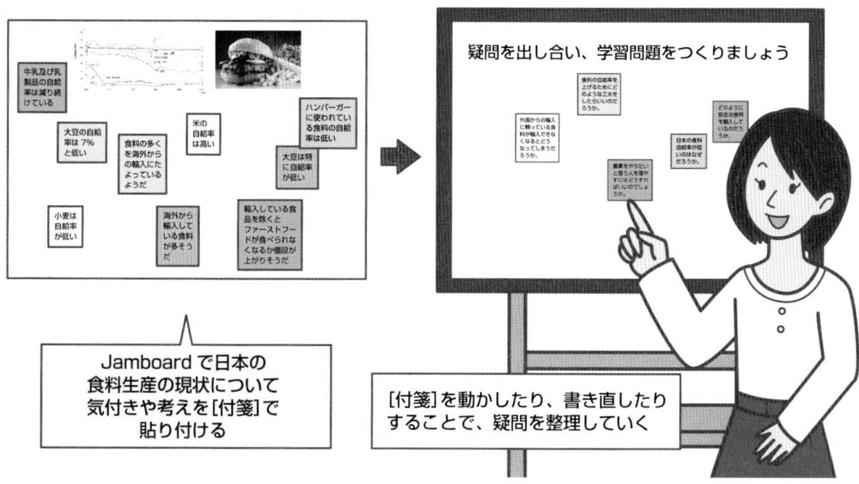

3 疑問を出し合い、学習問題をつくる

児童は、〈Jam1〉の２枚目の[フレーム]に[付箋]で疑問や課題を書き込んでいく。その後、互いの考えを自分の端末で確認しながら、全体で話し合う。[付箋]を動かしたり書き直したりすることで、疑問が次第に整理されていき、学習問題をつくり出すことが容易になる。

4 スライド に記入して、本時のまとめをする

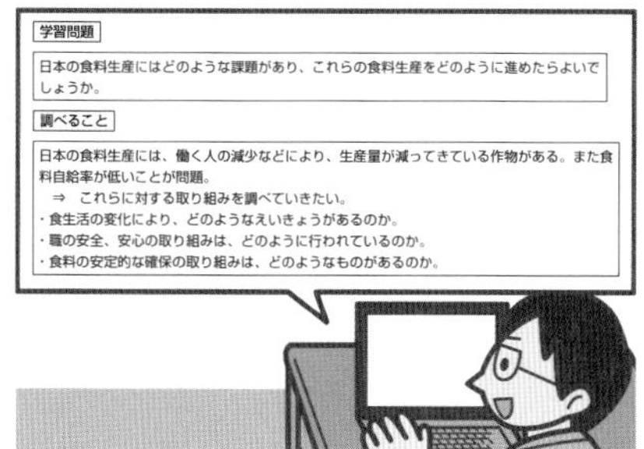

児童は、ワークシート〈スライド２〉を各自で開き、指示に従って「学習問題」や「調べること」を入力していく。教師は、即時共有される画面を見ながら、個別支援に活用する。

第1時 | GTM（アフター）を解説

GTMで、授業の流れやポイントを把握することができましたか？

GTM（アフター）を教師自身が短時間で作成できるようになり、そのGTMの作成を教師同士で分担し、データを共有して活用できるようになれば、最短最速で学校はDX（デジタルトランスフォーメーション）でき、授業が10X化することになります。

GTMには正解がありません。目の前の児童生徒に合わせて柔軟に作成し、その実践を次の授業、そして他の教師にも役立たせることができればと考えます。

それでは、ここからは第1時の「事前の準備」、そして「授業の四つの流れ」をそれぞれ具体的に解説していきましょう。

事前の準備

事前の準備		授業の流れ 1		授業の流れ 2		授業の流れ 3		授業の流れ 4
ワークシート作成 資料・配信の準備	➡	つかむ 〈全体ワーク〉	➡	調べる 〈個別ワーク〉	➡	調べる 〈グループワーク〉	➡	まとめる 〈個別ワーク〉

①ワークシートを作成する

授業の前に、本時で使用する スライド 二つと Jamboard 一つ、計三つの新規ファイルを作成しておきます。それぞれのファイルは、以下**〈スライド1〉〈スライド2〉〈Jam1〉**と表記することにします。

使用するアプリ別に、その目的と活用によるメリットを整理し、下の表にまとめました。

使用するアプリ	使用の目的とアプリ活用の恩恵
スライド 	**〈スライド1〉** **教師が本時の学習課題を「つかむ」場面で使用する（児童は閲覧のみ可）。** ・これまでの学びを振り返る際、さまざまな資料がバラバラにならず、意図した順番でペーパーレスで見せることができる。〈時短の型〉 ・スライド なら、画像だけでなく、映像（動画）の埋め込みやWebサイトへのリンクなども手軽に挿入でき、視覚的聴覚的な情報伝達を誰でもすぐに実現できる。〈活用の型〉 ・Google検索 から最新のニュースや画像を簡単に直接追加することができる。〈活用の型〉 **〈スライド2〉** **単元を通して児童が「調べる」場面から「まとめる」場面まで使用し、最後に個人の成果物として提出する（児童はコピーを編集可）。** ・各スライドにあらかじめ教師が指示を記載しておくことで、オリジナルのワークシートがすぐに作成できる。〈創造の型〉 ・各児童のワークシートの制作プロセスが教師に共有され、個別支援が容易に実現できる。〈対話の型〉
Jamboard 	**〈Jam1〉** **児童の考えを可視化し、集約、整理する場面で使用する（児童は編集可）。** ・あらかじめ背景に設定された資料を見ながら、児童一人ひとりの思考が**[付箋]**に書かれることで、言語化され、可視化できる。〈可視の型〉 ・自席にいてもリアルタイムで友達の考えが分かり、意見の交流ができる。〈共有の型〉

〈スライド 1〉〈スライド 2〉の作成

この時間では、本時のテーマ、食料生産における課題を「つかむ」場面で振り返りのまとめ資料として使用する**〈スライド 1〉**と、児童が「調べる」場面から「まとめる」場面まで、単元を通してワークシート[4]として活用する**〈スライド 2〉**の 2 種類の **スライド** を使用します。

〈スライド 1〉には、これまでの板書の写真、農業や水産業の写真やグラフなどを授業の流れに合わせて話す順番で挿入しておきます[5]。

このとき教科書だけでなく、**Google 検索** で「日本の漁業従事者」や「米の消費量」などのキーワードで検索してみましょう。**検索結果が表示された後に[ツール]から[1 年以内]の検索結果**に絞り込むことで、最新のニュースやデータが表示されるため、現在の社会における新たな事象にも気付くことができます。

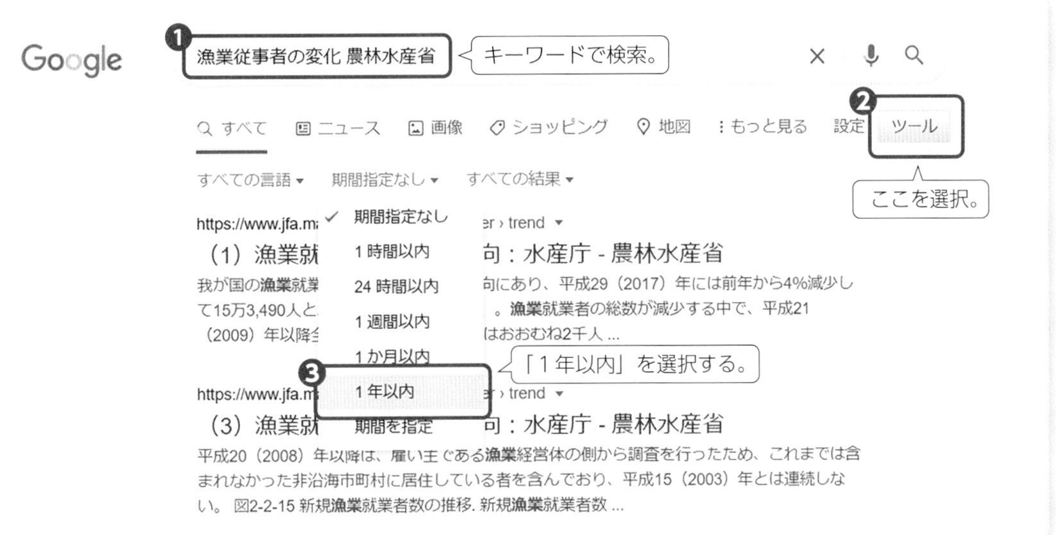

挿入する写真やグラフは、スライド 1 枚につき、一つまたは二つがよいでしょう。一つひとつの資料を大きく見せることができます。また、検索で見つけた画像やデータには「出典」を記載することで、児童に著作権を自然と意識させることもできます。出典の Web サイトにリンクを設定しておくことで、興味を持ったテーマに各児童が自分からアクセスし、より多くの情報を自分で取得することもできます。

完成したスライドは[フィルムストリップ表示]から[グリッド表示]に切り替えることで、すべてのスライドを一覧で並べて確認することができます。切り替えは、画面左下のアイコンをクリックしてください。

4　本書では Google のアプリ群を使って活動の流れを事前に示すために教師が作成する教材のことを「ワークシート」と呼ぶ。
5　**スライド** の具体的な操作方法は、第 5 章 p.366、p.422 参照のこと。

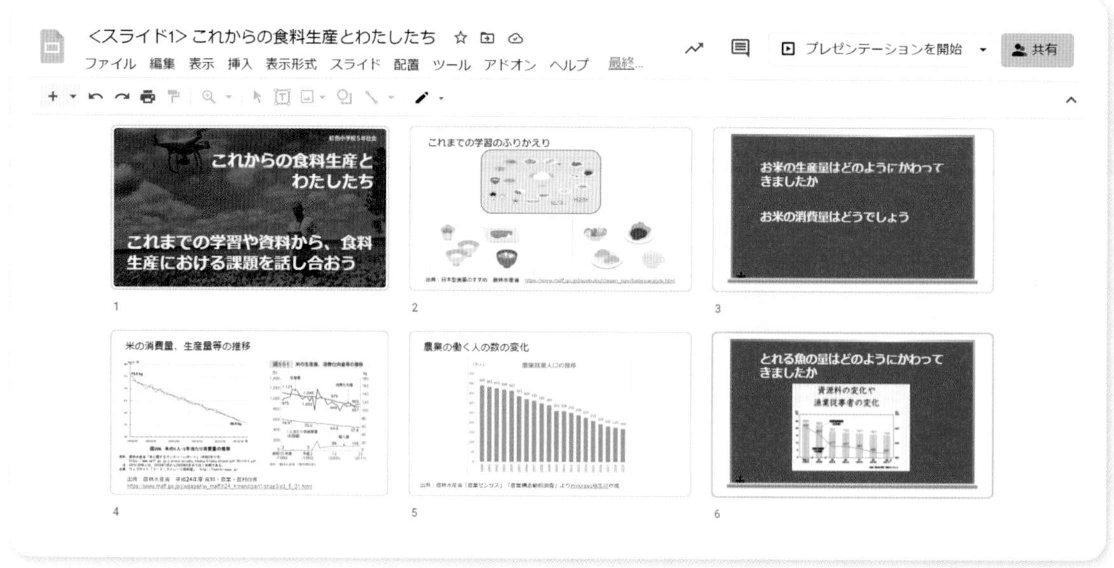

グリッド表示された〈スライド 1〉

次に、児童が「調べる」「まとめる」場面でワークシートとして使用する**〈スライド 2〉**を準備します。このワークシートには、児童が主体的に学習できるよう、あらかじめ各スライドには資料や画像を挿入したり、活動の指示や児童が記入する場所を入力したりしておきます。

〈スライド 2〉では、1 ページ目をタイトルページとし、2 ページ目に「学習問題」と「調べること」をそれぞれ記入する欄を設けました。内容は児童が記入するので、本当に**枠組みだけ作成**すれば OK です。

グリッド表示された〈スライド 2〉

なお、3 ページ目以降に表示されているスライドは第 2 時、第 3 時に使用するワークシートです。このように、事前に単元で使用するすべてのワークシートを作成して最初に配付しておくことをおすすめします。一度 Classroom の**[課題]**から[生徒にコピーを作成]で配付してしまうと、教師は児童のワークシートにファイルに一括して追加できなくなるからです（配付後、児童生徒が自分でスライドを追加することは可能。または各時間にファイルを分割して配付することもできる）。

〈スライド 2〉は「学びの過程を蓄積する場」となると同時に、最終的には発表資料としても使えます。これは〈転用の型〉〈記録の型〉〈創造の型〉〈時短の型〉になります。

〈Jam1〉の作成

[Jam]とは、Jamboard のファイルのことです。慣れてくれば、授業中にさっと作成できるようになりますが、始めのうちは事前に準備しておくと安心です。

まず、児童から意見を引き出すための資料、ここでは「食料自給率のグラフ」「ファーストフードの写真」などを**[フレーム]**の 1 枚目に[背景を設定]で追加しておきます[6]。

背景として挿入すると、児童が設置してある画像データを移動したり、削除したりできなくなり、フレームをワークシートとして使用できるようになるのです。

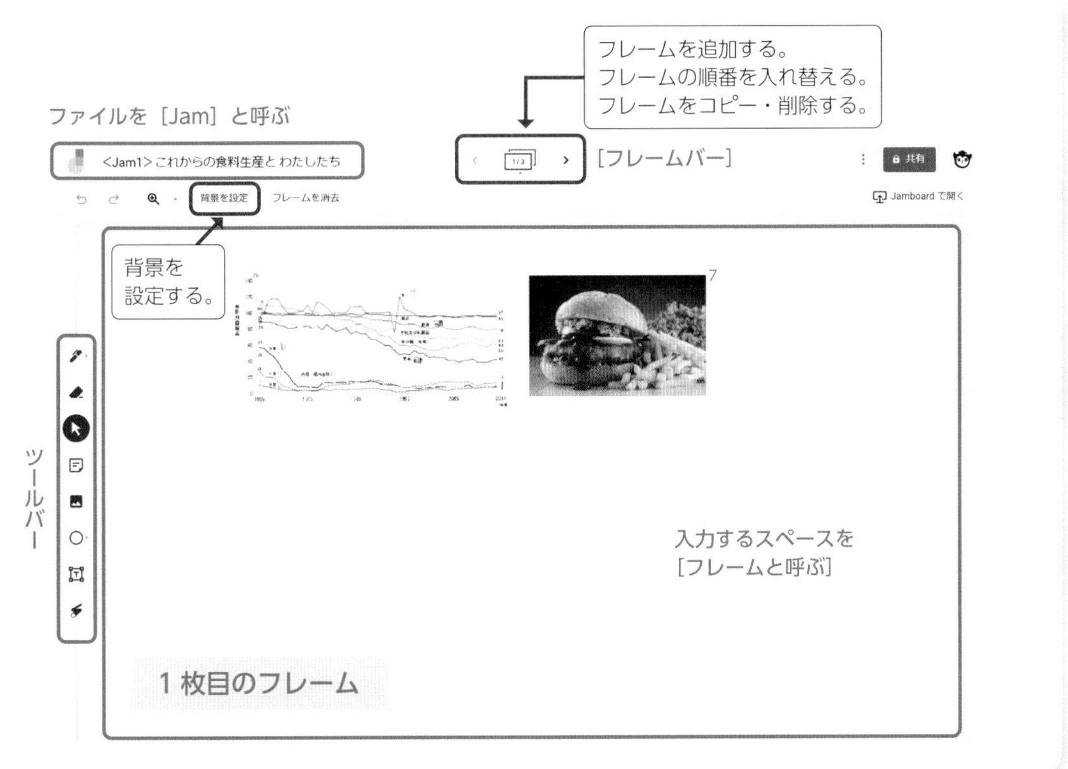

一つの**[Jam]**には、**[フレーム]**という書くスペースを 20 枚まで増やすことができます[8]。ここでは〈授業の流れ 2〉そして〈授業の流れ 3〉で使う**[フレーム]**も一緒にワークシートにしておきましょう。

[フレーム]を追加して、〈授業の流れ 3〉で使う 2 枚目も作成します。画面左に表示される[ツールバー]から**[テキストボックス]**をクリックして、教師は「疑問を出し合い、学習問題をつくりましょう」と入力します。

6　Jamboard の[フレーム]に背景を設定する方法は第 5 章 p.397 参照。
7　写真: https://pxhere.com/ja/photo/1417470?utm_content=shareClip&utm_medium=referral&utm_source=pxhere（以下、同じ写真同様）
8　Jamboard の[フレーム]を増やす方法は第 5 章 p.375 参照。

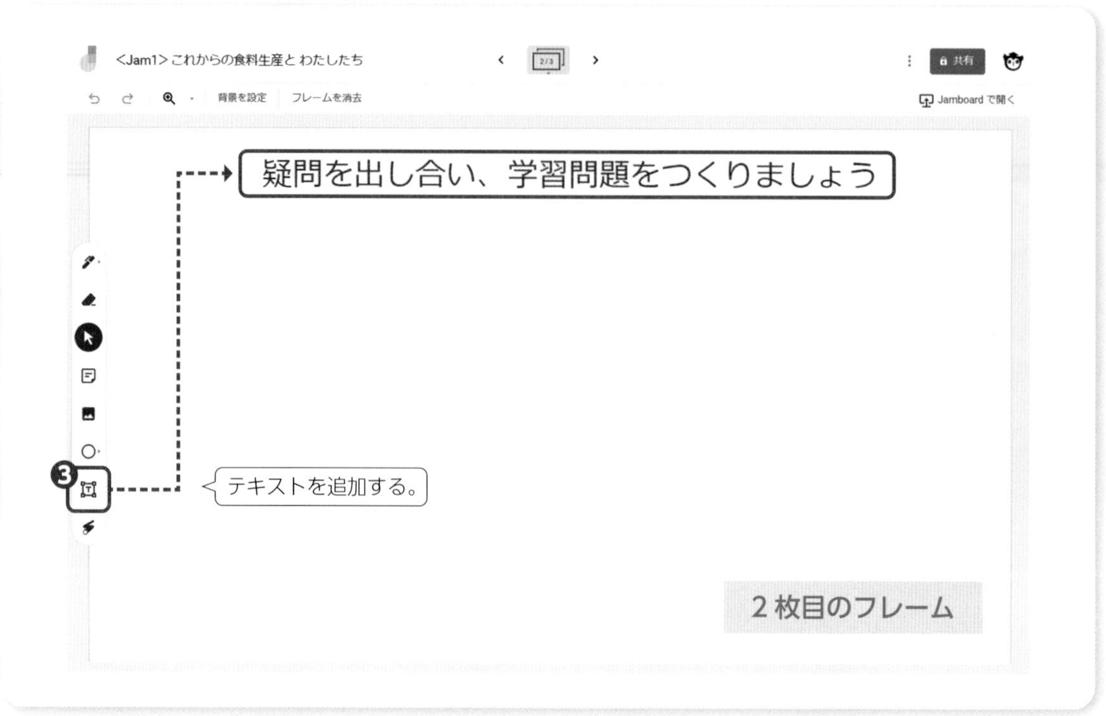

続いて第 2 時の〈授業の流れ 1 〉で使う 3 枚目の**[フレーム]**を作成します。

ここでは和食と洋食の写真を[背景を設定]で挿入しましょう。[付箋]を貼るスペースを空けて写真を配置するのがポイントです。和食と洋食、2 枚の写真を 1 枚の画像にまとめておきます。

②配信を準備する

資料や課題の配信・回収・評価を効率良く行える Classroom は、使用頻度がもっとも高く、10X授業には欠かせないアプリと言っても過言ではありません。

Classroom を使用する際には、必ず事前に**[クラス]の作成と児童の登録が必要**[9] になります。しかし、**この作業は毎回の授業で行う必要がありません。**新学期などのタイミングで**[クラス]**を一度作成しておけば、通年で使用可能です。また、クラスコードを使えば、本人が直接[クラス]に参加、登録することもできます。

毎時間の授業の始めもしくは事前に、その授業で必要な情報を**[クラス]**へ[課題]や[資料]を使って配信しておけば、児童も見通しを持ってスムーズに授業に入っていけるでしょう。

では、本時の配信準備をしてみましょう。

[クラス]の[授業]タブを開き**[＋作成] > [課題]**を順にクリックします。

続いて課題の**[タイトル][課題の詳細（省略可）]**[10] を入力します。本時は、三つのファイルを追加しましょう。ここで重要なのが、**編集権限の設定**です。

- **〈スライド 1〉**は、**[生徒はファイルを閲覧可能]**な状態で「資料」として配付します。この方法なら、常に児童には**〈スライド 1〉**の最新版が表示される「リンク」が共有されることとなり、スライドに修正が入ったとしても、改めて設定し直す必要がありません。
- **〈スライド 2〉**は、児童が個別にワークシートとして入力する必要があるので**[各生徒にコピーを作成]**し、一人ひとりが編集可能な状態にします。
- **〈Jam1〉**は、児童全員で共同編集するので、**[生徒はファイルを編集可能]**で一つのファイルを共有します。

このように Classroom を使うと、目的に応じて複数の共有方法が異なるファイルを一度にまとめて配付することが可能です。

9　Classroom はまず[クラス]を設定する。参加者や使用目的を変えて、複数の[クラス]を設定することが可能。[クラス]の新規作成、児童生徒の登録方法は第5章 p.380 参照。
10　[課題の詳細]は省略できるが、児童が見通しを持って授業に取り組めるように内容を記載しておくことをおすすめしたい。

［課題］は、作成後［課題を作成］を選ぶと、すぐに［クラス］に配信されます。［予定を設定］[11] を選ぶと、配付するタイミングを後日に指定することもできます。［下書き保存］を選ぶと、そのまま保存されます。こうしておくと、授業中に再度編集画面にしてから、自分のタイミングで配信できます。ここでは**［課題を作成］＞［下書き保存］**を順にクリックして、いったん配信準備完了です。［下書き保存］の状態で、児童が閲覧することはできません。［課題］が配信された後、児童が開くと、児童の画面は次のようになります。

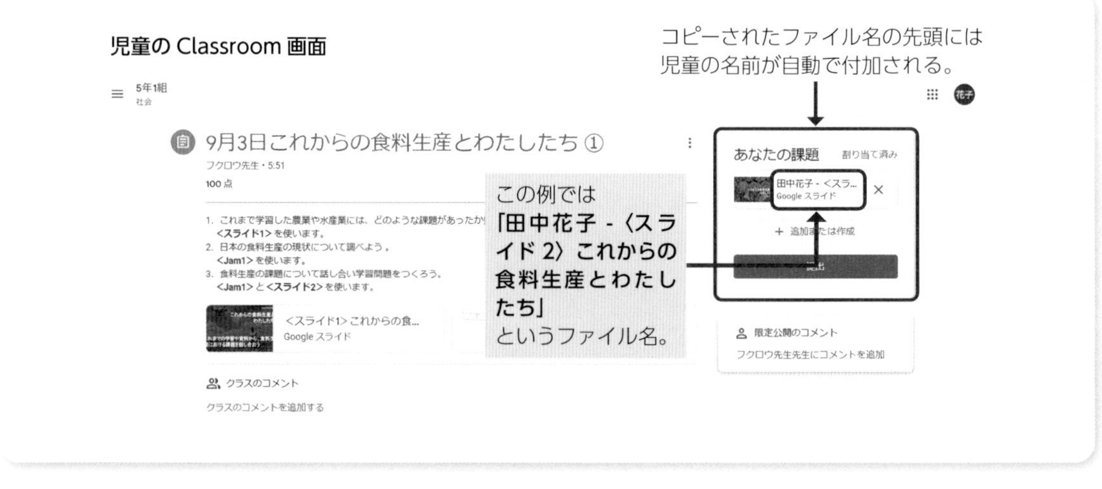

［各生徒にコピーを作成］で配信した**〈スライド 2〉**は、ファイル名の先頭に児童の名前が自動で付加され、「あなたの課題」の枠内に表示されます。課題は、［提出］をクリックで児童は完了を教師に通知することができます。10X 授業では、ほぼ毎時間 Classroom で［課題］を活用することをイメージしています。［課題］を活用することで、評価も一元管理できるためです。そこで「GTM（アフター）」の「事前の準備」の欄には Classroom について毎回記載しておりません。ご注意ください。これで、準備は完了です。それでは授業に入っていきましょう。

11　［予定を設定］する方法については第 5 章 p.389 参照。

授業の流れ 1

事前の準備		授業の流れ 1		授業の流れ 2		授業の流れ 3		授業の流れ 4
ワークシート作成 資料・配信の準備	➡	つかむ 〈全体ワーク〉	➡	調べる 〈個別ワーク〉	➡	調べる 〈グループワーク〉	➡	まとめる 〈個別ワーク〉

GTM（ビフォー）
〈授業の流れ 1 〉より

学習内容を振り返る活動で**〈転用の型〉**を意識し、過去の資料を再利用する。板書、資料の画像をスライドに挿入し、Classroom から配付する。教師は**〈可視の型〉**を意識し、児童の発言を各スライドにコメント追加し、意欲を高める。

GTM（アフター）
〈授業の流れ 1 〉より

1 これまでの学習を振り返り、本時のめあてをつかむ

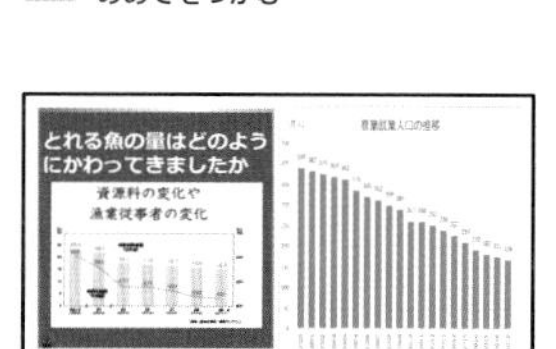

教師は、大型提示装置に過去の学びをまとめた説明資料〈スライド 1〉を投影するとともに、児童にも各自の端末で開くよう促す。教師は、児童の発言を可視化するため、各スライドに[コメント]で入力し、児童の本単元への意欲をさらに高めるようにする。

授業の始めに Classroom で下書き保存しておいた[課題]、「9月3日 これからの食料生活とわたしたち ①」を配信します。

これまでの授業では、児童に過去のノートを持参させたり、教師が資料を印刷、配付したりして振り返りをしていました。10X の授業では、過去の学びの記録がデジタルで劣化せず残されていることを前提に、過去の板書写真や資料等を挿入した**〈スライド 1〉**の画面を大型提示装置に投影するとともに、各自の端末でも見られるように Classroom から配信し、全員で同じものを見て、対話しながら授業を進めていきます。

児童は各自見やすいように画面表示を切り替えたり、拡大したりしながら、教師の話を聞き、農業や水産業の課題を振り返り、確認していきます。

この**〈スライド 1〉**は、[課題]の**[生徒はファイルを閲覧可能]**で配付されているので、児童は閲覧できても、コメントを追加したり、編集したりすることはできません。そこで、教師は**〈スライド 1〉**に児童の発言を適宜[コメント]で追加したり、スライドの内容を変更したりすることで、教室の意見を反映させていきます。その変更は、児童の端末上でもほぼ同じタイミングで反映され、最新の状態が表示されます。教師が授業中にスライドへ、児童の気付きを**[コメント]**としてその都度書き込み、児童の発言を可視化していくことで、これまでの学習を全員が同じ視点で振り返りながら、学習意欲を高め、しっかりと見通しを持てるようになります。

授業の流れ 2

事前の準備		授業の流れ 1		授業の流れ 2		授業の流れ 3		授業の流れ 4
ワークシート作成 資料・配信の準備	➡	つかむ 〈全体ワーク〉	➡	調べる 〈個別ワーク〉	➡	調べる 〈グループワーク〉	➡	まとめる 〈個別ワーク〉

GTM（ビフォー）
〈授業の流れ 2 〉より

議論活性化のため**〈共有の型〉**と**〈可視の型〉**を意識する。資料「食料自給率のグラフ」や資料「食事の様子の写真」を見て児童が話し合う場面で Jamboard に[付箋]で可視化することで、発言が苦手な児童も意思表示がしやすくなる。

GTM（アフター）
〈授業の流れ 2 〉より

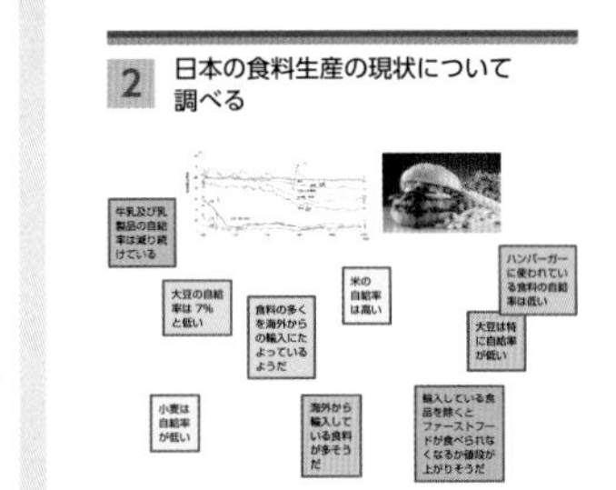

児童は自分の端末からワークシート〈Jam1〉の１枚目の[フレーム]に、個人の気付きや考えを[付箋]で言語化して貼り付けていく。他の児童の[付箋]を読みながら、さらに[付箋]を追加していく。教師は[付箋]を動かしながら整理して、児童の活動を支援する。

〈授業の流れ 2 〉では、食料自給に関係するグラフや資料を見て気付いたことを話し合いながら、個別ワーク（個人作業）で問いを見いだし、課題について考え、表現していきます。

〈共有の型〉〈可視の型〉で児童の考えを深める情報を提示し、その内容を読み取り、考え、学び合うために、デジタル ホワイトボード アプリ Jamboard を使います。

手軽に入力でき、低学年の児童であっても思考を可視化できる**[付箋]**は、児童一人ひとりの気付きを引き出す上で有効です。タブレット端末なら音声入力も使用可能です。

教師は、**〈Jam1〉**を開き、児童にも各自の端末で開くよう促します。ただし**[Jam]**と呼ばれるファイルに同時書込ができる最大人数は 25 人まで[12] となります。そこで、クラスの人数が多い場合は、児童を班に分けて、①代表者だけが**[Jam]**に書き込むよう指示するか、②**[Jam]**をコピーして班ごとに配付するかを選択する、という授業デザインが必要です。

児童は自分の考えを**[付箋]**に書き出し、教師は**[付箋]**を移動したり、**[ペン]**で囲んだり、分類項目にタイトルを付けたりして、児童の思考が整理されるよう支援します。教師は、学習問題づくりへの意欲をより高め、各自各班の気付きが教室全体で共有されるよう声をかけていきましょう。

12　2021 年 6 月 9 日現在の上限。

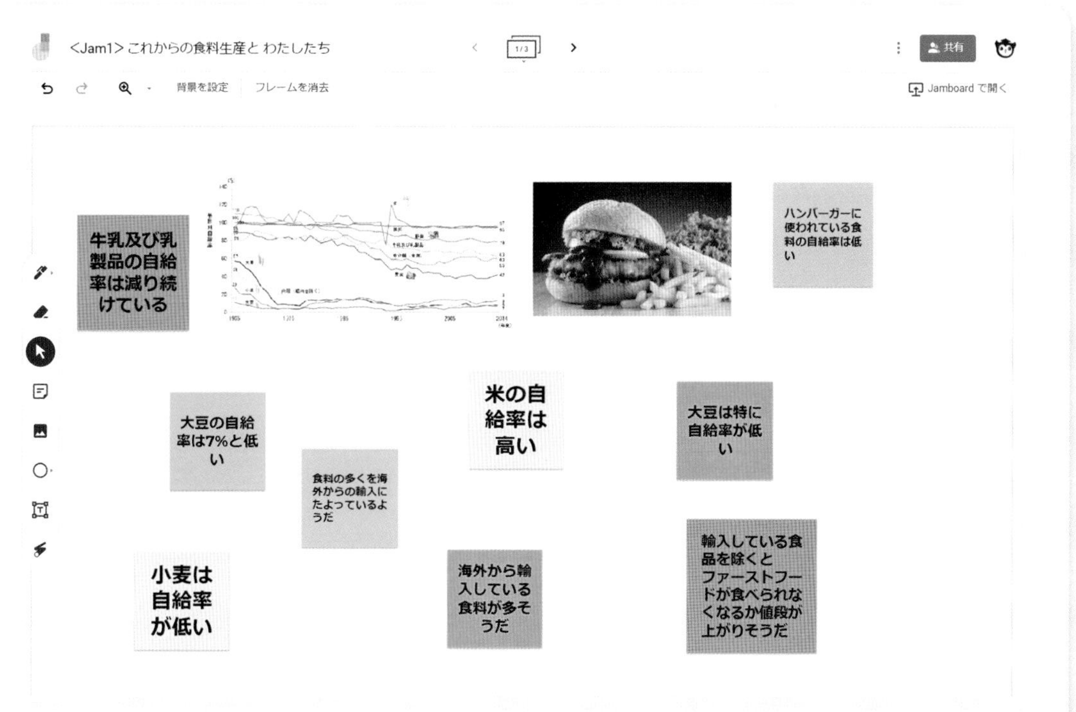

この場面では、「思考ツール[13]」を画像で作成して、**背景に設定**して使うのもおすすめです。

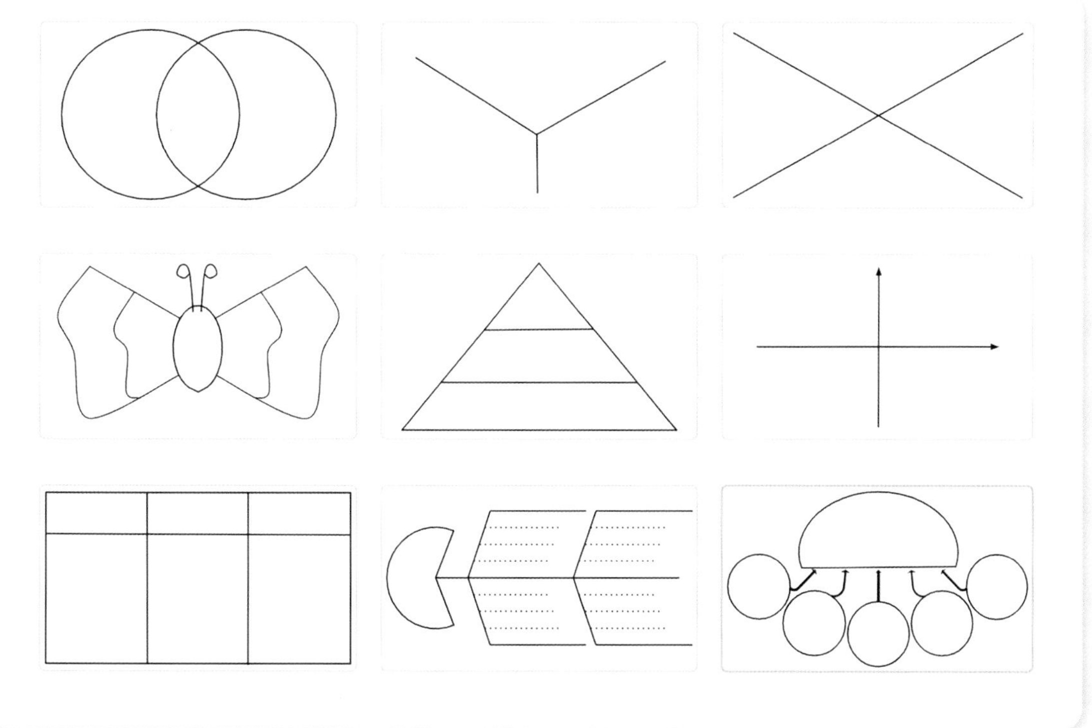

13 「比較する」「分類する」「関係付ける」など、考えるときのさまざまなパターンを図で示し、「自分の考えをつくり出す」ことを助けてくれるフレームのこと。

授業の流れ 3

事前の準備		授業の流れ 1		授業の流れ 2		授業の流れ 3		授業の流れ 4
ワークシート作成 資料・配信の準備	➡	つかむ 〈全体ワーク〉	➡	調べる 〈個別ワーク〉	➡	調べる 〈グループワーク〉	➡	まとめる 〈個別ワーク〉

GTM（ビフォー）
〈授業の流れ 3 〉より

単元を通した学習問題をつくる活動で**〈可視の型〉**と**〈創造の型〉**を意識する。自分や友達の疑問を[付箋]で可視化し、その[付箋]を自由に動かして、グルーピングする。考えを整理しながら学習問題を作成していく。

GTM（アフター）
〈授業の流れ 3 〉より

児童は、〈Jam1〉の２枚目の[フレーム]に[付箋]で疑問や課題を書き込んでいく。その後、互いの考えを自分の端末で確認しながら、全体で話し合う。[付箋]を動かしたり書き直したりすることで、疑問が次第に整理されていき、学習問題をつくり出すことが容易になる。

続いて、**〈授業の流れ 3 〉**では、前の場面で考え、画面上で共有した気付きをもとにグループワークで疑問を出し合い、学習問題をつくっていきます。そのために、**〈授業の流れ 2 〉**の場面で可視化したデータを活かすために、引き続き**〈Jam1〉**を使います。

〈Jam1〉の２枚目のフレームにそれぞれが考えた学習問題を**[付箋]**で記入するよう声をかけていきましょう。１枚目の**[フレーム]**で自分や友達の気付きを確認しながら活動できるため、より考えを深めることができます。

話合いが進んだ後（10分以降）、作業が進んだ**〈Jam1〉**を大型提示装置に提示して、学級全体で話し合い、学習問題をつくりましょう。話し合ったことが、今後調べていく際の学習計画となるように留意します。

授業の流れ 4

事前の準備		授業の流れ 1		授業の流れ 2		授業の流れ 3		授業の流れ 4
ワークシート作成 資料・配信の準備	➡	つかむ 〈全体ワーク〉	➡	調べる 〈個別ワーク〉	➡	調べる 〈グループワーク〉	➡	まとめる 〈個別ワーク〉

GTM（ビフォー）
〈授業の流れ 4 〉より

単元を通して、調べたいことや考えたいことなど「思考のプロセス」をアウトプットする活動で**〈創造の型〉**を意識する。**スライド**で作成したワークシートを活用し、**〈対話の型〉**を意識し、[コメント]で教師や他の児童との意見交流を行い、考えを深めていく。

➡

GTM（アフター）
〈授業の流れ 4 〉より

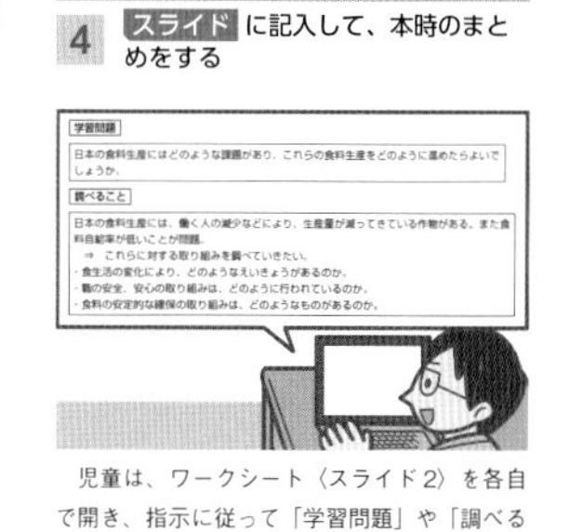

児童は、ワークシート〈スライド2〉を各自で開き、指示に従って「学習問題」や「調べること」を入力していく。教師は、即時共有される画面を見ながら、個別支援に活用する。

最後に、**〈授業の流れ 4 〉**の場面では、単元の学習問題をクラス全体で設定してから、今後の学習内容や学習方法の見通しを個別ワークで確認します。ここで使う**〈スライド 2〉**は、これから単元を通して毎時間ごとに調べたことをまとめ、記録していくものであることを、教師はあらかじめ児童に説明をしておきましょう。

児童は、Classroom の**[課題]**で**[各生徒にコピーを作成]**で配付された**〈スライド 2〉**を自分の端末で開きます。**〈授業の流れ 3 〉**で話し合って決定した学習問題を、指示にあるとおり、各自で自分の2枚目のスライド上部の**[テキストボックス]**に記入します。

次に、調べることや調べる方法を児童が記入していきます。教師が事前に指示を明示しておくことで、児童は次時以降の学習について明確にイメージできるようになります。

右図の青字で示したところが児童が記入した部分となります。

学習問題

日本の食料生産にはどのような課題があり、これらの食料生産をどのように進めたらよいのでしょうか。

調べること

日本の食料生産には、働く人の減少などにより、生産量が減ってきている作物がある。また食料自給率が低いことが問題。

⇒ これらに対する取り組みを調べていきたい。

・食生活の変化により、どのようなえいきょうがあるのか。
・食の安全、安心の取り組みは、どのように行われているのか。
・食料の安定的な確保の取り組みは、どのようなものがあるのか。

児童が記入した部分

一つの **スライド** をワークシートにして継続的に作成していくことで、児童一人ひとりが毎回の授業で、それぞれのスライドに記載していった内容をそのまま「見通し」や「まとめ」に活用できます。児童は、時間を効率良く使うことができるようになり、学んだことに対する継続性や一貫性をより意識することができるようになります。

スライドが完成したら、児童は **Classroom** から各自の **〈スライド 2〉** をいったん提出します。すでに **〈スライド 2〉** は教師と共有されているので、課題の **[提出]** をクリックするだけで **[完了]** したことを教師に明示できます。

教師は、それぞれの児童が入力したスライドを **Classroom** の **[課題]** からいつでも見ることができ、途中経過も確認することができます。個別支援に役立てられるでしょう。

具体的には、**[クラス]** の **[授業]** タブを開き 、配信した課題 **[9 月 3 日 これからの食料生活とわたしたち ①]** から **[課題を表示]** をクリックしてみてください。次のような画面が表示されます 、教師は提出者（提出済み）、未提出者（割り当て済み）をひと目で確認できます。

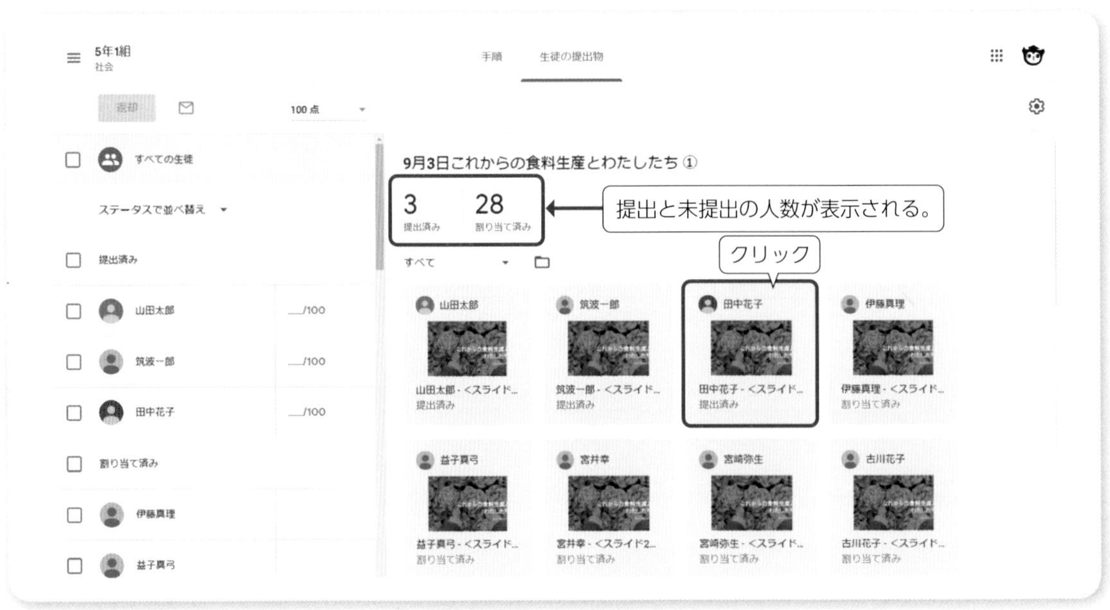

児童の名前をクリックすれば、その児童が作成した **〈スライド 2〉** を見ることができます。

児童が作成した〈スライド 2〉

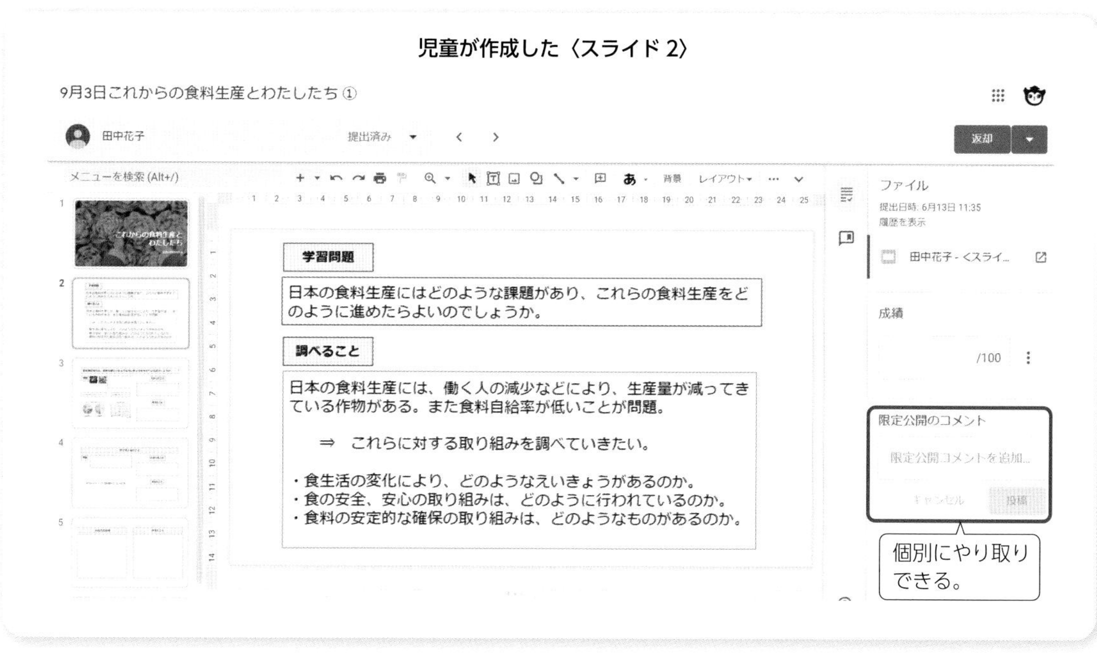

[限定公開のコメント]を使えば、個別にやり取りすることもでき、事後のフォローや評価等にも役立てることができます。

最後に、毎時の授業の振り返りや確認テストに フォーム を使ってみるのも良いでしょう。GTM では掲載していませんが、フォーム は手軽に作成でき、児童生徒自ら到達度や理解度を確認できるツールです。記録が自動的に残り、正解・不正解それぞれにフィードバックを設定することができます。個別最適化した学びを創出するために活用してみてください。

まとめ 第 1 時の ICT 活用の効果

- これまでに学習した資料を簡単に効果的に再利用できる。
- 児童は思いついた考えを言語化し、数にとらわれず自由に表現できるようになる。
- 自分や友達の考えが自席にいてもリアルタイムで把握できるようになる。
- 扱う情報量が増え、比較や関連付け等の情報整理・分析の活動が充実する。
- 学習で活用する問題や資料を短時間で効果的に配付できる。
- [課題] が提出された後、教師は児童生徒の記載内容を確認し、フィードバックを採点や [限定コメント] を使って短時間で返すことができる。そのため、個別指導や個別支援をタイムリーかつ、こまめに実施することができる。

第 2 時　GTM の全体イメージをつかむ

全 5 時間扱いの単元のうち、ここでは第 2 時を扱います[14]。
第 2 時のめあてと目標は以下のとおりです。

本時のめあて: 食生活の変化を具体的にとらえ、食料生産への影響を考えよう。
本時の目標　: 輸入量の変化のグラフや食べ物の割合の変化のグラフを読み取ることを通して、食生活の変化と食料自給率を関連付けて食料生産の課題を考えることができる。

和食と洋食の写真を見ながら食材の違いに気付かせたり、輸入量の変化や食べ物の割合の変化のグラフを読み取ったりすることを通して、食生活の変化と食料自給率を関連付けて食料生産の課題を考え、まとめる時間となります。

GTM（ビフォー）で示された「本時の展開」は以下の三つです。

つかむ		調べる		まとめる
出合う・問いを持つ	➡	情報を集める・読み取る・考える・話し合う	➡	整理する・生かす

GTM（アフター）で「四つの活動」に置き換えました。

授業の流れ 1		授業の流れ 2		授業の流れ 3		授業の流れ 4
つかむ〈全体ワーク〉	➡	調べる〈個別ワーク〉	➡	調べる〈グループワーク〉	➡	まとめる〈個別ワーク〉

第 2 時では、**「どの場面」**を**「どのように」10X** しているのでしょうか。早速見ていきましょう。

つかむ ➡ 授業の流れ 1 〈全体ワーク〉

つかむ
出合う・問いを持つ
和食と洋食では、それぞれどのような食材が使われていますか。

授業の流れ 1
前時を振り返り、本時のめあてをつかむ。
児童は前時に使用した**〈Jam1〉**を開き、3 枚目の**[フレーム]**の和食と洋食の写真を見ながら、**[付箋]**で食材名を記入する。同じ**[フレーム]**上に、自分たちの食事と比べたときの気付きを班で話し合いながら、[付箋]に記入して、意見交流をする。

・前時に使用した **Jamboard** で、これまでの学習の振り返りを手軽に効果的に実施する。〈転用の型〉
・**[付箋]**機能を使って、短時間で多くの意見に触れ、考えを交流できる。〈共有の型〉

14　第 3 時は、第 2 時と類似したアプリ活用で授業デザインできるため、割愛する。

調べる ➡ 授業の流れ2〈個別ワーク〉

調べる
情報を集める・読み取る

食生活の変化は、食料生産にどのような影響を与えているのでしょうか。二つのグラフを見て、どんなことが分かりますか。

授業の流れ2
食生活の変化と食品輸入量の関係を個人で考え、記述する①。

児童は、前時に配付された**〈スライド 2〉**を開く。食べ物の割合の変化のグラフと輸入量の変化のグラフを関連付けて考え、**[テキストボックス]**に「予想」「分かったこと」「考えたこと」を記述する。

ICT 活用のポイント

・児童はワークシート**〈スライド 2〉**の指示に従って考えを言語化し、可視化する。〈可視の型〉
・ワークシートの指示に従って、資料の読み取りをさらに深め、整理していく。〈創造の型〉

調べる ➡ 授業の流れ3〈グループワーク〉

調べる
考える・話し合う

食生活の変化は、食料生産にどのような影響を与えているのでしょうか。二つのグラフを見て、どんなことが分かりますか。

授業の流れ3
一人ひとりが考えたことをもとに、班で話し合う②。

児童は **スプレッドシート** の自分の名前の[行]に「予想」「分かったこと」「考えたこと」を**〈スライド 2〉**からコピー&ペーストする。その後、班に分かれて話し合い、班としての意見をまとめ、記入する。

ICT 活用のポイント

・各自の考えを〈スライド 2〉から **スプレッドシート** に転記することで、全児童に可視化される。〈可視の型〉
・他の児童の意見を読むことで、自分と違う視点からの情報が増え、より深い整理・分析につなげることができる。〈共有の型〉

まとめる ➡ 授業の流れ4〈個別ワーク〉

まとめる
整理する・生かす

調べて分かったこと、考えたことをもとに、食生活の変化と食料生産への影響について自分の考えをまとめましょう。

授業の流れ4
話し合った内容を活かし、本時のまとめをする。

児童は **スプレッドシート** から班でまとめた「予想」「分かったこと」「考えたこと」を自分の**〈スライド 2〉**にコピー&ペーストする。教師は **スライド** の**[画像挿入]**機能を使って、児童それぞれが自分のイメージする画像を追加するよう指示する。児童は学習のまとめを行う。

ICT 活用のポイント

・児童は 調べて分かったことや意見交流の結果を毎時間のまとめとして継続して**〈スライド 2〉**に蓄積していく。〈創造の型〉
・画像検索で自分のイメージに近い画像をワークシートに追加していくことで、より自分の学びの輪郭を明確にできる。〈活用の型〉

事前の準備

それでは、この第 2 時の 10X 授業に必要な事前の準備について確認していきましょう。

GTM(ビフォー) 用意するもの		GTM(アフター) 事前の準備
和食と洋食の写真、輸入量の変化のグラフ、一人一日あたりの食べ物の割合のグラフ、地図帳	➡	・**スプレッドシート** で全員の考えを共有するワークシートを作成しておく。

引き続き、第 2 時でも、どこをどのように置き換えているのかという視点で**「GTM(ビフォー)」**と**「GTM(アフター)」**を見比べてください。それでは、第 2 時の GTM です。

小学校 5年生 社会科 第2時 GTM ビフォー

小学校

社会 第5学年

単元名: これからの食料生産とわたしたち　第2時 / 5時

食生活の変化を具体的にとらえ、食料生産への影響を考えよう

板書シリーズ 実践活用例の概略

使用するツールと機能

Google Classroom

Google Jamboard

Google スライド

Google スプレッドシート

Classroom：資料の保管 / 資料（ファイル・リンク）の配付 / 課題の配付
Jamboard：付箋 / 画像挿入でワークシート化 / 同時編集 / フレーム追加
スライド：テキストボックス挿入 / 同時編集 / コメント / スライド追加
スプレッドシート：同時編集 / シート追加

授業の流れ

1

和食と洋食の写真から、使われている食材を考える活動で、**〈転用の型〉**を意識する。前時の Jamboard に食材名を[付箋]で書き、自分たちの食事と比べ、気付いたことも[付箋]で追加し、色分けや囲みを付けて整理していく。

2

2種類の資料を比較し、食生活の変化と食料品別輸入量の関係を考える活動で、**〈可視の型〉**を意識する。事前に挿入済の画像を見て、個人で考えたことを スライド に入力する。**〈創造の型〉**も意識し、スライドの指示に従って資料を読み取り、整理していく。

調べる
情報を集める・読み取る・考える・話し合う

食生活の変化を具体的にとらえ、食料生産への影響を考えよう

本時の目標
輸入量の変化のグラフや食べ物の割合の変化のグラフを読み取ることを通して、食生活の変化と食料自給率を関連付けて食料生産の課題を考えることができる。

本時の評価
・食生活の変化と食料自給率を関連付けて、食生活の変化が食料自給率の低下に影響していることなど、食料生産の課題について考え表現している。【思②】

用意するもの
和食と洋食の写真、輸入量の変化のグラフ、一人一日あたりの食べ物の割合のグラフ、地図帳

1 気づいたこと

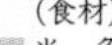

（食材）
米、魚、大豆、たまご、のり、うめぼし
日本で生産されているものが多い。
ふだんは、あまり食べない。

（食材）
パン、ハム、トマト、たまご、コーヒー、キウイ
パンやハムを作る小麦や豚肉は、輸入していることが多い。
朝食はパンという家が多い。

本時の展開 ▷▷▷

つかむ 出合う・問いをもつ

板書のポイント
和食と洋食の写真を用意し、それぞれどのような食材が使われているのかに着目させ、食生活の変化を具体的なものとして捉えられるようにする。

T　和食と洋食では、それぞれどのような食材が使われていますか。 1
C　和食…米、魚、豆腐、納豆、のり、うめぼし洋食…パン、ハム、コーヒー、卵、トマト
T　ふだんの自分たちの食事と比べて気付いたことはありますか。
C　写真のような和食は食べる機会があまりない。朝食は洋食の写真のように、パンが多い。和食は、日本で生産されているものが多い。パンで使われる小麦は輸入している。

調べる 情報を集める・読み取る・考える・話し合う

板書のポイント
輸入量の変化と食べ物の割合の二つのグラフを関連付けて、食生活の変化が食品輸入量の増加につながっていることを理解させるようにする。

＊本時のめあてを板書する。 2
T　二つのグラフをみて、どんなことがわかりますか。 3
C　肉や乳製品、大豆の輸入量が増えている。1960年と比べて、米を食べる量が減ってきている。輸入された食品がたくさんある。

意識する〈型〉

転用　共有　可視　創造　活用

詳細な授業展開例は
次ページへ GO

2 本時のめあて

食生活の変化は、食料生産にどのようなえいきょうをあたえているのでしょうか。

よそう

・洋食を食べる機会が増えて、米を食べる量が減ったのではないか。
・和食は作る手間がかかるから、手軽に調理できる洋食が増えてきたのではないか。

輸入量の変化

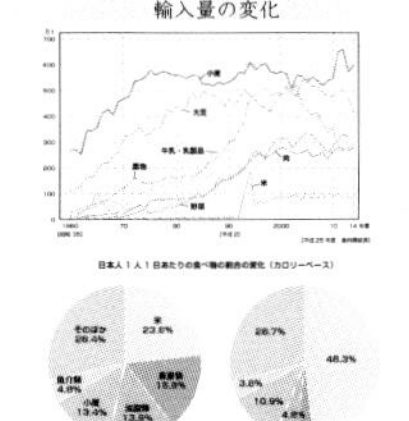

3

分かったこと

・肉や乳製品、大豆の輸入が増えている。
・1960年と比べて、米を食べる量が減っている。
・畜産物を食べる量がとても増えている。

考えたこと

・洋食を食べる機会が増え、食生活が変化したことで、小麦や肉、乳製品などの輸入が増えた。
・ふだん食べているものには輸入された食品がたくさんある。
・食品ロスという新しい問題もある。

4 本時のまとめ

食生活の変化は、輸入される食品の増加や、食料自給率の低下にえいきょうを与えている。

ツールの効果

- 画像やグラフ等の資料を印刷せずに、簡単に全員に配付することができる。
- 思いついた考えを、数にとらわれず自由に表現することができるようになる。
- 自分や友達の考えが可視化されたものの共有が容易となる。
- 短時間で多くの友達の意見に触れ、考えを交流することができるようになる。

まとめる　整理する・生かす

板書のポイント

食事の様子と、それを裏付ける資料の読み取りで分かったことの中から、食品輸入量の増加や食料自給率の低下につながるものを強調する。

T　調べて分かったこと、考えたことをもとに、食生活の変化と食料生産への影響について自分の考えをまとめましょう。 4

C　洋食を食べる機会が増えてきたことで、小麦や肉、乳製品などを多く食べるようになった。洋食で使われる食材は、輸入されているものが多く、そのことが輸入される食品の増加や食料自給率の低下に影響を与えてきている。豊かになった食生活に対し、食品ロスという新しい問題もでてきている。

学習のまとめの例

・食生活の変化により洋食を食べる機会が増えて、使われる食材も変化してきた。
・米の消費量が減り、小麦や肉、乳製品を食べることが多くなったため、輸入される食品も増えた。
・今の食生活は豊かであるが、輸入される食品が増えると、日本の食料自給率が低下していく。
・食生活の変化が、輸入される食品の増加や食料自給率の低下に影響を与えている。

創造　活用

分かったことや考えたことをまとめる活動で、**〈創造の型〉**と**〈活用の型〉**を意識して**スライド**を使用する。個人や班の考えがまとめられた**スプレッドシート**を参考に考えを整理し、自分のイメージする画像を検索して、追加する。

可視　共有

個人で考えたことを全員で共有し、学びを深める活動で、**〈可視の型〉**と**〈共有の型〉**を意識する。**スプレッドシート**に児童名を[列]に、「予想」「分かったこと」「考えたこと」を[行]に設定し、各自の考えを可視化、共有し、班で話し合う。

小学校

社会 第5学年

Googleで10X授業

食生活の変化を具体的にとらえ、食料生産への影響を考えよう

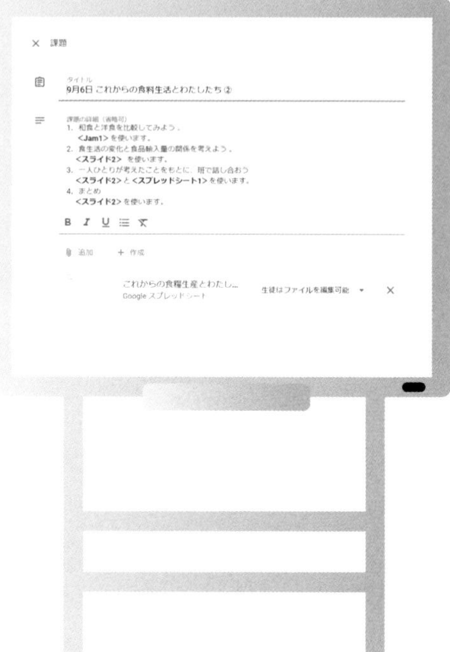

事前の準備

❶ スプレッドシート で全員の考えを共有するワークシートを作成しておく。

Google スプレッドシート

授業の流れ

1 前時を振り返り、本時のめあてをつかむ

児童は前時に使用した〈Jam1〉を開き、3枚目の[フレーム]の和食と洋食の写真を見ながら、[付箋]で食材名を記入する。同じ[フレーム]上に、自分たちの食事と比べたときの気付きを班で話し合いながら、[付箋]に記入して、意見交流をする。

2 食生活の変化と食品輸入量の関係を個人で考え、記述する①

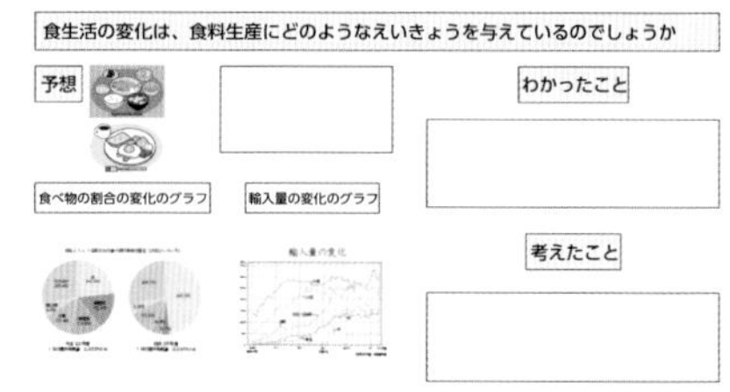

児童は、前時に配付された〈スライド2〉を開く。食べ物の割合の変化のグラフと輸入量の変化のグラフを関連付けて考え、[テキストボックス]に「予想」「分かったこと」「考えたこと」を記述する。

・折れ線グラフ
値の変化の様子について表している。
グラフの線のかたむきに注目。

・円グラフ
データの大きさを全体の円に対する割合で表している。
データの大小関係に注目。

それぞれの資料から……

・食生活の変化と食料生産への影響について考えよう。
・食品の輸入量の変化と関連づけて考えよう。

3 一人ひとりが考えたことをもとに、班で話し合う②

これからの食料生産とわたしたち

番号	氏名	予想	分かったこと	考えたこと
1	田中 花子			
2	山田 太郎			
3	筑波 一郎			
4	藤井 歩美			
5	古沢 玲子			
6	藤原 実			

児童は **スプレッドシート** の自分の名前の[行]に「予想」「分かったこと」「考えたこと」を〈スライド2〉からコピー＆ペーストする。その後、班に分かれて話し合い、班としての意見をまとめ、記入する。

4 話し合った内容を活かし、本時のまとめをする

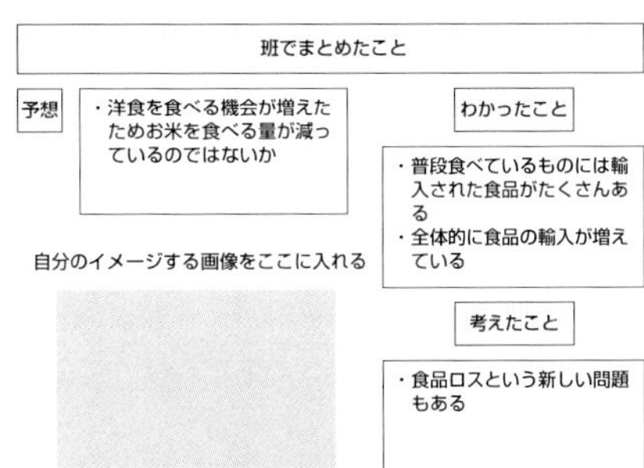

児童は **スプレッドシート** から班でまとめた「予想」「分かったこと」「考えたこと」を自分の〈スライド2〉にコピー＆ペーストする。教師は **スライド** の[画像挿入]機能を使い、児童それぞれが自分のイメージする画像を追加するよう指示する。児童は学習のまとめを行う。

第2時 | GTM（アフター）を解説

第2時のGTMでも、第1時と同じように授業の流れやポイントをできるだけシンプルに記述しています。第4章からはGTMだけになりますので、紙面の制約で言い尽くせない部分をぜひ第3章を参考にして読み取れるようになってください。

それでは、「事前の準備」、そして「授業の四つの流れ」をそれぞれ具体的に解説していきましょう。

事前の準備

事前の準備		授業の流れ 1		授業の流れ 2		授業の流れ 3		授業の流れ 4
ワークシート作成 配信の準備	➡	つかむ 〈全体ワーク〉	➡	調べる 〈個別ワーク〉	➡	調べる 〈グループワーク〉	➡	まとめる 〈個別ワーク〉

①ワークシートを作成する

児童個人で考えたことや班で話し合った結果を共有するための スプレッドシート を作成しておきます。ここで作成するワークシートは、以下**〈スプレッドシート 1〉**と表記することにします。

スプレッドシート を使用する目的と活用メリットは、以下のとおりです。

使用するアプリ	使用の目的とアプリ活用の恩恵
スプレッドシート 	**〈スプレッドシート 1〉** **児童が個人で考えたことを、教室全体に[共有]し、話し合う場面と、話し合った結果を記録する場面で使用する。** ・あらかじめ教師が[列]に番号と児童名を、[行]に児童が記載する項目を入力しておくことで、自分の書くべきスペースに全員で書き込みをする「オリジナルのワークシート」がすぐに作成できる。 ・学習過程が教師に共有され、単元終了後の評価に活用できる。 ・スプレッドシート なら100人まで同時編集できる。

[アプリランチャー] ⁝⁝⁝ から スプレッドシート を新規に開き、タイトルに「これからの食料生産とわたしたち」と記入します。続いて、左から[行]に、「番号」「氏名」「予想」「分かったこと」「考えたこと」と入力し、続いて[列]にそれぞれ出席番号と児童の名前を入力して[シート 1]は完成です。

次は[シート 2]を追加し、左から[行]に、「班」「予想」「分かったこと」「考えたこと」と入力し、続いて[列]に班名（または班の番号）を入力します。[シート 2]は、児童が[シート 1]を見ながら、グループごとに話し合った内容を入力するためのものです。

さらに[シート 3]を追加し、左から[行]に、「番号」「氏名」「気付いたこと」「ぎもんに思ったこと」と入力し、続いて「番号」「氏名」の[列]にそれぞれ出席番号と児童の名前を[シート 1]からコピー&ペーストして完成です。なお、シートそのものを右クリック メニューからコピーして追加し、一部編集する方法もあります。

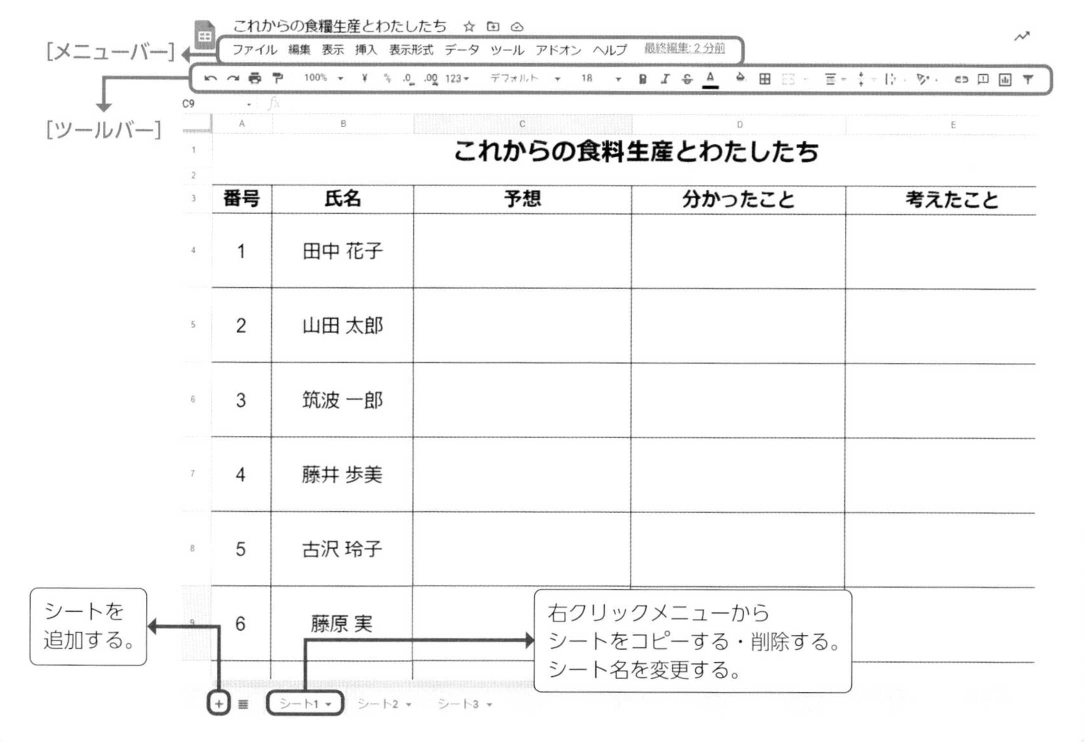

②配信を準備する

本時で新たに使用するファイルは、ワークシートの〈**スプレッドシート 1**〉だけです。このファイルはクラス全員で共同編集しますので、Classroom の**[クラス]**を表示して**[授業]タブ**から画面左上に表示されている**[＋作成]** > **[課題]** > **[追加]** > **[生徒はファイルを編集可能]**の順にクリックして**[下書き保存]**しておきます。

これで、準備は完了です。授業に入っていきましょう。

授業の流れ 1

事前の準備		授業の流れ 1		授業の流れ 2		授業の流れ 3		授業の流れ 4
ワークシート作成 配信の準備	➡	つかむ 〈全体ワーク〉	➡	調べる 〈個別ワーク〉	➡	調べる 〈グループワーク〉	➡	まとめる 〈個別ワーク〉

GTM（ビフォー）
〈授業の流れ 1 〉より

和食と洋食の写真から、使われている食材を考える活動で、**〈転用の型〉**を意識する。前時の Jamboard に食材名を[付箋]で書き、自分たちの食事と比べ、気付いたことも[付箋]で追加し、色分けや囲みを付けて整理していく。

GTM（アフター）
〈授業の流れ 1 〉より

1 前時を振り返り、本時のめあてをつかむ

児童は前時に使用した〈Jam1〉を開き、3枚目の[フレーム]の和食と洋食の写真を見ながら、[付箋]で食材名を記入する。同じ[フレーム]上に、自分たちの食事と比べたときの気付きを班で話し合いながら、[付箋]に記入して、意見交流をする。

はじめに Classroom で下書き保存しておいた[課題]**「9月6日 これからの食料生活とわたしたち②」**を配信します。

本時も**〈授業の流れ 1 〉**の場面では、前時を振り返り、学習内容を活かしながら、本時のめあてをつかむようにします。そのために前時と同じく、可視化した情報を共有しながら考えることができるように、前時に使用した**〈Jam1〉**を使います。

児童は前時に配付された Classroom の投稿から**〈Jam1〉**にアクセスします。

班ごとに話し合いながら、自班の**[フレーム]**に写真の料理に使われている食材を**[付箋]**に書き出していきます。班のメンバーで、協力して一つの**[フレーム]**に入力することで、児童は、他の友達の書き込みも参考にしながら自分の考えを記入することができます。

続いて、今度は自分たちの日頃の食生活を振り返り、気付いた点を同じ**[フレーム]**の空白部分に**[付箋]**で記入していきます。

教師は、これらの活動を通して、和食から洋食へという食生活の変化が、食材の変化と関係が深いことに気付いていくように声がけします。めあてを板書して、強調してもいいでしょう。

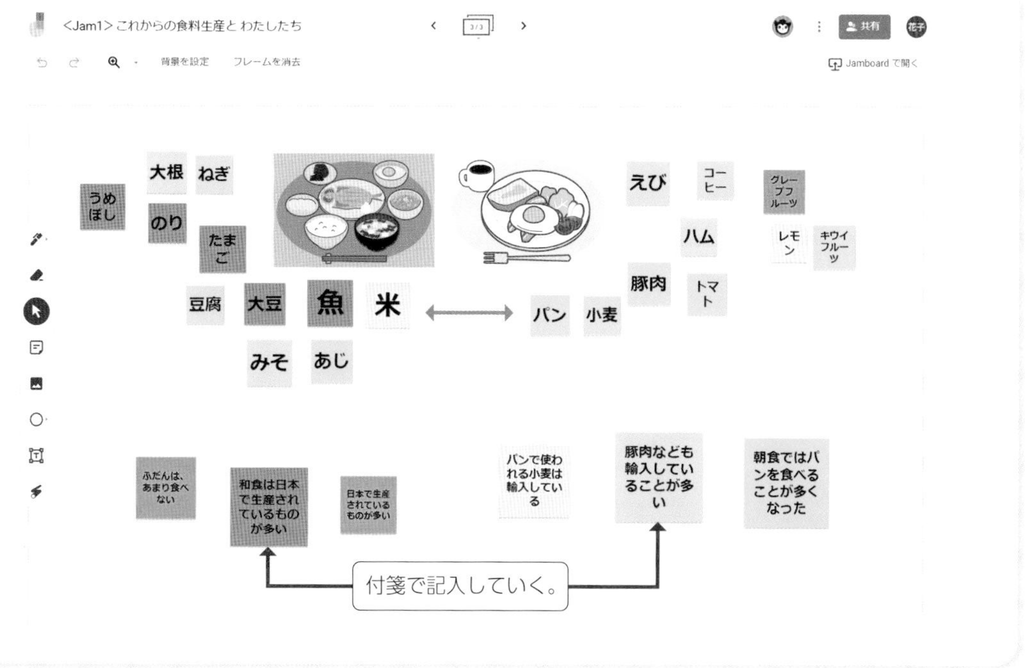

授業の流れ 2

事前の準備		授業の流れ 1		授業の流れ 2		授業の流れ 3		授業の流れ 4
ワークシート作成 配信の準備	➡	つかむ 〈全体ワーク〉	➡	調べる 〈個別ワーク〉	➡	調べる 〈グループワーク〉	➡	まとめる 〈個別ワーク〉

GTM（ビフォー）
〈授業の流れ 2 〉より

2種類の資料を比較し、食生活の変化と食料品別輸入量の関係を考える活動で、**〈可視の型〉**を意識する。事前に挿入済の画像を見て、個人で考えたことを**スライド**に入力する。**〈創造の型〉**も意識し、スライドの指示に従って資料を読み取り、整理していく。

GTM（アフター）
〈授業の流れ 2 〉より

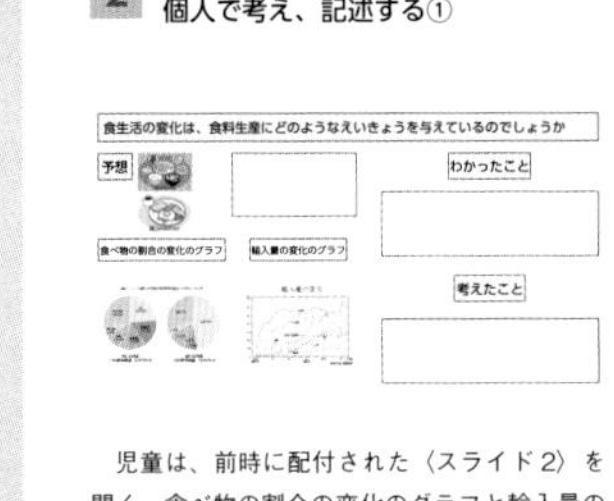

児童は、前時に配付された〈スライド 2〉を開く。食べ物の割合の変化のグラフと輸入量の変化のグラフを関連付けて考え、[テキストボックス]に「予想」「分かったこと」「考えたこと」を記述する。

次に、**〈授業の流れ 2 〉**の場面では、食生活の変化が食料生産に与える影響について予想し、食生活の変化と食料品別の輸入量の変化の関係を資料で調べ、食生活の変化について考えたことを話し合います。

児童は個別ワークで、**〈スライド 2〉**に予想を記入した後、共有されている 2 種類の資料「一人一日あたりの食べ物の割合の変化」と「輸入量の変化」とを関連付けて考えます。

円グラフについて算数科では未習の場合もあるでしょうから、「食べ物の割合の変化」のグラフが示す数値などについて教師は確認を促しながら、資料の読み取りを進めていくように伝えましょう。

児童は「分かったこと」「考えたこと」を同じ**〈スライド 2〉**に記入します。

キーボード入力に時間がかかっている児童の場合には、**[スピーカーノート]**に**[音声入力]**[15] することもできます。たくさんの情報を、正確に短時間で記録することが可能となり、児童の思考や表現の意欲を高め、話合いの時間を確保し、さらに活性化することができるようになります。

音声入力した文章は、カット＆ペーストで**[スピーカーノート]**から**[スライド]**内に移動させましょう。

15　詳しい操作方法は第 5 章 p.416 を参照。

授業の流れ 3

事前の準備		授業の流れ 1		授業の流れ 2		授業の流れ 3		授業の流れ 4
ワークシート作成 配信の準備	➡	つかむ 〈全体ワーク〉	➡	調べる 〈個別ワーク〉	➡	調べる 〈グループワーク〉	➡	まとめる 〈個別ワーク〉

GTM（ビフォー）
〈授業の流れ 3 〉より

個人で考えたことを全員で共有し、学びを深める活動で、**〈可視の型〉**と**〈共有の型〉**を意識する。**スプレッドシート** に児童名を[列]に、「予想」「分かったこと」「考えたこと」を[行]に設定し、各自の考えを可視化、共有し、班で話し合う。

➡

GTM（アフター）
〈授業の流れ 3 〉より

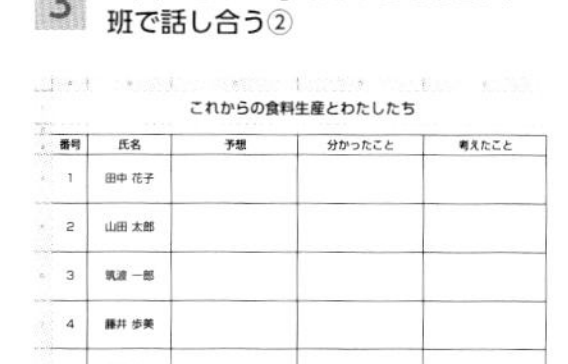
3 一人ひとりが考えたことをもとに、班で話し合う②

これからの食料生産とわたしたち

番号	氏名	予想	分かったこと	考えたこと
1	田中 花子			
2	山田 太郎			
3	筑波 一郎			
4	藤井 歩美			
5	古沢 晴子			
6	藤原 実			

児童は **スプレッドシート** の自分の名前の[行]に「予想」「分かったこと」「考えたこと」を〈スライド 2〉からコピー＆ペーストする。その後、班に分かれて話し合い、班としての意見をまとめ、記入する。

続いて、**〈授業の流れ 3 〉**の場面では、児童がそれぞれ考えた内容を全児童に可視化し、それを見ながら班で話し合っていきます。そのために、まず、前の場面で記録した各自の考えを一覧にして表示するため、**スプレッドシート** を使って**[共有]**します。

教師は、**〈スライド 2〉**から**〈スプレッドシート 1〉**の**[シート 1]**に各自で転記するように指示をします。

児童は自分の**〈スライド 2〉**から、項目に従って、**[シート 1]**の自分の名前のある**[行]**へコピー＆ペーストしていきます。全員が入力し終えた後、グループワークとなります。

一人ずつ**[シート 1]**の内容を見ながら発表し、友達の考えに対する意見や疑問を出し合います。このとき、発表していない班の誰かが交代で出た意見や疑問を**[コメント]**に記録していきます。この場面では、教師は、特に「肉、乳製品、大豆などの輸入量が増え、米の消費量が減った」という視点を大切にして、学び合えるように助言していきましょう。

自分の意見に友達の意見も反映され、**〈スプレッドシート 1〉**の**[シート 1]**に自分の思考の過程とそれに対する友達の考え、学び合いの過程が記録され、保存されていきます。

最後に、その**[シート 1]**を活用しながら、班内で分かったことを話し合い、**[シート 2]**に「班としてのまとめ」を入力します。

授業の流れ 4

事前の準備		授業の流れ 1		授業の流れ 2		授業の流れ 3		授業の流れ 4
ワークシート作成 配信の準備	➡	つかむ 〈全体ワーク〉	➡	調べる 〈個別ワーク〉	➡	調べる 〈グループワーク〉	➡	まとめる 〈個別ワーク〉

GTM（ビフォー）
〈授業の流れ 4 〉より

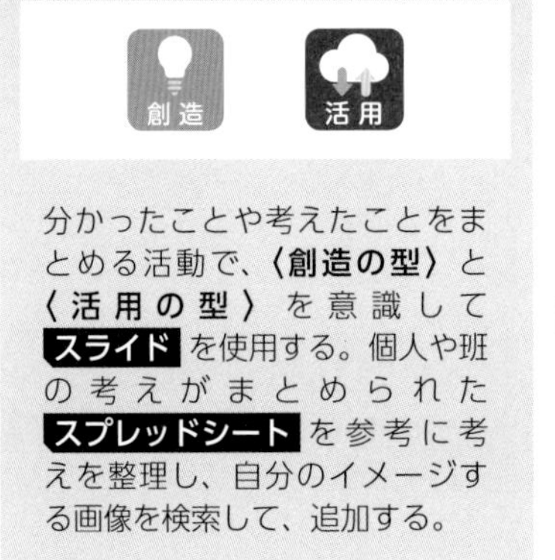

GTM（アフター）
〈授業の流れ 4 〉より

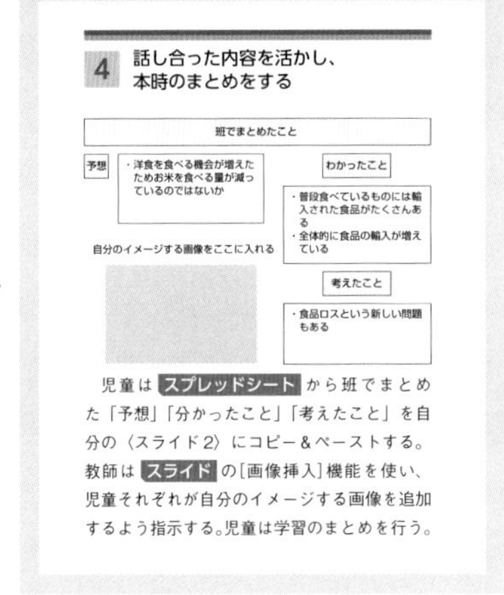

児童は スプレッドシート から班でまとめた「予想」「分かったこと」「考えたこと」を自分の〈スライド 2〉にコピー＆ペーストする。教師は スライド の［画像挿入］機能を使い、児童それぞれが自分のイメージする画像を追加するよう指示する。児童は学習のまとめを行う。

〈授業の流れ 4 〉の場面では、調べて分かったことや考えたことをもとに、食生活の変化と食料生産への影響を個人でまとめていきます。

そこで、再び**〈スライド 2〉**を開き、各個人で班でのまとめを入力します。

児童が**〈スプレッドシート 1〉**から必要な事項を**〈スライド 2〉**へコピー＆ペーストした後に、教師は、食生活の変化と食料生産への影響に関する資料画像を **スライド** の**[画像挿入]**機能を使って挿入するように指示し、児童自身の考えやイメージを Web 上の素材を使って表現できるよう支援します。

これまでの授業では、児童はそれぞれ自分のノートにまとめ、数名がそれを発表することで学級内で共有してきました。ともすると一部の児童の発表のみで終わりになっていました。

しかし、ノートの代わりに **スプレッドシート** 、そして **スライド** を併用することで、全児童がお互いの考えを確認しながら、意見を交流し考えを深めた後、自分のまとめをすることができます。

班でまとめたこと

予想

・洋食を食べる機会が増えたためお米を食べる量が減っているのではないか

自分のイメージする画像をここに入れる

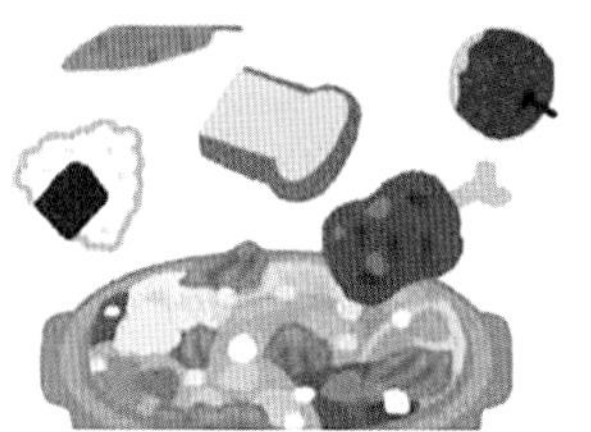

わかったこと

・普段食べているものには輸入された食品がたくさんある
・全体的に食品の輸入が増えている

考えたこと

・食品ロスという新しい問題もある

まとめ　第2時のICT活用の効果

- 児童は思いついた考えを、[付箋]や[コメント]を使っていくつでも自由に表現することができる。
- 児童一人ひとりのイメージに合う画像や資料等の素材はWebで検索し、表現に使うことができる。
- 自分や友達の考えが可視化されたものを[共有]することが可能となる。
- 短時間で多くの友達の意見に触れ、考えを交流することができる。

小学校5年生　社会科　「これからの食料生産とわたしたち」

第4時　GTMの全体イメージをつかむ

ここまでの第1時そして、第2時では、スライド Jamboard スプレッドシート でワークシートを作成し、授業を10X化してきました。第3時もまた、類似したアプリ活用で授業をデザインできます。第2時と第3時では、重複記述が多くなること、また紙面の制約もあることから、第3時については割愛し、ここから第4時を解説します[16]。

本時のめあて：食料の安定確保のための取組を知り、これまでの学習を整理しよう。
本時の目標　：農協で働く方の話などから、食料の安定確保のために大切なことを理解する。これまでの学習をまとめ、学習問題に対する自分の考えをまとめる。

第4時では、これまでの学習で学んだ食料の安定確保の重要性をもとに、食料の安定確保のための取組について考えていきます。10X授業では、資料を参考にしたり、農協の方の話を聞いたりする中で、ICTツールを活用するからこそ、大切なことを効果的に、効率良く理解していけるように授業の流れを工夫していきましょう。教師はオンラインでの情報の共有や対話をもとに、これまでの学習をまとめ、学習課題に対する自分の考えを児童一人ひとりが表現できるよう支援します。

GTM（ビフォー）で示された「本時の展開」は、以下の三つです。

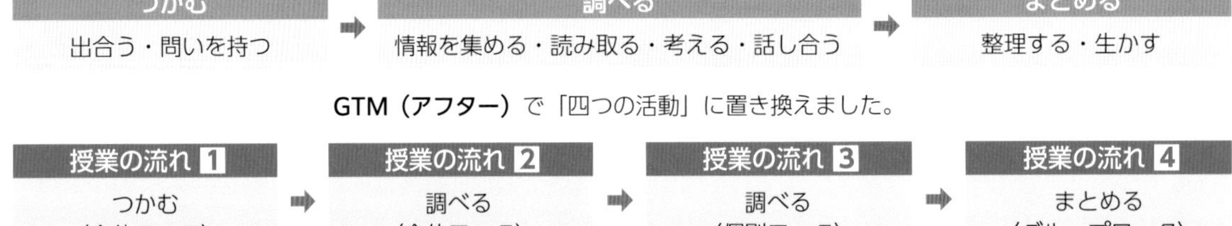

第4時では、従来の授業の**「どの場面」**を**「どのように」10X**したのでしょうか。

つかむ ➡ 授業の流れ 1〈全体ワーク〉

つかむ
出合う・問いを持つ
二つのグラフを見比べて、気付いたことを発表しましょう。

授業の流れ 1
二つのグラフを見比べながら課題に気付かせる。
児童は「産業別の人口とわりあいの変化」と「土地利用の変化」の二つのグラフを見ながら気付きと疑問を前時に使用した**〈スプレッドシート1〉**の**[シート3]**に入力し、可視化する。

ICT活用のポイント

・児童は〈スプレッドシート1〉に気付きと疑問を入力して可視化する。〈可視の型〉
・全員がリアルタイムで他の児童の書き込みを確認できるので、互いに違う視点で記述するように意識させることができる。〈共有の型〉

16　第3時のめあては、「食の安全・安心を守るために働く人に迫り、その取組を理解しよう」。

調べる ➡ 授業の流れ 2 〈全体ワーク〉

調べる
情報を集める・読み取る

食料を安定して確保し続けるためにはどのようなことが大切なのでしょうか。

授業の流れ 2
JA の方から食料を安定して確保し続けるための取組を聞く。

教師は Keep の[メモ]で取材メモを取るように児童に指示をしておく。時間になったら、教師は Google Meet にアクセスして JA の方に遠隔での取材の場を用意する。児童は大型提示装置の画面で JA の方の話を全員で聞く。

ICT 活用のポイント

- 教師は Google カレンダー に[**Google Meet のビデオ会議を追加**]した予定を事前にゲストティーチャーと[共有]し、当日は遠隔での取材の場を用意する。〈対話の型〉
- 児童は Keep の[**メモ**]で自分の取材メモを記録し、全員と共有する。〈記録の型〉

調べる ➡ 授業の流れ 3 〈個別ワーク〉

調べる
考える・話し合う

JA の方の話から分かったことを発表しよう。

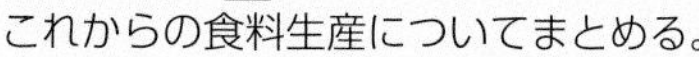

授業の流れ 3
これからの食料生産についてまとめる。

児童は共有された[**メモ**]を見ながら、JA の方の話の内容と自分が考えたことを〈スライド 2〉にまとめる。まとめができたところで、これまでの学習を振り返りながら、学習問題をまとめる。

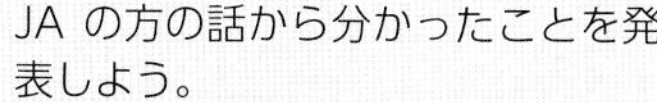

ICT 活用のポイント

- 児童は取材の Keep の[**メモ**]を〈スライド 2〉に次々出力し、メモを時系列やカテゴリ別にまとめ、書き換えながら、思考を整理する。〈転用の型〉
- 〈スライド 2〉に蓄積された内容を確認しながら、ワークシートの指示に従ってさらに学習問題を整理していく。〈創造の型〉

まとめる ➡ 授業の流れ 4 〈グループワーク〉

まとめる
整理する・生かす

これからの食料生産について、これまで学習してきたことをまとめましょう。

授業の流れ 4
コメントで対話し、本時のまとめを完成させる。

児童は作成した**〈スライド 2〉**に[**共有**]からクラスのグループメールに[**コメント権限**]を付与する。**〈スライド 2〉**の学習のまとめを互いに読み合い、[**コメント**]を記入する。[**コメント**]の意見や質問を参考にしながら、必要に応じて自分のスライドを修正し、完成後、[**提出**]する。

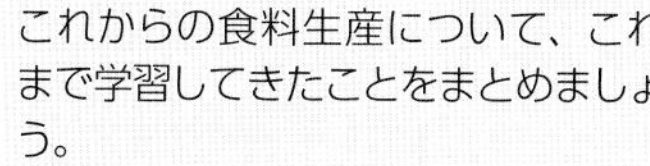

ICT 活用のポイント

- 児童は自分の**〈スライド 2〉**を友達からフィードバックをもらうために[**グループメール**]で共有する。〈共有の型〉
- 児童は[**コメント**]を使って友達とやり取りし、ファイル上で対話する。〈対話の型〉

この 10X 授業を実施にするために、以下の事前の準備を行います。

事前の準備

GTM（ビフォー）
用意するもの

各種グラフ 、JA の方の話、これまでの学習成果など。

GTM（アフター）
事前の準備

- Google カレンダー に[**Google Meet のビデオ会議を追加**]した[**予定**]を JA の方と共有しておく。
- クラス全員を Keep の[**メモ**]の[**共同編集者**]にするための[**グループメール**]を作成しておく。

第 4 時の全体イメージはつかめたでしょうか。Google Meet など新しいアプリも登場しますが、**「GTM（ビフォー）」**と**「GTM（アフター）」**を見比べて、学習のめあてを実現するポイントはどこか探ってみてください。それでは、第 4 時の GTM です。

小学校
社会
第5学年

単元名: これからの食料生産とわたしたち　第4時/5時

食料の安定確保のための取組を知り、これまでの学習を整理しよう

板書シリーズ
実践活用例の概略

使用するツールと機能

Google Meet：オンライン会議システム
スプレッドシート：シート追加 / 同時編集
Keep：メモ / 共有
Google グループ：グループ アドレス
スライド：テキスト ボックス挿入 / 同時編集 / コメント

授業の流れ

1

Classroom で配付された二つのグラフを見比べて考える活動で、**〈可視の型〉**と**〈共有の型〉**を意識してスプレッドシートを使用する。「気づいたこと」と「疑問」を各自が書き込み、全員で共有し考える。

調べる・まとめる
情報を集める・読み取る・考える・話し合う・整理する・生かす

食料の安定確保のための取組を知り、これまでの学習を整理しよう

本時の目標
農協で働く方の話などから食料の安定確保のために大切なことを理解する。これまでの学習をまとめ、学習問題に対する自分の考えをまとめる。

本時の評価
・各種資料を使って調べ、食料自給率を上げることの大切さについて理解している。【知②】
・食料生産について学習してきたことを総合して、食料生産の課題について考え、表現している【思②】

用意するもの
各種グラフ、農協の方の話、これまでの学習成果など

産業別の人口のわりあいと変化　土地利用の変化

1 気づいたこと
・65年前にくらべて、商業で働く人が増えた。
・農業、林業、水産業で働く人が減ってきている。
・田や畑の面積は減り続けている。
・宅地面積は増えてきている。

2 ぎもん
・農業や水産業で働く人が減ってしまうと、私たちの食料がとれなくなってしまうのではないか。
・田や畑も減ってしまうと、食料をますます輸入しなければいけないのではないか。

本時の展開 ▷▷▷

つかむ 出合う・問いをもつ

板書のポイント
二つのグラフを比較して読み取り、耕地面積の減少や農業・水産業従事者の減少といった食料の安定確保に対する課題に気付かせる。

T　二つのグラフを見比べて、気付くことを発表しましょう。 1
C　商業で働く人が増えてきている。農業や水産業で働く人が減っている。田や畑の面積が減っている。
T　疑問に思ったことを発表しましょう。 2
C　働く人が減ると、食料生産ができなくなってしまうのではないか。国内での生産が減ると、ますます輸入に頼ることになるのではないか。

調べる 情報を集める・読み取る・考える・話し合う

板書のポイント
JAで働いている人の話から、食料の安定確保のための取り組みや願いを知り、食料自給率を高めるために大切なことを理解できるよう板書する。

*本時のめあてを板書する。 3
T　JAの方の話から分かったことを発表しましょう。 4
C　国内の自給率を高めることが大切。
国産のものを食べるようにすること。
地産地消に取り組んでいる人たちを応援し、地元の食材を食べるようにする。

2

JAの方から話を聞く活動で、**〈対話の型〉**と**〈記録の型〉**を意識し、Google Meet で遠隔対話の場を創出する。話を聞きながら、Keep の[メモ]に内容を記録し[グループメール]で共有することで、互いの記録を活用することもできる。

意識する〈型〉

創造 時短

詳細な授業展開例は次ページへ GO

3

本時のめあて

食料を安定して確保し続けるためには、どのようなことが大切なのでしょうか。

JA の方の話

- 国内の自給率を高めることが大切。 4
- 国産のものを食べること。
- 地産地消の取組

考えたこと

- 今の食生活には輸入された食品は欠かせないけれど、国内の食料自給率を高めることも大切。
- 地産地消に取り組みことで、国内のものを食べ、自給率を上げることにつながるのではないか。

5

【学習のまとめ】

これからの食料生産について、調べたことをもとに、学習問題に対する考えをまとめましょう。

①日本の食料生産の課題
- 多くを輸入している。
- 働く人や耕地が減少している。

②安全・安心への取り組み
- 生産者の名前やさいばいの記録がわかる。
- トレーサビリティ

③食料の安定確保のために
- 自給率を高める。地産地消。

6

自分の考えをまとめよう

- 安定した食料確保のために、地産地消に取り組んで、食料自給率を高めていきたい。
- 食の安心、安全のために、トレーサビリティの仕組みを整えていってほしい。

ツールの効果

- 遠隔地にいるさまざまな方の意見を教室にいながらオンラインで聞くことができる。
- 自分や友達の考えを可視化し、さらにそれを伝え合うことが容易となる。
- 短時間で多くの友達の意見に触れることができる。
- 考えをやり取りすることで対話ができるようになる。

まとめる 整理する・生かす

板書のポイント

これからの食料生産について、これまで学んだことをカードや掲示物に整理し、それらを板書の材料として生かす。

T これからの食料生産について、これまで学習してきたことをまとめましょう。 5

C 多くを輸入に頼る日本の食料生産の課題、安全・安心への取組、食料の安定確保のための取り組み。

T 学習問題に対する、自分の考えをまとめましょう。 6

C 食料自給率を高めるために、地元の食材を食べる地産地消に取り組んでいきたい。トレーサビリティを続けてほしい。

学習のまとめの例

〈単元全体のまとめを考える〉
- 食料自給率を高めるために、家の人と協力してなるべく国産や地元で作られたものを食べていきたい。
- 食料自給率を上げることは、農業や水産業の活性化につながっていくと思う。
- 食料自給率を高めることで、輸入に頼り過ぎない安定した食料生産が可能になっていくと思う。
- 食の安全・安心の確保は消費者の願いでもあるから、これからもトレーサビリティなどに取り組んでほしい。

4

学習のまとめを活かし意見交換する活動で、**〈共有の型〉**と**〈対話の型〉**を意識する。共有した互いの スライド に気付きや疑問などを[コメント]で入力し、自分のスライドを改善する。最後に Classroom から提出する。

3

学習をまとめる活動で、**〈転用の型〉**を意識する。共有した Keep の[メモ]を転用し、JA の方の話を スライド にまとめる。続いて**〈創造の型〉**で、これまで作成してきた スライド を振り返り、学習問題ごとにまとめていく。

小学校

社会 第5学年

Google で 10X 授業

食料の安定確保のための取組を知り、これまでの学習を整理しよう

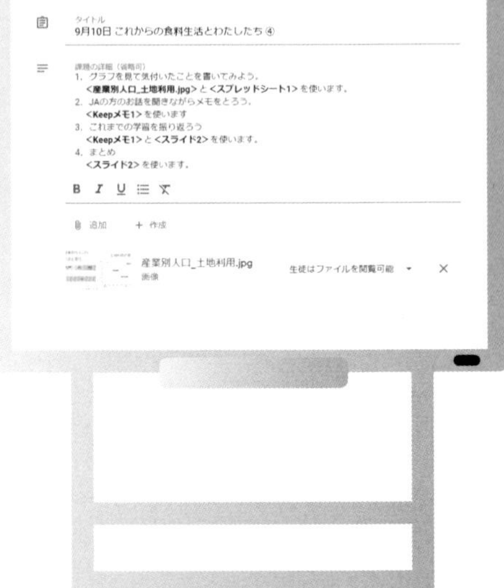

事前の準備

❶ Google カレンダー に Google Meet のビデオ会議を[追加]した[予定]を JA の方と共有しておく。

❷ クラス全員を Keep の[メモ]の[共同編集者]にするため、Google グループ で[グループメール]を作成しておく。

Google Meet

Google カレンダー

Google Keep

Google group

授業の流れ

1 二つのグラフを見比べながら課題に気付かせる

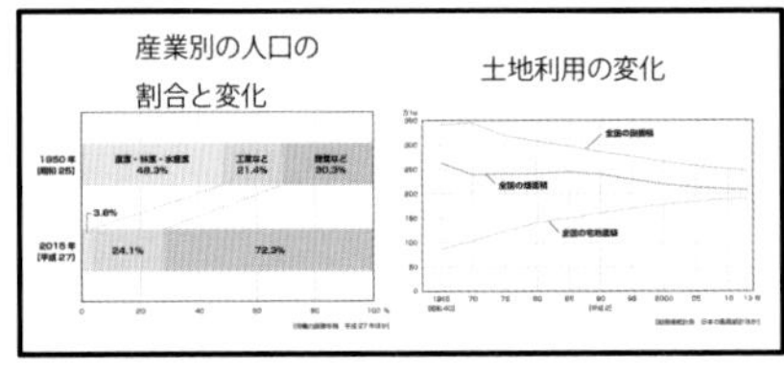

児童は「産業別の人口の割合と変化」と「土地利用の変化」の二つのグラフを見ながら気付きと疑問を前時に使用した〈スプレッドシート1〉の[シート3]に入力し、可視化し、共有する。

2 JA の方から食料を安定して確保し続けるための取組を聞く

教師は Keep の[メモ]で取材メモをとるように児童に指示をしておく。時間になったら、教師は Google Meet にアクセスして、JA の方に遠隔での取材の場を用意する。児童は大型提示装置の画面で JA の方の話を全員で聞く。

食料を安定して確保し続けるためには、どのようなことが大切なのでしょうか

資料からわかること
・今の食生活には輸入された食品は欠かせないが、国内の自給率を高めることも大切。
・地産地消に取り組むことで、国内のものを食べ、自給率を高めることにつながるのではないか。

学習問題に対する考えをまとめましょう。

日本の食料生産にはどのような課題があり、これからの食料生産をどのようにすすめたらよいでしょうか。

①日本の食料生産の課題
②安全・安心への取り組み → 意見文としてまとめる
③食料生産の安定確保のために

3 これからの食料生産について まとめる

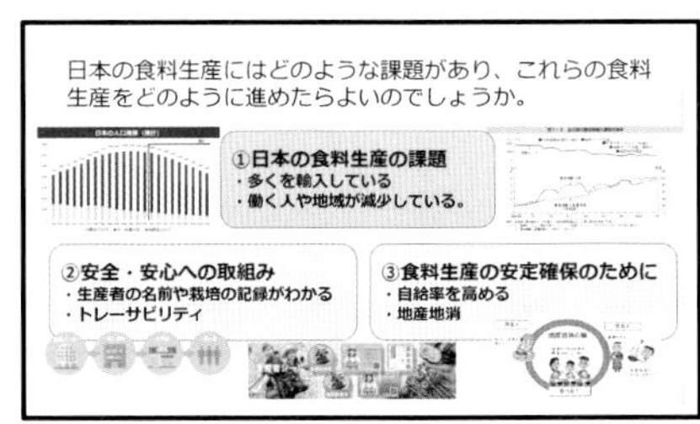

児童は共有された[メモ]を見ながら、JAの方の話の内容と自分が考えたことを〈スライド2〉にまとめる。まとめができたところで、これまでの学習を振り返りながら、学習問題をまとめる。

4 コメントで対話し、本時のまとめを完成させる

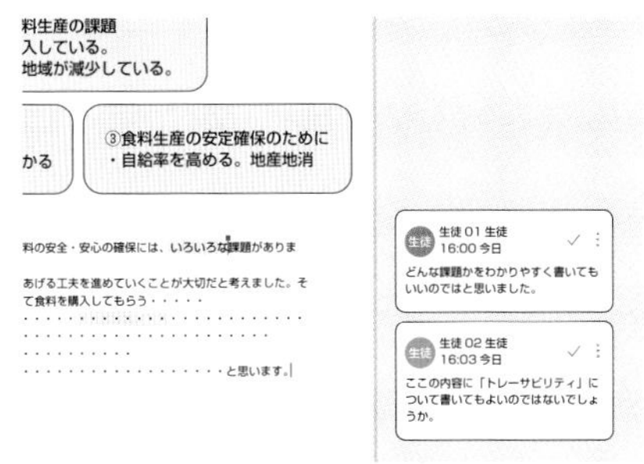

児童は〈スライド2〉に[共有]からクラスのグループメールに[コメント権限]を付与する。〈スライド2〉の学習のまとめを互いに読み合い、[コメント]を記入する。[コメント]の意見や質問を参考にし、必要に応じて自分のスライドを修正し、完成後、[提出]する。

第4時 | GTM（アフター）を解説

第4時のGTMは、ゲスト ティーチャーを迎え、やることが満載です。操作の手順は授業の前に実際に自分で一通りやってみて、予習しておくと安心です。**ICTは「いつも・ちょっと・トラブル」ですが、「いつも・ちゃんと・つながる」ツール**でもあります。失敗を恐れず、児童生徒と一緒に挑戦していきましょう。

それでは、ここからは「事前の準備」、そして「授業の四つの流れ」をそれぞれ具体的に解説していきます。

事前の準備

事前の準備 ワークシート作成 配信の準備 ➡ **授業の流れ 1** つかむ〈全体ワーク〉 ➡ **授業の流れ 2** 調べる〈全体ワーク〉 ➡ **授業の流れ 3** 調べる〈個別ワーク〉 ➡ **授業の流れ 4** まとめる〈グループワーク〉

第4時で使用するアプリは4種類。その活用の目的と活用メリットは、以下のとおりです。

使用するアプリ	使用の目的とアプリ活用の恩恵
Google Meet 	**JAの方に遠隔で話を聞く場面で使用する。** ・直接会わなくても、遠隔で顔を見ながら打ち合わせや取材ができる。 ・Google Meet は、Google アカウントを持っていない相手とでも安全にオンライン会議が実施できる。 ・パソコンからでもスマートフォン、タブレットからでも、機種やOSに関係なく使用できる。 ・Google カレンダー から[**予定**]を追加し、[**ゲスト**]欄に相手のメールアドレスを入力すると、オンライン会議のリンクが自動的に作成される。 ・Google カレンダー またはメールに表示された[**会議リンク**]をクリックすると、Google Meet が立ち上がり、オンライン会議を開始できる。
Google カレンダー 	**JAの方との Google Meet を設定する場面で使用する。** ・Classroom には、クラス全体に予定が共有される**クラスのカレンダー**があらかじめ設置されている。 ・Classroom の[**授業**]タブから[**Google カレンダー**]をクリックし、カレンダーに[**予定**]を追加して[クラスのカレンダー]を選ぶと[クラス]に登録された全ユーザーに予定が共有、表示される。 ・[**予定**]を追加し、[**ゲスト**]欄に相手のメールアドレスを追加すると、オンライン会議リンクが自動的に作成される。 ・[**予定**]を保存すると、相手に自動的にメール通知される。 ・[**予定**]には資料などを添付することができる。 ・[**予定**]は何度でも変更でき、その都度ゲストにメール通知するか選択できる。
Google グループ 	**Keep の[メモ]の[共同編集者]にクラス全員を設定するときに使用する。** ・一つのメールアドレスで、グループに登録されたメンバー全員へ、安全に一斉メール配信ができる（これを[**グループメール**]と言う）。 ・情報共有すべき相手を毎回確認したり、追加を忘れたりすることがなくなる。

使用するアプリ	使用の目的とアプリ活用の恩恵
Google Keep 	**JA の方の話を聞きながらメモを取る場面で使用する。** ・パソコンはもちろん、スマートフォン、タブレットからでも、機種や OS に関係なく使用できる。 ・**[メモ]**は何度でも変更でき、写真や画像にメモすることもできる。 ・**[メモ]**は他のユーザーと共有できる。 ・**[ドキュメントに追加]**や**[スライドに追加]**で連携できる。 ・**[メモ]**は全文検索で、後日でもすぐに見つけることができる。 ・**[メモ]**の表示位置を**[固定]**し、すぐに見つけることができる。

①ビデオ会議を設定する

ビデオ会議アプリ **Google Meet** を使って、直接対面しなくても取材が実現するように **Google カレンダー** でスケジュールを設定しておきます。

事前に日時を決め、取材相手のメールアドレスを聞いておきます。

取材相手にも、当日までに **Google Meet** の使い方を説明しつつ、一緒に操作を体験してもらっておくといいでしょう。また、当日うまく接続できなかった場合に備えて、次善の策（例えば、事前の録画やスマートフォンでの音声会議など）を決めておくと安心です。

JA の方には 5 分間で話してほしいこと、その後の**〈授業の流れ 3 〉**で児童がまとめを発表する場面まで **Google Meet** で授業に参加してもらい、最後に感想をいただきたいことを伝えておきます。

②[グループメール]を作成する

実は **Classroom** から配付できないファイルがあります。その一つが、本時で使用する **Keep** の**[メモ]**です。

Classroom の**[課題]**や**[資料]**で配付すれば、さまざまな種類のアプリのファイルを**[クラス]**の全員に一瞬で情報を共有することができます。

しかし、**Classroom** を経由させず、それぞれのアプリから直接**[共有]**設定をすることももちろん可能です。この場合、一人ひとりに共有設定をすると手間と時間がかかり、共有漏れなどのミスも増えてしまいます。

そこで、**Google グループ** というアプリを使って**[グループ]**を作成しておけば、**[グループメール]**と呼ばれる一つのメールアドレスで、登録されたメンバー全員に、安全に**[共有]**を設定したり、一斉メールを配信したりすることができます。

学級担任とそのクラスの児童全員をメンバーとする**[グループ]**を一度つくっておけば、**Keep** の**[メモ]**や他のアプリのファイルを[共有]する際に非常に便利になります[17]。

ただし、組織によっては**[グループの作成権限]**を一般ユーザーには有効にしていない場合もあります。この場合は、Google Workspace for Education の管理者に**[グループメール]**を作成してもらうといいでしょう。

17　操作の詳細は第 5 章 p.419 参照。

③〈Keep メモ 1〉の作成

[アプリランチャー] ⠿ から Keep を開きます。

[メモ]を新規作成し、タイトルを入れたら、**[共同編集者]**[18] に作成した**[グループ]**を設定します。この Keep の**[メモ]**を、以下**〈Keep メモ 1〉**と表記することにします。

〈Keep メモ 1〉は**[グループメール]**を共同編集者として設定したので、クラス全員が共同編集者となっています。児童は Keep を起動すれば、**〈Keep メモ 1〉**にアクセスできます。

④配信を準備する

本時で新たに使用するファイルは**〈授業の流れ 1 〉**で使用する画像ファイルと**〈Keep メモ 1〉**の二つになります。画像ファイルは閲覧だけできればよいので Classroom の**[授業]タブ**から画面左上の**[＋作成]** > **[課題]** > **[追加]** > **[生徒はファイルを閲覧可能]**の順にクリックして**[下書き保存]**しておきます。

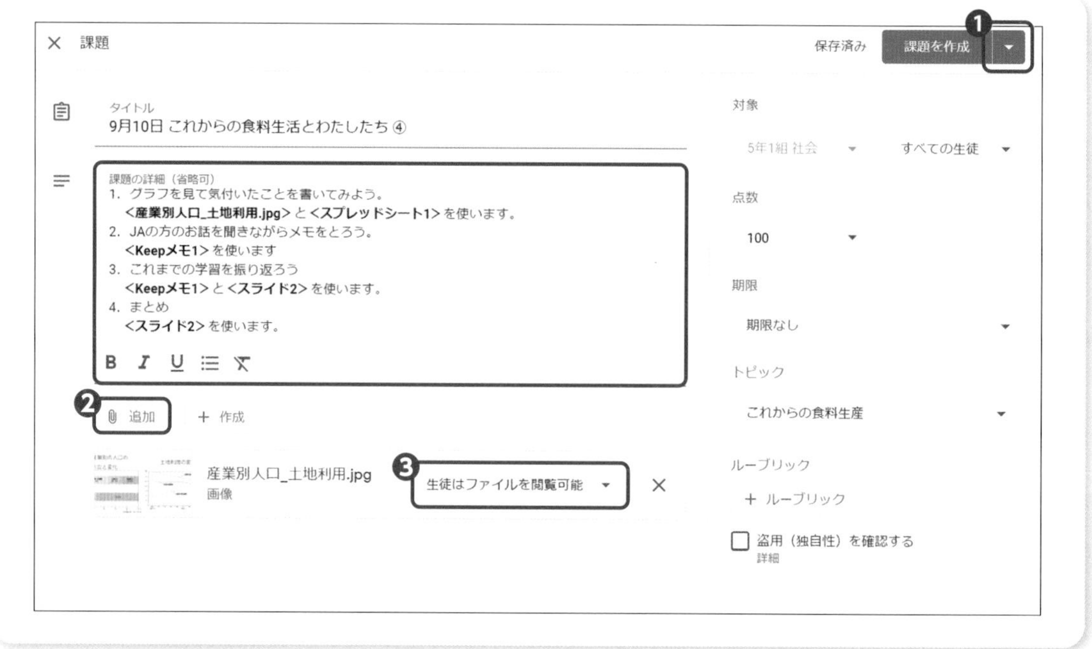

18　操作の詳細は第 5 章 p.411 参照。

授業の流れ 1

事前の準備		授業の流れ 1		授業の流れ 2		授業の流れ 3		授業の流れ 4
ワークシート作成 配信の準備	➡	つかむ 〈全体ワーク〉	➡	調べる 〈全体ワーク〉	➡	調べる 〈個別ワーク〉	➡	まとめる 〈グループワーク〉

GTM（ビフォー）
〈授業の流れ 1 〉より

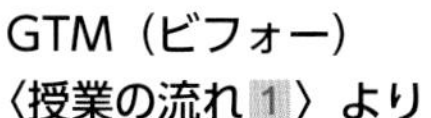

Classroom で配付された二つのグラフを見比べて考える活動で、**〈可視の型〉**と**〈共有の型〉**を意識して **スプレッドシート** を使用する。「気づいたこと」と「疑問」を各自が書き込み、全員で共有し考える。

➡

GTM（アフター）
〈授業の流れ 1 〉より

1 二つのグラフを見比べながら課題に気付かせる

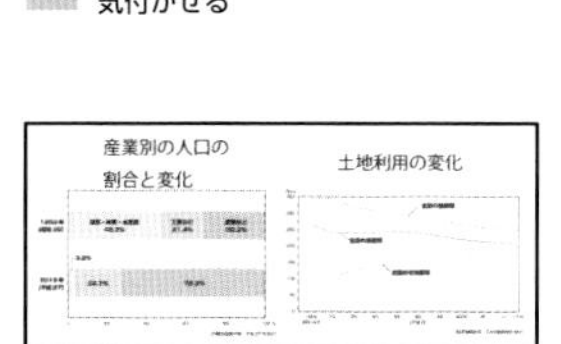

児童は「産業別の人口の割合と変化」と「土地利用の変化」の二つのグラフを見ながら気付きと疑問を前時に使用した〈スプレッドシート1〉の[シート3]に入力し、可視化し、共有する。

まず教師は **Classroom** で[課題]の **「9月10日 これからの食料生活とわたしたち ④」** を配信します。そして児童に、本時の[課題]に追加されている画像「産業別人口 _ 土地利用 .jpg」と、前時に使用した **〈スプレッドシート 1〉** を開くよう指示します。

児童は「産業別人口 _ 土地利用 .jpg」の二つの資料を見比べながら、自分が気付いたことをまとめる活動を行います。資料を見て分かったことをまとめ、考えていく活動で、クラス全員に共有された〈スプレッドシート 1〉の[シート 3]に記入することから、教室全体の思考が見える化していきます。

教師は、「土地利用の変化」や「産業別人口の割合の変化」から、農業を取り巻く現状が厳しくなっていることを読み取り、食料の安定確保が難しくなっている現状について気付けるように支援します。

教師は自分の端末から、児童の活動が一段落したことを確認したところで、次の活動に移ります。

授業の流れ 2

事前の準備		授業の流れ 1		授業の流れ 2		授業の流れ 3		授業の流れ 4
ワークシート作成 配信の準備	➡	つかむ 〈全体ワーク〉	➡	調べる 〈全体ワーク〉	➡	調べる 〈個別ワーク〉	➡	まとめる 〈グループワーク〉

GTM（ビフォー）
〈授業の流れ 2 〉より

JA の方から話を聞く活動で、**〈対話の型〉**と**〈記録の型〉**を意識し、Google Meet で遠隔対話の場を創出する。話を聞きながら、Keep の[メモ]に内容を記録し[グループメール]で共有することで、互いの記録を活用することもできる。

GTM（アフター）
〈授業の流れ 2 〉より

2 JA の方から食料を安定して確保し続けるための取組を聞く

教師は Keep の[メモ]で取材メモをとるように児童に指示をしておく。時間になったら、教師は Google Meet にアクセスして、JA の方に遠隔での取材の場を用意する。児童は大型提示装置の画面で JA の方の話を全員で聞く。

続いて**〈授業の流れ 2 〉**は、**ICT ツールを活用して教室から外部の大人と遠隔で話す**という 10X 化した場面となります。児童は JA の方の話を聞きながら、Keep の**〈Keep メモ 1〉**にメモをしていきます。

〈Keep メモ 1〉の**[共同編集者]**をクラス全員にすることによって、**児童は話を聞きながら気付いたことをすぐに記録**でき、しかも、**他の児童の活動の様子を児童同士で参考にしたり、教師が進捗状況を把握したり**することができるようになります。

取材の時間になったら、教師は**[アプリランチャー]**から Google Meet を開きます[19]。設定済みの**[会議]**をクリックするだけでビデオ会議が始まります。

教師は自分の端末で、JA の方とつないでいる Google Meet **の画面**を大型提示装置で映し、必要なタイミングで「地域の農産物販売」の写真資料を[画面共有]しながら、授業を進めていきます。

JA の方から「食料を安定して確保し続けるための取組」について 5 分程度でお話をいただき、児童は自分の端末で話の内容や考えたことなどを**〈Keep メモ 1〉**にメモしていきます。

19 Google カレンダー の[予定]から[Google Meet に参加する]をクリックする方法でも OK。

〈**授業の流れ** 1 〉で作成したワークシート〈**スプレッドシート 1**〉の[**シート 3**]と、〈**Keep メモ 1**〉をもとに、最後に JA の方に疑問点を質問して、課題の解決に役立てていきます。

児童は、〈**Keep メモ 1**〉を参考にしながら、食料を安定して確保し続けるための取組や自給率を上げることの大切さについて、整理します。

Google Meet の画面を大型提示装置で映し、およそ 5 分程度 JA の方に話をしていただく。その話を聞きながら、Keep の[メモ]に内容を記録し[グループメール]で共有することで、互いの記録を活用することもできる。

授業の流れ 3

事前の準備		授業の流れ 1		授業の流れ 2		授業の流れ 3		授業の流れ 4
ワークシート作成 配信の準備	➡	つかむ 〈全体ワーク〉	➡	調べる 〈全体ワーク〉	➡	調べる 〈個別ワーク〉	➡	まとめる 〈グループワーク〉

GTM（ビフォー）
〈授業の流れ 3 〉より

学習をまとめる活動で、**〈転用の型〉**を意識する。共有した Keep の[メモ]を転用し、JA の方の話を スライド にまとめる。続いて**〈創造の型〉**で、これまで作成してきた スライド を振り返り、学習問題ごとにまとめていく。

GTM（アフター）
〈授業の流れ 3 〉より

3 これからの食料生産について まとめる

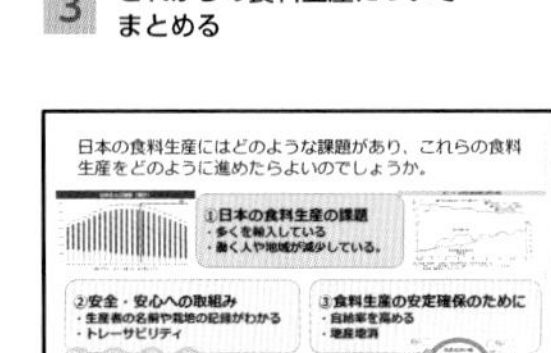

児童は共有された[メモ]を見ながら、JA の方の話の内容と自分が考えたことを〈スライド 2〉にまとめる。まとめができたところで、これまでの学習を振り返りながら、学習問題をまとめる。

〈授業の流れ 3 〉では、第 1 時につくった学習問題に対する自分の考えを表現していきます。

まず児童は、 Keep の[メモ]を見ながら、JA の方の話の内容と自分の考えを〈スライド 2〉にまとめます。次に、〈スライド 2〉に新しいページ（スライド）を追加します。教師は、これまでの学習で作成したスライドを振り返りながら、調べたことや学んだことを自由にテキストや画像などで新しい 1 枚のスライド上に表現するよう指示します。

児童は、〈スライド 2〉の新しいスライドに学習問題となっている「これからの食料生産について」に対する自分の考えを意見文としてまとめていきます。さらに、教師は、自分のイメージを表現するのに適切な写真やイラストなどを画像検索して追加するように指示します。

日本の食料生産にはどのような課題があり、これらの食料生産をどのように進めたらよいのでしょうか。

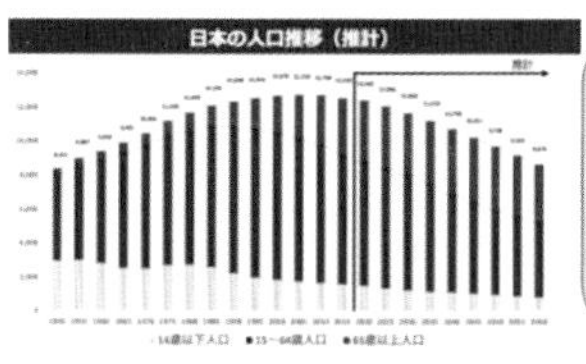

①日本の食料生産の課題
・多くを輸入している
・働く人や地域が減少している。

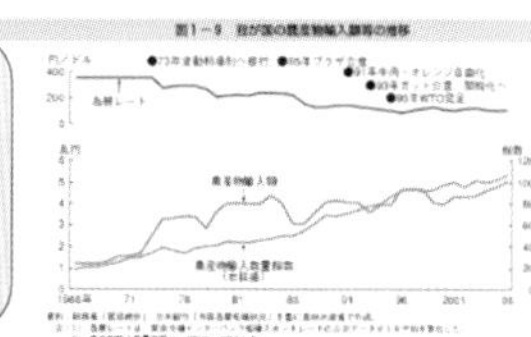

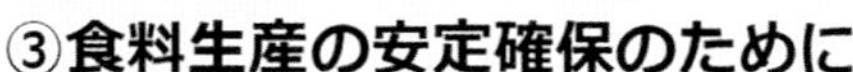

②安全・安心への取組み
・生産者の名前や栽培の記録がわかる
・トレーサビリティ

③食料生産の安定確保のために
・自給率を高める
・地産地消

今回の学習は、既習内容等を関連付け、自分の考えを形成し、より詳しくまとめていくことがねらいとなります。

[スピーカーノート]に**[音声入力]**で全文を入力した後、キーボードで修正していく方法も有効です。「話したこと」を文字化して「書くこと」で表現して確かめることで、より理解を深めることができるようになります。

また、[画像検索]でイメージを追加する活動も、より気付きを得る機会をつくることができます。

授業の流れ 4

事前の準備		授業の流れ 1		授業の流れ 2		授業の流れ 3		授業の流れ 4
ワークシート作成 配信の準備	➡	つかむ 〈全体ワーク〉	➡	調べる 〈全体ワーク〉	➡	調べる 〈個別ワーク〉	➡	まとめる 〈グループワーク〉

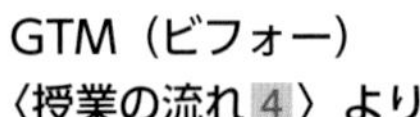

GTM（ビフォー）
〈授業の流れ 4 〉より

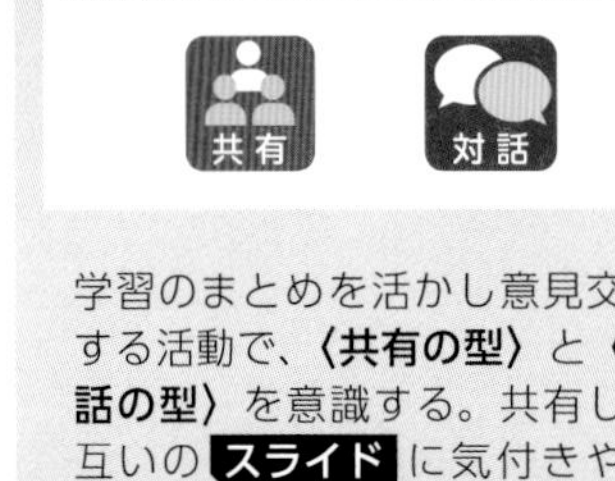

学習のまとめを活かし意見交換する活動で、**〈共有の型〉**と**〈対話の型〉**を意識する。共有した互いの **スライド** に気付きや疑問などを[コメント]で入力し、自分のスライドを改善する。最後に **Classroom** から提出する。

➡

GTM（アフター）
〈授業の流れ 4 〉より

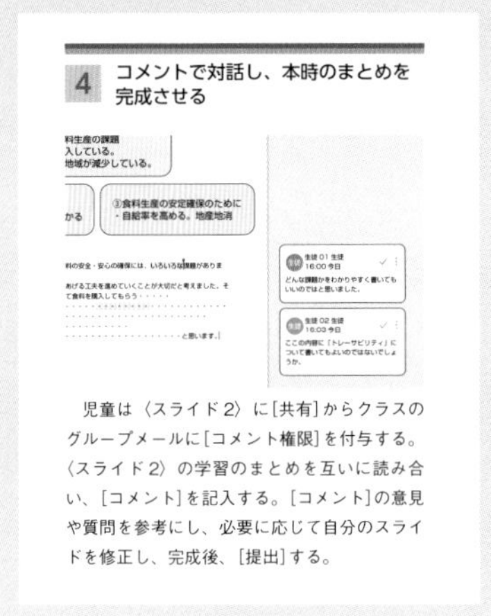

児童は〈スライド 2〉に[共有]からクラスのグループメールに[コメント権限]を付与する。〈スライド 2〉の学習のまとめを互いに読み合い、[コメント]を記入する。[コメント]の意見や質問を参考にし、必要に応じて自分のスライドを修正し、完成後、[提出]する。

〈授業の流れ 4 〉では、各自が作成したまとめを自席から動くことなく自分の端末で読み合い、JAの方にも意見をいただきながら、一人ひとりの考えをより深めていきます。

手書きで書いた意見文を読み合うことやその感想を交流することは、これまでの授業でも行ってきました。しかし、時間的な制約で交流する人数も少なく、交流する内容も深まらない状況もありました。

今回のように、**スライド** の**[コメント]**機能を活用することで、短い時間で多くの友達の意見に触れ、交流を促し、より考えを深めることができるようになります。

教室はシーンとしていても、オンラインで活発な意見が交わされ、読み取る力、言葉で表現する力も次第に付けることができるのです。さらに、それが[自動保存]により記録され、児童が読み返すことにより、いつでも復習ができたり、教師が評価や個別の支援に活かしたりできるようになります。

まず教師は、児童に対して班内のメンバー同士、各自が〈スライド 2〉で作成したまとめを[グループメール]で[共有]するように児童に指示をします。ここまで〈スライド 2〉は、教師と各児童の一対一で[共有]されている状態です。そこで、友達にも[共有]を設定することで、閲覧できるようにします。

次に、共有された同じ班の友達の〈スライド 2〉を読み合います。このとき、「日本の食料生産の課題」と「これからの食料生産」について書かれているかに着目しながら、順番に読み進めるように伝えます。児童は読みながら、気付いたことや良い点、疑問点などを[コメント]で記入していきます。

前半5分は、友達の意見文を読んで**[コメント]**します。

後半5分は、自分の〈スライド2〉に付けられた友達の[コメント]を読み、それに対する感想や回答を記述します。

このようにお互いの意見文を即時共有し、意見を交換することで、一つの学習課題に対する多様な見方や考え方に触れることができ、学びの質をより深めることにつながっていきます。

このとき、Google Meet で参加してもらっているJAの方にも、児童の意見文に対して感想をいただきましょう。

全体的な感想を述べていただく他に、ご協力いただけるようであれば、児童のスライドにも**[コメント]**を付けてもらうよう依頼します。この場合、児童には、JAの方へも[共有]をかけるように指示しておきます。

校外の方と対話を深めながら学ぶことで、児童の学習に対する意欲もより高まるでしょう。同じように、発展的な授業案として、完成したスライドに保護者にも[共有]をかけることができます。

最後に、児童は**[コメント]**が記入された**〈スライド2〉**を Classroom から提出します。提出状況は一覧で表示され、教師は未提出者には一括で催促の連絡をすることができます。

まとめ　第4時のICT活用の効果

- 遠隔地にいる方の意見を教室にいながらオンラインで聞くことができる。
- 自分や友達の考えを手軽に可視化し、さらにそれを移動せずに自分の端末から伝え合うことが容易となる。
- 短時間で多くの友達の意見に触れ、しかも考えを交流することができる。

以上、第4時のGTMについて解説しました。次節では、単元の締めくくりとなる第5時の児童が単元のまとめを行う授業についてGTMを確認しながら、見ていきましょう。

第5時　GTMの全体イメージをつかむ

本節では、全5時間扱いの単元の第5時を解説します。

これまで学習してきたことをもとにして、新しい食料生産の取組についてインターネットを使って調べ、考えることを通して、これからの農業や水産業の大切な点について考えます。

本時のめあて: これからの食料生産について、取組や考えをまとめよう。
本時の目標　: 新しい食料生産の取組について調べることを通して、これからの農業・水産業などの発展について考える。

地域の取組だけでなく、全国のさまざまな取組に広く目を向けて、各自分担して資料を収集する場面です。集めた資料は**[共有]**し、消費者や生産者の立場から多角的に表現できるように班で活動していきます。教師は スライド であらかじめワークシートをつくり、この活動を支援します。

最後に、教師は フォーム の機能を使って、単元を通した達成度を確認します。児童に送る個別フィードバックは自動化しておきます。ICTツールを使うことによって、個別の事後指導や評価フィードバックも効率良く実施できます。確認テストを作成する際には〈活用の型〉を意識し、クラウド上にあるワークシートや確認テストのリソースを活用しましょう。

GTM（ビフォー）で示された「本時の展開」は、以下の三つです。

つかむ	➡	調べる	➡	まとめる
出合う・問いを持つ		情報を集める・読み取る		整理する・生かす

GTM（アフター）で「四つの活動」に置き換えました。

授業の流れ 1	➡	授業の流れ 2	➡	授業の流れ 3	➡	授業の流れ 4
つかむ〈個別ワーク〉		調べる〈グループワーク〉		まとめる〈個別ワーク〉		確認する〈グループワーク〉

単元最後の第5時です。**「どの場面」**を**「どのように」10X**したのか、すぐにイメージが湧くようになってきたのではないでしょうか。

つかむ ➡ 授業の流れ1〈個別ワーク〉

つかむ
出合う・問いを持つ

班に分かれて全国各地で取り組まれている食料生産の新たな取組を調べ、まとめましょう。

活用

授業の流れ1
〈スライド3〉で本時のめあてをつかみ、調べる。

児童は各自が割り当てられたテーマについて Google 検索 を使って調べていく。適切な資料を取捨選択し、検索結果をコピー＆ペーストで Keep の**[メモ]**に記録していく。

ICT活用のポイント

・教師は Google 検索 のキーワード・画像・ニュース・絞り込み検索の方法を伝える。〈活用の型〉
・児童は検索結果を Keep を使って即時記録する。〈記録の型〉

調べる ➡ 授業の流れ2〈グループワーク〉

調べる
情報を集める・読み取る

さまざまな取組について、その理由を生産者と消費者の両面から考え、図に示すことで両者の思いや願いを捉えやすくする。

授業の流れ2
農業や水産業の新たな工夫について、調べてまとめる。

児童は〈スライド3〉の各自が割り当てられた記入箇所に Keep の[メモ]から[スライドに追加]し、調べて分かったこと、考えたことを書き込む。自分の担当部分が終了したら、同じスライドを作成する友達のまとめを読み、互いの文章が分かりやすいか確認し合って、全体を整えていく。

ICT活用のポイント

・児童はワークシートの指示に従って、〈スライド3〉に Keep を連携させて、それぞれ分担して調べたことを整理する。〈転用の型〉
・友達のまとめを読んだり、[コメント]で意見交流することで、班のスライドを整え、完成させる。〈共有の型〉

調べる ➡ 授業の流れ3〈個別ワーク〉

まとめる
整理する・生かす

これまで学習してきたことをもとに、これからの食料生産についての自分の考えをまとめましょう。

授業の流れ3
これからの食料生産について自分の考えをまとめる。

班でまとめた〈スライド3〉の内容を自分自身の学習のまとめワークシートとなっている〈スライド2〉にも追加しておく。さらに〈スライド2〉に、これまでの自分の考えの変容を確認しながら、自分の考えを新しいスライドを追加してまとめていく。完成後、Classroom から提出する。

ICT活用のポイント

・児童は単元を通して使用してきた〈スライド2〉を開き、〈スライド3〉の班のまとめスライドをコピー&ペーストし、[リンクを有効]にしておく。〈転用の型〉
・児童はこれまでの学習履歴を必要に応じて スライド の[変更履歴]を確認しながら、思考を整理し、自分の考えをまとめていく。過去の版はコピー&ペーストでそのまま転用できる。〈復元の型〉

まとめる ➡ 授業の流れ4

まとめる
整理する・生かす

これまで学習してきたことをもとに、これからの食料生産についての自分の考えをまとめましょう。

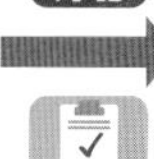

授業の流れ4
単元を通じた児童の活動に評価、フィードバックを行う。

児童は Classroom から[テスト付き課題]で配付された単元の小テスト フォーム で達成度を確認する。終了後、児童は自分の理解度別に教師が設定した課題に取り組む。データは自動保存、集計されるため、教師は事後の指導に活かしていくことができる。

ICT活用のポイント

・児童は フォーム で自分の達成度を即時確認し、理解できていない部分を個別のフィードバックで目の前に教師がいなくても必要な課題に取り組むことができる。〈対話の型〉
・教師は Classroom で評価を行うことができる。〈評価の型〉

事前の準備

第5時の事前の準備は、単元を振り返る小テストの作成です。つくった小テストは、改良を加えて、同じ授業で毎年活用できます。正解、不正解に合わせてフィードバックを設定すると、個別最適化された学びと対話を提供できます。共同編集を設定し、教師同士で分担して、一つずつ フォーム を作成していくうちに、授業準備が10Xしていきます。

GTM(ビフォー) 用意するもの		GTM(アフター) 事前の準備
新しい食料生産の取組についての資料、地図帳	➡	・単元のまとめ小テストの フォーム 。

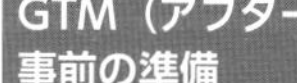

小学校 5年生　社会科　第5時 GTM　ビフォー

小学校
社会
第5学年

単元名: これからの食料生産とわたしたち　第5時／5時

これからの食料生産について、取組や考えをまとめよう

板書シリーズ 実践活用例の概略

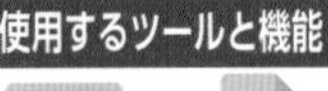

Google Classroom

Google スライド

Google 検索

Google Keep

Google フォーム

Google 検索：キーワード検索／画像検索／ニュース検索／期間絞り込み検索
Keep：メモ／共有
スライド：テキスト ボックス挿入／同時編集／コメント
フォーム：自動採点／フィードバック

授業の流れ

1

まず、食料生産の新たな取組をWebで調べる活動で〈活用の型〉を意識し、Google 検索 を活用する。教師は、検索のポイントを指導する。さらに〈記録の型〉を意識し、検索結果を Keep に保存する方法も助言する。

まとめる
整理する・生かす

これからの食料生産について、取組や考えをまとめよう

本時の目標
新しい食料生産の取組について調べることを通して、これからの農業・水産業などの発展について考える。

本時の評価
・消費者や生産者の立場などから多角的に考えて、これからの農業や水産業の発展について考え表現している。【思②】
・これからの農業などの発展について考えようとしている。【主②】

用意するもの
新しい食料生産の取組、地図帳

1 本時のめあて
2
6次産業化の取組
えさをくふうして商品価値を高める取組
5 これからの食料生産についての自分の考え

本時の展開 ▷▷▷

つかむ　出合う・問いをもつ

板書のポイント
教科書の資料などをもとに、全国各地で行われている取組を例として提示し、子供が調べる活動にスムーズに入れるようにする。

＊学習問題を板書する。 1
T　グループに分かれて全国各地で取り組まれている食料生産の新たな取組を調べ、まとめましょう。 2
C　生産、加工、販売まで自分たちで行う取組を工夫して価値を高める
持続可能な漁業を行う　有機減農薬の米づくり
(例)・生産、加工、販売を自分たちで行う取組
・えさを工夫して価値を高める取組
・持続可能な漁業をすすめる取組

調べる　情報を集める・読み取る・考える・話し合う

板書のポイント
様々な取組について、その理由を生産者と消費者の両面から考え、図に示すことで両者の思いや願いを捉えやすくする。

T　自分たちの住んでいる都道府県では、どのような取り組みがあるでしょうか。 3
C　農家レストランや給食に地元の食材を取り入れる地産地消の動きがあります。
T　なぜこのような取組をするのでしょうか。 4
C　消費者の願いにこたえるためです。
T　どのような願いがありますか。
C　そこでしか味わえないものを食べたい環境のことを考えて食材を選びたい安心・安全なものを食べたい

2

生産者と消費者の思いや願いがさまざまな取組に結び付いていることを捉える活動で、〈転用の型〉を意識し、Keep の[メモ]を スライド に再利用する。さらに〈共有の型〉を意識し、[コメント]で意見交流しながら班のスライドを完成させる。

意識する〈型〉

活用　記録　転用　共有　復元　評価　対話

詳細な授業展開例は次ページへ GO

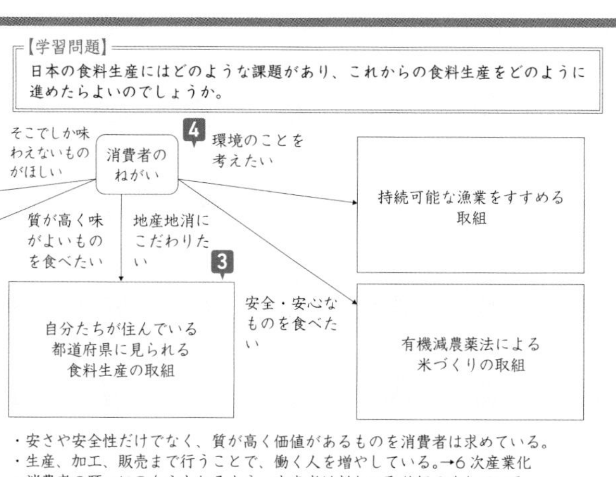

ツールの効果

- Keep で検索結果を即時に記録することができる。
- 記録したメモを簡単に スライド で転用することができる。
- スライド で共同編集できる。
- Classroom から、課題を一括返却でき、成績を付けることができる。

まとめる　整理する・生かす

板書のポイント

本時の板書に示されている消費者と生産者の思いや願いを捉え、児童も消費者の一人であることを意識させてまとめさせるようにする。

T　これまで学習してきたことをもとに、これからの食料生産についての自分の考えをまとめましょう。 5

C　消費者は安さや安全性だけでなく、質が高いものやそこでしか味わえないものを求めていることなど、様々なねがいをもっている。生産者も、働く人を増やすことなど、農業の発展に努力している。消費者の願いにこたえられるよう、生産者はくふうや努力をしている。

学習のまとめの例

- 安さや安全性だけでなく、質が高く価値があるものやそこでしか味わえないものを、消費者は求めている。
- 生産者は、生産、加工、販売まで自分たちで行うことで、働く人を増やし、農業の発展に努力している。
- 農家レストランなど、6次産業化とよばれる取組も進められている。
- 消費者の願いにこたえられるよう、生産者もくふうや努力をしている。
- 一人の消費者として、国内の生産を増やせるよう、地産地消に取り組んで応えんしていきたい。

4

評価　対話

教師が評価をする場面で〈評価の型〉を意識し、フォーム を使用する。自動採点できるテストを作成し、教師も児童もその場で理解度を確認する。さらに[フィードバック]機能で個に応じて補充指導を行う。

3

復元　転用

これまでの学習をもとに自分の考えをまとめる活動で**〈復元の型〉**を意識し、スライド の[変更履歴]で思考の過程を振り返る。また、**〈転用の型〉**を意識し、班でまとめたスライドを各自のスライドに追加し活用する。

小学校 5年生 社会科 第5時 GTM アフター

小学校
社会 第5学年

Googleで10X授業

これからの食料生産について、取組や考えをまとめよう

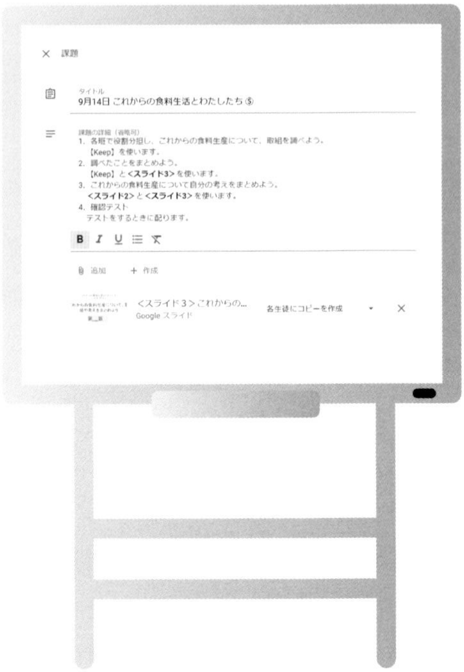

× 課題

タイトル
9月14日 これからの食料生活とわたしたち⑤

課題の詳細（省略可）
1. 各班で役割分担し、これからの食料生産について、取組を調べよう。
【Keep】を使います。
2. 調べたことをまとめよう。
【Keep】と**<スライド3>**を使います。
3. これからの食料生産について自分の考えをまとめよう。
<スライド2>と**<スライド3>**を使います。
4. 確認テスト
テストをするときに配ります。

追加　＋ 作成

<スライド3>これからの…
Google スライド　各生徒にコピーを作成

事前の準備

❶ 単元のまとめテストを フォーム で作成しておく。

Google フォーム

授業の流れ

1 〈スライド3〉で本時のめあてをつかみ、調べる

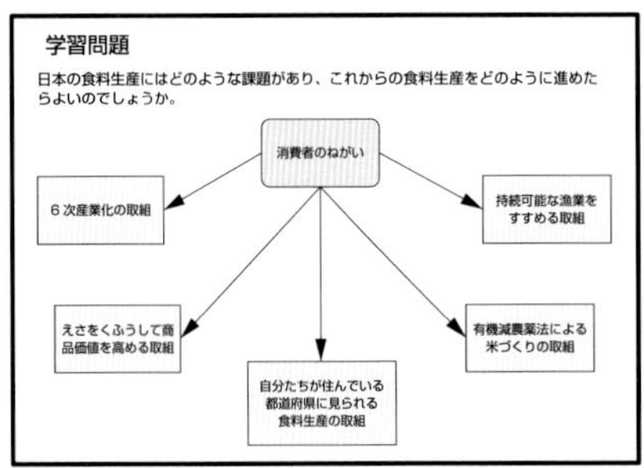

児童は各自が割り当てられたテーマについて Google 検索 を使って調べていく。適切な資料を取捨選択し、検索結果をコピー＆ペーストで Keep の［メモ］に記録していく。

2 農業や水産業の新たな工夫について調べてまとめる

児童は〈スライド3〉に割り当てられた記入箇所に Keep の［メモ］から［スライドに追加］し、さらに調べて分かったこと、考えたことを書く。担当部分が終了したら、同じスライドを作成する友達のまとめを読み、互いの文章が分かりやすいか確認し合って、全体を整える。

本時のめあて

新しい食料生産の工夫をしょうかいし合い、これからの食料生産について考えましょう。

- 6次産業化の取組
  （高知県馬路村）
- 餌を工夫して価値を高める取組
  （鹿児島県伊佐市）
- 持続可能な漁業の取組
  （青森県五所川原市）
- 有機減農薬農法による米作りの取組
  （長野県木島平村）

学習問題

日本の食料生産にはどのような課題があり、これからの食糧生産をどのようにすすめたらよいでしょうか。

これからの食糧生産についての自分の考えを書く。

- 生産者と消費者の立場から考える
- 食料生産の発展に向けた自分の考え

⇒
- 安さや安全性だけでなく、質が高く価値があるものを消費者は求めている。
- 消費者の願いにこたえながら、食料生産の発展に向けて生産者は新しい取り組みをすすめている。

3 これからの食料生産について自分の考えをまとめる

班でまとめた〈スライド3〉の内容を自分自身の学習のまとめワークシートとなっている〈スライド2〉にも追加する。さらに〈スライド2〉に、これまでの自分の考えの変容を確認し、自分の考えを新しいスライドに追加してまとめる。完成後、Classroom から提出する。

4 単元を通じた児童の活動に評価、フィードバックを行う

児童は Classroom から［テスト付き課題］で配付された フォーム（単元の小テスト）で達成度を確認する。終了後、児童は自分の理解度別に教師が設定した課題に取り組む。データは自動保存、集計されるため、教師は事後の指導に活かしていくことができる。

第5時 | GTM（アフター）を解説

事前の準備

事前の準備		授業の流れ 1		授業の流れ 2		授業の流れ 3		授業の流れ 4
ワークシート作成 配信の準備	➡	つかむ 〈個別ワーク〉	➡	調べる 〈グループワーク〉	➡	まとめる 〈個別ワーク〉	➡	確認する 〈グループワーク〉

本時で使用する Keep フォーム の「使用目的」と「アプリ活用の恩恵」を下の表にまとめました。

使用するアプリ	使用の目的とアプリ活用の恩恵
Keep	**検索結果を記録する場面で使用する。** ・Keep は［メモ］単位で共有できる。 ・パソコンからでもスマートフォン、タブレットからでも、機種や OS に関係なく使用できる。 ・［メモ］に追加した画像に手書きで書き込むことができる。
フォーム	**小テストを行う場面で使用する。** ・アンケートを作成することができる（回答形式は 11 種類）。 ・正解を設定しておくことで自動採点のテストにもなる。 ・パソコン、スマートフォン、タブレットなど、機種や OS に関係なく使用できる。 ・フィードバックを設定することで個別最適化された学びに主体的に取り組むことができる。

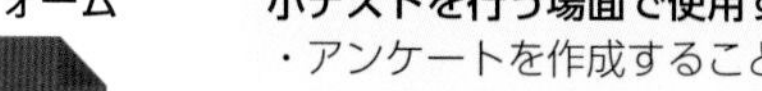

①ワークシートを作成する

調べ学習をする際のワークシートを**〈スライド 3〉**として作成しておきます。

五つの課題を「持続可能な漁業をすすめる取組」「有機減農薬法による米づくりの取組」「自分たちが住んでいる都道府県に見られる食料生産の取組」「えさを工夫して商品価値を高める取組」「6 次産業化の取組」のテーマを五つのスライドに振り分けます。テーマは班内のメンバーで分担して調べるように、指示を書いておきます。児童が入力するスペースに色を付けるなど、工夫してみましょう。

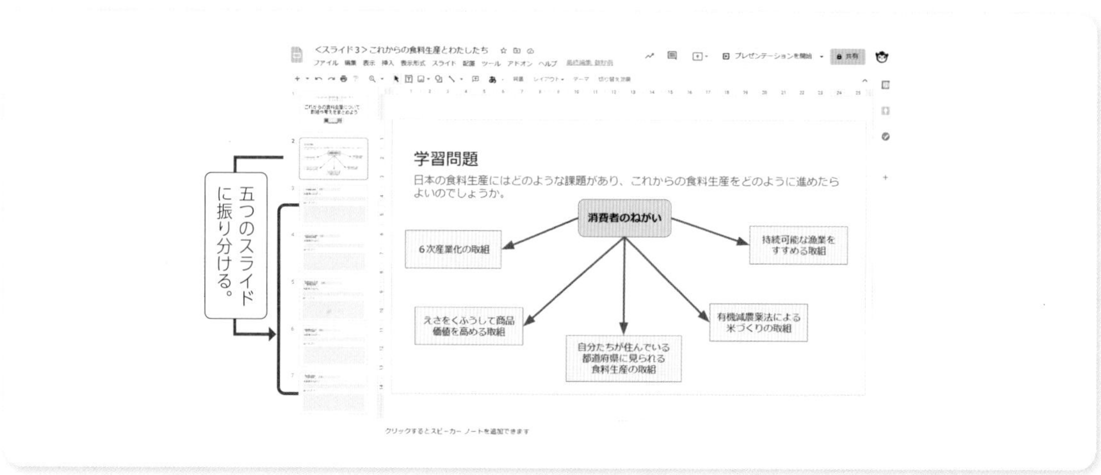

②小テストを作成する

ここで作成する **フォーム** は、以下〈フォーム 1〉と表記します[20]。

質問の量や内容は、児童の状況を考慮して教師が判断し、作成していきます。

択一や複数選択の問題は、短い時間で到達度を確認できます。一方、自由記述は児童の思いが具体的に分かりますので、設問には、両方入れておくといいでしょう。

設問には画像や動画を挿入することもできます。ぜひ、グラフや資料などを提示してみてください。

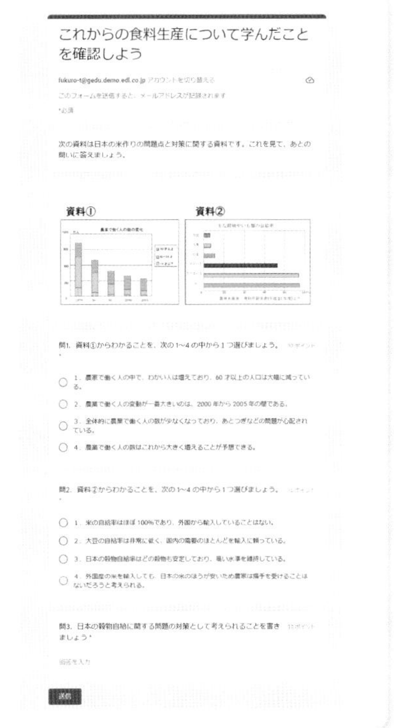

③配信を準備する

本時で新たに使用するファイルは **〈スライド 3〉** と **〈フォーム 1〉** です。

〈スライド 3〉 は今までと同じように授業の始まりに配信しますが、**〈フォーム 1〉** は、単元の理解度を確認するための小テストなので、**〈授業の流れ 4 〉** のタイミングで個別に配信します。

20 詳しい作成方法は第 5 章 p.401 参照。

授業の流れ 1

事前の準備		授業の流れ 1		授業の流れ 2		授業の流れ 3		授業の流れ 4
ワークシート作成 配信の準備	➡	つかむ 〈個別ワーク〉	➡	調べる 〈グループワーク〉	➡	まとめる 〈個別ワーク〉	➡	確認する 〈グループワーク〉

GTM（ビフォー）
〈授業の流れ 1 〉より

まず、食料生産の新たな取組をWebで調べる活動で**〈活用の型〉**を意識し、**Google 検索** を活用する。教師は、検索のポイントを指導する。さらに**〈記録の型〉**を意識し、検索結果を **Keep** に保存する方法も助言する。

GTM（アフター）
〈授業の流れ 1 〉より

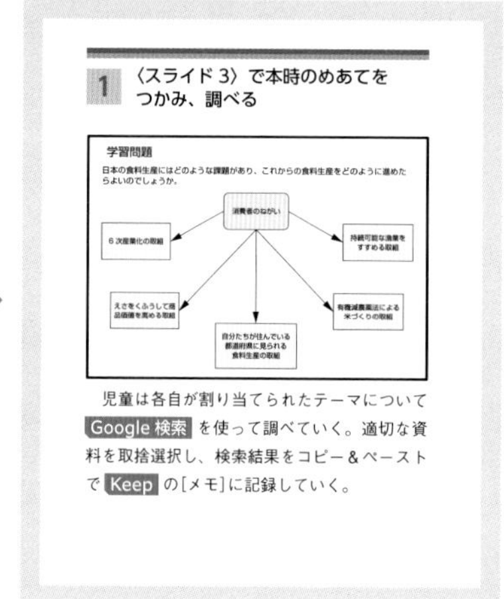

まず教師は、Classroom で[課題]の**「9月16日 これからの食料生活とわたしたち ⑤」**を配信します。

〈授業の流れ 1 〉では、教師は、新しい食料生産の取組について問題意識を高めるため、いくつかの事例を紹介します。Google 検索 で教師自身が興味・関心がより高まる教材を検索しておくといいでしょう。

事例を通して学習の見通しを持たせた後、インターネットを活用した調べ学習を児童が個別ワークで行います。

児童は班に分かれ、ワークシート**〈スライド 3〉**を開いて、それぞれの役割分担を決めます。

〈スライド 3〉は、班で一つのファイルを完成させるものになります。教師は、児童がいきなり自分の担当するスライドにまとめを書き始めないように説明をしておきます。

まず、Google 検索 で調べた内容は、Keep の[メモ]に記録していくよう伝えます。[メモ]には、参考にしたWebサイトのURLや使用したい写真を追加したり、自分の気付きを入力したりすることができます。調べながら、一つずつ記録していくようにしましょう。

このとき、教師は Google 検索 の**[画像検索]**や**[ニュース検索]**、さらに**[ツール]**から**[期間]**を絞り込み検索する方法などを伝え、全国各地で取り組まれている新しい取組を効率良く発見できるよう支援します。

特に、参考になりそうな児童の[メモ]は、教師が大型提示装置にタイミング良く投影し、全体で共有し、参考にするようにしていきましょう。

5分程度検索したら、教師は[メモ]から選んで〈スライド3〉にまとめていくように伝えます。

〈スライド3〉を開き、画面右側に表示されたサイドパネルの Keep の黄色のアイコンをクリックすると、同じ画面上に[メモ]が表示されます。利活用したい[メモ]の画面右上縦三つの点、**[三点リーダー]**をクリックし、**[スライドに追加]**を選択すると、**[メモ]**の内容をワンクリックですぐに スライド に追加できます。

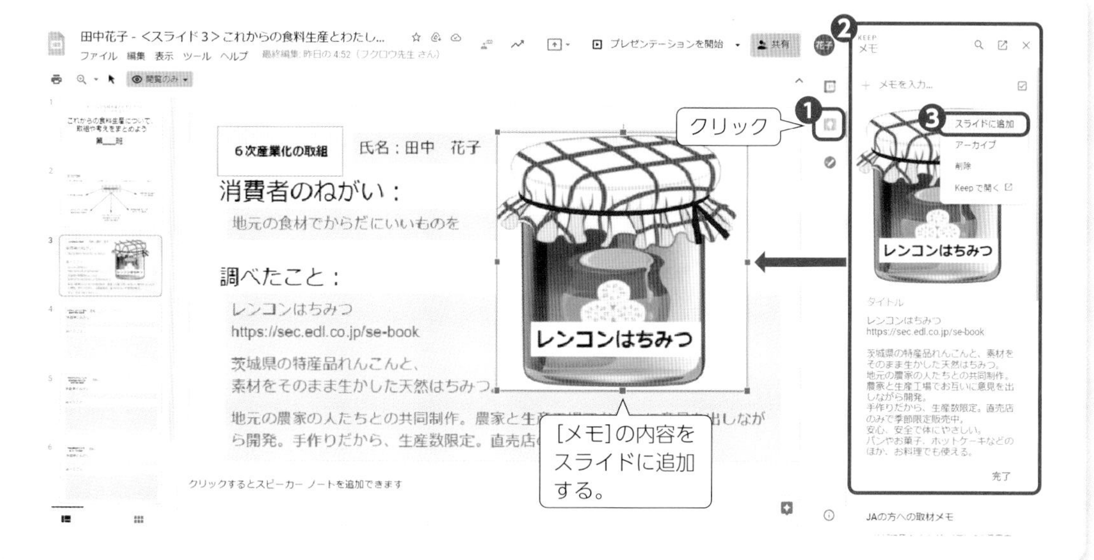

児童は、Keep からコピー&ペーストした資料等から、新しい食料生産の取組や工夫について、分かったことや考えたことを書き込んでいきます。

授業の流れ 2

事前の準備		授業の流れ 1		授業の流れ 2		授業の流れ 3		授業の流れ 4
ワークシート作成 配信の準備	➡	つかむ 〈個別ワーク〉	➡	調べる 〈グループワーク〉	➡	まとめる 〈個別ワーク〉	➡	確認する 〈グループワーク〉

GTM（ビフォー）
〈授業の流れ 2 〉より

生産者と消費者の思いや願いがさまざまな取組に結び付いていることを捉える活動で、**〈転用の型〉**を意識し、Keep の[メモ]を スライド に再利用する。さらに**〈共有の型〉**を意識し、[コメント]で意見交流しながら班のスライドを完成させる。

GTM（アフター）
〈授業の流れ 2 〉より

2 農業や水産業の新たな工夫について調べてまとめる

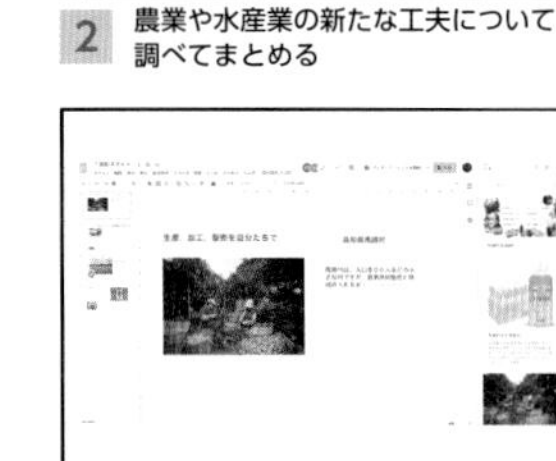

児童は〈スライド 3〉に割り当てられた記入箇所に Keep の[メモ]から[スライドに追加]し、さらに調べて分かったこと、考えたことを書く。担当部分が終了したら、同じスライドを作成する友達のまとめを読み、互いの文章が分かりやすいか確認し合って、全体を整える。

次に、**〈授業の流れ 2 〉**では、自分の調べた内容を班で作成した〈スライド 3〉に集約して共有し、班で話し合いながら学びを深めていきます。

班のリーダーの児童は、自分の〈スライド 3〉を[グループメール]で班のメンバーに[共有]します。リーダー以外の児童は、自分が担当したまとめのページをコピーして、共有されたリーダーの〈スライド 3〉にペーストし、一つのファイルに集約させます。

こうすることによって、自分の〈スライド 3〉に下書きが残り、同時編集中に他の児童が間違って削除してしまっても、すぐに元に戻すことができます。また、班で話し合って変化した自分の考えを比較することもできます。

その後、児童は班内の友達が調べたスライドで資料を見たり、**[コメント]**を付けたりしていきます。

短時間で多くの情報を記録するために、**[音声入力]**も積極的に活用しましょう。**[スピーカーノート]**に記録後、その文章を**[コメント]**にコピー&ペーストすると、あっという間に思考を形にできます。

教師は各班の**〈スライド 3〉**を自分の端末で確認しながら、**[コメント]**を付けて、生産性や品質を高める工夫を生産者と消費者の立場から考えるように促したり、別の課題について調べ、追加情報を補足するよう声をかけたりしていきます。

Keep に保存した多くの資料を効果的に活用し、食料生産のための新たな取組をまとめていくように教師は児童をナビゲートしていきましょう。

授業の流れ 3

事前の準備		授業の流れ 1		授業の流れ 2		授業の流れ 3		授業の流れ 4
ワークシート作成 配信の準備	➡	つかむ 〈個別ワーク〉	➡	調べる 〈グループワーク〉	➡	まとめる 〈個別ワーク〉	➡	確認する 〈グループワーク〉

GTM（ビフォー）
〈授業の流れ 3 〉より

これまでの学習をもとに自分の考えをまとめる活動で**〈復元の型〉**を意識し、**スライド** の[変更履歴]で思考の過程を振り返る。また、**〈転用の型〉**を意識し、班でまとめたスライドを各自のスライドに追加し活用する。

➡

GTM（アフター）
〈授業の流れ 3 〉より

3 これからの食料生産について自分の考えをまとめる

班でまとめた〈スライド 3〉の内容を自分自身の学習のまとめワークシートとなっている〈スライド 2〉にも追加する。さらに〈スライド 2〉に、これまでの自分の考えの変容を確認し、自分の考えを新しいスライドに追加してまとめる。完成後、Classroom から提出する。

〈授業の流れ 3 〉の場面では、児童は「新しい食料生産の取組」について班で調べた**〈スライド 3〉**を、単元を通して使用している自分の**〈スライド 2〉**にも追加します。

児童には、これまでの学びを振り返りながら、自分の考えを書くよう伝えましょう。

教師は、Classroom から各児童の課題の進捗状況や、ファイルに記載された意見等を素早く把握できます。また、**〈スライド 2〉**を通して、それぞれの児童の学びのプロセスが共有されています。こうした情報を生かして、一人ひとりに合った支援をすることができます。

各スライドで、文字を大きくしたり、太字にしたり、イメージに合う画像を追加したりして、自分の考えをより分かりやすく表現するよう声がけしていきましょう。

参考になる意見に対しては、教師が**[コメント]**したり、全体に説明したりするなどして、ぜひ、「デジタルとアナログのベストミックス」を目指してください。

残りの時間を使い、児童は気付いたことを発表し、他の班のメンバーは気付いたことや感想を**[コメント]**で書き込んでいくようにしましょう。あるいは、教師が大型提示装置に スライド を**[グリッド表示]**で投影し、代表の児童が数名発表してもいいでしょう。

授業の流れ 4

事前の準備		授業の流れ 1		授業の流れ 2		授業の流れ 3		授業の流れ 4
ワークシート作成 配信の準備	➡	つかむ 〈個別ワーク〉	➡	調べる 〈グループワーク〉	➡	まとめる 〈個別ワーク〉	➡	確認する 〈グループワーク〉

GTM（ビフォー）
〈授業の流れ 4 〉より

教師が評価をする場面で**〈評価の型〉**を意識し、**フォーム**を使用する。自動採点できるテストを作成し、教師も児童もその場で理解度を確認する。さらに[フィードバック]機能で個に応じて補充指導を行う。

➡

GTM（アフター）
〈授業の流れ 4 〉より

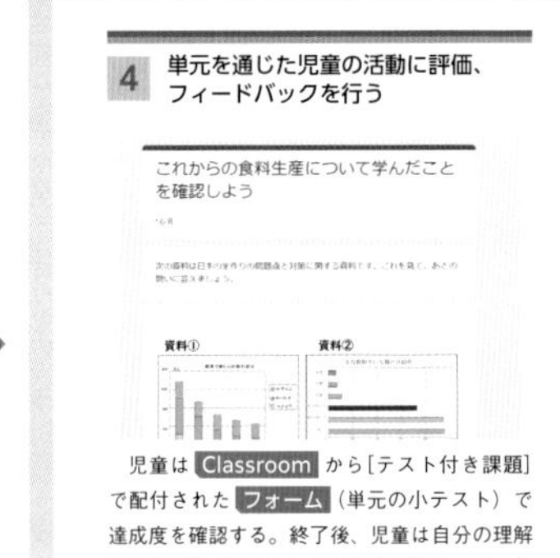

児童は Classroom から[テスト付き課題]で配付された フォーム（単元の小テスト）で達成度を確認する。終了後、児童は自分の理解度別に教師が設定した課題に取り組む。データは自動保存、集計されるため、教師は事後の指導に活かしていくことができる。

〈授業の流れ 4 〉では、単元を通じたまとめと理解度の確認を行い、データを保存し活用していきます。

事前に作成しておいた**〈フォーム 1〉**を Classroom から配信し、児童は回答します。

自動採点で、児童はその場ですぐに到達度を確認できます。また、正解・不正解にそれぞれ**[フィードバック]**を設定しておくと、事前に設定しておいた教師からのメッセージで対話も生まれます。

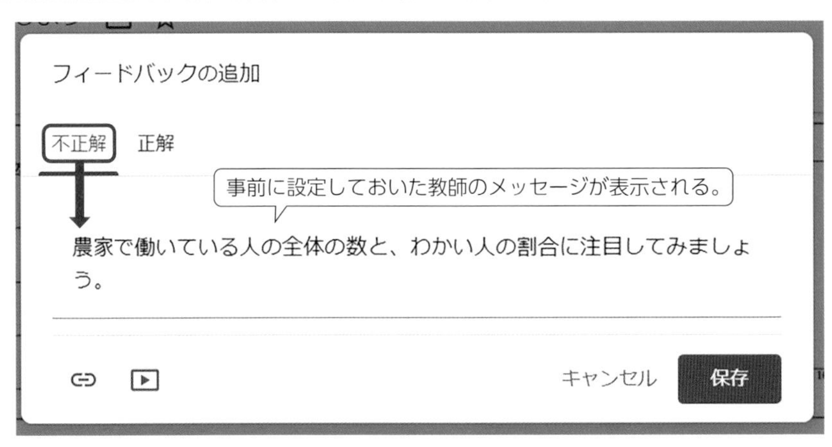

単元終了後の評価について

最後に単元の終了後に、教師が行う評価について解説します。

ここまでに Classroom から配信した**[課題]**はすべて**[採点]**ができます。

単元終了後にすべてまとめて採点してもいいですし、毎時間採点することもできます。

[課題]を採点すると、児童にそのまま結果を返却できます。

採点が完了すると、結果は自動的に即時集計され、クラスや児童ごとの平均点が自動で表示されます。

5年1組
社会

ストリーム　授業　メンバー　採点

姓で並べ替え	期限なし 単元の小テスト （30点満点）	期限なし 9月14日 これから… （100点満点）	期限なし 9月10日これからの… （100点満点）	期限なし 9月6日 これからの… （100点満点）	期限なし 9月3日これからの… （100点満点）
筑波一郎	30 下書き	85 下書き			90 下書き
田中花子	20 下書き	95 下書き			95 下書き
島田翔音					

まとめ　第5時のICT活用の効果

- 児童は、第1時で提示した〈スライド2〉に、単元を通じた学びの履歴を効果的かつ手軽に残し、活用できる。
- 教師は、学習で活用した課題や資料が Classroom で一元管理でき、採点やフィードバックの進捗や内容の把握がひと目で分かる。
- 個別のやり取り、教室全体でのやり取りをうまく組み合わせることで、個別最適化した学びを提供することが可能になる。

以上で、4時間分のGTMについて解説しました。

この後、第4章では小学校1年生から中学校3年生までのすべての教科・領域をGTMで「10X授業デザイン」しています。児童生徒の活動が中心となる授業を複数のGTMでイメージをつかみ、ぜひご自身の10X授業デザインのヒントにしてください。

また、第5章では第3章の各時間で紹介した基本的な操作方法について説明しています。ただし紙面の制約もあり、すべてについて紹介しきれていません。本書で掲載されていないところやGoogleの進化により変わっているところなどについては、ぜひ〈活用の型〉で Google 検索 から必要な情報をスマートに入手して、問題解決をお願いします。

Column 4

職員室の雑談からICTは広まっていく

子どもの姿を経由してICTの実践を広げる

お茶の水女子大学附属中学校教諭　**渡辺光輝**

1. 校務から活用をスタート

お茶の水女子大学附属中学校は、2000年代のインターネットが普及し始めたころからコンピュータ室にMacを導入するなど、ICTを積極的に活用していました。その基底には、本校が長らく帰国生徒の教育研究を行っており、日本語の力が乏しいがために力を発揮できない帰国生に対しては、個に応じてさまざまな手立てで支援することが大切であるという共通認識を持っていたことがあります。その共通認識の延長線上に、今回のGIGAスクール構想の取組が続いていきます。

2019年に120台のChromebookを導入し、2020年度からはGIGAスクール構想の予算で全学年に導入しました。1人1台の構想自体は、2017年からシステムを検討し、2018年に仕組みをつくっていきました。そして2019年に、まずは職員の意識を醸成するところからスタートしました。

具体的には研修のほか、職員が使って慣れようということで、Google Classroomで職員会議の資料をPDFでアップしました。一方で「紙の資料でほしい」という要望も多かったため、1年間は紙とデジタルの2本立てを続けましたが、現在はほぼペーパーレスに置き換わっています。使ってみると、GoogleドキュメントやGoogleスプレッドシートで同時に編集していったほうが、効率的だということも実感しました。職員間の資料の共有はクラウドベースで行い、GoogleカレンダーやGoogleフォームも活用しています。こうやって、**先生が日常的に校務で使っていったことで、「今度は、生徒に使わせてみよう」という流れに持っていくことができた**のです。

2. 先生が分からなくても、生徒は理解している

ICTを推進できたもう一つの大きな要因が、**総合的な学習の時間や学級活動、道徳に取り入れた**ことです。中学校は教科担任制のため、教科によってはICTをまったく使わないこともあります。そこで、総合などで学年に共通したテーマを扱う際に、「Googleでこんな機能があるので、やってみましょう」と、先生方に提案し、各クラスで実施してもらいました。

生徒は私の国語の授業でGoogleのアプリを使い慣れているので、先生がICTの経験やスキルがなくても、問題なく活用することができました。そして、使いこなしている生徒の姿を目の当たりにしたことで、「こんな便利に使っているなら、自分の教科でも使ってみよう」となったのです。直接先生に「ICT使いましょう」と言ってもなかなかうまくいきませんが、**子どもを経由してその姿を見せる**ことは、効果的だと思います。

子どもは、自分でやり方をどんどん工夫し始めて、先生が言ったことを5倍10倍にすることができます。たまにやらかしてしまうこともありますが……。子ども同士でスキルを共有するなど、とても良い使い方もしてくれます。私自身も彼らに教わることがとても多いです。

ICTに熱心に取り組んでいても、自分だけ突っ走ってしまうのはよくありません。周りの先生をいかに巻き込んでいくかが大切です。自分が10

できるとしても、学年共通の授業では１か２ぐらいで、確実に誰もが使えるものをどんどん広げていくことが、普及のコツだと考えています。

実践を共有するには？

1. **総合的な学習の時間・学級活動・道徳で使う**
学校、学年で**共通して行う授業**でICTを活用する。ツールを使いこなす生徒の姿を見てもらい、使ったことがない先生を巻き込む。
2. **校内の研究授業で使う**
定例の校内研究授業で、ICTを活用した授業を見合い、**全員でディスカッションする**。
3. **外部の公開授業で使う**
公開研究会、受験生対象のオープン スクールで**ICT活用を押し出したコンテンツをつくり**、校内の先生方を巻き込む。

お茶の水女子大学附属中学校のICT実践共有方法

3. 職員室の雑談が一番の研修

最大の校内研修は、「職員室の雑談」の中にこそあります。

私が校内でICTを推進する立場になるまで、同僚の先生方がICTにどれだけ関心があるのかまったく分かりませんでした。しかし、職員室でGoogle Workspace for Educationについて話していると、途中から話に参加してきた先生が実はとてもICTに詳しいということがありました。同僚でも話してみないと分からないものです。

ICTやデジタルが得意な人、好きな人だけで固まったりせず、職員室でICTについて会話していると、他の先生も「何だか良さそうだな」「楽しそうだな」という印象を持って、どんどん広がっていく流れが生まれます。

帰国生の例というと、漢字が思い浮かばなくて、これまで紙ではほとんど文章が書けなかった子どもが、タブレットを使ったら数百字も書けるようになったという話を職員室でしたところ、他の先生にとても関心を持って聞いてもらえました。ICTに限らず、普段から先生同士で授業の話をすることは大切で、そういう文化を校内で育てていきたいと思います。

また、ICTというツールをはさむことで、先生同士が授業についてそれぞれの立場から話し合う機会が増えてきています。教科を越えて話し合うことで、教科等の横断にもつながっていきます。**お互いの信念やスタイルが異なることはありますが、それは決して悪いことではありませんし、語り合いなくして教育は前に進めません。**ICTの導入は校内の先生同士が、今までになく授業について語るきっかけにもなるのです。

4. ICTの使い方はシンプルでいい

ICTというと何か特別なことをしなければならないと感じる方もいますが、そうではありません。例えば、国語であれば、「Googleドキュメントで文章を書く、コメントを付ける」といった、ごくシンプルなことをしています。教科書の文章の読み取りで、「賛成」や「反対」などの意見をクラス全員がGoogleドキュメント上でコメントし合い、共有することができます。

また学活では、クラスで係を決めた際、Googleスプレッドシートを共有し、全員で一斉に書き込めば、すぐに係一覧表ができます。

使うのはアプリのシンプルな機能ですが、それをどの場面でどう使うか、どう組み合わせていくかが重要です。こうしたタイミングや組み合わせの見極めを考えるのが教師の知恵の見せ所で、それを考えるのが私にはとても楽しいのです。

紙からデジタルに置き換えていったとしても、教師がアナログの時代に培っていた教育技術は決して無駄にはなりません。**ICTという自分の武器を持ったことで、選択肢が増えた**のです。そして、子どもに合った方法を選択して、紙も、デジタルも使い分けることができるようになります。

授業づくりでは「子どもの良さを引き出す」という一点はブレてはいけないと考えています。新しいことをすれば、新しい子どもの反応が返ってくるでしょう。先生自身もその変化を楽しみつつ、一緒にバージョンアップしていきましょう。

第4章

実践！「10X 授業 10 の型」で創る授業デザイン

小学校

国語
第1学年

単元名: しらせたいな、見せたいな

第2時 / 10時

しらせたいな、見せたいな

板書シリーズ
実践活用例の概略

使用するツールと機能

Google Classroom　Google Jamboard

YouTube

Google Classroom：課題の配付 / 回収 / 評価
YouTube：動画の視聴
Google Jamboard：付箋 / 画像挿入 / 手書き入力 / 同時編集

本時案

しらせたいな、見せたいな

2/10

本時の目標

・知らせたいものの絵を描き、知らせるために必要なことを集めて、短い言葉で書くことができる。

本時の主な評価

❷知らせたいものを書くために必要なことを集めて書いている。【思・判・表】

資料等の準備

・教科書 P.18の拡大
・ワークシートの拡大 02-01

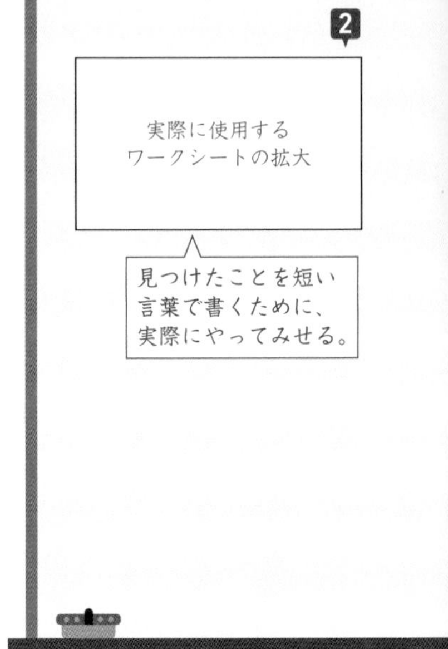

授業の流れ

授業の流れ ▷▷▷

1 知らせたいものを詳しく書くための観点を考える 〈10分〉

T　おうちの人が「見てみたい」と思えるように知らせるためには、詳しく書くことが必要でしたね。詳しく書くためには、どんなところを観察するとよいですか。教科書18ページを見て考えましょう。
・色。
・形。
・大きさ。
・触った感じ。
・動き。
・様子。

○生活科の学習経験や上巻「おおきく　なった」を想起させ観点を出し合い、教科書P.18を見て補足するとよい。

1

活用

モルモットを観察する視点を考える活動で、実際に撮影した映像や YouTube の既存の動画を活用する。〈活用の型〉を意識し動画を使うことで、動画を何度も見返し、途中で止めて見るなど、じっくりと観察することができる。

2 観点を基に観察したことを、短い言葉で書く方法を知る 〈15分〉

T　よく見たことを忘れないようにするために、教科書18ページではどのようにしてしますか。
・見つけたことを絵から線を引いて書いています。
・短い言葉で書いています。

T　絵を描いたら、よく見たところを、絵から線を引いて短い言葉で書いてみましょう。短い言葉で書くことを「メモ」と言います。

○❶で挙がった観点は必ず入れるようにする。板書をして、自分で確認できるようにワークシートにポイントを書き込めるようにしておく。

2

転用

可視

1の動画のスクリーンショットを作成し、それに書き込む活動で Jamboard を使用する。〈転用の型〉を意識し画像を作成し、〈可視の型〉により児童はより詳しく注目したいところを書き込んで示す。

意識する〈型〉

詳細な授業展開例は次ページへ GO

しらせたいな、見せたいな

1 しらせたい ものを よく 見て、しらせるために ひつような ことを かこう。

教科書 P.18
モルモットのもこ拡大図

〈見る ポイント〉
・いろ
・かたち
・大きさ
・さわった かんじ
・うごき
・ようす

ツールの効果

- 動画なら、注目したいところを何度も見返すことができる。写真なら、拡大して注目したり、縮小して全体像を見たりすることもできる。
- Jamboard で写真に自由に書き込ませることができる。
- 思いついた考えを言語化し、スペースにとらわれず自由に表現できるようになる。

3 知らせたいものの絵と、見つけたことを短い言葉で書く 〈20分〉

T 知らせたいものをよく見て、大きく絵を描きに行きましょう。描けたら、短い言葉で見つけたことも書きましょう。

○目や口など、細かいところまで見ることが大切なので、大きく描くように指導する。図画工作科ではないので、丁寧に色を塗るよりも、特徴を捉えて描くようにさせる。細かいところは、言葉で書かせるようにする。

よりよい授業へのステップアップ

観察するときの工夫

詳しく書くためには、そのための材料がいる。本単元では、観察した内容が書く材料になるので、観察がとても大切である。植物を育てて観察したときのことを振り返りながら、どんなところを見ればよいのか観察のポイントを共有する時間を設けるようにしたい。観察のポイントを一つ一つチェックするように指導して、書くための材料が揃うようにする。

3

絵を描く時間は画像で代替し、Jamboard の[付箋]を活用して、文章を書く学習により焦点化させる。〈可視の型〉を意識し、それぞれの思いや考えを[手書きや音声入力]、タイピングで表現していく。

小学校

国語 第1学年

Googleで10X授業

しらせたいな、見せたいな

事前の準備

❶ ハムスターの動画を YouTube から探す。または事前に撮影しておく。

❷ ❶のスクリーンショットを撮り、Jamboard に[背景を設定]で挿入しておく。

❸ ❶❷のデータを Classroom から、[生徒にコピーを作成]で配付できるようにしておく。

Google Classroom

Google Jamboard

YouTube

授業の流れ

1 知らせたいものを詳しく書くための観点を考える

モルモットの動画をクラス全体で教師が投影する。適宜動画を止めたり、戻したりするなどして、より詳しく観察させる。モルモットを詳しく伝えるためにはどこを捉えるとよいか、児童の考えを引き出し、発言を板書していく。

2 観点をもとに観察し、注目したいところ、説明したいところに印を付ける

1 の映像を写真にし、背景に設定した Jamboard を各児童に配付する。児童は、写真を観察して注目したいところやより詳しく説明したいところに[ペン]ツールで線を引いたり、丸で囲むなどしていく。適宜、隣の児童と画像を見せ合って交流し、視点を広げていく。

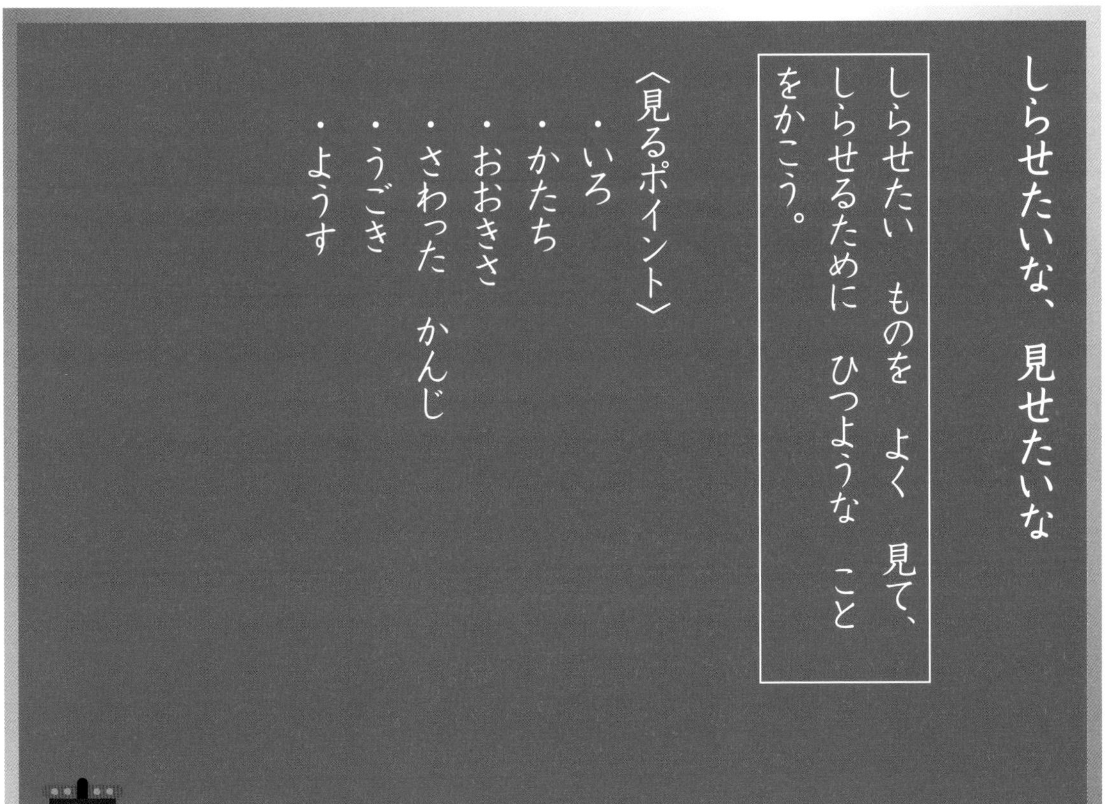

3 注目したいところ説明したいところについて、短い言葉で書く

2の活動で印を付けたところに、短い言葉で説明を書く。手書きを基本とするが、音声やキーボード入力で Jamboard の[付箋]にテキストを入力させてもよい。スペースが足りなくなったら、Jamboard の[フレーム]をコピーして、さらに説明を書いていくようにする。

動画撮影で更に充実した学習に

本時では既存の YouTube 動画を活用し、その紹介文を考えるプランになっているが、この動画は児童自身が実際に撮影したものであると、更に充実した学習につながってくる。

動画を撮影する際は、角度（高・低）や距離（遠・近）について考えることが必要である。さらに、動画から、一番伝えたい瞬間をスクリーンショットで切り取っていくことも必要となる。

どのように撮影すれば、より伝えたいことが伝わるか、どんな画像を撮りたいか、事前に考え、意図を持って撮影に臨ませるとよいだろう。

小学校

国語 第2学年

単元名: そうぞうしたことを、音読げきで あらわそう

お手紙

第4時 / 12時

板書シリーズ 実践活用例の概略

使用するツールと機能

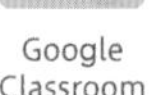
Google Classroom

Google Jamboard

Jamboard 付箋 / 画像挿入 / 手書き入力 / 同時編集

本時案

お手紙

本時の目標

・がまくんやかえるくんの様子や気持ちを想像することができる。

本時の主な評価

❷人物の様子や気持ちを想像しながら音読している。【思・判・表】

資料等の準備

・教科書の挿絵の拡大コピー
・教科書 P12，13と P14，15の文章の拡大コピー（第 2 時で使ったもの）
・第 2 ・ 3 時で学習した「誰が、何をしたのか」をまとめたもの
・気持ちを書き入れた板書例 01-02

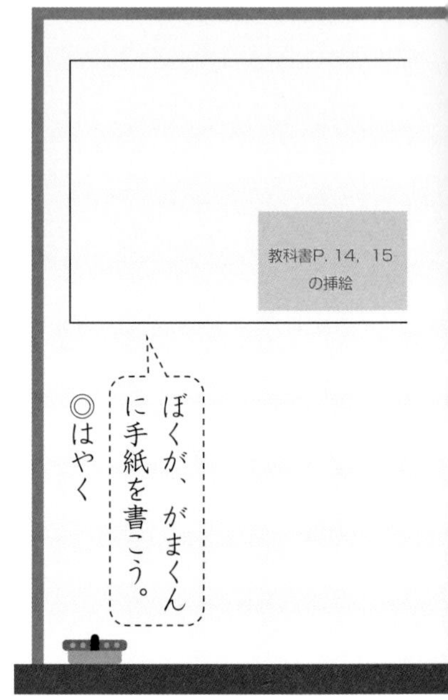

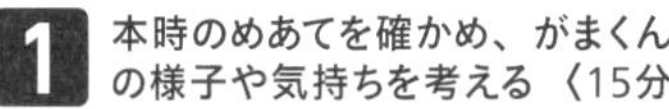

授業の流れ

1 本時のめあてを確かめ、がまくんの様子や気持ちを考える〈15分〉

T　今日は、「がまくんの家」の場面を読み、がまくんやかえるくんの様子や気持ちを考えて、音読しましょう。
○本時のめあてを板書する。
T　この場面を声に出して読んでみましょう。
T　がまくんは、何を言いましたか。どんな様子だったでしょう。
○子供から出された会話文にサイドラインを引かせ、その会話文を中心に、吹き出しに気持ちを書かせるようにする。
T　がまくんは、どんな気持ちでしたか。
・手紙を一度ももらったことがなくて悲しい
・今日は来るかな
・ぜったいに来ないよ
・さびしいな

2 かえるくんの様子や気持ちを考える〈15分〉

T　がまくんの話を聞いたかえるくんは、どんな気持ちだったでしょう。
○子供から出された会話文（例えば、「そりゃどういうわけ」「もう、家へ帰らなくっちゃ」など）にサイドラインを引かせ、その会話文を中心に吹き出しに気持ちを書かせるようにする。
T　かえるくんは、どんな気持ちでしたか。
・がまくんが一度も手紙をもらったことがないなんて、ぼくまで悲しい気分だよ。
・友達が悲しい思いをしているのは嫌だな。
・自分ががまくんに手紙を書いてあげよう。
T　どのように音読しますか。
・「ぼく、もう、家へ帰らなくっちゃ」のところは、かえるくんがとても急いでいるので、速く読むとよいと思います。

1

教材文中にサイドラインを引く作業を Jamboard 上で行う。〈共有の型〉を意識し教師と児童の端末で画面共有し、教師がサイドラインを引いて同時進行で見せることで、視覚的に分かりやすく伝えることができる。

2

1 で使用した Jamboard を〈転用の型〉を意識し Classroom から[生徒にコピーを作成]で配付する。〈可視の型〉を意識し、各自の端末から登場人物ごとに色分けした付箋に人物の気持ちを書き込んでいく。

意識する〈型〉

詳細な授業展開例は次ページへ GO

お手紙

「がまくんの家」のばめんを読み、がまくんやかえるくんのようすや気もちを考えて、音読しよう。

教科書P.12,13の文章

教科書P.14,15の文章

やっぱり、きょうもお手紙は来ないな。

◎かなしそうにうつむいて

子供の発言を吹き出しにして書いていく。吹き出しの色をがまくんとかえるくんで別にすると、誰の気持ちかが分かりやすい。

ツールの効果

- Jamboard に教科書紙面の画像を共有すると、児童の端末からも同じものが見られるようになる。
- 紙と比べ、書き間違いなどを気にせず、何度も試行錯誤ができるようになる。
- 吹き出しの数にとらわれず、思いついた考えは、いくらでも表出することができるようになる。

3 ワークシートに読み方や動きの工夫を書き入れて練習する 〈10分〉

T 吹き出しを書いて、気持ちを考えることができましたね。そのワークシートに、今度は、音読の工夫と動き方の工夫を書き入れていきましょう。

○悲しそうに読むという工夫だけでなく、強弱、速さなどについても意識できるとよい。

・「今、一日のうちの かなしい時なんだ。」のところをがまくんの気持ちになって、悲しそうに読んでみたいです。

・「ぼく、もう、家へ帰らなくっちゃ、…」のところは、早く渡したいという気持ちで、速く大きな声で読むとよいと思います。

○全部でなく、部分だけでよいことを確認する。

○実際に声に出したり、動きを付けたりしながら考えさせるとよい。

4 振り返りをする 〈5分〉

T 3人グループで役割分担をしながら音読をしてみましょう。いろいろな言い方をしてみて、どちらがよいか聞いてみるのもよいですね。

T 発表を聞いてよかったところを伝えてあげてください。

○音読劇をする3人グループをあらかじめ決めておいて、練習の時間からいつも3人グループで行わせるようにしてもよい。

○役割を交代しながら、何度も音読をさせるようにする。

T みなさん、工夫できていて、よかったです。次は、かえるくんの家の場面を工夫して音読しましょう。

4

三人グループで音読練習する活動を、3 で作成した Jamboard を共有して行う。〈共有の型〉を意識し、Jamboard を共有し、より適切な、音読と動き方の工夫を考え、必要に応じて付箋の記述を書き換える。

3

2 で使用した Jamboard に〈可視の型〉を意識し、児童各自の端末で「音読の工夫」「動き方の工夫」を付箋に書いて貼っていく。

小学校

国語 第2学年

Googleで10X授業

お手紙

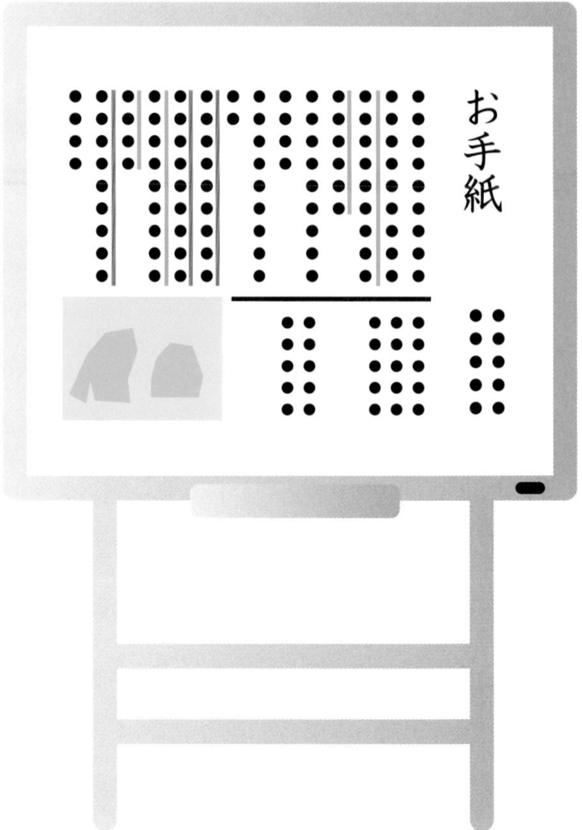

授業の流れ

1 会話文をがそれぞれ誰の言葉なのかを確認する

音読劇をするというめあてを確認した後に、Jamboard の[生徒は閲覧可能]の共有リンクを Classroom で配付する。画面を電子黒板で投影しつつ、各自の端末からも見られるようにしながら、がまくんとかえるくんの会話文を色分けした線を引いて確認していく。

2 登場人物の様子や気持ちを考える

1 の URL を[生徒にコピーを作成]で Classroom から配付する（p.387 参照）。児童各自の端末で、会話文ごとに、そのときの登場人物の気持ちを考え、色分けした付箋に心の声を書き出す。教師は机間指導をして、児童の言葉を引き出す。

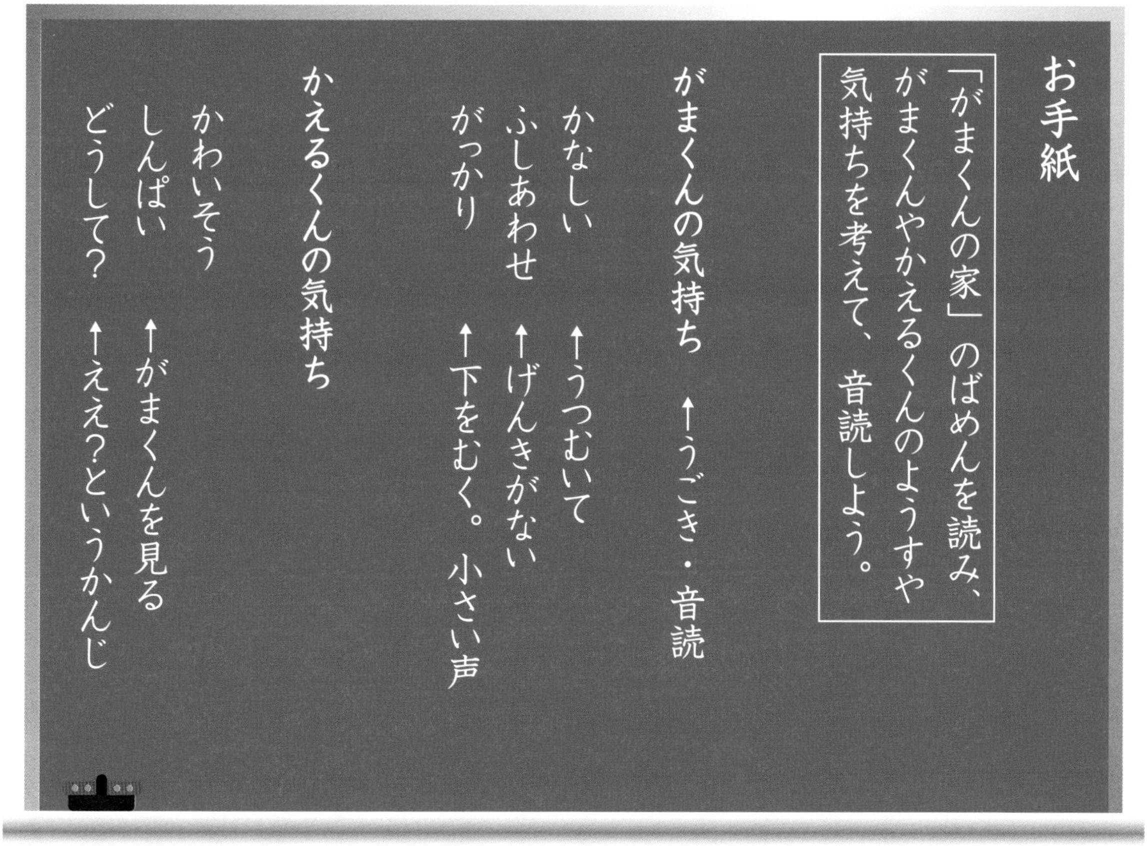

お手紙
「がまくんの家」のばめんを読み、がまくんやかえるくんのようすや気持ちを考えて、音読しよう。
がまくんの気持ち ↑うごき・音読
かなしい ↑うつむいて
ふしあわせ ↑げんきがない
がっかり ↑下をむく。小さい声
かえるくんの気持ち
かわいそう
しんぱい ↑がまくんを見る
どうして？ ↑ええ？というかんじ

3 読み方や動きの工夫を考え、音読する

だんだん小さな声にしていこう
お手紙
しんぱいだなあ。
とてもかなしい。ふしあわせだ。
かえるくんの方を見る。びっくりした感じで。
がっかり。下を向く。
とてもかなしい。ふしあわせだ。
だんだん、小さな声になっていく。

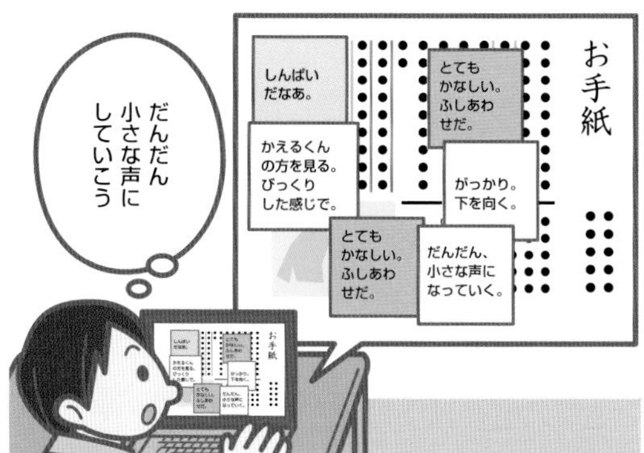

続いて、会話文ごとに、登場人物の気持ちに合った動きや音読の仕方を考え、[付箋]を書き足して貼っていく。

読み方: 声の大小、高低、強弱、スピードなど
動き: がまくんの顔を見ながら、泣きながらなど

4 音読の振り返りをする

悲しい感じに加えてもう少しゆっくり読もう！

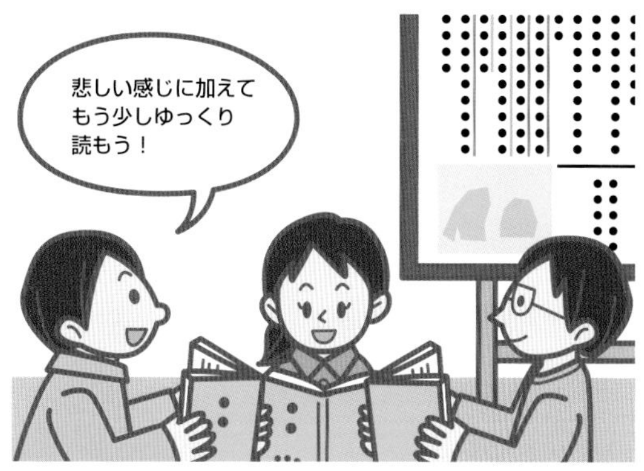

三人グループをつくり、一つの Jamboard を三人で確かめながら音読練習をしていく。動き方や音読の工夫は三人で相談してつくり変えていく。教師は工夫して読めているグループを取り上げ、全体でそのグループの画面を示しながら、音読を披露させる。

単元名: わたしたちの学校じまん

第2時 / 8時

わたしたちの学校じまん

板書シリーズ 実践活用例の概略

使用するツールと機能

Google Classroom

Google スライド

Google Jamboard

Google Classroom : 資料の配付 / 課題の配付 / 回収 / 評価
Google スライド : 画像・動画・リンク挿入 / 同時編集 / コメント
Google Jamboard : 背景を設定 / 付箋 / 手書き入力 / 同時編集

本時案

わたしたちの学校じまん

本時の目標

・目的や条件を意識しながら、集めた材料を比較したり分類したりして、伝え合うために必要な事柄を選ぶことができる。

本時の主な評価

❹話の中心が明確になるように積極的に、理由や事例を挙げ、話の構成を考えている。【態度】

資料等の準備

・ダイヤモンドチャート 21-02
・写真や動画を撮影できる ICT 機器（可能ならグループに 1 台）
・集めるよワークシート 21-03
・付箋紙

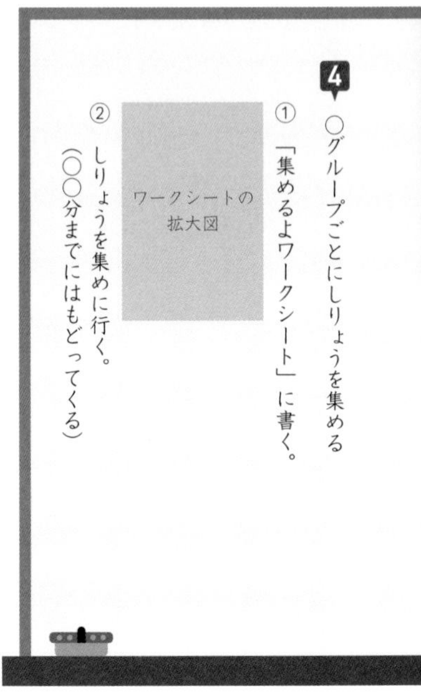

授業の流れ

1 本時のめあてを確認する 〈5 分〉

T 今日は、自慢したい理由をみんなで話し合います。その後に、選んだ理由を伝えるためにはどのような資料がよいか考え、集めていきましょう。

○前時で確認した「発表する相手や目的」の資料は常に教室に掲示し、相手や目的を意識できるようにする。

○1学期に行った「対話の練習」を基に、よりよい話し方・聞き方などを再確認する。

・ちゃんとうなずいて話を聞いたり、「なるほど」とあいづちを打ったりすると話しやすくなります。

2 グループに分かれ、自慢する理由を出し合う 〈10分〉

T 相手に目的が伝わるような理由をグループごとに考えましょう。

○理由を整理するときには、ダイヤモンドチャートを使いながら整理すると、意見の優先順位が視覚化されてよい。ダイヤモンドチャートは、上になるほど優先順位が高くなる。

・中庭は、サッカーをするのにちょうどいい広さですね。
・そうですね。でも1年生には伝わりにくい理由かもしれないです。
・じゃあ、芝生があって気持ちがよいって理由を紹介しましょう。

授業の流れ

1

課題提示の場面で、〈活用の型〉〈転用の型〉を意識し、教師が実際につくってみたスライドや他クラスの児童のものを紹介する。実際のモデルを提示したほうが意欲が高まり、ゴールのイメージを持ちやすい。

2

ダイヤモンド チャートで整理する活動を Jamboard で行う。〈可視の型〉を意識し、Jamboard の[付箋]に理由を書き出し、その後、〈共有の型〉を意識し、グループで Jamboard を見ながらダイヤモンド チャート上の優先順位を確認していく。

意識する〈型〉

詳細な授業展開例は次ページへGO

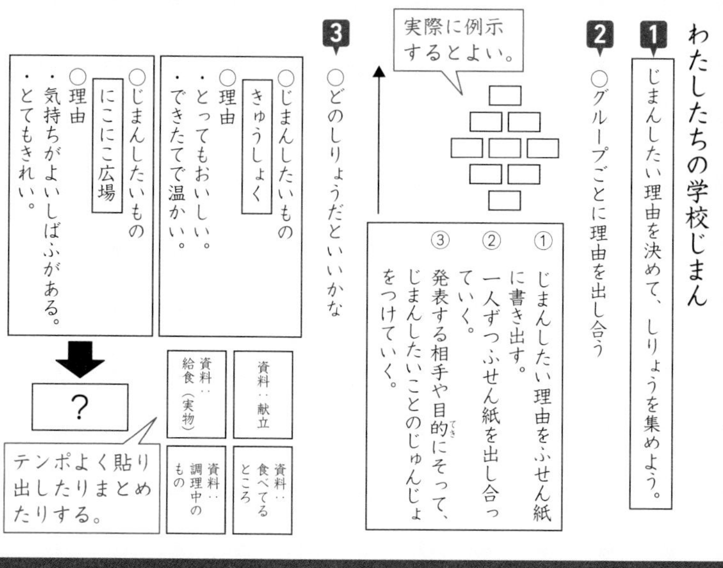

ツールの効果

- グループごとに Jamboard スライド を共有して使うことで、グループで協力して資料を作成することができる。
- 教師もデータ共有しているので、随時、グループの活動状況を確認することができる。
- スライド を使うことで、写真や動画等を使ったマルチメディア表現ができるようになる。

3 自慢したいことやその理由が伝わる資料を考える〈10分〉

○自慢したいことやその理由を相手に伝えるためには、どのような資料を提示したら効果的かを考えさせる。

T　この自慢したいことと理由を伝えるためには、どのような資料を見せるのがいいと思いますか。

・おいしさが伝わるのは、みんなが笑顔で食べている資料じゃないかな。

○2つ目の例示（にこにこ広場）では、どのような資料を見せるとよいかを考えさせることで、この後の活動で、自分たちでも効果的な資料を探すことができるようにする。

○時間に余裕があれば、選んだ資料をどのようにして集めるか（集材方法）、そのためにはどのような道具が必要か確認するとよい。

4 グループごとにどのような資料を集めるか考え、収集する〈20分〉

T　グループごとにどのような資料を集めるか考えましょう。

○ワークシートを使って、自慢したいことや理由について、関連する資料を考えることができるようにする。

・私たちは給食を紹介するから、おいしい給食の写真を載せたいですね。

○写真や動画も積極的に活用できるように、ICT機器（ビデオカメラ、タブレット等）を準備しておく。

○自慢したいものや理由によっては、授業時間外でも集材できるように、柔軟な学習過程を組むとよい。

発表資料は スライド を活用する。〈共有の型〉を意識し、グループの スライド を共同編集し、メンバーで手分けをして スライド を制作していく。必要に応じて写真を追加するなども可能である。

3

資料を考える活動もグループで共有した Jamboard を活用する。2 で作成した理由の[付箋]を〈転用の型〉を意識し、コピーして1フレームに[付箋]で作成した一つの理由カードを貼り付け、それに合った資料を検討していく。

小学校

国語 第3学年

Googleで10X授業

わたしたちの学校じまん

発表用の資料作品例

じまん1　おいしい給食

デザートもつきます

給食メニュー人気ナンバーワン！

牛乳、サラダでえいようのバランスがよい

事前の準備

❶ 学習モデルとなる スライド を制作しておく（教師自作や児童作）。
❷ グループごとに Jamboard をつくり、共有リンクを Classroom に[下書き保存]しておく。
❸ Jamboard の背景にダイヤモンド チャートを[背景を設定]で挿入しておく。
❹ グループごとに スライド を作成し、共有リンクを Classroom に貼り付ける。

Google Classroom

Google Jamboard

Google スライド

授業の流れ

1 本時のめあてを確認する

教師は、スライドの作品例を提示して、課題について説明する（完成作のイメージが伝わる程度。全部を示す必要はない）。グループで協力して スライド を作成すること、自慢したい場所についての理由を考え、それに合った資料を集める活動をすることを伝える。

2 グループに分かれ、自慢する理由を出し合う

教師はグループごとに[Jam]を作成し、Classroom から[生徒は編集可能]で配付する。児童は自分のグループの Jamboard を開き、自慢する理由を[付箋]に書いてダイヤモンド チャート（板書図参照）で整理をしていく。

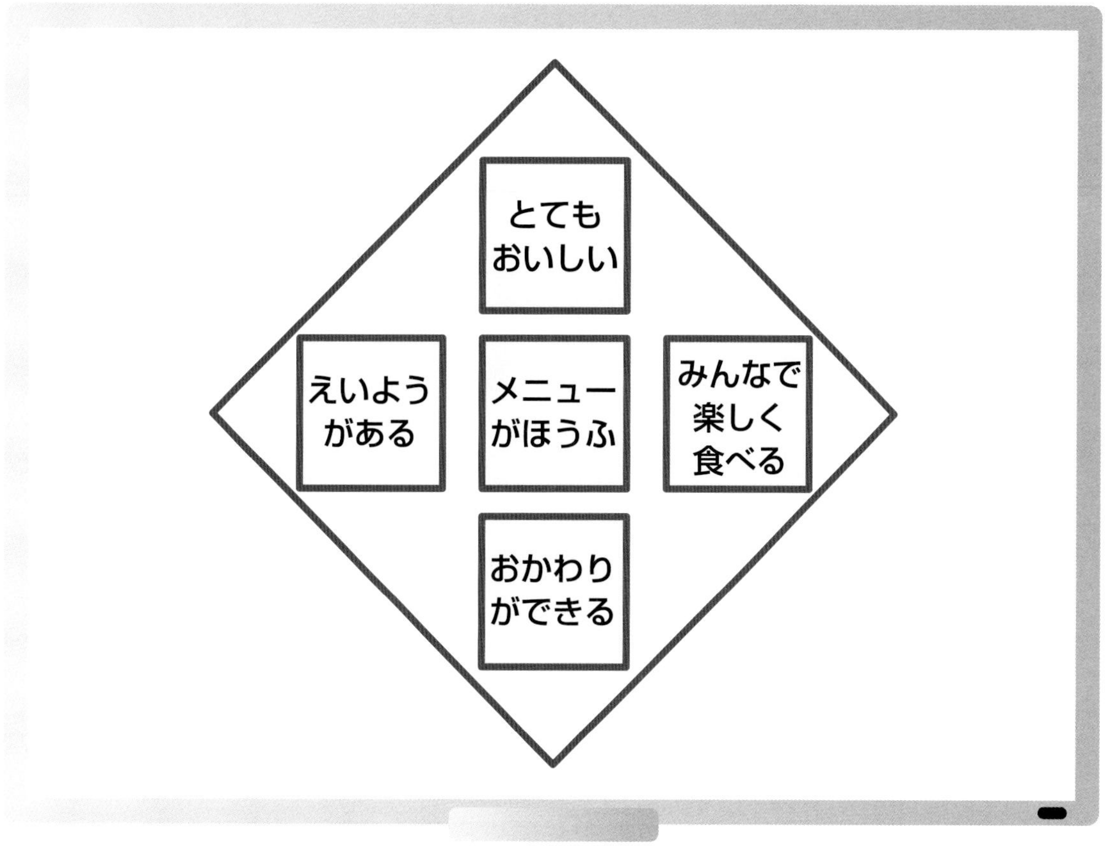

とても
おいしい
えいよう
がある
メニュー
がほうふ
みんなで
楽しく
食べる
おかわり
ができる

3 自慢したいことやその理由が伝わる資料を考える

りゆう
とても
おいしい
しりょう
人気
メニューの
しょうかい
人気
メニューの
写真
給食に
ついての
アンケート

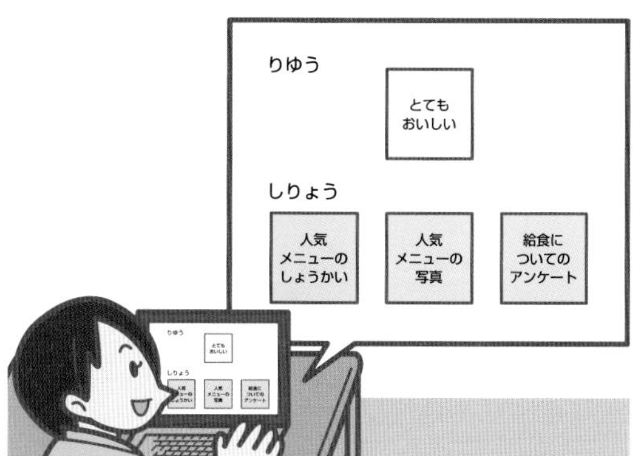

児童は Jamboard の［フレーム］をコピーして、［フレーム］1枚に付き一つの理由カードを貼る。理由に合った資料にはどのようなものがあるか［付箋］に書き出す。資料として写真、動画、インタビュー、アンケート、実物などさまざまなものが考えられるので工夫させたい。

4 グループごとにどのような資料を集めるか考え、収集する

じまん１　おいしい給食
デザートも
つきます
給食メニュー
人気ナンバー
ワン！
牛乳、サラダで
えいようの
バランスがよい
カレーが人気
ナンバーワン！

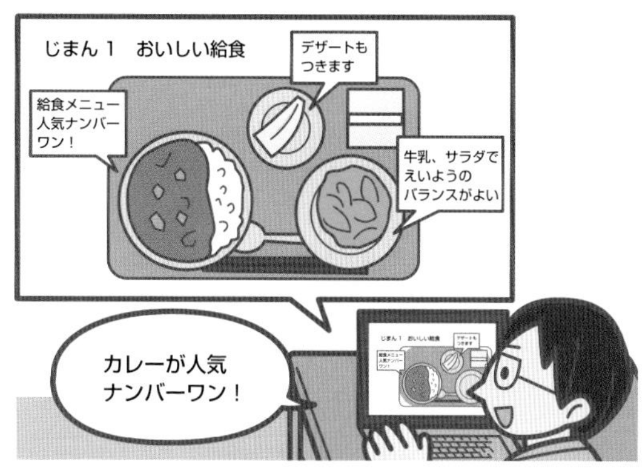

グループで スライド のデータを共有し、共同編集で発表用の資料を作成する。自慢する理由一つごとに1枚の［スライド］で表現させるようにする。写真や動画を貼ったり、インタビューで聞いた内容を吹き出しに書いて貼り付けたりするなどの工夫が考えられる。

小学校

国語 第4学年

単元名: 気持ちの変化を読み、考えたことを話し合おう

第10・11時 / 12時

ごんぎつね

板書シリーズ 実践活用例の概略

使用するツールと機能

Google Classroom

Google スライド

Google ドキュメント

Google スライド：画像・動画・リンク挿入 / 同時編集 / コメント
Google ドキュメント：文書作成 / コメント / 提案モード

本時案

ごんぎつね 10・11/12

本時の目標
・これまでのまとめとして、「ごんぎつね感想文」を書くことができる。

本時の主な評価
❶様子や行動、気持ちや行動を表す語句の量を増し、話や文章の中で使うとともに、言葉には性質や役割による語句のまとまりがあることを理解し、語彙を豊かにしている。【知・技】
・進んで登場人物の気持ちの移り変わりについて、場面の移り変わりと結び付けて具体的に想像し、叙述を基にして考えたことを文章にまとめようとしている。

資料等の準備
・教科書の場面ごとの挿絵を拡大したもの（9枚）

授業の流れ ▷▷▷

1 学びのまとめとして、「ごんぎつね感想文」を書く活動について確認する 〈5分〉

T　今までごんや兵十の気持ちについて読んできましたね。今日から学習のまとめとして「ごんぎつね感想文」を書きます。
　次の中から、自分がどの内容について書くのかを決めましょう。
・ごんの気持ちが変わっていったこと。
・おっかあが死んでからの兵十。
・ごんのつぐない。
・ごんがぐったりと目をつぶったまま、うなずいたこと。
・ごんの呼び方が変わったこと。　など

2 「ごんぎつね感想文」を書く 〈80分〉※2時間分

T「ごんぎつね感想文」を書き始めましょう。読む人に分かりやすく、段落を工夫して書いていきましょう。
・ごんの気持ちが変わっていくことが心にのこりました。みんなの話を聞いて、気持ちが変わったきっかけは兵十も自分と同じひとりぼっちだとごんが気づいたことだと思います。
・第6場面でごんがうなずいたのは、兵十に気づいてもらえてうれしかったからだと思います。
・兵十とごんの心が少しだけ通じたから、「ごん」とよんだのだと思いました。

授業の流れ

1

〈共有の型〉を意識し、クラスで **スライド** を共有し、1人1スライドで感想文を書く。他の作文を参照しながら書くことができる。間違えて他の作文に手を加えてしまった場合、〈復元の型〉で元に戻すことができる。

2

別パターンとして、個人で **ドキュメント** に感想文を書く活動も考えられる。その場合は、〈時短の型〉を意識し、クラスルームの「課題」機能で **ドキュメント** を配付して作成させる。

意識する〈型〉

詳細な授業展開例は次ページへ GO

ごんぎつね 新美南吉

「ごんぎつね感想文」を書こう。

1 ○感想文に書く内容

・ごんの気持ちが変わっていった。
・おっかあが死んでからの兵十。
・ごんのつぐない。
・ごんがぐったりと目をつぶったままうなずいたこと。
・ごんのよび方が変わったこと。　など

2 ○感想文を書くときのコツ

・題名の工夫
・段落の工夫
・読み手に分かりやすいかどうか
・今までのノートを見ながら、内容を考える。

挿絵⑥　挿絵⑤　挿絵④　挿絵③　挿絵②　挿絵①

ツールの効果

- タイピングに慣れてくれば飛躍的に文章量が増えていくようになる。
- スライド 、ドキュメント ともに、児童の作成状況を教師は随時モニタリングできるので、作成状況を見て適宜支援することが可能である。
- デジタルであれば、お互いの文章を読み合ったり、[コメント]を付け合うことも簡単にできる。

3 次時の活動を知る　〈5分〉

T　次の時間は、みなさんが書いた「ごんぎつね感想文」を読み合います。読んだら感想を伝え合いましょう。

・前に書いたときより、分かりやすく書けた気がする。
・友達はどんな感想文を作ったかな。
・私は、ごんが最後にうなずいたのは嬉しかったからだと思うけど、悲しくてうなずいたという意見もあるかもしれない。

よりよい授業へのステップアップ

学習のまとめとして感想文を書く

単元の終末にどのような学習のまとめを行うか、授業のねらいや学級の実態に応じて、適切なものを選ぶのがよい。「新聞・リーフレット・紹介文・感想文・登場人物になりきってスピーチ」と、様々な学習活動が考えられる。

感想文の場合、観点を示すことで子供も見通しをもつことができる。その観点は、これまでの学びを自分なりにまとめられるものにするとよい。

4

新聞やリーフレット等のレイアウトが複雑な文書を作成する場合は、スライド のほうが便利である。〈活用の型〉を意識し、教科書の挿絵の写真データをクラウド上に用意しておいて、児童に適宜活用させるとよい。

3

感想文をお互いに読み合い、交流し合う活動では〈共有の型〉〈対話の型〉を意識し、Classroom から[生徒は編集可能]で配付した スライド にアクセスして[コメント]を書き込むようにさせる。

小学校

国語 第4学年

Googleで10X授業

ごんぎつね

事前の準備

❶ これまでの授業の板書や教科書の挿絵を写真に撮っておく。
❷ ❶をフォルダに集約し、共有リンクを作成して Classroom の[資料]を[下書きを保存]しておく。
❸ スライド （ ドキュメント でも可）でワークシートを作成し、事前に Classroom の[課題]で[下書きを保存]しておく。

Google Classroom

Google スライド

授業の流れ

1 学びのまとめとして、「ごんぎつね感想文」を書く活動について確認する

感想文を書くというねらいを確認し、これまでの「ごんぎつね」の学習を振り返る。教師は電子黒板で挿絵を示しながら作品の要点を確認したり、授業で使用した スライド 、板書の画像を投影し、そのときの授業の流れを確認したりしながら、学習を振り返らせる。

2 スライド で書くパターン「ごんぎつね感想文」を書く

クラス全体で一つの スライド を共同編集する。1スライドにつき1人とする。教師が Classroom に スライド の共有リンクを貼り付けておく。他の児童の作文もすぐに参照することができるが、間違えて他の児童の作文に手を加えた場合は[変更履歴]を確認して元に戻す。

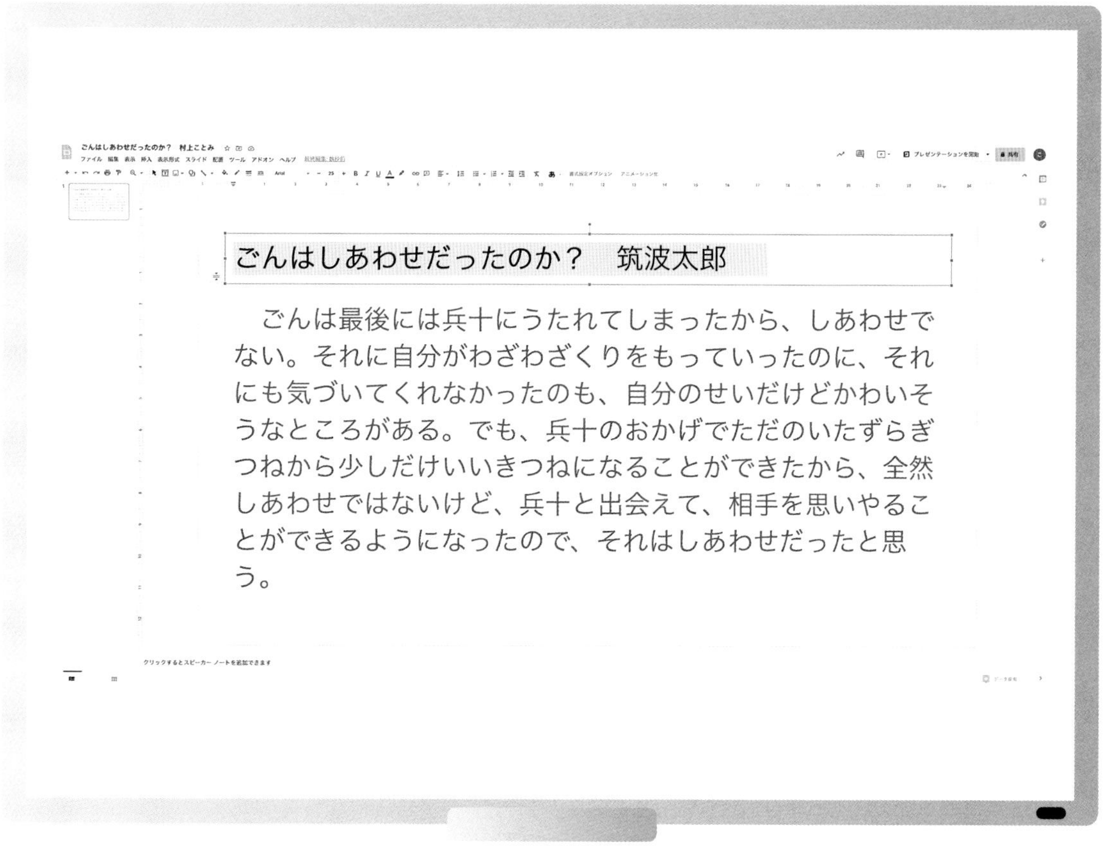

ごんはしあわせだったのか？　筑波太郎
ごんは最後には兵十にうたれてしまったから、しあわせでない。それに自分がわざわざくりをもっていったのに、それにも気づいてくれなかったのも、自分のせいだけどかわいそうなところがある。でも、兵十のおかげでただのいたずらぎつねから少しだけいいきつねになることができたから、全然しあわせではないけど、兵十と出会えて、相手を思いやることができるようになったので、それはしあわせだったと思う。
クリックするとスピーカー ノートを追加できます

3 ドキュメント で書くパターン「ごんぎつね感想文」を書く ※ 2時間分

最初の始まりを工夫したいな…

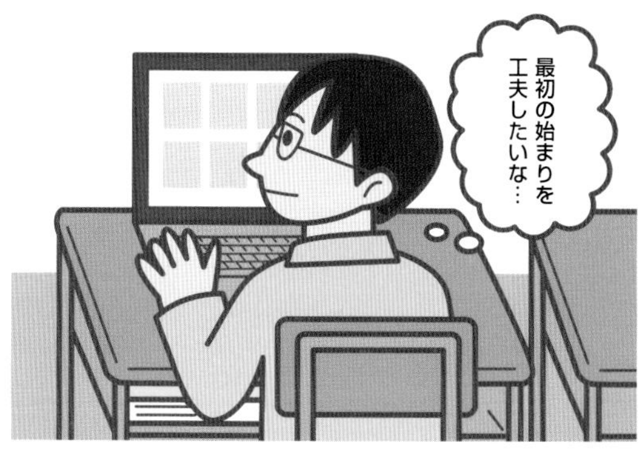

教師が Classroom の「課題」機能を使い課題を配付する。教師は自動で各児童とデータ共有がされる。個々の作成状況を随時モニタリングすることができるので、手が止まっている児童などについて、どんな観点で感想を引き出していくとよいか等、アドバイスしていく。

4 お互いに読み合い、コメントする

ごんぎつね感想文
26
4

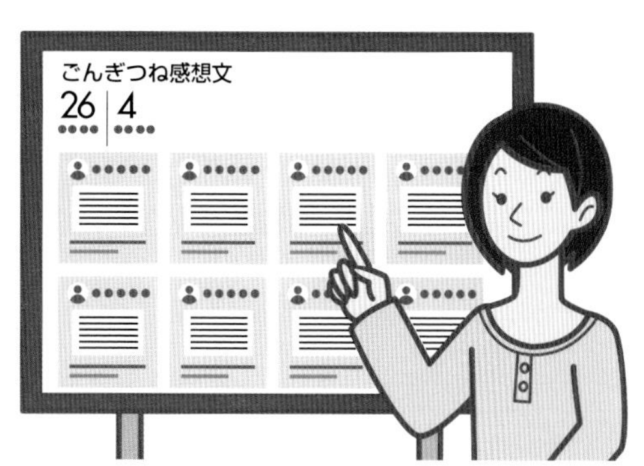

作文完成後は、お互いに読み合うことを予め伝えておく。 スライド は即時他の児童の作文が読めるようになっている。 ドキュメント の場合は、教師が感想文のフォルダを[閲覧（コメント可）]で共有すると読めるようになる。お互いに読み合ったら[コメント]を書いていく。

単元名: みんなが過ごしやすい町へ

第２時／10時

みんなが過ごしやすい町へ

板書シリーズ 実践活用例の概略

使用するツールと機能

Google Classroom

Google スプレッドシート

Google ドライブ

Google フォーム

Google Meet

Google スプレッドシート：表作成／同時編集
Google ドライブ：ファイルの保管／フォルダ／検索
Google フォーム：アンケートの配付／回収
Google Meet：オンラインミーティング

授業の流れ

1

本時は、表にまとめるグループ活動を〈共有の型〉を意識し、スプレッドシート を共同編集して学習を進めていく。〈可視の型〉で一人ひとりの考えが反映されやすく、かつ共同で学習に取り組めることができるようになる。

本時案

みんなが過ごしやすい町へ

本時の目標

・調べ方の特徴を知り、自分が知りたいことに適切な方法を選ぶことができる。

本時の主な評価

・自分が調べたいことに合った調べ方を理解している。
・自分が知りたいことに合った調べ方を選ぼうとしている。

資料等の準備

・教科書 P.73の拡大コピー

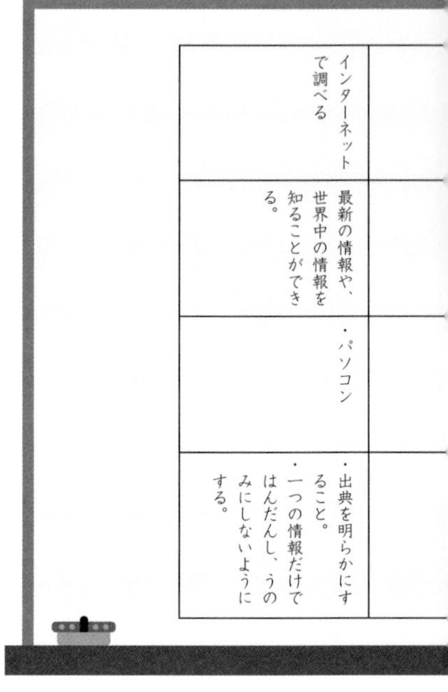

授業の流れ ▷▷▷

1 調べ方を挙げる 〈5分〉

T 前時に自分が興味をもって、さらに調べたいことを決めましたね。
○自分が調べることを確認させる。

T どんな調べ方があると思いますか。
・インタビュー
・アンケート調査
・実際に見て調べる
・本や資料で調べる
・インターネットで調べる

T それぞれの調べ方には特徴があります。
○それぞれの特徴を理解できるように、教科書P.73を拡大して黒板に掲示してもよい。

2 調べ方のそれぞれの特徴を理解する 〈20分〉

T それぞれの方法には特徴があります。
○教科書 P.73も見せながら、それぞれの調べ方の「できること」「準備」「気を付けること」を明らかにしていく。本単元までに学習した方法があるならば、その経験を想起させてもよい。

・３年生の社会科見学で、インタビューをしたことがあります。そのときは〜で、……はうまくいったけれど、……についてはうまくできなかったことがあります。
・４年生の調べ学習で、難しい本ばかり集めてしまってうまく使えなかったことがあります。

T 調べる方法にもいろいろな特徴があることが分かりましたね。

2

調べ方について想起させるために、〈復元の型〉〈活用の型〉を意識し、児童が過去に取り組んだ学習データを ドライブ から検索し、検証していく。うまくいったことや課題について振り返らせる。

意識する〈型〉

詳細な授業展開例は次ページへ GO

みんなが過ごしやすい町へ

調べ方を選んで、決めよう。

調べ方 [1][3]	できること [2]	準備 [4]	気をつけること
インタビュー	くわしい人に直接きくことができる。	・くわしい人をさがす。 ・いらいする。 ・質問を考える。	・失礼のないように行う。 ・さらにききたいことが出てきたら、質問をしていく。
アンケート調査	たくさんの人の考えを知ることができる。	・アンケート内容を考える。 ・だれにアンケートするか考える。 ・アンケート用紙を作る。	・アンケート内容と知りたいことが合っているか考える。
実際に見て調べる	実際の様子を確かめることができる。	・見学の許可をとる。	
本や資料で調べる	他のちいきのことや、せんもん家の意見などを知ることができる。	・調べたいことに合った本や資料を集める。	・目的に合った情報を正確に書き写すこと。 ・引用カードを用いるとよい。

ツールの効果

- スプレッドシート を共有して編集することで、全員が同時に活動に参加することができる。
- ドライブ の検索機能は強力で、タイトルだけでなく本文からでも検索ができる。学習履歴と検索機能を活用することで、これまでの調べ学習のプロセスを振り返ることができる。

3 自分の調べたいことに適した調べ方を選ぶ 〈10分〉

T 自分が調べたいことに合った調べ方は、どれなのか考えてみましょう。

○あくまで目的に照らし合わせて、調べ方を選択させる。グループで調べている場合には、分担して行ってもよい。

T 調べたことは、カードにまとめていくと、報告する文章を書くときに便利です。

○前単元の学習を想起させ、引用カードを用いるよさについて改めて知らせるとよい。

4 自分が選んだ調べ方に必要な準備は何か確認する 〈10分〉

T 自分が選んだ調べ方に、必要な準備は何か考えてみましょう。

・アンケートの内容を考える。

・○○さんにインタビューをする許可をもらわなければならないし、依頼文を書く必要がある。

・実際に見て調べるとなると、曜日と時間帯も決めなければならない。

○子供たち一人一人の調べる内容と方法が異なるため、準備も異なる。それぞれの子供に適した教師の声掛けや資料提示、助言などの支えが必要となる。

4

教師はアンケート調査を選択した児童には〈時短の型〉を意識し、フォーム を活用すると効率的にデータを集められることを伝える。また、インタビュー調査に Google Meet を使うと遠隔でも会話ができることを説明する。

3

それぞれの調べ方の「できること」「準備」「気をつけること」を、〈記録の型〉〈共有の型〉を意識し、グループで共有した スプレッドシート に分担して書き込んでいく。

小学校

国語 第5学年

Googleで10X授業

みんなが過ごしやすい町へ

調べ方	できること	準備	気をつけること
インタビュー	詳しい人に直接聞くことができる	詳しい人を探す 依頼する 質問を考える	失礼のないように行う さらに聞きたいことができたら質問をしていく
アンケート調査	たくさんの人の考えを知ることができる	アンケートの内容を考える 誰にアンケートするか考える アンケート用紙をつくる	アンケート内容と知りたいことがあっているか考える
実際に見て調べる	実際の様子を確かめることができる	見学の許可を取る	
本や資料で調べる	他のちいきのことや、せんもん家の意見などを知ることができる	調べたいことに合った本や、資料を集める	目的に合った情報を正確に書き写すこと
インターネットで調べる	最新の情報や、世界中の情報を知ることができる	パソコン	出典を明らかにすること 1つの情報だけで判断し、うのみにしないようにする

事前の準備

❶ 本時の学習で使用する表を スプレッドシート で作成する。
❷ ❶を各グループで使用できるようにコピーし、共同編集できるリンクを作成する。
❸ ❷のリンクを Classroom に貼り付ける。

Google スプレッドシート

Google Classroom

授業の流れ

1 調べ方を確認する

本時の学習で使用するワークシートをグループごとに スプレッドシート で作成しておく。Classroom から[生徒は編集可能]で配付する。児童は、その表に書き込む形で学習を進めていく。

2 過去の調べ学習から、調べ方のそれぞれの特徴を思い出す

過去に学習活動で取り組んだ内容を思い出す。各自の ドライブ から、調べ学習に取り組んだときのデータを検索して呼び出し、グループ内で紹介し合う。キーワード検索が便利である。うまくいった点、うまくいかなかった点、注意すべき点などについて意見交換をする。

調べ方	できること	準備	気をつけること
インタビュー	詳しい人に直接聞くことができる	詳しい人を探す 依頼する 質問を考える	失礼のないように行う さらに聞きたいことができたら質問をしていく
アンケート調査	たくさんの人の考えを知ることができる	アンケートの内容を考える 誰にアンケートするか考える アンケート用紙をつくる	アンケート内容と知りたいことがあっているか考える
実際に見て調べる	実際の様子を確かめることができる	見学の許可を取る	
本や資料で調べる	他のちいきのことや、せんもん家の意見などを知ることができる	調べたいことに合った本や、資料を集める	目的に合った情報を正確に書き写すこと
インターネットで調べる	最新の情報や、世界中の情報を知ることができる	パソコン	出典を明らかにすること １つの情報だけで判断し、うのみにしないようにする

3 それぞれの調べ方のできること、準備、気を付けることなどを表に書き出す

１で使用した **スプレッドシート** を、グループで共同編集していく。それぞれの調べ方について、「できること」「準備」「気をつけること」などを表に書き込んでいく。教師はさまざまなグループの表を見て、良いと感じたコメントを板書して共有していく。

4 自分の調べたいことに適した調べ方を選び、準備を始める

各自が調べたいことに適した調べ方やツールを選択し、調べるための準備を進める。例えば、以下のようなツールが活用できる。

- **フォーム**（アンケート調査）
- **Google Meet**（インタビュー）
- **Keep**（記録）

単元名: 筆者の考えを読み取り、社会と生き方について話し合おう

第1時 / 6時

メディアと人間社会 / 大切な人と深くつながるために / プログラミングで未来を創る

板書シリーズ 実践活用例の概略

使用するツールと機能

Google Classroom

Google ドキュメント

Google Classroom：資料の配付 / 課題の配付 / 回収 / 評価

Google ドキュメント：コメント

本時案

メディアと人間社会／大切な人と深くつながるために／プログラミングで未来を創る 1/6

本時の目標

・2つの文章を読み、学習の見通しをもつことができる。

本時の主な評価

・複数の文章を読んで、自分の考えをもち、意見を交流しようとしている。

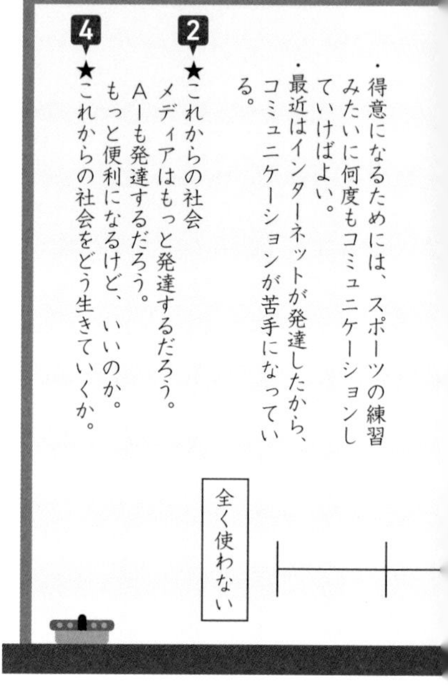

授業の流れ

1

対話

教材文を **ドキュメント** に書き起こす。そこに〈対話の型〉を意識し、児童がコメントを付けていく形で感想についての交流を行う。**ドキュメント** 上であれば、どの部分に、どのようなコメントを書いたかを把握することができる。

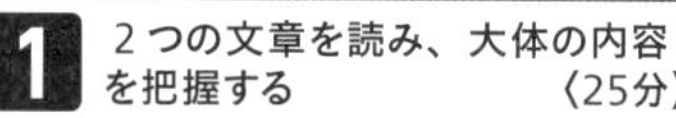

1 2つの文章を読み、大体の内容を把握する 〈25分〉

T　これから2つの文章を読んでいきます。まずは、どんなことが書かれているか確認しながら聞きましょう。次に、自分で読むときは、文章を読んで初めて知ったことに線を引きましょう。

○文章と初めて向き合う場面なので、焦らず時間を確保する。

T　初めて知ったことを発表しましょう。

○子供から様々な内容の発言が出ることが予想される。板書する際には、教科書の順に沿うように整理していく。また、今後構成や表現の工夫に注目することも考えると、序論・本論・結論の部分からそれぞれ意見を吸い上げたい。

2 これからの社会を予想する 〈5分〉

T　2つの文章には、これからの社会を生きていくうえで大切だと思うことが書かれていましたね。では、これからの社会はどんな社会になると思いますか。

・インターネットがもっと広まっている。
・AIが進化して、全部ロボットがしてくれる。
・人間は何もしなくてよさそう。
・それじゃ、おもしろくなさそう。

○今後の社会を予想することで、自分がその世界で生きていくことを実感させたい。よい面ばかりではなく、悪い面にも目を向けて、子供の思考を深める。

2

時短

対話

この発問への答えを、〈時短・対話の型〉を意識し、**Classroom** の[質問(記述式)]で記入させる。全員が自分の考えを表現することができ、また、他の児童の回答に対してもコメントすることができる。

意識する〈型〉

詳細な授業展開例は次ページへ GO

メディアと人間社会
大切な人と深くつながるために

文章を読み、自分がこれからの社会をどう生きていくかを考えよう。

○二つの文章を読んで初めて知ったこと

1

『メディアと人間社会』
・「思いや考えを伝えたい。」という人間の欲求が、メディアを発達させた。
・メディアは手紙や本から始まり、今ではインターネットが広まっている。
・メディアによって問題も起こっている。
・人間がメディアにどんなことを求めているかを意識して、メディアと付き合っていくことが大切。

『大切な人と深くつながるために』
・「コミュニケーションが得意」とは、相手ともめてしまったとき、なんとかやっていける能力のこと。
→例えば…遊ぶ場所でもめても、解決できる。
・コミュニケーションの技術が上達すればするほど、大切な人と深くつながれる。

3

進んで使う

ツールの効果

・本時では、教材文に沿って自分の感想を持つことができるように、ドキュメントにコメントを付け加える形で感想交流をしている。
・Classroom上で質問をすることで、児童全員が考えを表現することができる。集計が即座にできるために、効率化が図れる。

3 これからの社会をどう生きていくかについて考える〈10分〉

T　では、これからメディアや AI が発達する社会でそれらとどう付き合っていくか、自分の考えが当てはまる場所にネームカードを貼りましょう。

○どちらかを選ぶのではなく、選択の幅をもたせることで子供の考えを狭めないようにする。

T　考えの似ている子と交流しましょう。

○思考ツールを生かして、考え方の近い子同士で考えを伝え合う。抽象的な話題なので、小グループやペアで話すことで自分の意見に自信をもたせたい。

4 今後の学習の見通しをもつ〈5分〉

T　今の考えを発表してみましょう。
・自分の生活は楽にしたいから、やっぱりメディアや機械をどんどん使ったほうがいい。
・鴻上さんが言っていたとおりで、技術の進化に甘えてばかりだと人と話せなくなるから、あまり使わないほうがいい。
・バランスよく付き合っていくことがいちばんいいと思う。

○これから、学習を進めることで自分の考えをよりよくしていくことを伝え、締めくくる。

4

この発問への答えは、Classroomの[質問]、あるいは1のドキュメントにコメントを付ける形にしてもよい。〈時短の型〉〈対話の型〉〈可視の型〉を意識することで、効率的に意見を集約できる。

3

この発問への答えを、〈時短の型〉と〈可視の型〉を意識し、Classroomの[質問（選択式）]で取り組む。短時間で全員の回答を集計することができ、児童の考えを把握できる。

小学校

国語 第6学年

Googleで10X授業

メディアと人間社会 / 大切な人と深くつながるために / プログラミングで未来を創る

事前の準備

❶ 教材文を ドキュメント に書き起こし、Classroom から[閲覧者(コメント可)]で配付しておく。

❷ 児童への発問については事前に Classroom に[質問]を作成し、[下書き]で保存しておく（その場で教師が質問を作成してもよい）。

Google Classroom

Google ドキュメント

授業の流れ

1 二つの文章を読み、疑問や感想をコメントに書き込む

教材文を ドキュメント の新規文書に打ち込んだものを用意しておき、それを[閲覧者(コメント可)]の形で Classroom から配布する。児童は ドキュメント 上の二つの文章を読んで、気になる部分について感じたこと、考えたことをコメントとして書き込んでいく。

2 これからの社会を予想する

Classroom の[質問（記述式）]で「これからの社会はどんな社会になると思うか」という質問を投げかける。児童は、各自の端末から考えたことを書き込んでいく。教師は、特徴的な意見をいくつか取り上げ、さらに指名をして意見を引き出していく。

メディアと人間社会
大切な人と深くつながるために

文章を読み、自分がこれからの社会をどう生きていくかを考えよう。

二つの文章を読んで初めて知ったこと
●「メディアと人間社会」
「思いや考えを伝えたい」という人間の欲求がメディアを発達させた。
人間がメディアにどんなことを求めているかを意識して、メディアと付き合っていくことが大切。
●「大切な人と深くつながるために」
「コミュニケーションが得意」とは、相手ともめてしまったとき、何とかやっていける能力のこと。

3 これからの社会をどう生きていくかについて考える

Classroom の［質問（選択式）］を活用し、「メディアやAIを積極的に使う」を5、「まったく使わない」を1として5段階で選択させる。児童からは投票数が分かるが、誰がどこに投票したかは教師にしか分からない。教師は、回答した児童を指名して、交流を促していく。

4 今後の学習の見通しを持つ

「これからの社会をどう生きていくか」というテーマで意見交流する。Classroom の［課題（質問）］にコメントをさらに書き込ませるか、1 の ドキュメント のコメントに返信を重ねる形で自分の考えを記入させるという方法も考えられる。

社会 第３学年

単元名: 市のようす

第９時／11時

高松市のようすやよさが伝わる地図を完成させよう

板書シリーズ 実践活用例の概略

使用するツールと機能

Google Classroom

Google スライド

Google Earth

Google Classroom：資料の配付／課題の配付／回収／評価
Google スライド：画像・動画・リンク挿入／同時編集
Google Earth：自分だけの地図作成／テキスト、写真、動画挿入／共同編集

授業の流れ

1

学習を振り返る活動で〈転用の型〉を意識し、**スライド**を使う。単元を通して**スライド**にまとめてきた市の土地の使われ方や交通の様子、公共施設などについて確認することで、具体的に既習内容を想起することができる。

まとめる
整理する・生かす

高松市のようすやよさが伝わる地図を完成させよう

本時の目標

これまでの学習内容を生かし、どのように地図にまとめたらよいかを話し合い、資料や情報を整理して地図を完成させる。

本時の主な評価

これまで調べてきたことを整理し、相互に関連付けて高松市の様子やよさについて、考えたことを適切に地図や文章に表現している【知②】／よさが伝わる地図になっているか確かめ合い修正しようとしている【主①】

用意するもの

高松市の絵地図、紹介したいものの写真や説明カード

本時のめあて　高松市のようす

1 学習問題

わたしたちが住む高松市は、どのような様子なのだろう？

調べること → まとめ方

- 土地の高さや広がり
- 土地の使われ方
- 公共しせつ
- 古くからのこるたて物
- 交通のようす

・絵地図に。
・わかりやすく。
・おすすめを。
・お家の人に紹介しよう。

3 考えたこと

・写真がないからイメージしにくい。
・自分たちが考えたことを加えよう。
・ていねいに色をぬり直そう。

本時の展開 ▷▷▷

つかむ　出合う・問いをもつ

板書のポイント

これまでの学習を見直し、これからの学習の見通しをもてるように、単元の学習問題や学習計画を再度確認する。

T　これまでみなさんは、高松市のどのようなことを調べてきましたか？ 1

C　「土地の高さや広がり」「公共施設」など、５つのことから高松市を調べたよ。

T　どのような問いを解決するために、高松市のことを調べてきましたか？

C　高松市はどのような様子なのかを明らかにするため。

T　高松市は、どのような様子なのかをみんなで話し合って考え、解決していきましょう。

調べる　情報を集める・読み取る・考える・話し合う

板書のポイント

これまでの学習で少しずつ作成してきた絵地図を土台とし、学習内容ごとに気付きをまとめたカードや紹介したい写真を位置付ける。

T　高松市を５つの視点それぞれでまとめたカードを振り返ってみましょう。 2

C　「土地の高さや広がり」では、南側が高く、北側は低いことが分かった。

T　土地の様子が伝わる地図にするには、どのように地図を修正すればよいでしょうか？

C　土地の高いところは、より色を濃くしたり、山の高さを地図に書き込んだりする。

T　他の視点ではどんな修正ができそう？　高松市の様子がより伝わる地図にしましょう。 3

2

ガイドマップ構成について話し合う活動で〈転用の型〉〈活用の型〉を意識し、**スライド**を使う。土地の使われ方などの視点で、整理した**スライド**を振り返り、市のよさを伝えるための構成について話し合う。

意識する〈型〉

詳細な授業展開例は次ページへ GO

ツールの効果

- Earth プロジェクトを共同編集にて行うと、効率的にマップづくりが行える。
- 地図情報を活用した多様で立体的な表現が可能となる。
- 地域の地理的な状況を把握しやすくなる。
- 作成したものを公開することで、閲覧者を意識したマップ作成となる。

まとめる 整理する・生かす

板書のポイント

高松市の様子を概観し、高松市全体の様子を紹介する文章を書くことができるように、完成した絵地図を掲示し、全員で振り返る。

T ついに地図が完成しましたね。高松市は、どのような様子なのでしょうか？ 4

C 学校のまわりと同じで、高松市も土地の様子や建物の様子が、場所によって違う。

T 例えば、どんな違いがありますか？

C 土地の高さは南側が高く北側が低い。古くから残る建物は中心部に特に多い。

T 高松市のよさって何でしょう？ 5

C 高松市内に、いろんな場所があることがよさだと思う。

学習のまとめの例

〈紹介文の例〉

高松市は、場所によってようすがちがっています。例えば、昔からにぎやかだった中心部には、今でも交通や公共しせつが集まり便利です。

平らな土地には、田や畑、住宅があります。ため池のまわりには公園があります。山の斜面では、みかんや茶を栽培しています。育てるものに合わせて、海の近くの斜面、すずしい山の斜面を選んで育てています。

このように、高松市には色々な場所があることが、高松市全体のよさだと思いました。

4

市の様子を概観する活動で〈創造の型〉〈共有の型〉〈対話の型〉を意識し、Earth を使い、新たに気付いた市のよさについて話し合い、整理する。このことを次時以降の修正等に生かすようにする。

3

ガイドマップを作成する活動で〈創造の型〉〈共有の型〉〈活用の型〉を意識し、Earth の共同編集で作成を行う。ガイドマップに掲載する内容は、これまでに整理してきた内容を踏まえたものとする。

小学校

社会 第3学年

Googleで10X授業

高松市のようすやよさが伝わる地図を完成させよう

事前の準備

❶ 単元導入時に Earth プロジェクト「○○市」を作成し、各時間において、学習した場所をプロジェクトに追加しておく。
❷ 本時前に、そのプロジェクトに児童の編集権限を与え、班の数だけコピーして Classroom で配付する。

Google Classroom

Google スライド

Google Earth

3 ガイドマップを作成する

授業の流れ

1 これまでの スライド を見直し、単元の学習問題や学習計画を再度確認する

高松市の交通について調べてきたね

児童は、これまでの市の学習でまとめてきた スライド を開き、市のどのようなことを調べてきたのかを振り返り、発表する。市のよさを効果的に伝えるために、ガイドマップに掲載する内容や提示方法を検討し、それをもとに作成していく活動の見通しを持つ。

2 これまでの学習で作成してきた スライド を土台とし、市の様子やよさが伝わるガイドマップの構成を考える

児童は、「土地の高さや広がり」「土地の使われ方」「交通の様子」「公共施設」「古くからの建物」の五つの視点でまとめた スライド を見て、市の様子やよさが伝わるガイドマップ構成について話し合う。そして、重点的に紹介したいことを決める。

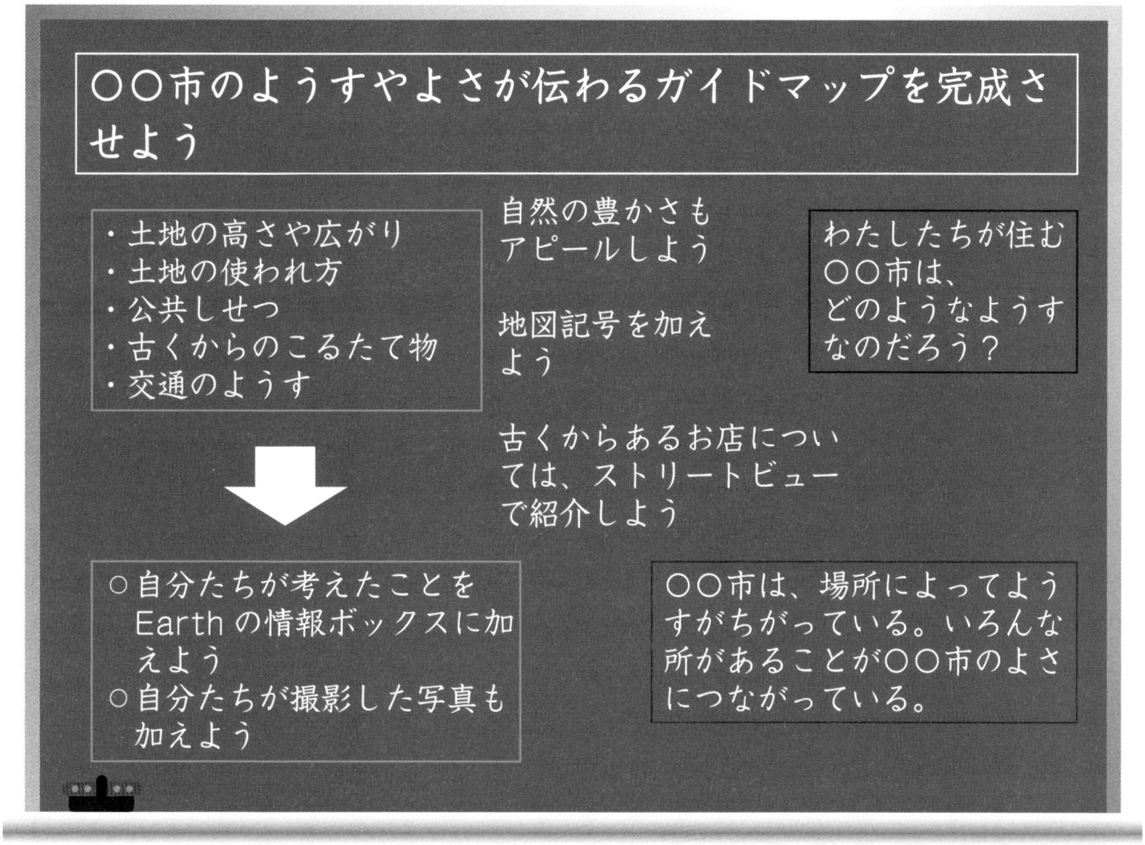

〇〇市のようすやよさが伝わるガイドマップを完成させよう

・土地の高さや広がり
・土地の使われ方
・公共しせつ
・古くからのこるたて物
・交通のようす

自然の豊かさもアピールしよう

地図記号を加えよう

わたしたちが住む〇〇市は、どのようなようすなのだろう？

古くからあるお店については、ストリートビューで紹介しよう

○自分たちが考えたことをEarthの情報ボックスに加えよう
○自分たちが撮影した写真も加えよう

〇〇市は、場所によってようすがちがっている。いろんな所があることが〇〇市のよさにつながっている。

3 市の様子を伝えるガイドマップを作成する

児童は、教師から配付された Earth プロジェクト（教師が市の要所を追加したもの）を開き、班で話し合った構成をもとにして、ガイドマップを共同編集で作成する。作成分担を決めたり、作成途中のプロジェクトを閲覧したりして、対話を通したマップ作成を行っていく。

4 本時のまとめをする

教師は、班が作成したガイドマップを大型提示装置に提示し、児童は市全体の様子を概観し、新たに気付いた市のよさについて発表する。この整理を踏まえて、次時以降にガイドマップ作成の追加修正を行う。教師は、完成後の限定公開も考え、権利関係や設定等の指導も行う。

小学校

社会 第4学年

単元名: ごみの処理とリサイクル

第1時 / 13時

各家庭ではどんなごみをどのように出しているのだろう

板書シリーズ 実践活用例の概略

使用するツールと機能

Google Classroom

Google Jamboard

Google スライド

Google Classroom：資料の配付 / 課題の配付 / 回収 / 評価
Google Jamboard：背景を設定 / 付箋 / 手書き入力 / 同時編集
Google スライド：画像・動画・リンク挿入 / 同時編集 / コメント

つかむ
出合う・問いをもつ

各家庭ではどんなごみをどのように出しているのだろう

本時の目標

ごみ出しのきまりや市全体のごみの量について調べる活動を通して、ごみ分別のきまりや市では大量のごみが出されていることを理解する。

本時の主な評価

ごみ収集のきまりを調べ、ごみを分別したり、決められた曜日に決められた場所に出したりしていることを理解している【知①】

用意するもの

ごみ分別表、市のごみの量のグラフ、ごみ出しの資料

1 ごみ出しの様子

2 本時のめあて

各家庭では、どんなごみをどのように出しているのだろう。

よそう

・紙やペットボトルなどを捨てています。
・ごみを分別している。
・ごみを出す日がきまっている。

本時の展開 ▷▷▷

つかむ 出合う・問いをもつ

板書のポイント

ごみ集積場にごみ出しをしている写真を提示することで、家庭でのごみ出しに着目させてめあてをつかませる。生活経験から予想させる。

T これは何の写真でしょう。 1
C ごみを出している様子だと思う。
T 今日はごみの出し方について調べましょう。
＊本時のめあてを板書する。 2
T めあてについて予想しましょう。
C 紙やペットボトルを捨てている。
C 燃えるごみと燃えないごみで分けている。
C ごみを出す日が決まっている。

調べる 情報を集める・読み取る・考える・話し合う

板書のポイント

「ごみと資源の出し方ポスター」は子供たちに事前に用意させておいてもよい。ポスターやグラフは項目ごとに丁寧に読み取らせる。

＊「市のごみの量」を提示する。 3
T 資料を基に調べましょう。
C たくさんのごみが出されている。
C 燃えるごみが一番多い。
C 資源物も多く集められている。
＊「ごみの出し方ポスター」を提示する。 4
C 燃えるごみ、資源物、燃えないごみ、危険なごみ、粗大ごみに分別されている。
C 資源物はさらに細かく分けられている。
C ごみを出す日が曜日で決まっている。

授業の流れ

1

共有

めあてについて予想する活動で〈共有の型〉を意識し、Jamboard を使う。児童は、共有された Jamboard に本時のめあての予想を書き込む。このことで、児童の自由な発表を促す。

2

統計資料を読み取り、自分の考えを表現する際に〈共有の型〉〈創造の型〉を意識する。スライド を使ってワークシートを作成し、この スライド を、次時以降の授業における学習内容を蓄積するためのものとする。

意識する〈型〉

詳細な授業展開例は
次ページへ GO

3 市のごみの量

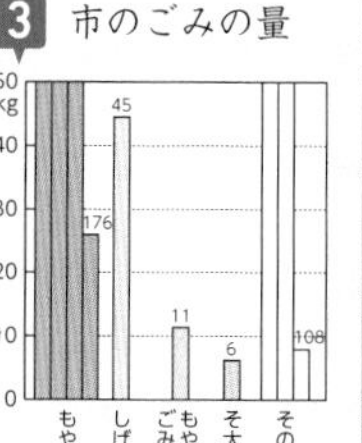

4 ごみの出し方

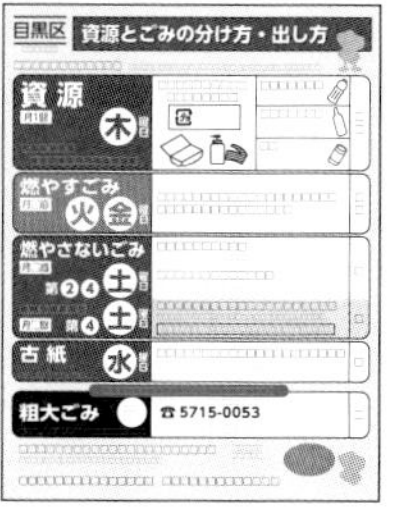

分かったこと

・市ではもえるゴミが一番多く出されている。
・ごみの種類が細かく分けられている。
・曜日ごとに捨てられるごみが決められている。

5

学習のまとめ

家庭からはたくさんのごみが出されていて、燃えるゴミが最も多いが、資源物も多く集められている。各家庭のごみは種類ごとに分別され、きめられた曜日に出されている。

6

ふりかえり

・なぜごみを分別するのだろう。
・曜日ごとに出す日がきまっているのはなぜだろう。
・ごみはどこに運ばれているのだろう。

↓

次時は、ごみのゆくえについて考える。

ツールの効果

- 教科書や資料集等の画像を共有しやすくなる。
- 思いついた考えを、数にとらわれず自由に表現することができるようになる。
- 情報の蓄積の幅が広がり、細かい事象も記録として残すことが容易となる。
- 自分や友達の考えのリアルタイムの可視化、共有化ができ、対話を深めることができる。

まとめる 整理する・生かす

板書のポイント

分かったことを全体で確認したうえで、めあてについて個人でまとめさせるようにする。また、振り返りを通して次時への見通しをもたせる。

T 今日のめあてを見て、黒板の言葉を使いながら自分のまとめをしましょう。 5
C 各家庭では、燃えるごみや資源物が多く出されている。
C ごみは種類ごとに分別されて、決められた曜日に出されている。

T 学習したことを振り返り、これから調べたいことをノートに書きましょう。 6
C なぜごみを分別するのだろう。
C どのようにごみを収集しているのだろう。

学習のまとめの例

・家庭からはたくさんのごみが出されていて、その中でも、もえるごみや資源物が多いです。ごみや資源物などは、種類ごとに分別されて、決められた曜日に出されています。

〈振り返りの例〉

・私は、ごみ出しがきまりにしたがって行われていることが分かったのですが、ごみがどのように集められているかや、どこに行くのかが気になりました。次の授業で調べてみたいです。

4

次時以降の学習課題をつくる活動で、〈可視の型〉と〈創造の型〉を意識する。自分や友達の疑問を[付箋]で可視化しつつ、[付箋]をカテゴリー別に整理していくことで、学習問題の作成へとつなげていく。

3

自分の考えをまとめ、発表する活動で、〈共有の型〉〈対話の型〉を意識し、各自の スライド を共有、[コメント]機能を使用する。友達の スライド に気付きや疑問などを[コメント]で付け合ってから、自分の スライド を改善する。

小学校

社会 第4学年

Googleで10X授業

各家庭ではどんなごみをどのように出しているのだろう

めあてに関する考えを班で発表しよう

各家庭では、どんなごみをどのように出しているのだろう

3 市のごみの量 176kg

50kg 40 30 20 10 0

もやすごみ しげん もやさないごみ 大きごみ その他

・たくさんのごみが出されている
・もえるゴミが一番多い

4 ごみの出し方

資源
燃やすごみ
燃やさないごみ
古紙

・ごみの種類が細かく分けられている
・曜日ごとに捨てられるごみが決められている

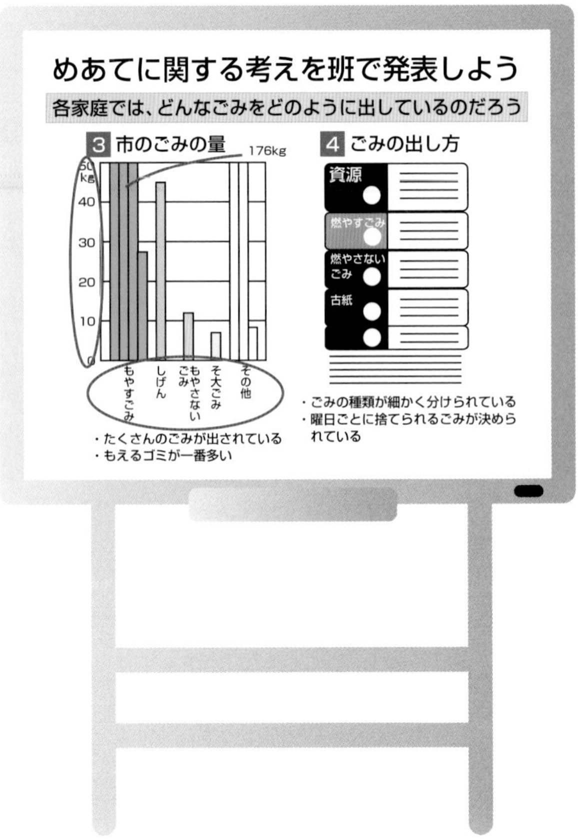

事前の準備

❶ Jamboard に「ごみ出しの様子」の画像を背景画像として設定し、同フレームを班の数だけコピーしておく。

❷ スライド に「市のごみの量」の統計資料を貼り付けおく。

❸ 児童それぞれが「ごみの出し方のポスター」画像を用意しておく。用意できない場合は、授業者より配付。

Google Classroom

Google Jamboard

Google スライド

授業の流れ

1 ごみ出しの様子の写真を見て、めあてについて予想をする

児童は、配付された Jamboard の班ごとに指定されたフレーム上にある「ごみ出しの様子」を開く。めあてについて予想したものを[付箋]に書き込む。教師は、出てきた予想を整理することで、市のごみの統計資料での検討につなげる。

2 統計資料等を見て、めあてに関する考えを書き込み話し合う

児童は、各自に配付された スライド 「市のごみの量」の資料を見て、分かったことを書き込み、話し合う。教師は、グラフの見方について、児童が項目ごとに丁寧に読み取れるよう支援していく。この スライド を使い、次時以降の学習内容を蓄積していくことも伝える。

各家庭ではどのようなごみを出しているのだろう。

よそう

紙やペットボトルなどを捨てている。
ごみを分別している。
ごみを出す日が決まっている。

学習のまとめ → 次時は、ごみのゆくえについて考える

家庭からはたくさんのごみが出されていて、もえるごみが最も多いが、資源物も多く集められている。各家庭のごみは種類ごとに分別され、決められた曜日に出されている。

3 ポスターを見て、めあてに関する考えを書き込み話し合う

児童は、同スライドに「ごみの出し方のポスター」画像を貼り付け、分かったことを書き込み、クラスのグループメールに[コメント権限]を付与する。班で考えを発表し、友達の スライド に[コメント]を記入する。全体でも交流し、気付いたこと等を記入後、[提出]する。

4 本時のまとめをする

Jamboard に新たな[フレーム]を追加し、児童は疑問や課題を[付箋]で書き込んでいく。互いの考えを自分の端末で確認しながら、話し合う。また、[付箋]を自身で動かしたり書き直したりして、考えを整理していき、学習問題をつくっていく。

小学校

社会
第５学年

単元名: 米づくりのさかんな地域

第４時 / ８時

生産性を高めるために、どのような工夫があるのか調べよう

板書シリーズ 実践活用例の概略

使用するツールと機能

Google Classroom

Google スライド

Google Jamboard

Google フォーム

Google Classroom：資料の配付 / 課題の配付 / 回収 / 評価
Google スライド：画像・動画・リンク挿入 / 同時編集 / コメント
Google フォーム：データ収集 / 自動集計 / グラフ化

調べる 情報を集める・読み取る・考える・話し合う　4/8

生産性を高めるために、どのような工夫があるのか調べよう

本時の目標
生産性を高めるための技術の向上を調べる活動を通して、作業の効率化が図られてきたことを理解する。

本時の評価
・米づくりを効率よく進めて生産性を高めるために、農家の人は水の調節や耕地整理、作業の機械化などの工夫や努力をしてきたことを理解している。【知①】

用意するもの
米づくりの移り変わり、耕地整理の前後の様子、用水路と排水路のしくみ

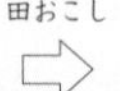

米づくりの移り変わり

1 気づいたこと
・田おこしは馬から機械へ変わった。
・田植えや稲かりは人から機械へ変わった。

ぎもん
・いつごろから機械が増えてきたのか。
・他の作業はどのように変わってきたのだろう。
・働く時間はどれくらい変わったのか。

本時の展開 ▷▷▷

つかむ 出合う・問いをもつ

板書のポイント
米づくりの移り変わりの資料を提示し、時間的な見方に着目させて気付いたことや疑問を引き出すようにし、本時のめあてにつなげる。

T　写真から気付いたことを発表しましょう。
C　田植えや稲かりは人から機械へ変わった。
T　疑問に思ったことを発表しましょう。 1
C　いつから機械を使うようになったのか。
T　今日は、このことについて調べていきましょう。

＊本時のめあてを板書する。 2

調べる 情報を集める・読み取る・考える・話し合う

板書のポイント
耕地整理や水の管理がコンピュータで行われている理由は、グループで考えホワイトボードに書かせたものを黒板に貼る方法も考えられる。

T　農家の人たちは、生産性を高めるためにどのような工夫をしていますか 3
C　水路や農道を整備している。
C　用水路と排水路の管理はコンピュータで行っている。
T　なぜ耕地整理やコンピュータ管理をする必要があったのでしょう。 4
C　米づくりが大変すぎるから。
C　少ない時間でたくさんの米を収穫できるようにするため

授業の流れ

1

転用

資料から気付いたことを発表する活動で、〈転用の型〉を意識する。米づくりの移り変わりの資料画像を、児童が前時までに作成していた **スライド** に追加し、気付いたこと、疑問に思ったことなどの発表につなげる。

2

共有

可視

児童の議論を活発化させるため〈共有の型〉〈可視の型〉を意識する。耕地整理の前と後の様子を見て、児童が気付きを出し合う場面では、**スライド** を使って可視化することで、発言が苦手な児童も意思表示がしやすくなる。

意識する〈型〉

転用 共有 可視 創造 活用 対話 評価

詳細な授業展開例は次ページへ GO

2 本時のめあて

農家の人々は、米の生産性を高めるためにどのような工夫をしてきたのだろう。

よそう

・機械が使いやすいように工夫していると思う。
・水の管理が簡単にできるしくみができたと思う

※教科書や資料集から拡大表示

耕地整理の前と後の様子

3 分かったこと　考えたこと

分：道がまっすぐになっている
考：農作業で使う道具が入りやすく納なったと思う。
分：田んぼの一つ一つが大きくなっている。
考：田んぼが大きくなったことで機械が使いやすくなっている。

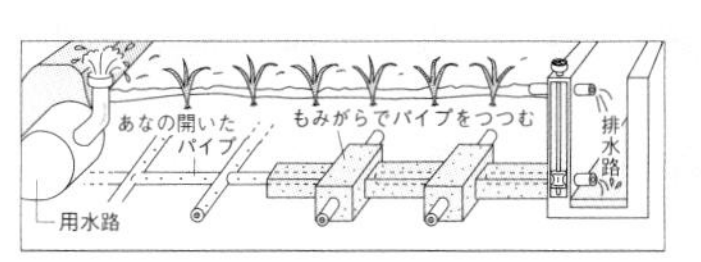

用水路と排水路のしくみ

4 話し合って考えたこと

○なぜ耕地整理やコンピュータ管理をする必要があったのか？
・作業の時間を減らすため
・米づくりが大変すぎるから。
・少ない時間でたくさんの米が収穫できるようにするため

5 本時のまとめ

・機械化　・耕地整理
・用水路と排水路
・労働時間　・効率的

ツールの効果

・思いついた考えを、数にとらわれず自由に表現することができるようになる。
・単元を通して調べてきた内容を再利用しやすくなる。
・目的に応じた整理がしやすく、視点を明確にした思考（比較・関連付け等）に結び付けやすくなる。

まとめる　整理する・生かす

板書のポイント

調べて分かったことや考えたことの中から大切なことを板書する。振り返りは子供自身にめあてに対してまとめさせて、キーワードを板書する。

T　今日のめあてをみて、黒板に書かれている言葉を使いながら自分のまとめをしましょう。
C　たくさんの米が取れるように地域や農家が協力して田の形を整えたり水路や農道を整備したりしてきた。機械化が進み作業時間も短くなってきた。 5

T　学習したことを振り返って、さらに調べてみたいと思ったことはありますか。
C　農業で働く人がこれからどのように協力を進めていくのか知りたい。

学習のまとめの例

・農家の人々は、生産性を高めるために、機械化や耕地整理、水路や農道を整備などの工夫をしてきたことで、60年前には170時間かかっていた労働時間が現在は30時間くらいまで短くなった。

〈振り返りの例〉
・水の管理はコンピュータでしていることに驚いた。どこでだれが管理しているのかを調べてみたい。

4

評価

児童が、本時の振り返りをする場面で、〈評価の型〉を意識し、**フォーム** を使用する。児童がどのような疑問を持っているのか効率的に把握でき、回答を確認しながら、次の授業への学習問題へとつなげることができる。

3

創造 活用 対話

自分の考えをまとめ、発表する活動で、〈創造の型〉〈活用の型〉〈対話の型〉を意識して **スライド** を使用する。調べたことや友達の考えを参考にしながら、自分の考えを整理し発表する。

小学校

社会 第５学年

Googleで10X授業

生産性を高めるために、どのような工夫があるのか調べよう

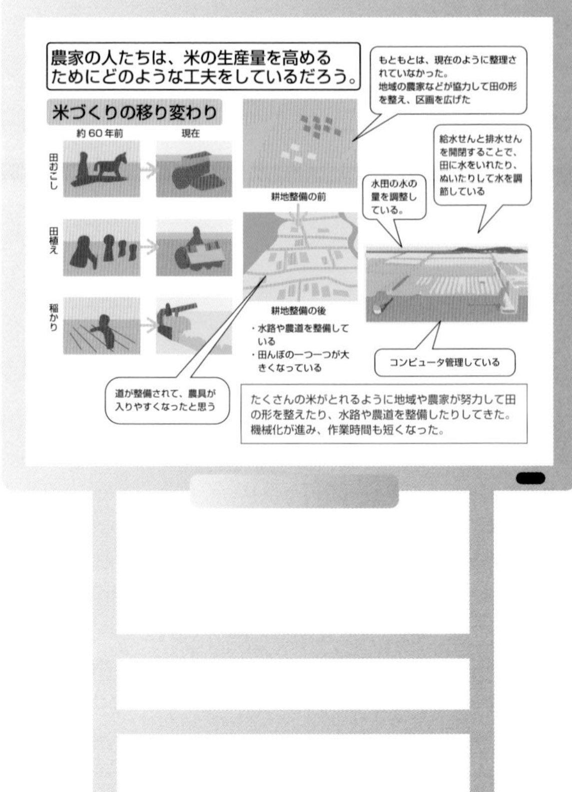

事前の準備

❶ Jamboard で「米づくりの移り変わり」を背景画像とし、同フレームを班の数だけコピーしておく。
❷ スライド で、「耕地整理の前後の様子」の画像を貼り付けた[スライド]を作成し、「排水路のしくみ」の資料画像を用意しておく。
❸ 振り返りで使用する フォーム を作成しておく。

Google Jamboard

Google スライド

Google フォーム

授業の流れ

1 米づくりの移り変わりの資料を見て、気付いたことや疑問を持つ

児童は、配付された Jamboard の班ごとに指定されたフレーム上にある「米づくりの移り変わり」を開く。時間的な見方に着目して、[付箋]を使って気付きと疑問を入力する。班や全体で話合いをして共有し、本時のめあてにつなげる。

2 米の生産性を高めるための工夫について調べる

児童は、配付された「耕地整理の前後の様子」の[スライド]を、単元で活用している スライド にコピーして加え、生産性を高めるための工夫を予想する。次に配付された「排水路のしくみ」画像も加え、コンピュータで水が管理されている理由を記入し、班で話し合う。

農家の人々は、米の生産性を高めるために
どのような工夫をしてきたのだろう。

話し合って考えたこと

○なぜ耕地整理やコンピュータ管理をする必要があったのか？
・作業の時間をへらすため。
・米づくりが大変すぎるから。
・少ない時間でたくさんの米が収穫できるようにするため。

話し合って考えたこと

・機械化　・耕地整理　・労働時間
・用水路と排水路　・効率的

3 考えをまとめて、発表し合う

児童は、調べたことや友達の意見を参考にしながら、自分の考えを **スライド** にまとめる。記入後に、ペアもしくは班内で自分の考えを **スライド** を見せながら発表する。コメントをもらい、必要に応じて修正をする。教師は、児童の発表後、全体で考えを共有し、まとめる。

4 本時のまとめをする

児童は、本時で学習したことを振り返って、さらに調べてみたいことや、疑問に思ったことなどを、配付された **フォーム** に記入して、送信する。教師は、これらの結果をまとめて整理し、次時の学習問題へとつなげるようにする。

小学校

社会 第6学年

単元名: 条約改正と国力の充実

第9時 / 9時

学習問題に対する自分の考えをまとめよう

板書シリーズ 実践活用例の概略

使用するツールと機能

Google Classroom

Google スライド

Google ドキュメント

Google Classroom：資料の配付 / 課題の配付 / 回収 / 評価
Google スライド：画像・動画・リンク挿入 / 同時編集 / コメント
Google ドキュメント：文書作成 / コメント / 提案モード / 画像・リンク・グラフ挿入

調べる
情報を集める・読み取る
考える学び合う

9/9

学習問題に対する自分の考えをまとめよう

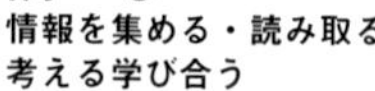

本時の目標
調べてきたことを整理し、学習問題に対する自分の考えを言葉や文章で表現できる。

本時の評価
・これまでの学習を振り返り、近代国家のしくみを整え、国力の充実に努めた結果、日本の国際的地位が向上したことなど、学習問題に対する自分の考えを言葉や文章で適切に表現している。【思②】

用意するもの
人物カード、年表

【学習問題】
日本は、条約改正を目指
また、日本と世界の国々

1

年表

1858	日米修好通商条約
1886	ノルマントン号事件
1889	大日本帝国憲法
1894	一部条約改正
1894	日清戦争
1904	日露戦争
1910	韓国併合
1911	条約改正

3

【学習のまとめ】
・伊藤博文らが大日本帝国憲法
・日清戦争、日露戦争の勝利、
・科学の発展によって日本の研
・産業の発展によって生活が豊

授業の流れ

本時の展開 ▷▷▷

つかむ　出合う・問いをもつ

板書のポイント
学習問題を提示し、年表と人物カードを結び付けて、これまでの学習を振り返るようにする。

T　これまでの学習を、年表を基に振り返りましょう。 1
C　岩倉使節団が条約改正交渉できなかった。
C　板垣らが自由民権運動を広めた。
C　伊藤を中心に憲法をつくり、国会を開いた。
C　陸奥が条約を一部改正した。
C　日清・日露戦争で勝利し、韓国を併合した。
C　小村が条約改正を果たし、欧米と対等に。
C　産業、科学が発展し、野口らが活躍した、

調べる　情報を集める・読み取る・考える・話し合う

板書のポイント
年表と人物カードを時系列やカテゴリー別に分けて板書し、学習問題に対するこたえを、人物の働きと結び付けて考えられるようにする。

T　条約改正を目指して、どのような努力をしたといえるでしょうか。 2
C　大日本帝国憲法を制定するなど、国のしくみを整え、国力を充実させた。
T　日本と世界の国々との関係や国民の生活は、どのような変化があったでしょう。
C　富国強兵を実践し、戦争に勝利するなど、世界の中の日本の立場を向上させた。
C　近代的な生活を送れるようになり、民主主義や差別をなくす意識が高まった。

1

復元

これまで学習してきたことを振り返る活動で、〈復元の型〉を意識する。児童が、単元を通じて書き込み表現してきた スライド の[変更履歴]で、各自の思考のプロセスを振り返る。

2

転用

創造

条約改正を目指した努力について考える活動で、〈転用の型〉〈創造の型〉を意識する。これまでに児童が スライド 上に作成しておいた歴史人物カードを使って、それらをカテゴリーに分類する。

意識する〈型〉

詳細な授業展開例は
次ページへ GO

して、どのような努力をしたのだろう。
との関係や国民の生活に、どのような変化があったのだろう。

条約改正　戦争の勝利　科学の発展　民主主義・権利

をつくり、国会を開設して、天皇中心の国づくりを進めた。
韓国併合等によって日本の力が認められて条約改正を果たしたが、中国や朝鮮を軽視した。
究が認められ、国際的地位が向上した。
かになったが、社会問題も起きた。民主主義や権利の意識が高まった。

ツールの効果

- 単元を通して調べてきた内容を再利用しやすくなる。
- 目的に応じた整理がしやすく、視点を明確にした思考（比較・関連付け等）に結び付けやすくなる。
- 文字数を気にせず、自分の考えをテキストのみならず、図表等で多様に表現することができる。

まとめる　整理する・生かす

板書のポイント
単元を通した自分の考えをまとめられるよう、国力の充実と国際的地位の向上を押さえる。

T　学習問題に対する自分なりのこたえをノートにまとめましょう。 3

T　友達同士で考えを発表し合いましょう。よい考えは付け足してノートに書きましょう。
T　どのようにまとめたか、発表してください。
C　国のしくみを整え、欧米と対等の関係になることで条約改正を果たした。
C　近代化によって国力が充実し、産業や科学が発展し国際的に活躍する人物がいた。

学習のまとめの例

- 条約改正を目指し、憲法制定や国会開設、工業の発展などで国力を充実させたことで近代化に成功した。
- 戦争の勝利や国際的な研究等によって国際的地位が向上し、欧米と日本との関係が対等なものとなった。

4

意見交換する活動で、〈共有の型〉〈対話の型〉を意識する。各自の **ドキュメント** を共有し、お互いに気付きや疑問などを[コメント]で伝え合い、自分の **ドキュメント** も改善する。完成したら **Classroom** から提出する。

3

学習問題に対する自分なりの考えを表現する活動で、〈転用の型〉〈創造の型〉を意識する。**ドキュメント** に、これまでの学習で整理してきた情報と関連付けながら、まとめを書くことができるようにする。

小学校

社会 第6学年

Googleで10X授業

学習問題に対する自分の考えをまとめよう

事前の準備

❶ 児童は、単元全体を通して、スライドへ年表や人物カード等の情報を蓄積しておく。

❷ 年表は、スプレッドシート上に単元を通して「政治・外交」と「産業・文化」等の項目別で作成しておく。

❸ 教師は、ドキュメントに学習問題を記載した配付用の「まとめドキュメント」を用意しておく。

Google スライド

Google スプレッドシート

Google ドキュメント

授業の流れ

1 学習問題を提示し、これまでの学習を振り返る

児童は、単元を通して使用してきたスライドを開き、振り返りをする。近代国家のしくみを整えて国力の充実につとめたことを、これまでの学習でまとめてきた年表や人物カードをもとに時系列で再確認することで、学習問題を踏まえた導入とする。

2 単元を通した学習問題に対する答えを考える

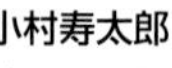

児童は、白紙のスライドを追加して、これまでにまとめてきた年表や人物カードをコピーして貼り付けて集める。それらを時系列やカテゴリーに分けて整理し、分類項目にタイトルや気付きを記入する。学習問題に対する答えを人物の働きと結び付けて考えさせる。

日本は、条約改正を目指してどのような努力をしたのだろう。また日本と世界の国々との関係や国民の生活に、どのような変化があったのだろう。

・伊藤博文らが大日本帝国憲法をつくり、国会を開設して、天皇中心の国づくりを進めた。
・日清戦争、日露戦争の勝利等によって日本の力が認められて条約改正を果たしたが、中国や朝鮮を軽視した。
・科学の発展によって日本の研究が認められ、国際的地位が向上した。
・産業の発展によって生活が豊かになったが、社会問題もおきた。民主主義や権利の意識が高まった。

3 単元を通した自分の考えをまとめる

教師は、学習問題に対する考えを記入する「まとめドキュメント」を **Classroom** から配付。児童は、自分の考えを表現するとともに、蓄積してきた年表や人物カード等を挿入したり、作成してきた **スライド** や動画、Webサイト等を文字にリンクしたりしてまとめる。

4 話合いをし、本時のまとめをする

児童は、作成した「まとめドキュメント」の[共有]からクラスのグループメールに[コメント権限]を付与する。友達の「ドキュメント」を互いに読み合い、[コメント]を記入。[コメント]の意見等を参考に、必要に応じて自分の **ドキュメント** を修正、完成後、[提出]する。

小学校

算数 第1学年

単元名: ひきざん（2）

第8時 / 11時

ひきざんカードをならべよう

板書シリーズ 実践活用例の概略

使用するツールと機能

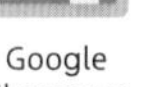

Google Classroom　Google Jamboard

Google Classroom：課題の配付 / 回収 / 評価
Google Jamboard：付箋 / 手書き入力 / 同時編集

本時案

ひきざんカードをならべよう

8/11

本時の目標

・ひき算カードを「答えが同じ」という観点で並べたとき，ひき算のきまりなど，気付いたことを表現する。

授業の流れ

1 昨日の続きだよ。引く数が7になる式を言ってから黒板に並べてみよう

前時に学んだ「1□−□＝□の式がいくつできるか」の続きをする。はじめに，引く数が7になる式を並べていく。次に，前の時間につくった式（引く数が4と6の場合）も黒板に並べていく。

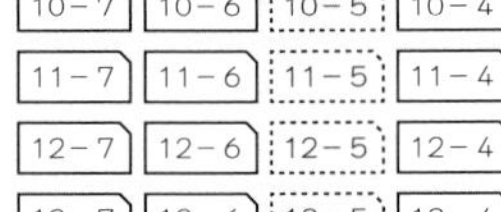

ひくかずがおなじしきをならべてみよう

ひくかず	7	6	5	4
	10−7	10−6	10−5	10−4
	11−7	11−6	11−5	11−4
	12−7	12−6	12−5	12−4
	13−7	13−6	13−5	13−4
	14−7	14−6	14−5	
	15−7	15−6		
	16−7			

ひくかずが5のしきはきっと5つある

きまりがある

引く数と式の個数が同じになるということは前時でも扱っている。しかし，まだ気付いていない子どももいるかもしれないので，全員が分かる程度に扱うとよい。

2 引く数が5になる式はいくつあるかな？

引く数を違う数に変えて並べるように促す。例えば，引く数が5の場合であれば，「6と4の間に並べるといいよ」「引く数が5のときは式は5つだよ」「階段みたいに並べられるね」など，子どもたちが見つけたことを発表させていく。

3 答えが同じカードを並べてみよう

上の板書の右側にあたる部分である。「答えが同じになるカードを並べよう。答えが何のカードから並べる？」と，子どもたちに決めさせてもよい。はじめはカードがバラバラに並ぶかもしれないが，「順番に並べた方がいい」という言葉を引き出して，上の板書のように並べていこう。

授業の流れ

1

可視

引く数が7の式を考える活動で、ひきざんカードを全員で確認するために〈可視の型〉を意識する。教師が **Jamboard** 上に[付箋]を挿入しながら、児童と一緒にきまりを考えていき、児童の意欲を高めていく。

2

可視

引く数が5の式を考える活動で、各自が考えを表現する際に〈可視の型〉を意識する。児童は **Jamboard** の[付箋]に[手書き入力]で式を挿入していき、お互いの[付箋]を見合い、参考にしていく。

意識する〈型〉

詳細な授業展開例は次ページへ GO

本時の評価

・ひき算カードを「答えが同じ」という観点で並べたとき，ひき算のきまりなどについて，気付くことができたか。

準備物

・ひき算のカード
児童用・提示用
（第７時に使ったもの）

こたえがおなじしきをならべてみよう

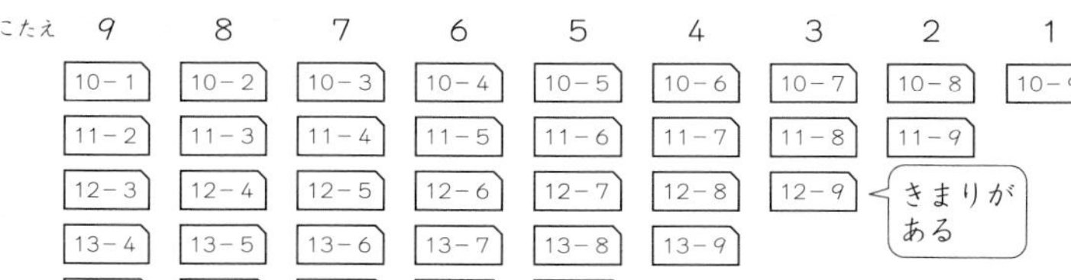

こたえ	9	8	7	6	5	4	3	2	1
	10－1	10－2	10－3	10－4	10－5	10－6	10－7	10－8	10－9
	11－2	11－3	11－4	11－5	11－6	11－7	11－8	11－9	
	12－3	12－4	12－5	12－6	12－7	12－8	12－9		
	13－4	13－5	13－6	13－7	13－8	13－9			
	14－5	14－6	14－7	14－8	14－9				
	15－6	15－7	15－8	15－9					
	16－7	16－8	16－9						
	17－8	17－9							
	18－9								

きまりがある

ひかれるかずが
１ふえると
ひくかずも１ふえる

しきのかずと
こたえのかずはおなじ

子どもたちは上のように並んでいるカードを見て，おもしろい発見をたくさんするはずである。１年生の子どもたちは自分が見つけたことを言いたくて仕方がないだろう。しかし，聞くことも大切にしたい。そこで，「見つけたことを黙ったまま指をさして，みんなに伝えてみて」などと言い，どこに着目しているのか，聞いている子どもたちにわかるようにするとよい。

4 並べたカードを見て何か言いたいことがあるかな？

「引かれる数が１増えると，引く数も１増えている」「10－□になっている式が１番多いよ」「引かれる数が18の式は一つしかない」「引く数が同じ式は斜めに並んでいる」「答えが９になる式は９個ある」「答えの数と式の数が同じになっている」など，子どもたちが発見したことをしっかりと言わせる。

まとめ

本時では，答えが同じカードを並べたとき，子どもたちが見つけた発見を発表することをメインの活動とする。

ひき算の様々なきまりに気付いて，友だちの意見からも算数を楽しんでほしい。

そのとき，子どもたちは曖昧な言葉で表現するだろうが，「引かれる数」や「引く数」という算数の言葉を使って，説明することができれば，しっかりとほめてあげたい。

ツールの効果

・単元を通して同じカードをアプリ上で複製、再利用し、操作することで、より規則性に気付くことができる。
・前時で使ったカードが**ドライブ**に残り、参考にすることもできる。
・画面を共有し、全員で確認しながら操作することで、きまりや順序性に気付くことができる。

4

まとめで、友達と考えを練り上げる活動で、〈可視の型〉を意識する。教師は**3**で使った[Jam]に、[フレーム]を追加する。児童は感想を[付箋]で[音声入力]し、本時のまとめを行う。

3

カードを並べる活動で〈共有の型〉を意識する。児童は、同じ画面で一緒にカードを操作し、順番に並べるよさに気付いていく。教師は、数値や色に着目させながら、規則性に気付けるようにしていく。

算数 第1学年

Googleで10X授業

ひきざんカードをならべよう

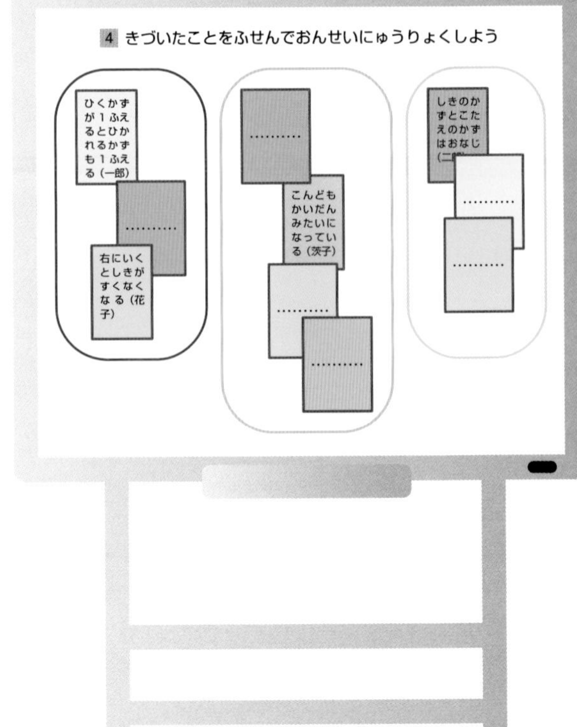

事前の準備

❶ Jamboard で「板書シリーズ」の板書の左側の図（1）と右側の図（3）を作成しておく。
❷ [Jam]を Classroom の「授業」に課題として追加し、[下書きを保存]で一時保存しておく。

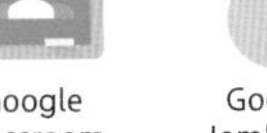

授業の流れ

1 本時のめあてを確かめ、引く数が7、6、4の式を全員で考える

教師は、引く数が「7→6→4」の順に[付箋]で作成した式のカードを挿入していく。[付箋]を複製し、被減数だけを変える作業を可視化して、思考の過程を見せることで、児童の興味を高め、2で取り扱うきまりに対する気付きを促し、操作方法を理解できるようにする。

2 引く数が5の式を各自がつくり並べ、きまりについて考えていく

教師は1の[Jam]を Classroom から[各生徒にコピーを作成]で配付する。児童は個人の活動で[付箋]を並べ変えながら、きまりを考えていく。教師は、児童のつぶやきを[ペン]や[テキストボックス]で画面に書き込みながら可視化し、考えをまとめていく。

3 共有した画面で[付箋]を操作し、「答えが同じになる式」を縦に並べていく

児童は、同じ[Jam]上で、ランダムに並んだ引き算カードの[付箋]を班の友達と一緒に同じ答えごとに並び変えていく。[付箋]の色の違いから視覚的に規則性に気付かせ、班の操作活動を行った後、教師は画面を共有して、全員で話し合いながら、規則性を確認していく。

4 Jamboard の画面に、児童が付箋で感想を音声入力してまとめていく

児童は、気付いたことや感想を各班の[フレーム]に[付箋]で[音声入力]していき、それをもとに発表する。教師は、[付箋]を操作したり[テキストボックス]でコメントを入れたりする。思考と練り上げる過程を可視化することで、児童の理解をより深めることができる。

小学校

算数 第2学年

単元名: かけ算（1）

第11時 / 22時

5 ×□のかけ算の答えは？

板書シリーズ 実践活用例の概略

使用するツールと機能

Google Classroom

Google フォーム

Google Jamboard

Google ドキュメント

Google Classroom：課題の配付 / 回収 / 評価
Google フォーム：自動収集
Google Jamboard：付箋 / 手書き入力 / 同時編集
Google ドキュメント：画像 / リンク挿入 / 同時編集 / コメント

授業の流れ

1

授業の導入で〈時短の型〉を意識する。教師は始めに **Jamboard** と **スライド** を **Classroom** から配付し、短時間で課題と見通しを把握できるようにする。

本時案

5 ×□の かけ算の答えは？

本時の目標

・5 ×□のかけ算の答えを，□の中の数を 1 つずつ増やしながら調べていく中で，答えが 5 ずつ増えることや答えとなる数値の規則性に気付くことができる。

授業の流れ

1 この話はかけ算になる

「ゼリーが 1 はこに 5 こずつ入っています。□はこ分では何こになりますか」

文章で場面を提示し，□の中にはいろいろな数が入ること伝える。そして，この話から分かることを確認する。

「5 ×□」のかけ算の場面であることが共通理解されたところで，□の中に数を入れれば答えが決まることを確認する。

○月△日（□）

ゼリーが 1 はこに 5 こずつ
入っています。
□はこ分では何こになりますか。

1 つ分……1 はこ分 5 こ

5 × □ = □
いくつ分　ぜんぶの数

2 箱の数を 1 つずつ増やしていこう！

最初は箱に入った 5 個のゼリーのカードを 1 つ見せ，「5 × 1 = 5」の式になることを確かめる。続いて 2 箱の場合。今度は先に「5 × 2」の式を書き，全部で何個になるか考えさせ，答えが10であることを確認する場面でゼリーの絵のカードを追加する。同様に 3 箱の場合，4 箱の場合と続けていくと，「カードがなくても答えが分かる」と言い始める。

3 箱が 1 つ増えると，ゼリーは 5 個ずつ増えていく

「5 ×□」のかけ算の答えは 5 ずつ増える同数累加の構造となっているという子どもの気付きを，ゼリーのカードと対応させて言語化させ，式で表現させる。

2

「5 ずつ増える」という考え方を促す活動で、〈可視の型〉を意識する。[背景を設定] で 5 ×□の画像を挿入した [Jam] を配信し、ゼリーの [付箋] を増やす操作活動を可視化し、きまりに気付かせていく。

意識する〈型〉

詳細な授業展開例は
次ページへ GO

本時の評価

・5×□のかけ算の答えが，□の中の数を１つずつ増えるたびに５ずつ増えることに気付き，その仕組みを理解することができたか。
・5×□のかけ算の答えとなる数値の規則性に気付くことができたか。

準備物

・ゼリーの絵10枚（提示用）

ツールの効果

・自分や友達の考えが可視化されたものの共有が容易となる。
・短時間で多くの友達の意見に触れ、考えを交流することができるようになる。
・振り返りやテストを効率良く効果的に実施できる。
・学習履歴が集約・保存され、事後の評価や補充指導に活かせる。

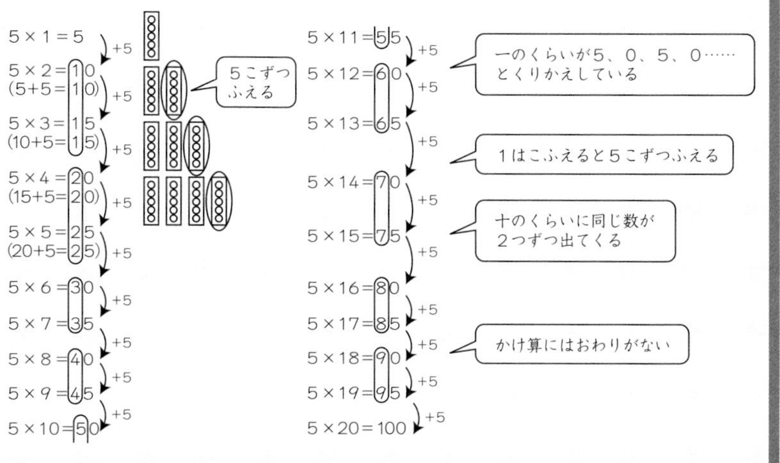

4 続きの式と答えを書こう

続けて「5×5」から「5×7」まで，式と答えを書いていくと，例えば「5×5」は「20＋５」のように前の「5×4」の答えに５を足せばよいことに気付く。そこで，「5×8」から「5×20」まで式と答えを書かせることにする。

かけ算九九の先取り学習をしている子は少し驚くが，素直に考えている子は５を足していく同数累加の仕組みを楽しみながら実感する。

まとめ

子どもは「5×20」で止まらなくなる。式と答えを書くこと自体が楽しくなっているのである。それは，「5×□」のかけ算には終わりがないこと，答えの一の位が５と０の繰り返しになっていること，あるいは十の位の数が２つずつ変わっていくこと等の規則性に気付き，面白がっている姿でもある。

まとめの活動で〈評価の型〉を意識する。**フォーム** で小テストと振り返りを行い、端末のカメラでノートを撮影し提出させ、評価と補充指導に活かす。

3

気付きを共有する活動で、〈共有の型〉を意識する。児童は５×20まで答えをノートに書く。その後 **ドキュメント** の振り返りシートを配付し、気付きを入力させる。児童はお互いに見合い参考にする。

小学校

算数 第2学年

Googleで10X授業

5×□の かけ算の答えは？

事前の準備

❶ Jamboard で「5×□」の式と[付箋]を貼った[Jam]を作成しておく。
❷ ドキュメント で考えを共有する振り返りシートを作成しておく。
❸ フォーム で振り返り用のシートを作成しておく。

Google Classroom

Google フォーム

Google Jamboard

Google ドキュメント

授業の流れ

1 本時のめあてを確かめ、導入場面では、みんなで一緒に考える

教師は、[Jam]を開き、画面に投影する。そこで、式と[付箋]を示し「5×□」のかけ算であることを短時間で確認する。その後、[付箋]を操作しながら、いろいろな数を当てはめて答えを考えていくことを確認し、授業と操作活動の見通しを持てるようにする。

2 画面の[付箋]を操作しながら、5×□の答えを考えていく

教師は、1～3箱までのゼリーのカード（[付箋]）を操作しながら児童に式の答えを考えさせる。児童のつぶやきを拾いながら、「5ずつ増える」という概念を引き出し、ゼリーのカード（[付箋]）を1枚増やすことがそれにあたることを理解させる。

3 操作活動で気付いたことをまとめて、共有していく

児童は２の操作を続け、５×４以降の式と答えを自分のノートに書く。その後、教師が配付した **ドキュメント** の振り返りカードに気付いたことを[音声入力]する。１枚のカードを共有しているため、友達の意見を参考に、考えを深めることができる。

4 授業のまとめをして、適用問題を行う

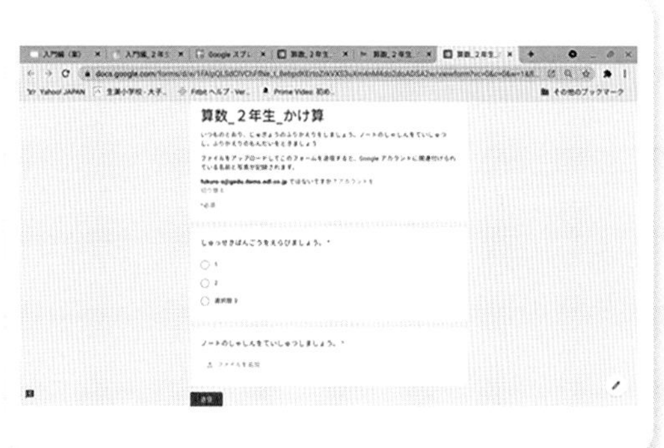

児童は、教師が配付した **フォーム** を開きアンケートに答え、小テストを行い、授業のまとめをする。提出されたデータは瞬時に[自動集計]される。また、児童は、ノートを撮影して、提出する。それぞれが[自動保存]され、いつでも評価や補充指導に活かすことができる。

小学校

算数 第2学年

単元名: はこの形

第3時 / 4時

サイコロの形をつくろう

板書シリーズ
実践活用例の概略

使用するツールと機能

Google Classroom

Google Jamboard

Google Classroom：課題の配付 / 回収 / 評価
Google Jamboard：付箋 / 色の変更 / 同時編集

本時案

サイコロの形をつくろう

本時の目標

・サイコロの形の箱をつくる活動を通して，6つの面のつながり方を調べることができる。

授業の流れ

1 正方形の面を使ってサイコロの形をつくろう

前時には扱わなかった正方形の面を使って箱づくりをする。子どもたちには，5cm 四方の工作用紙を自力解決の場面で配布し，個人で考える際に活用させる。導入場面では，黒板上で一緒に考える。

○月□日（△）
正方形の面をつかって
さいころの形をつくろう。

2 この置き方でサイコロはできる?

本時は面と面が重なってしまうからできないという状況をどのように修正していくとよいのかを考えていくことにする。また，前時のように底の面を決めることを大切にする。

3 正方形のカードを使って調べよう

黒板上での活動で十分に念頭操作をさせた上で，工作用紙を使って個人で確かめさせる。正方形のカードを置く場所にズレが生じるので，それを共有していく。

授業の流れ

1

操作活動を活かすために、〈共有の型〉を意識する。教師は、Classroom から、色分けした[付箋]の正方形を配付する。児童は個人で操作し、その後、全体で確かめ、次の活動への意欲を高めていく。

2

面が重なってしまうためにサイコロができない状況を修正する活動で、〈可視の型〉を意識する。重なってしまう面（上面と底面）の[付箋]の色を変え、視覚的に確かめながら作業できるようにする。

意識する〈型〉

詳細な授業展開例は
次ページへ GO

本時の評価

・面をつないでサイコロの形を構成することができたか。
・底面を決めてから面をつなぎ合わせ組み立てることができたか。

準備物

・正方形のカード
（教師用，児童用）

ツールの効果

・手を動かしながら思考を可視化できる。
・考えたことを画面上で確かめることができるため、理解が深まる。
・［スクリーンショット］で保存することで、実際の操作活動では消えてしまう複数の考え方が保存され、復元したり比較したりして考えを深めることができる。

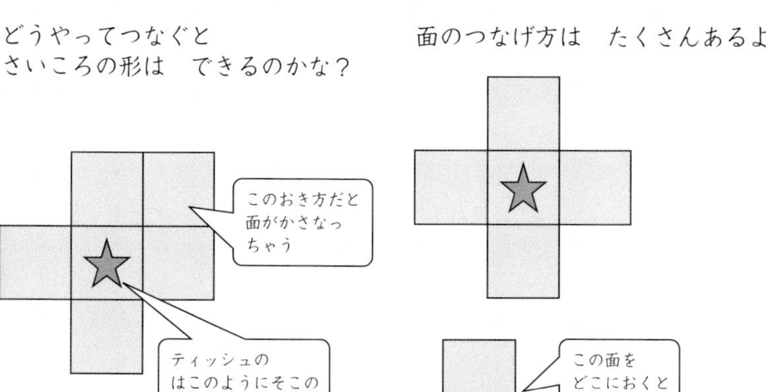

4 他にも置き方はあるのかな？

子どもたちは夢中になって取り組むが，偶然できた置き方だったり，忘れてしまったりすることもある。そこで，サイコロの形になる面の置き方をノートに記録させておく。

まとめ

サイコロの形になる面の置き方は全部でいくつかは２年生の段階では，深く掘り下げなくてもよい。本時で大切なことは，箱ができるときとできないときの面のつながり方の違いに気付くことである。また，底面を決めると箱をつくりやすいということを立方体のときにも感じ取らせたい。念頭だけで箱づくりのイメージをもてるように，たくさんの試行錯誤を体験させたい。

4

サイコロの形になる方法を記録する活動で、〈転用の型〉を意識する。児童は**3**で保存した画像の中から、サイコロの形になるものを選び、理由を発表する。他の児童は感想を述べ合う。

3

操作活動で考えた方法を記録活用するために、〈活用の型〉を意識する。児童は、教師が配付した[Jam]のフレームで[付箋]の正方形を操作する。考えた画面をスクリーンショットで保存し比較検討に活かす。

小学校

算数 第2学年

Googleで10X授業

サイコロの形をつくろう

事前の準備

❶ Jamboard で、「板書シリーズ」の板書の左側の図（1）と右側の図（3）を作成しておく。

授業の流れ

1 本時のめあてを確かめ、導入場面では、みんなで一緒に操作し考える

教師は、配付した[Jam]を大型提示装置に投影し、本時の課題を確認する。児童は、各自の端末で正方形を動かし、サイコロの形をつくれるかを考える。その後、教師は数名の児童の画面を大型提示装置に投影し、操作させながら発表させ、全体で一緒に考えていくようにする。

2 画面の図を見ながら、サイコロができるかどうかを考えていく

教師は、面と面が重なってしまう[Jam]の展開図を見せ、児童の意見を聞きながら[付箋]の正方形を操作する様子を可視化していく。底面を固定することを伝え、児童のつぶやきを[テキストボックス]で[フレーム]上に書き込みながら、自力解決のヒントに気付かせる。

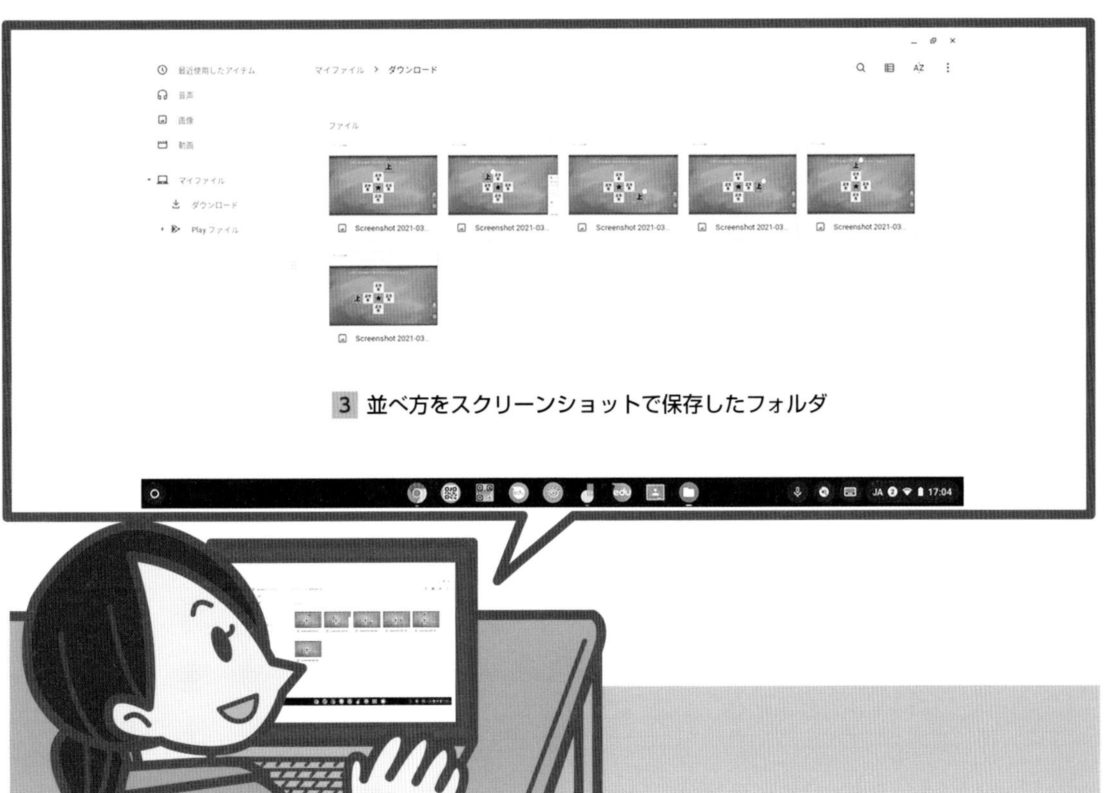

3 画面の図を見ながら、「上」の[付箋]を操作しサイコロをつくる

児童は、配付された[Jam]を操作しながら、並べ方を個人で考える。サイコロの形ができる並べ方はスクリーンショットで保存する。具体物操作では消えてしまう場面を残すことができ、4での活動で比較検討する際に、示しながら考えることができるようになる。

4 保存した画像を見て、サイコロができるきまりをグループで確かめる

児童はグループごとに、3で保存した画像を見ながら、サイコロの形ができるかどうかを根拠を示しながら話し合っていく。その後、発展的に、共通するきまりがあるかどうかを考え、サイコロの形になる六つの正方形のつながり方についてまとめるようにする。

小学校

算数 第3学年

単元名: 重さ

第9時 / 9時

k(キロ)やm(ミリ)ってどんな意味かな？

板書シリーズ 実践活用例の概略

使用するツールと機能

Google Classroom

Google Jamboard

Google Classroom：課題の配付 / 回収 / 評価
Google Jamboard：背景を設定・固定でワークシート化 / 付箋 / 手書き入力 / 同時編集

本時案

k（キロ）やm（ミリ）ってどんな意味かな？

本時の目標

・重さ，長さ，かさの単位について整理し，かさの単位kLや，重さの単位mgを知る。

授業の流れ

1 これらは何でしょう

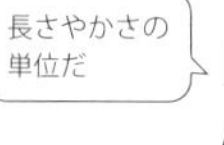

カードに書いた単位を黒板に提示し，「何が書いてあるか」と子どもに問う。

「重さの単位だ」
「長さの単位もあるよ」
「かさの単位も入っています」といった気付きを引き出す。

まとめ
○k（キロ）がつくと
1kg＝1000g
1km＝1000m
1kL＝1000L

○m（ミリ）がつくと
1g＝1000mg
1m＝1000mm
1L＝1000mL

導入では，カードを黒板の左にランダムに掲示しておく。右に整理した後，まとめを書く。

2 このカードをきれいに並べよう

1gの左に10g，100g，1kgと順に並べる。
1mの左に10m，100m，1kmと並べる。
右から左へ，量が多くなることを確認する。

3 「k（キロ）」ってどんな意味？

1gの1000倍が1kg，1mの1000倍が1kmだから，「k（キロ）」は1000倍とか1000個分といった意味があることに気付く。

Lの1000倍は，「1kL（キロリットル）」ではないかと推測する子どもがいたら認めて，「1kL＝1000L」であることを教える。

授業の流れ

1

単位に対する気付きを促す活動で、〈可視の型〉を意識する。
Jamboardの[フレーム]に、色分けした[付箋]で、重さ、長さ、かさのカードを示し、「何が書いてあるのか」を児童に確かめていく。

2

単位の種類、大きさごとに並び替えながら大きさを考える活動で、〈可視の型〉を意識する。教師は[背景を設定]で単位ごとに分けた表を挿入した[Jam]を配付し、児童は単位の[付箋]を並び替えていく。

意識する〈型〉

詳細な授業展開例は次ページへ GO

本時の評価

・長さや重さ，かさについての単位とその接頭語に着目して，k（キロ）がつくと1000個分の大きさになり，m（ミリ）がつく大きさの1000個分が基準の大きさになるなど，それぞれの量の単位の関係を考え，説明することができたか。

準備物

・単位を書いたカード

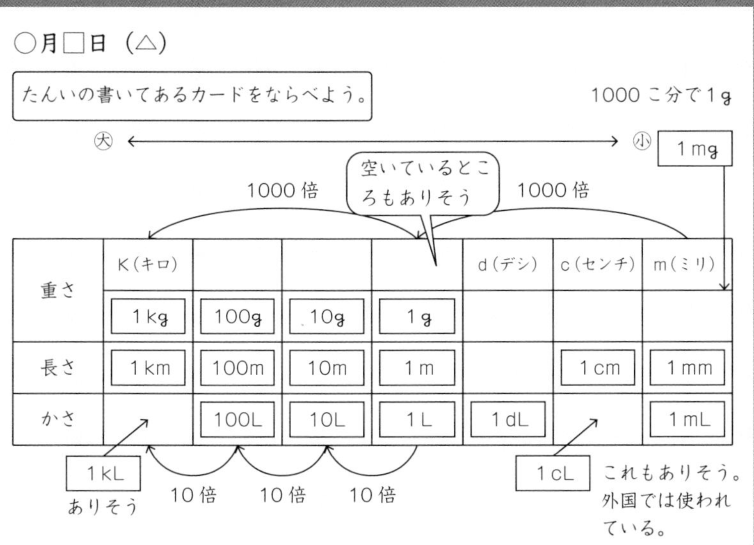

ツールの効果

- 手を動かしながら思考を可視化できる。
- 考えたことを画面上で確かめることができるため、理解が深まる。
- 画面共有で、友達の操作活動の様子や考え方を知ることができ、学び合いを深めることができる。
- ノート等に転記しなくても自分の思考が記録され、教師や友達の意見も保存される。

4 ここは 1mg かな？

「m（ミリ）」の意味についても話し合う。

1mや1Lの$\frac{1}{1000}$の長さやかさの単位があるのならば，重さにも$\frac{1}{1000}$の単位「1mg（ミリグラム）」があるはずだと推測する子どもがいたら認める。そして「1g＝1000mg」であることを教える。

まとめ

カードを並べた結果，見えてきた単位の関係を，接頭語k（キロ）m（ミリ）等に分けてまとめる。

また，表の空いているところに入りそうな単位を考えさせても面白い（cLなど）。

4

3 と同じく〈共有の型〉を意識する。児童は、「1mg」についても画面を[共有]しながら考えていく。「1000分の1」等の児童の気付きを[付箋]や[ペン]で入力し「1g ＝ 1000mg」を確かめる。

3

単位の意味を話し合う活動で、〈共有の型〉を意識する。児童は個人で考え、その後、画面を[共有]して全体で考えていく。児童の気付きを教師が[付箋]や[ペン]で入力し「1kL ＝ 1000L」を確かめる。

小学校

算数 第3学年

Googleで10X授業

k(キロ)や m(ミリ)って どんな意味かな?

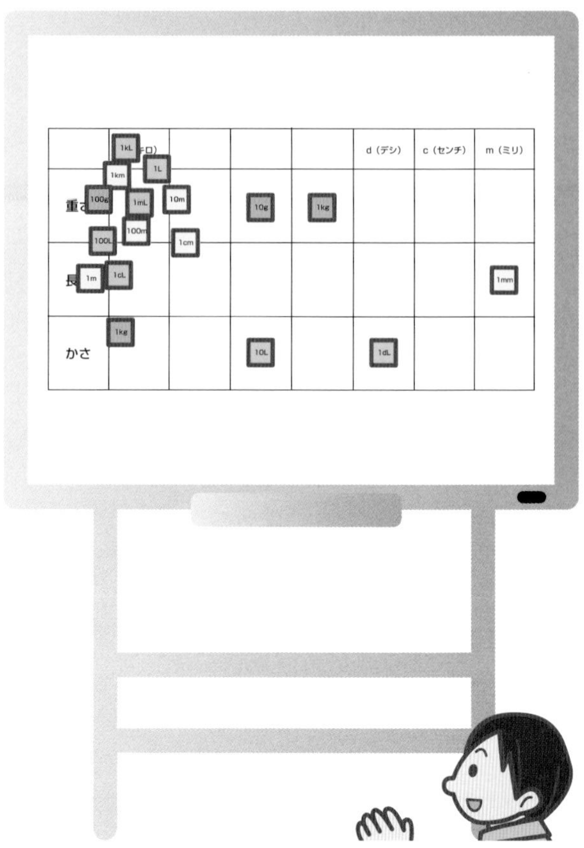

事前の準備

❶ Jamboard で重さ・長さ・かさとそれぞれの単位との表を背景に設定し、単位が書かれた付箋が貼られた[Jam]を作成しておく。

Google Classroom　Google Jamboard

授業の流れ

1 単位が書かれた[付箋]の Jamboard を掲示し、考えを引き出す

教師は、色分けした[付箋]を提示し、何が書いてあるのかを児童に問う。児童の「かさ」「重さ」「長さ」等のつぶやきを拾い、[テキストボックス]で書き込んでいく。特に「単位」という言葉を強調して示して、「単位ごとに整理していく」という目的に迫りやすくしていく。

2 単位が書かれた[付箋]を動かしながら、付箋カードを正しく並べる

児童は、まず個人で[付箋]の色と単位の接頭語に着目し、種類ごとに単位のカードを並べていく。教師はその際、左へ行くほど大きくなることを助言する。その後、全体で画面を[共有]して投影し、単位の接頭語を縦に見て、気付いたことなどを発表させ、[ペン]で入力する。

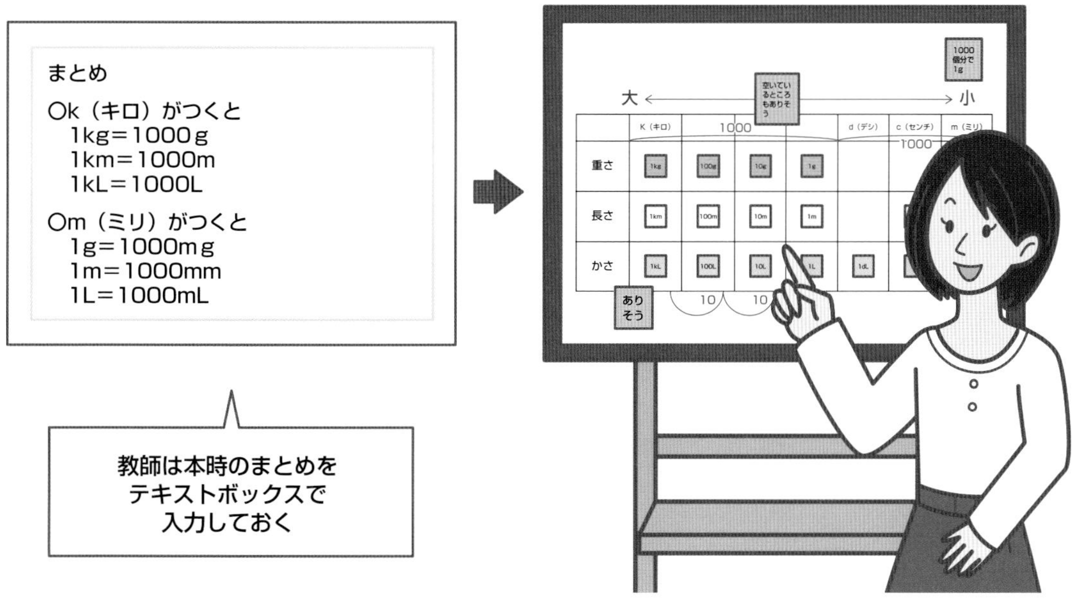

3 画面を共有し、全員で考え、児童の気付きを書き込み共有していく

児童は、共有した画面を見ながら「K（キロ）」について話し合う。教師は、児童の「1gの1000倍が1kg」「1mの1000倍が1km」などの言葉を引き出し、画面に付箋や手書きで書き込んでいく。画面を共有し、カードを操作しながら確認することで、理解を深めていく。

4 「K（キロ）」に続き、「m（ミリ）」についても話し合っていく

児童は、共有した画面を見ながら「m（ミリ）」について話し合う。教師は、3と同じく考えることを助言し、児童は、[フレーム]に[付箋]や[ペン]で入力していく。その左側の画面に、教師は本時のまとめを[テキストボックス]で入力していく。

単元名: 変わり方

第3時 / 6時

正三角形のまわりの長さを求めよう

板書シリーズ 実践活用例の概略

使用するツールと機能

Google Classroom

Google Jamboard

Google スプレッドシート

Google Classroom：資料の配付 / 課題の配付 / 回収 / 評価
Google Jamboard：背景を設定 / 付箋 / 手書き入力 / 同時編集
Google スプレッドシート：表計算 / 同時編集 / コメント

授業の流れ

1

正三角形10枚を一列に並べたときの周りの長さを考えるという課題を把握する活動で、〈可視の型〉を意識する。**Jamboard** で1枚ずつ△の図を貼り付け、それを見ながら全員で見通しを持てるようにする。

本時案 3/6

正三角形のまわりの長さを求めよう

本時の目標

・正三角形の数とまわりの長さの関係について、表に表したり、式に表したりして、きまりを見つけることによって、問題を解決する。

授業の流れ

1 1つの辺の長さが1cmの正三角形を一列に並べます。10枚の正三角形を並べるとまわりの長さは何cmになるでしょう

本時は正三角形10枚を一列に並べたときのまわりの長さについて考える。

しかし、いきなり10枚の正三角形を一列に並べるといっても、子どもたちには問題の意味が分からないかもしれない。そこで、はじめに1枚から順番に全員で考えていく。

1枚のときは、3cm
2枚のときは、4cm
3枚のときは、5cm

2 正三角形の数とまわりの長さの関係を表に表そう

正三角形の数（まい）	1	2	3	4	5
まわりの長さ（cm）	3	4	5	6	

3枚ぐらいまで全員でまわりの長さを表にまとめていくと、「きまりが分かった！」「正三角形の数が1枚増えると、まわりの長さも1cm増える」「正三角形の数に2を足せばまわりの長さになる」という声が聞こえてくるはずである。ここで考えをしっかりと共有する。

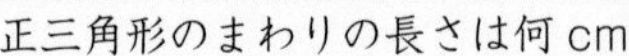

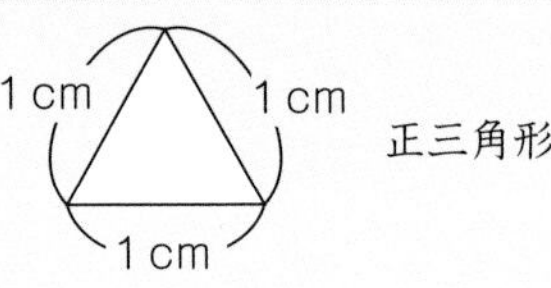

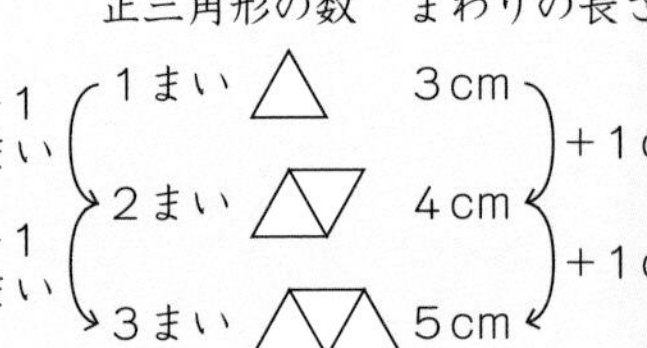

3 正三角形を10枚並べなくても10枚のときのまわりの長さは分かると思うよ

子どもたちに「正三角形を10枚並べてみないとまわりの長さは分からないよね」と言ってみる。子どもたちはきっと、「並べなくても分かる」と言って、表の続きを書き始めたり、式に表したりするはずである。

ここで正三角形の数を○まい、まわりの長さを□cmとすると、どんな式で表すことができるのか考える。

2

正三角形の数と周りの長さの関係を考える活動で、〈可視の型〉を意識する。教師は、**Classroom** から **スプレッドシート** で作成した表を配付する。児童は、全員でその表を見ながら考えていく。

意識する〈型〉

詳細な授業展開例は次ページへ GO

本時の評価

・正三角形の数とまわりの長さの関係を表に整理して，差が一定になっている関係を使って問題解決をすることができたか。

準備物

・正三角形の模型（掲示用）10枚

正三角形が 10 まいのときのまわりの長さは？

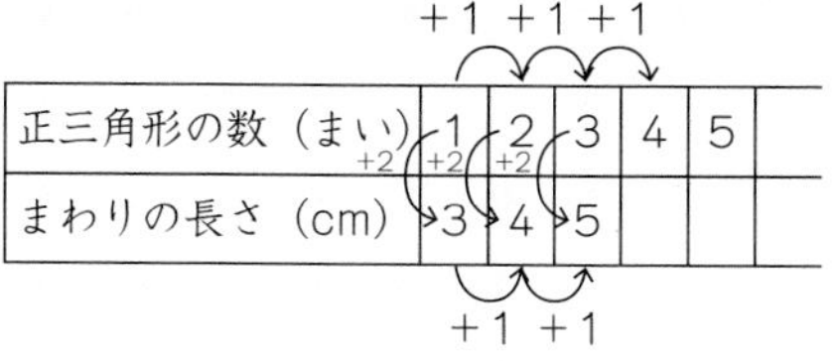

正三角形の数（まい）	1	2	3	4	5	
まわりの長さ（cm）	3	4	5			

3＋1＋1＋1＋1＋1＋1＋1＋1＋1＝12
3＋1×9＝12

正三角形の数を○まい
まわりの長さを□cm とすると、
○＋2＝□

正三角形が 50 まいのとき
50＋2＝52
まわりの長さ 52cm

もしも一辺の長さが 2cmになったら どうなるかな

1まい 6cm
2まい 8cm
3まい 10cm

ツールの効果

・Jamboard で正三角形の三辺を強調し確認することで、思考を可視化する。
・スプレッドシート に数値を入力することで、表を用いて、いろいろな数字で考えることができる。その活動を活かし「きまり」を見いだし、式に表す活動を重点的に行う。

4 正三角形の数がもっと増えても まわりの長さは分かるかな？

10枚のときのまわりの長さが分かれば，問題を広げていきたい。ここで教師が正三角形の数を決めるのではなく，子どもたちにその数を決めさせるとよい。○＋２＝□という式を使って考えられるようにしていきたい。

まとめ

本時では，正三角形の数とまわりの長さの関係を表や式に表して，問題を解決している。10枚の正三角形を実際に並べなくても，表や式に表すことで，まわりの長さを求めることができるよさを子どもたちに実感させたい。

また，活動4のように，自分たちで新しい問題をつくるという経験をさせていくことで，発展的に考察する力を伸長することができる。一辺の長さが 1 cm ではなく，2 cm の場合ならどうなるかなどについても，考えさせたい。

4

問題を発展させ、任意の数で考える活動において、〈創造の型〉を意識する。児童は、スプレッドシート の表に任意の数を入れて、なるべく多くのパターンで式を考え、理解を深めるようにしていく。

3

正三角形を 10 枚並べたときの周りの長さを式に表し交流する活動で、〈対話の型〉を意識する。各自で表を埋め、自分の考えを書いた後、グループで画面を共有し、気付きを[コメント]で入力し交流する。

小学校

算数 第4学年

Googleで10X授業

正三角形のまわりの長さを求めよう

正三角形のまわりの長さは何cm？

1cm 1cm 1cm

正三角形が1枚ふえるとまわりの長さは1cmふえる。

	正三角形の数		まわりの長さ	
	1まい	△	3cm	
+1まい	2まい		4cm	+1cm
+1まい	3まい		5cm	+1cm

事前の準備

❶ Jamboard に[背景を設定]で「板書シリーズ」の板書の左側の図（下記1）を挿入しておく。

❷ スプレッドシート に「板書シリーズ」の板書の右側の表を作成しておく。

Google Jamboard

Google スプレッドシート

授業の流れ

1 授業のねらいを確認し、図を見ながら周りの長さを考える

教師は授業のねらいを確認した後、大型提示装置に、△1～3枚までの図を提示する。児童は、全員で図を見ながら、周りの長さを考えていく。教師は、児童のつぶやきを[フレーム]上に[ペン]で書き込んで可視化し、授業の見通しを持たせ、きまりに気付けるようにしていく。

2 スプレッドシート で作成した表に数値を記入し、きまりを考えていく

教師は Classroom から スプレッドシート の表を[各生徒にコピーを作成]で配付する。3枚までの周りの長さを、教師が大型提示装置に投影した画面を見て全員で考えた後、各自が自分の端末に周りの長さを入力し、考えを[コメント]で入力するよう促す。

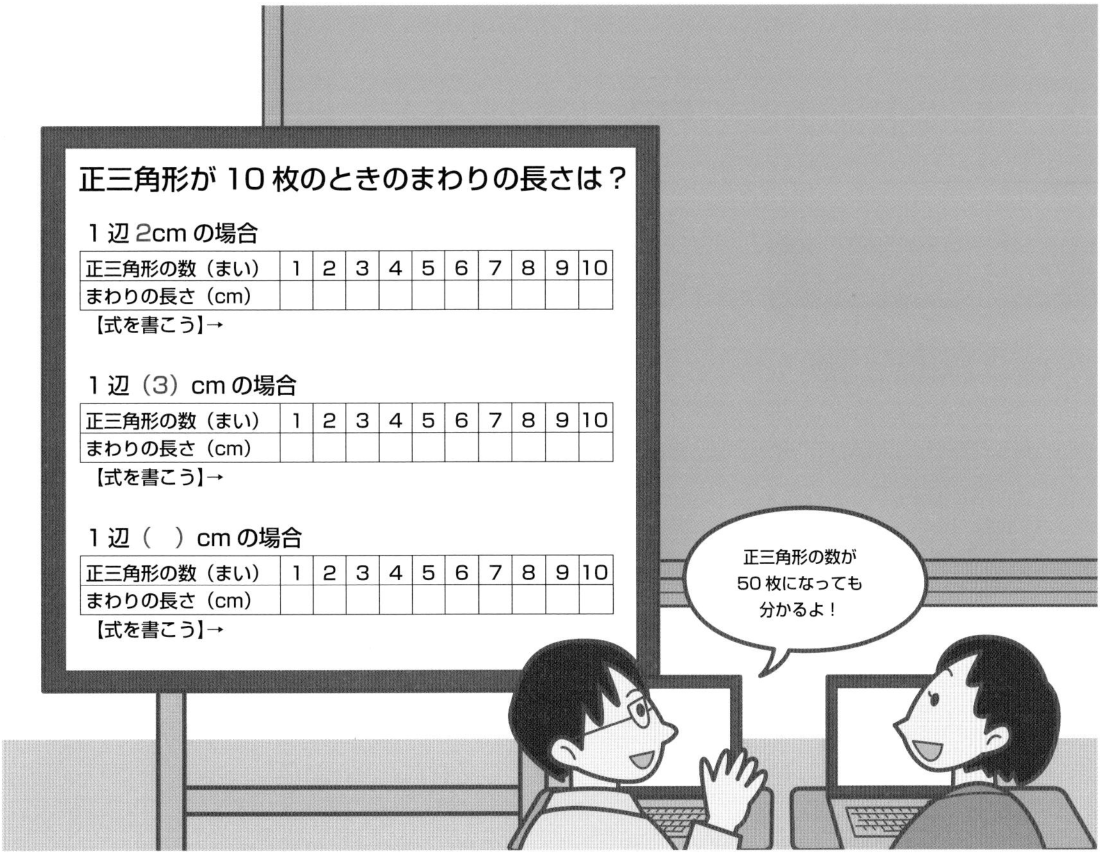

正三角形が 10 枚のときのまわりの長さは？
1 辺 2cm の場合
正三角形の数（まい） 1 2 3 4 5 6 7 8 9 10
まわりの長さ（cm）
【式を書こう】→
1 辺（3）cm の場合
正三角形の数（まい） 1 2 3 4 5 6 7 8 9 10
まわりの長さ（cm）
【式を書こう】→
1 辺（ ）cm の場合
正三角形の数（まい） 1 2 3 4 5 6 7 8 9 10
まわりの長さ（cm）
【式を書こう】→
正三角形の数が50 枚になっても分かるよ！

3 表から式を考え、入力していき、互いに参考にして考えを深める

+1 +1 +1
正三角形の数（まい） 1 2 3 4 5
まわりの長さ（cm） 3 4 5
+2 +2 +2
+1 +1
3+1+1+1+1+1+1+1+1+1=12
3+1×9=12

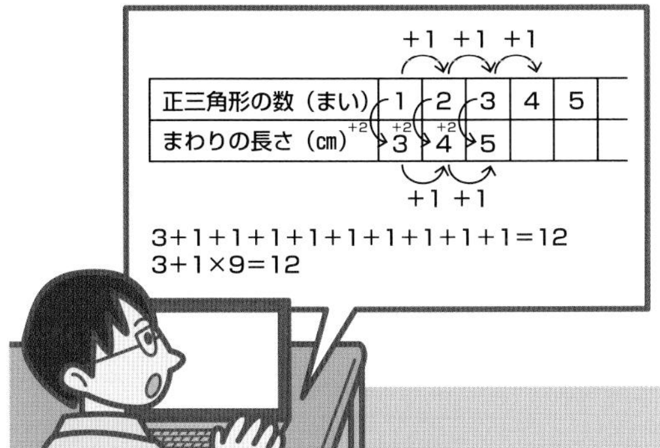

児童は、2で使った表の続きに、△10枚目までの周りの長さを考え、数値を入力し、式に表していく。その後、児童は、グループで スプレッドシート を共有し、友達の式や考え方を見て、助言したり感想を[コメント]したりして学び合い、理解を深めていく。

4 1辺の長さを任意の数にして考え、一般化と定着を図る

みんなの考えに共通のきまりが見えるかな？
まわりの長さ（cm） 3 4 5
+1 +1
3+1×9=12

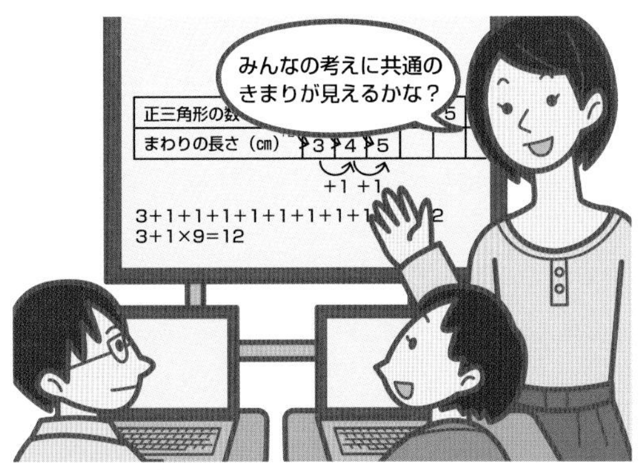

教師は、3で使った スプレッドシート の新しいシートを示し、児童が任意の数値を入れて考えるように指示する。児童は、任意の数値を入れながら式を考えていく。自分の考えを表現しながら、学んだことの定着を図れるようにする。

小学校

算数 第5学年

単元名: 平均

第4時 / 6時

目指せ！ プロの審判 9.15 m は何歩？

板書シリーズ 実践活用例の概略

使用するツールと機能

Google Classroom

Google Jamboard

Google スプレッドシート

YouTube

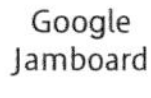

Google Classroom：資料の配付 / 課題の配付 / 回収 / 評価
YouTube：動画視聴 / 再生リスト
Google Jamboard：付箋 / 同時編集
Google スプレッドシート：表作成 / 同時編集 / コメント

授業の流れ

1

導入で、歩測に対する興味を高める活動で、〈活用の型〉を意識する。YouTube で実際の審判が歩測する映像を活用し、映像を一時停止したり、スロー再生したりして興味・関心を高めるようにする。

本時案

目指せ！ プロの審判9.15 m は何歩？ 4/6

本時の目標

・測定値の平均の意味や活用場面，よさについて理解することができる。

授業の流れ

1 これは何をやっているのかな？(VTR を見せる)

サッカーの試合で審判はフリーキックの際の相手チームの立ち位置を歩測して決める。その様子を見せて，歩測について興味関心をもたせる。

（板書）
これは何をしているのかな？
○ファウルがあった時に、ペナルティーキックをけるところから、決まったきょりだけ、相手チームは、はなれる必要がある。
そのきょりを歩はばではかっている。
なんと 9.15m をはかっている！
サッカーの審判に挑戦！
9.15mを歩はばでとろう！
・ただし、9.15m は示さない。

2 やってみたい！ 歩幅でできるかな？

9.15 m を示さないところがポイント。1歩分の長さに目を向けさせる。

3 1歩の歩幅をどうやって求める？

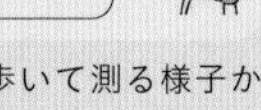

審判が9.15 m を連続して歩いて測る様子から，何歩か歩き平均を求める発想を引き出す。

2

実際に歩測する方法を考える活動で、〈可視の型〉〈共有の型〉を意識する。Classroom から Jamboard の[Jam]を[生徒はファイルを編集可能]で配付し、考えを可視化し共有して考えていく。

意識する〈型〉

詳細な授業展開例は
次ページへ GO

本時の評価

・自分の歩幅を10歩の長さの平均から求め，9.15 m を測るには何歩でいけるか計算で求めることができたか。

どうやって歩はばで9.15mとるの？

・自分の1歩の歩はばをはかる。
・10歩ぐらい歩いて長さを調べて1歩の平均の長さを調べる。

1歩の長さをどうやって調べるの？

(cm)

（座席表）

48	45	48	47	47	45
51	50	49	53	46	51
53	47	51	52	52	48
46	54	51	53	49	47
50	51	48	49	56	50

小数第一位を四捨五入。

9.15m は何歩でいける？

・915÷50＝18.3
　18歩と少し

・915÷48＝19.0625
　約19歩

◎歩はばを使って運動場や体育館の長さをはかってみたい。
◎駅までのきょりは？

ツールの効果

・本時では、全児童でさまざまな項目の測定値を入力し、友達の測定値を見ながら「歩測」という方法を理解し、平均の考え方を身に付けるようにしていく。
・一人では測定しきれないさまざまな場所の長さや距離を見合うことによって、距離や平均に対する感覚を日常的に育てることができるようにしていく。

4 10歩の長さを巻き尺で測って，1歩あたりの平均を出してみよう。出したら，黒板の自分の座席の場所に書いてね。

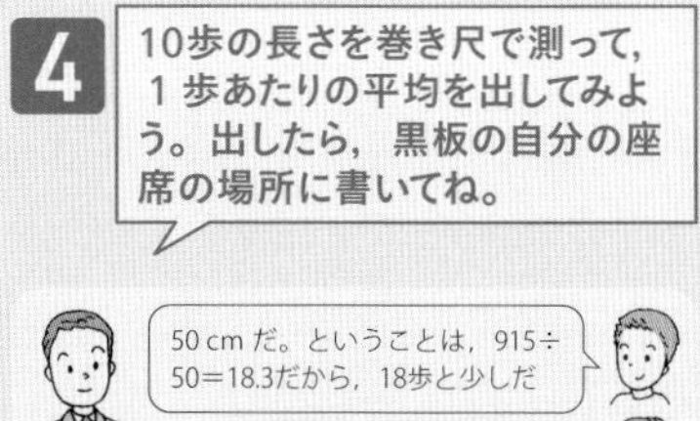

自分の1歩の歩幅を平均を用いて求める。そして，915÷(自分の歩幅) を計算したら何歩で9.15 m とれるかがわかる。

まとめ

平均の考えを用いて歩幅を求めるために10歩分の長さを測る際には，つま先の位置から10歩目のつま先の位置までの長さを測るなど，約束をしてなるべく正確に測るようにする。

計算をして，何歩で9.15 m とれるかがわかったら，子どもたちはやりたくて仕方がなくなる。平均のよさを実感することができる。

4

任意の場所を歩測し、記録する活動において、〈記録の型〉を意識する。児童は、**スプレッドシート** の測定場所と歩数と長さを入力する表に、随時歩測結果を記録し、互いに見合うようにし、発展していく。

3

平均を用いて、自分の歩幅を考える活動で、〈共有の型〉を意識する。**Classroom** から配付した **スプレッドシート** の画面を共有し、自分の歩幅を入力して計算し、自分の歩数を考えていく。

小学校

算数 第5学年

Googleで10X授業

目指せ！ プロの審判9.15 mは何歩？

事前の準備

❶ YouTube で、本時の課題に適した動画を事前に調べ、[再生リスト]を作成しておく。
❷ Jamboard に「板書シリーズ」の板書の右側の図（下記2）を[背景を設定]で挿入しておく。
❸ スプレッドシート に「板書シリーズ」の板書の右側の表（下記3）を作成しておく。

YouTube

Google Jamboard

Google スプレッドシート

授業の流れ

1 サッカーの試合のフリーキックで審判が歩測する YouTube を視聴する

教師は、YouTube の動画を投影して、どんな場面か問いかける。「サッカー」「フリーキック」等の言葉を拾いながら、教師は、スロー再生や一時停止をし、審判の歩測に着目させる。その後、本時の課題「歩幅から平均を求める」ことを確認し、見通しを持たせる。

2 どうすれば9.15mを歩測できるかを問いかけ、Jamboard で共有する

教師は、「実際に歩測できるかどうか？」と問いかけ、その方法を考えていく。児童は、自分の考えを Jamboard に[付箋]で書き込んでいく。教師は「9.15m」には触れずに、児童の考えをグループ分けしながら整理し、歩測で行うことに気付かせていく。

POINT!
児童の測定結果を画面で共有する

学校や家庭のいろいろな場所を歩測してみよう。

出席番号	測定した場所	自分の歩幅	実施の歩数	実際の長さ	
5201	1階の廊下の長さ	51	52	2652	cm
5202	教室の横の長さ	48	34	1632	cm
5203	体育館の廊下	54	56	3024	cm
5204	教室の横の長さ	43	43	1849	cm
5205	一輪車練習場	45	33	1485	cm
5206	鉄棒３つ分	54	21	1134	cm
5207	昇降口の横の長さ	8	78	624	cm
5208	2階廊下	51	90	4590	cm
5209	ブランコの横	42	12	504	cm
5210	ブランコの横	44	13	572	cm
5211	砂場の長さ	55	5	275	cm
5212	体育館の横	53	67	3551	cm
5213	体育館の横	47	80	3760	cm
5214	職員室前廊下	54	43	2322	cm
5215	職員室前廊下	51	44	2244	cm
5216	職員室前廊下	52	53	2756	cm

3 10歩の長さを巻き尺で測り歩幅を確認し、9.15mの歩数を考える

（座席表）　（cm）

48	45	48	47	47	45
51	50	49	53	46	51
53	47	51	52	52	48
46	54	51	53	49	47
50	51	48	49	56	50

小数第一位を四捨五入。

児童は、自分の10歩の長さを巻き尺で測定し平均から歩幅を計算し、**スプレッドシート**の座席表に入力していく。全員が入力した後、教師は画面を大型提示装置に投影し、全員で[共有]し、9.15mを測定する方法（式）を考える。最後に、式に当てはめ歩数を計算する。

4 実際にいろいろな場所を歩測し、スプレッドシートに入力していく

発展的な活動で、児童は自分の歩幅を活かして、さまざまな場所の長さを歩測する。**3**で用いた数式を活かし、記録する項目の数値を**スプレッドシート**に入力していく。実際に歩測した記録を入力し、グループで共有しながら、平均を活用するよさを実感していく。

小学校

算数 第6学年

単元名: 資料の整理

第9時 / 10時

自分の考えをまとめよう

板書シリーズ 実践活用例の概略

使用するツールと機能

Google Classroom

Google フォーム

Google ドキュメント

Google スプレッドシート

Google Classroom：資料の配付 / 課題の配付 / 回収 / 評価
Google フォーム：データ収集 / 自動集計 / グラフ化
Google ドキュメント：同時編集 / コメント
Google スプレッドシート：表作成

本時案

自分の考えをまとめよう

本時の目標

・1組と2組のどちらが勝つかを予想し，今まで考察してきた代表値を活用して理由を考えることができる。

授業の流れ

1 それでは，昨日まとめた資料の特徴をもとに，1組と2組のどちらが勝つか，自分の考えをまとめてみよう

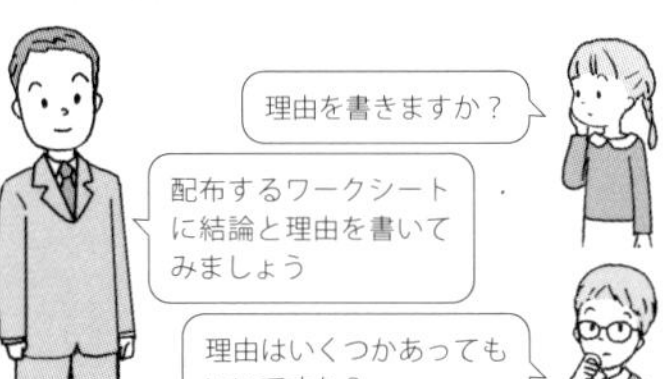

これまでの学習をノートで振り返りながら判断するように促す。

どちらが勝つのかな？
―自分の考えをまとめよう―

＿＿＿＿＿＿ さんの予想
勝つと予想したクラス ＿＿ 組
◎理由

今までのノートを振り返って理由をまとめよう

どの代表値に注目するのかな？

データの特ちょうを調べたり、伝えたりするときに、1つの値で代表させて比べることがある。その値を代表値という。
(平均値、最頻値(モード)、中央値(メジアン))

2 では，書いたことを発表してみよう。1組が勝つと予想した人？

3 私は2組だと思います

だって，40回の記録は回す人が欠席だったので仕方がないでしょ。40回を除けば平均が62.5回で1組より高いからです

最近5日分の回数の平均値が67.6回ととても高いのが決め手です

様々な代表値を用いて判断することができるようにする。

授業の流れ

1

自分でまとめた資料をもとに、どちらの組が勝つか予想する活動で、〈共有の型〉を意識する。
教師は、**Classroom** から **ドキュメント** で作成したワークシートを[各生徒にコピーを作成]で配付する。

2

1組と2組のどちらが勝つか根拠を示しながら発表する活動で、〈共有の型〉を意識する。児童は、グループで **ドキュメント** 上のワークシートをもとに、根拠となるデータを示しながら発表していく。

意識する〈型〉

詳細な授業展開例は
次ページへ GO

本時の評価

・1組と2組のどちらが勝つかを予想し，その理由について，今まで考察してきた代表値などを活かして記述することができたか。

準備物

・ワークシート

ツールの効果

・グループ内で児童がワークシートを共有し、互いの考えに触れ、[コメント]で自分の考えを書き込み、交流を促し、学び合いを深める。

・授業の振り返りを フォーム で行うとともに、復習用の課題を配付し、定着度を効率良く把握し、補充指導に活かすようにしていく。

1組が勝つ！

・60～65の階級の度数が多く安定している。

・60回以上の度数が約81％なので、失敗が少ない。

・中央値が62回で2組より高い。

2組が勝つ！

・40回は回す人が欠席だったので、仕方がない。40回を除けば、平均62.5回で1組より高い。

・最近5日分の回数の平均値が67.6回ととても高い。（調子がよい！ 上達した！）

・1組は、60～65の階級の度数が多いが、最頻値は62。2組の最頻値は63。

（まとめ）
・いろいろな代表値を使って予想をすることができる。
・資料はいろいろな見方をして、考察することができる。

（発展）折れ線グラフにして、回数の変化の様子を表してみたい。

発展

発展的な活動を行う場面で〈創造の型〉を意識する。教師は、児童に 3 で フォーム に入力した スプレッドシート に新たなシートを追加し、表を作成させ、代表値を使って考える方法に習熟させていく。

4 今までの学習でどんなことが分かりましたか？

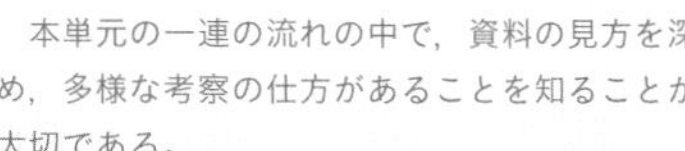

本単元の一連の流れの中で，資料の見方を深め，多様な考察の仕方があることを知ることが大切である。

まとめ

本単元の中で学んだことを活かして，1組と2組のどちらが勝つと思うかを予想し，その理由を記述する。

代表値を用いて理由を述べることができることが大切である。

子どもたちが書いたワークシートは掲示するなどして，みんなで判断の理由を読み合い，多様な見方を共有し，定着を図ることが大切である。

3

学習の振り返りや復習を行い確かめ合う活動で、〈評価の型〉〈対話の型〉を意識する。教師は Classroom から フォーム を配付し、児童はまとめと小テストを行う。

算数 第6学年

Googleで10X授業

自分の考えをまとめよう

フォームでの小テスト例

1 (1) ㋐の人数を求めましょう。
記述式テキスト（短文回答）

1 (2) ㋑の人数を求めましょう。
記述式テキスト（短文回答）

1 (3) 150cm 以上の人は全体の何%ですか。
記述式テキスト（短文回答）

2 (1) 度数分布表の空欄にあてはまる数字を書きましょう。

事前の準備

❶ ドキュメント で、自分の考えを記入するワークシートを作成しておく。

❷ フォーム で授業を振り返り、考えを共有するためのアンケートを作成しておく。

Google Classroom

Google ドキュメント

Google スプレッドシート

Google フォーム

授業の流れ

1 1組と2組のどちらが勝つかを予想し、ドキュメント に記入する

教師は、「1組と2組のどちらが勝つか考えよう」と問いかけ、児童は ドキュメント のワークシートに結論と理由を書く。参考にしたデータリンクやノートの写真も挿入する。その後、教師はグループで[共有]し、互いの考えを読み合い、参考にするように指示する。

2 ドキュメント を見て発表し、気付いたことを[コメント]する

教師は、「1組が勝つと予想した人」→「2組が勝つと予想した人」の順に ドキュメント を[共有]させ発表させる。児童は、感想や気付いたことを[コメント]で入力しながら、なるべくたくさんの考え方に触れ、自分の考えを書き、互いに参考にしていくように促していく。

児童の回答を スプレッドシート に出力し、画面で共有していく

データの見方には
いろいろあることが
分かったね

3 発表を聞きながら、今までの学習の振り返りを フォーム で行い、小テストも実施する

教師が配付した フォーム で、児童はまとめと小テストを行う。教師は、児童それぞれの回答を スプレッドシート に出力し、お互いのまとめを[共有]する。児童は、それを見ながら、学んだことを確かめる。最後に フォーム の小テストを実施して、習得状況を確認する。

発展 グラフ等で調べたい児童がいれば、スプレッドシート でつくってみる

教師は、「実際に根拠を持って判断したい」という児童に「グラフ化」することをすすめる。児童は、これまでの学習をもとに、スプレッドシート で簡単なグラフを作成してみる。それらの発展的な活動で表現する経験を通して、代表値のよさに気付いていく。

小学校

理科 第3学年

単元名: 風とゴムの力の働き A (2)

第4時 / 7時

ゴムの伸ばし方を変えたときの車の進む距離の変わり方を比べる

板書シリーズ 実践活用例の概略

使用するツールと機能

Google Classroom

Google フォーム

Google ドキュメント

Google スプレッドシート

Google Classroom：課題の配付 / 回収 / 評価
Google フォーム：データの収集
Google スプレッドシート：同時編集 / データのグラフ化
Google ドキュメント：同時編集 / 音声入力

第④時

ゴムの伸ばし方を変えたときの車の進む距離の変わり方を比べる

本時のねらい

・ゴムの伸ばし方と車の進む距離を比べる活動を通して、ゴムの力は物を動かすことや、ゴムの力の大きさを変えると物が動く様子も変わることを捉えることができる。

本時の評価

・ゴムの力は物を動かすことができることや、ゴムの力の大きさを変えると物が動く様子も変わることを理解している。知②
・ゴムの力で物が動く様子について、ゴムやものさし、車を正しく扱いながら調べ、得られた結果を分かりやすく記録している。知③

準備するもの

・フックの付いた車（子供全員分と教師用）
・輪ゴム、ものさし、クリップ（班の数分）
・結果を一覧掲示するためのグラフとシール
・1m間隔で印を付けたコース

問題

ゴムののばし方をかえると、ものの動き方はどのようにかわるのだろうか。

予想 1

短くのばす　　長くのばす

車の動き方

（あまり進まない）25人　（遠くまで進む）25人
（どちらも同じように進む）2人

人数を書くことで、児童の自分の立場をはっきりさせる

理由

・前の時間に、ゴムを短くのばすとあまり進まなくて、長くのばすと遠くまで進んだから。
・ゴムを長くのばすと、もどされる感じが強くなるから。

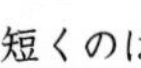

授業の流れ ▷▷▷

1 ゴムの伸ばし方を変えると、車の動き方はどのように変わるのかについて予想する 〈10分〉

・前時の体験や生活経験、生活科のおもちゃ作りの体験などを根拠に、予想を立て、ノートに書く。
「ゴムののばし方を変えると、車の動き方はどのように変わると思うか予想してノートに書きましょう。予想の理由も書けるといいですね」
・予想とその理由を発表し、話し合う。

2 予想を確かめる方法を考える 〈5分〉

「どうやって予想を確かめますか」
「ゴムを短く伸ばしたときと長く伸ばしたときに車がどれだけ動いたかを比べたらいいです」
「短くのばすといっても、みんな好きな長さだったら、結果がバラバラになるよ」「ゴムの長さは、みんなで決めよう」という子供の発言を引き出したい。

授業の流れ

1

時短

可視

条件変更で車の動き方が変わることを考える活動において、〈時短の型〉〈可視の型〉を意識する。教師は **フォーム** で、児童が予想を選択式の質問に答えるようにし、児童が自分の考えを膨らませるようにする。

2

可視

共有

予想をみんなで共有する活動で、〈可視の型〉〈共有の型〉を意識する。**ドキュメント** で **フォーム** で自動作成されたグラフを共有しながら、児童が同時編集で予想を確かめる方法を考えるようにする。

意識する〈型〉

詳細な授業展開例は次ページへ GO

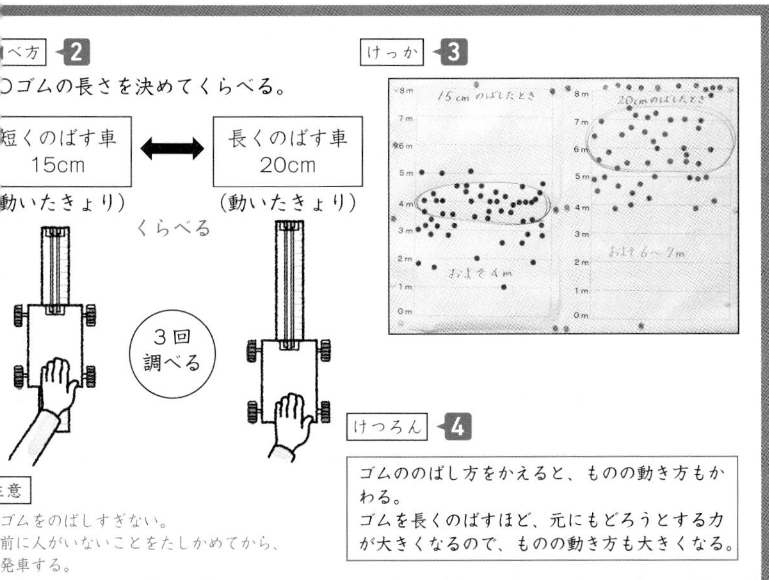

ツールの効果

- フォーム でデータの集計と集計結果の簡単なグラフが一緒に提示できる。
- ドキュメント で児童の意見を同時入力で共有できる。
- スプレッドシート で複雑なグラフを表現できる。教師もしくは自分で「グラフの種類」を選択し、思い描くグラフを何種類も作成できる。

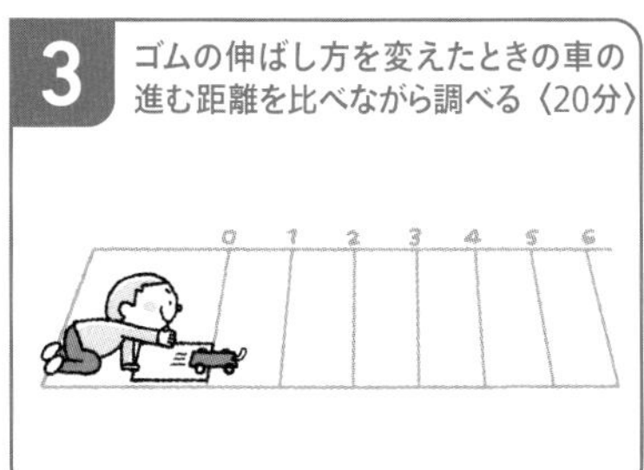

- 車を後ろに引いたときの手ごたえも感じさせるようにする。
- 正確なデータを取るために、一人3回車を走らせてデータを取る。
- 車が止まったところの距離をノートに記録するようにする。また、クラス全体の記録用紙にもシールで記録するようにする。

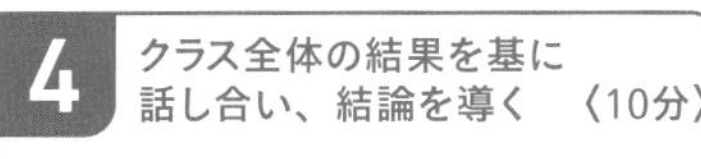

- クラス全体の結果のグラフから、大体の結果の傾向を見る。一番多くシールが集まっているところに着目できるようにする。
- ゴムの伸ばし方と車の動き方の関係について考えられるようにする。

「この結果を比べて、ゴムの伸ばし方を変えると車の動き方はどのように変わると言えますか」

- 子供の発言をもとに、結論をまとめる。

4

結果を共有し結論を出す活動で、〈可視の型〉〈共有の型〉〈創造の型〉を意識する。 スプレッドシート で結果を集約したグラフをリアルタイムで提示し、グラフをもとに法則性を確認し、結論を導き出す。

3

ゴムの伸ばし方を変えたときの車の進む距離を比べながら調べる活動で、〈対話の型〉〈時短の型〉を意識する。児童は友達と相談しながら実験を行い、結果を フォーム に入力していく。

小学校

理科 第3学年

Googleで10X授業

ゴムの伸ばし方を変えたときの車の進む距離の変わり方を比べる

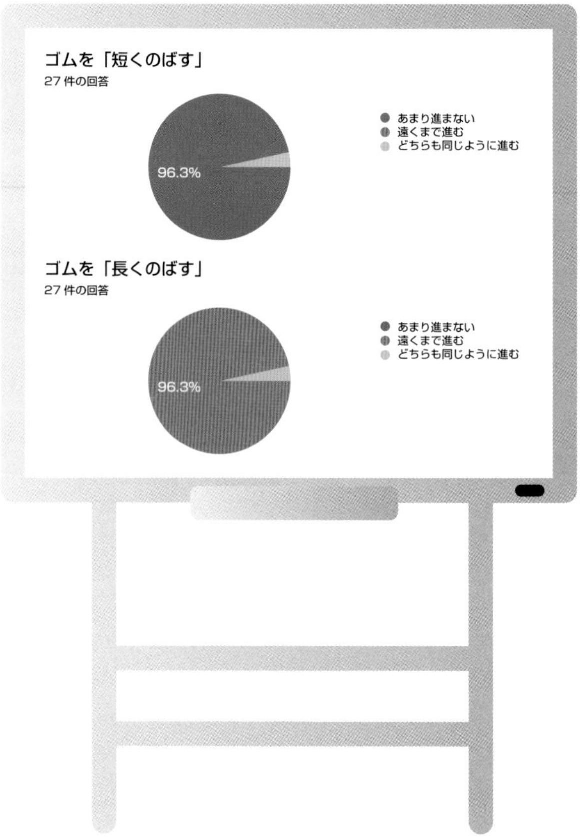

ゴムを「短くのばす」
27 件の回答

96.3%

● あまり進まない
● 遠くまで進む
● どちらも同じように進む

ゴムを「長くのばす」
27 件の回答

96.3%

● あまり進まない
● 遠くまで進む
● どちらも同じように進む

事前の準備

❶ 予想集計用とデータ入力用の フォーム を作成しておく。
❷ 児童が同時編集する ドキュメント を作成しておく。
❸ 車の距離を集計する スプレッドシート のグラフを作成しておく。

Google Classroom

Google フォーム

Google ドキュメント

Google スプレッドシート

授業の流れ

1 フォーム で選択式の質問から児童に予想を回答させ、集計する

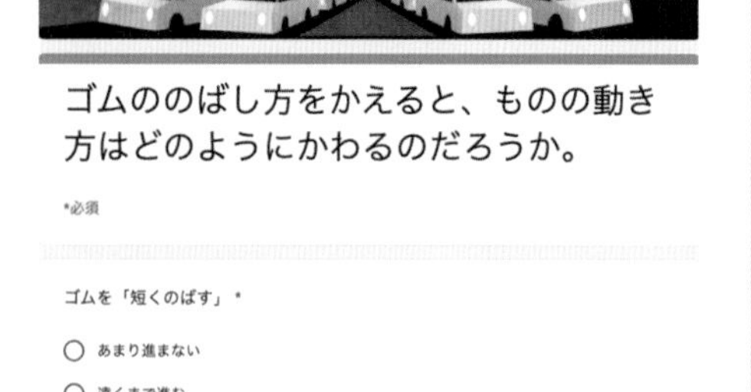
ゴムののばし方をかえると、ものの動き方はどのようにかわるのだろうか。

*必須

ゴムを「短くのばす」*

○ あまり進まない
○ 遠くまで進む
○ どちらも同じように進む

児童は フォーム でゴムを「短くのばす」とゴムを「長くのばす」などの結果の予想を回答する。その後、各自「予想の理由」「調べ方」について考える。教師は、その結果を フォーム の[回答]に自動作成された円グラフを大型提示装置で提示し、全員で確認する。

2 ドキュメント の同時編集でみんなの意見を集約する

児童は[共有]した ドキュメント に、クラス全員で「理由」や「調べ方」を入力する。教師は フォーム の[回答]に自動作成された円グラフをキャプチャし、 ドキュメント に貼り付け、児童に提示し全員で内容を共有・確認する。

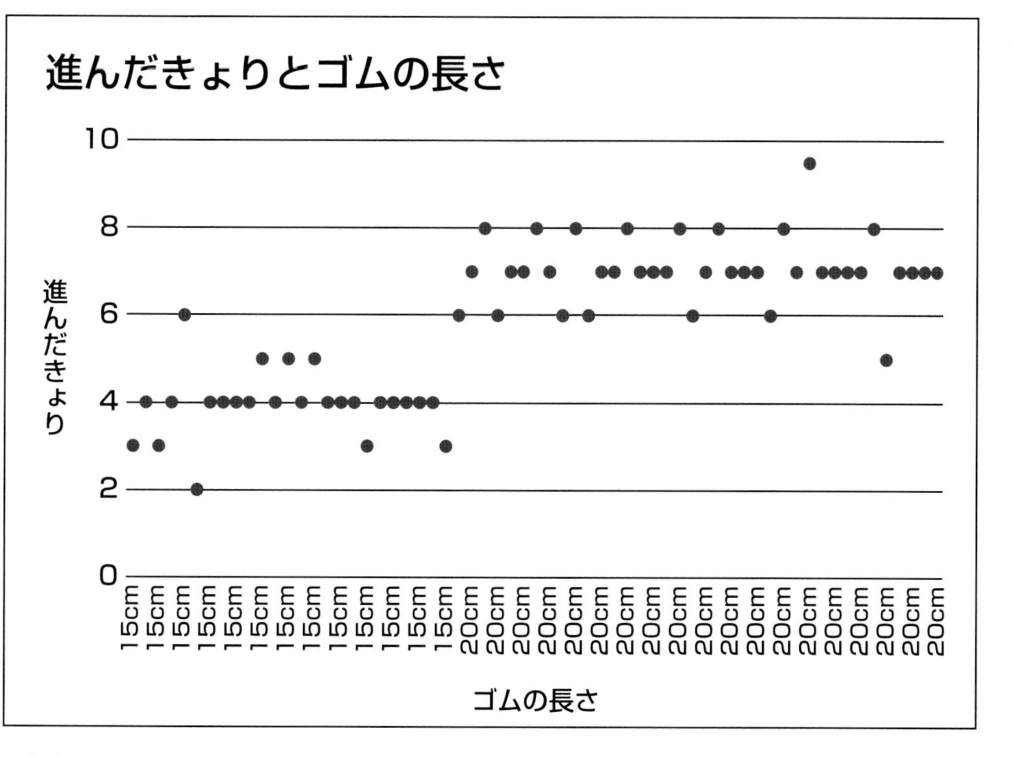

3 フォーム を利用して実験データを回答し集計する

児童は、フォーム でゴムの長さが「15cm」と「20cm」の実験データをみんなで分担して取得する。その結果を フォーム に入力する。教師は、フォーム の［回答］ボタンから スプレッドシート に出力し、散布図のグラフがリアルタイムで表示されるようにする。

4 スプレッドシート で実験結果のグラフを確認しながら結論に導く

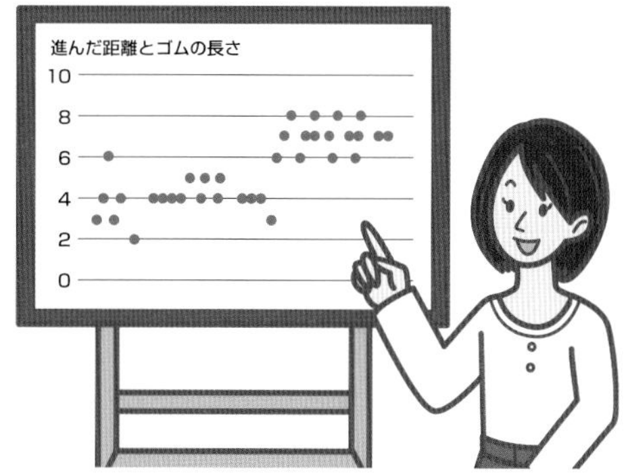

教師は 3 で準備したグラフを大型提示装置で提示する。児童が実験結果が集中した部分を確認するように促し、ゴムの長さの違いによる結果から結論を導き出す。その後、2 で使用した ドキュメント に各自でまとめを入力する。

単元名: 月と星 B（5）

第７時／10時

半月や満月の動き方のきまりを見つける

板書シリーズ 実践活用例の概略

使用するツールと機能

Google Classroom

Google 検索

Google スライド

YouTube

Google Classroom：資料の配付／課題の配付／回収／評価
Google 検索：キーワード検索／画像検索
Google スライド：画像・動画・リンク挿入／同時編集／コメント
YouTube：動画検索／再生リスト

第⑦時

半月や満月の動き方のきまりを見つける

本時のねらい
・今までの観察結果と、満月や他の形の月の形を調べ、月の動きのきまりを見つけ、まとめることができる。

本時の評価
・月は日によって形が変わって見え、１日のうちでも時刻によって位置が変わることを理解している。知①

準備するもの
・ワークシート 08-04
・今までの観察記録

ワークシート 08-04

観察記録 ワークシート
年 組 名前
月 日
（天気 ）
学習問題
半月や満月は、どのように動くのだろうか
予想
観察

授業の流れ

1 半月（上弦の月）と満月の観察記録を基に、共通点をグループで見つける〈15分〉

・月の観察記録を基に、結果を発表するように指示する。
・グループで交流後、全体での交流を行う。その際、観察記録を提示するために、教材提示器を用いて、スクリーンやテレビに提示できるようにする。
・月の動きだけでなく、月の傾きの変化に着目できた子供を称賛する。

2 他の形の月（満月、下弦の月、三日月など）の動きを調べる〈20分〉

・調べ学習のために、図鑑、タブレットやパソコンでインターネットが使えるように用意しておく。
・１つの月の形だけでなく、いろいろな月の動きがわかるものがよい。

授業の流れ

1

観察してきた月の動き方のきまりを見つける活動で、〈可視の型〉〈共有の型〉を意識する。スライドで作成した観察記録ワークシートをグリッド表示する。全員で[共有]し、活発に意見交流できるようにする。

2

観察する時期によって月の形が変わることを調べる活動で、〈活用の型〉を意識する。Google 検索 や YouTube などを使っていろいろ調べ、知識を深めるようにする。

意識する〈型〉

詳細な授業展開例は次ページへ GO

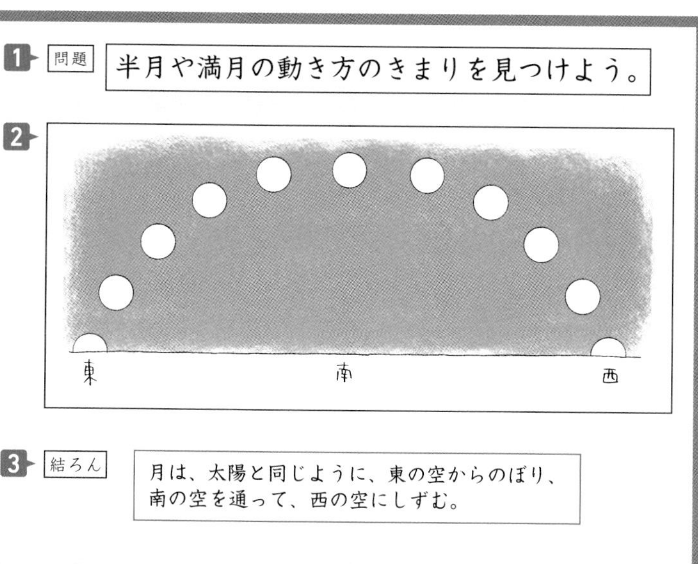

ツールの効果

- ワークシートとして配付した スライド を大型提示装置でグリッド表示することで、各自の観察状況が可視化され情報を共有しやすい。
- 児童は スライド で月の動きをコマ送りで表現できる。また、月の傾きも画像を回転させ、簡単に表現できる。

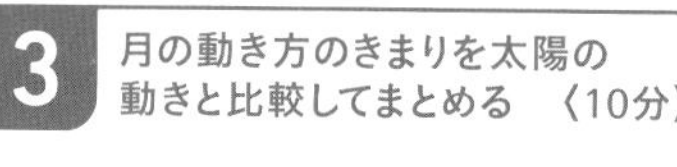

- 調べた月の動きをグループで発表し合うようにする
- 必要であれば、ホワイトボードに図としてまとめ、発表に活用する。
- 結果だけでなく、気付いたこと、不思議に思ったことも入れるようにしたい。
- 教室の中に方角を示し、方角にも意識して、発表できるように助言する。

月の調べ方について

月について学習するに当たって、観察をする時間を考えると、どうしても学校だけではできない。また、真夜中の月の様子を観察することも難しい。そこで、インターネットやアプリを利用して学習することも効果的であると考える。

〈参考となるサイトやアプリ一覧〉
- 国立天文台　各地のこよみ
  https://eco.mtk.nao.ac.jp/koyomi/dni/
- 月出没時刻・方位角計算ページ
  http://koyomi.vis.ne.jp/sub/moonrise.htm
- 月の満ち欠け～本時の月は？～
- シンプル月齢ウィジット
- 月相　フリー

発展

月の動き方の学習後、月の表面について考える発展的な活動で、〈活用の型〉を意識する。月面探索の画像や動画を大型提示装置に表示して実施する。

3

月や太陽の動き方をまとめる活動で、〈共有の型〉〈対話の型〉を意識する。スライド で事前に作成した月の画像を用いて、各班で動き方を確認し、発表する。

小学校

理科 第４学年

Googleで10X授業

半月や満月の動き方のきまりを見つける

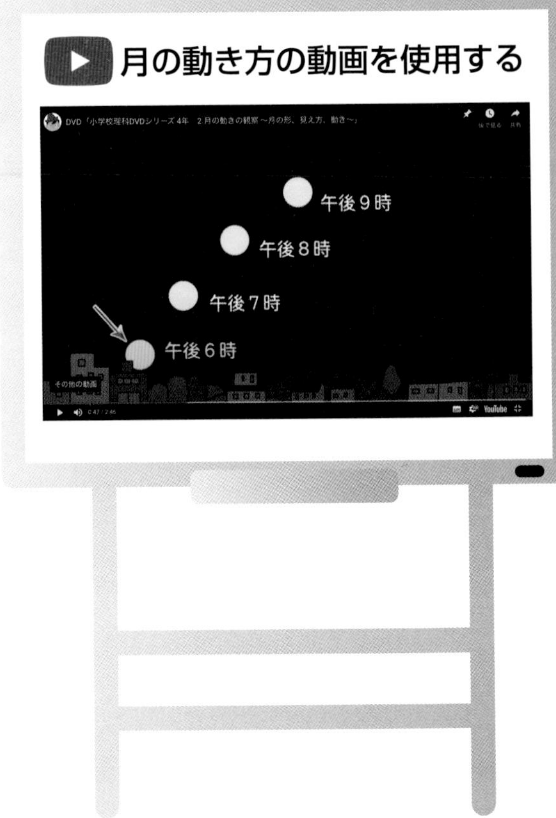

事前の準備

❶ スライド で観察用のワークシートを背景に設定した[スライド]を作成しておく。

❷ スライド に半月や満月などの画像を挿入した[スライド]を作成しておく。

Google Classroom

Google スライド

授業の流れ

1 スライド のグリッド表示でみんなのワークシートを確認する

児童が月の観察記録ワークシートに個々の観察の記録を入力してきた スライド を、教師は大型提示装置でグリッド表示する。教師は、クラス全体で半月と満月の共通点を見つけられるよう発問する。

2 Google 検索 を使って月の画像や動画を検索し知識を深める

児童は月の動き方のきまりを確認するため Google 検索 や YouTube を使い、説明ページや解説動画を探して情報収集する。教師は、検索のポイントや太陽の動き方と比較するように促す。

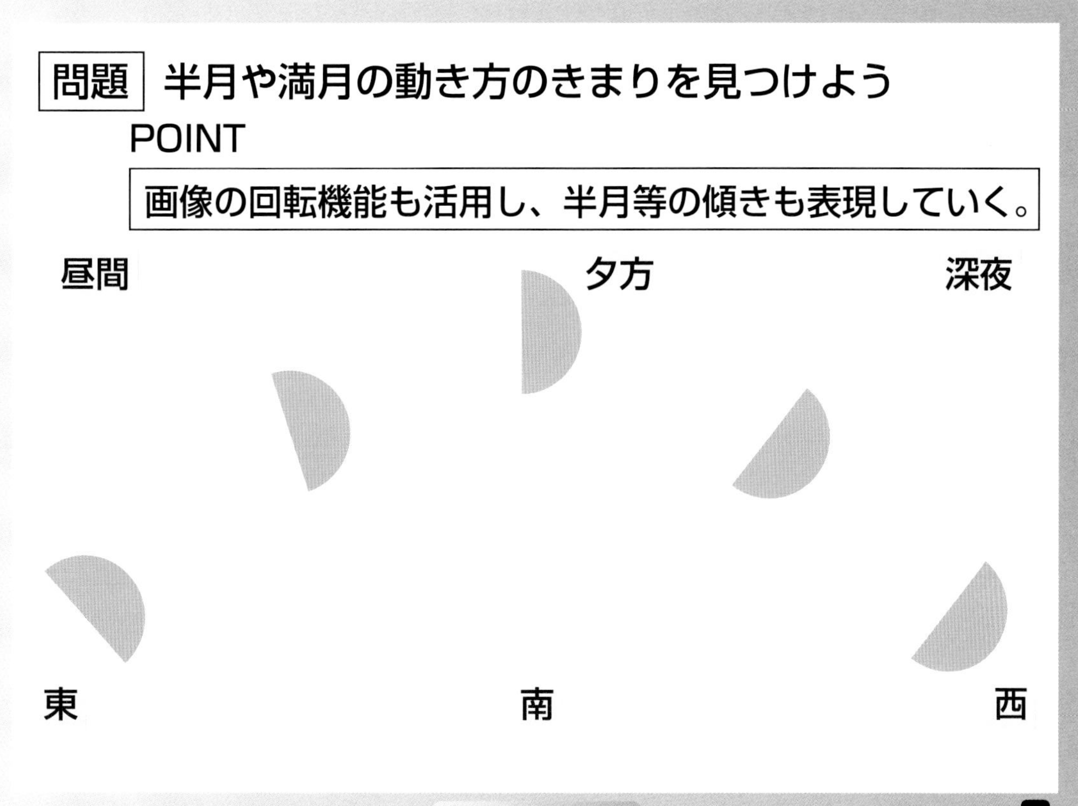

3 スライド を利用して自分たちがまとめたことを発表する

児童は Classroom から[生徒はファイルを編集可能]で配付された スライド を使い、用意された満月や半月の画像を使って月の動きを表現する。特に半月の動きでは、画像の回転機能も活用し、月の傾きを考えながら表現する。

発展 今から月面探索をしよう

Google Map には宇宙空間に存在する天体や国際宇宙ステーションを探索できる機能がある（2021年7月現在21コンテンツ）。教師は、この機能を利用し、月面の様子を観察する活動を取り入れるなどして、児童の興味・関心がより高まる内容に発展することができる。

小学校

理科 第5学年

単元名: 物の溶け方 A（1）

第6時 / 12時

さらに食塩やミョウバンを溶かす方法を発想する

板書シリーズ 実践活用例の概略

使用するツールと機能

Google Classroom

Google Jamboard

Google Classroom：資料の配付 / 課題の配付 / 回収 / 評価
Google Jamboard：背景を設定 / 付箋 / 手書き入力 / 同時編集

第⑥時

さらに食塩やミョウバンを溶かす方法を発想する

本時のねらい
・水溶液に溶け残った物を溶かす方法について、条件制御をしながら実験の方法を発想することができる。

本時の評価
・溶け残った食塩やミョウバンを溶かすための実験の方法や計画を発想し、実験結果の見通しをもち、表現している。思①

準備するもの
・前時の実験でビーカーに溶け残った食塩やミョウバン

1 問題 水溶液にとけ残った物をとかすには、どうすればよいのだろうか。

2 予想
・あたたかい飲み物にはさとうがたくさんとけるから、水の温度を上げるとよい。
・決まった量の水にはとける量が決まっていたから、水の量を増やせば、もっととけると思う。

授業の流れ

1 問題を見いだす 〈5分〉

・前時の実験結果を想起させ、物が水に溶ける量には限りがあったことを確認する。
・前時の実験で使用した食塩水やミョウバンを溶かした水溶液を提示し、4年の学習や生活経験から温度変化に気付くように促し、問題を見いだすようにする。

2 予想する 〈15分〉

・前時の実験結果を提示し、温度や水の量に着目し、ミョウバンが溶け出てきたのは温度と関係があることに気付くように促し、生活経験を基に根拠のある予想を発想するように助言する。

授業の流れ

1

前時の実験結果を提示し、物が水に溶ける量には限りがあることから問いを見いだす活動で、〈可視の型〉〈共有の型〉を意識する。Jamboard を利用して思考を可視化し、児童の考えを引き出す。

2

温度や水の量に着目し、根拠のある予想をする活動で、〈可視の型〉〈共有の型〉〈対話の型〉を意識する。Jamboard で思考ツールのくま手チャートを利用し、児童が各項目に着目し、考えを表現する。

意識する〈型〉

詳細な授業展開例は
次ページへ GO

3 方法

① 水の量を増やす

変える条件	水の量	100mL	150mL
変えない条件	水の温度(常温)		

② 水の温度を上げる

変える条件	水の温度	20℃	40℃	60℃
変えない条件	水の量（50mL）			

4 結果の見通し　①水の量を増やせば、とける量が増える
②水の温度を上げれば、とける量が増える

ツールの効果

- Jamboard は思考・整理・プレゼン・共同作業と一つのアプリで多様な活用が可能となる。
- Jamboard では事前に思考ツールの画像を「背景」として設定しておくことで、思考ツールを誤って削除することがなくなり、児童の作業の妨げにならない。

3 問題を解決する方法を発想する〈10分〉

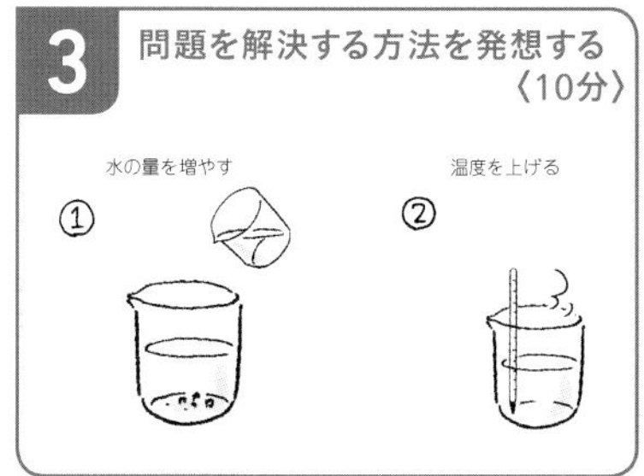

「どんな実験をしたら予想を確かめることができますか」
- 実験で「変える条件」と「変えない条件」をしっかりおさえる。水の量を増やす実験では、水の温度は変えない。水の温度を上げる実験では、水の量（50mL）は変えないことを確認する。

4 実験結果の見通しをもつ〈15分〉

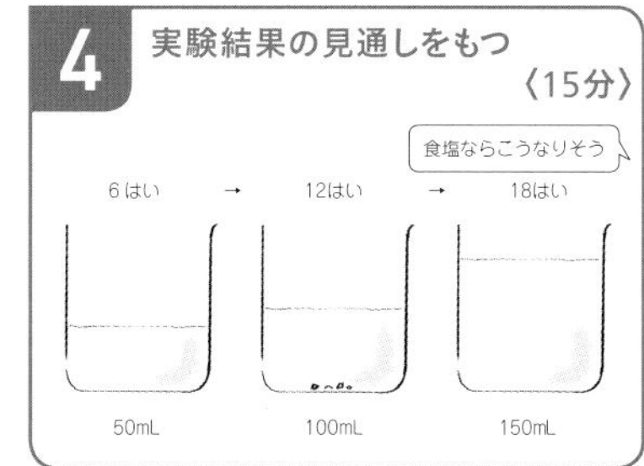

「予想通りならば、どんな結果になりますか。見通しを確認しましょう」
- 自分の予想通りならば、どのような結果になるのかを話し合い、記述する。

4

3 で考えた解決方法をもとに行う実験の見通しを持つ活動で、〈創造の型〉〈共有の型〉〈対話の型〉を意識する。Jamboard の[付箋]を利用して思考を深め、班ごとに見通しを持ち、イメージを膨らませる。

3

問題を解決する方法を考える活動で、〈可視の型〉〈共有の型〉〈対話の型〉を意識する。Jamboard の[付箋]を利用して、児童が多様な考えを整理しながら、解決方法を具体的に表現できるようにする。

Google で 10X 授業

さらに食塩やミョウバンを溶かす方法を発想する

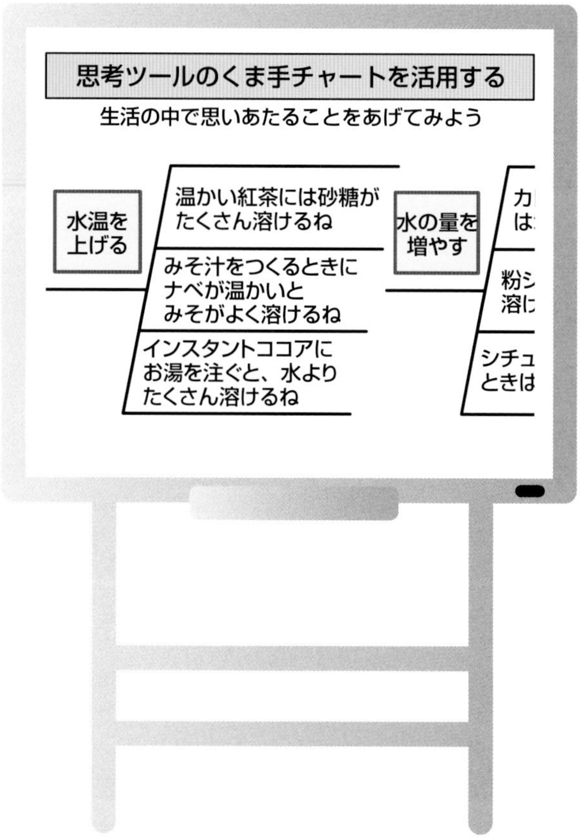

思考ツールのくま手チャートを活用する

生活の中で思いあたることをあげてみよう

水温を上げる

温かい紅茶には砂糖がたくさん溶けるね

みそ汁をつくるときにナベが温かいとみそがよく溶けるね

インスタントココアにお湯を注ぐと、水よりたくさん溶けるね

水の量を増やす

事前の準備

❶ Jamboard にあらかじめ背景として思考ツールを用意する。班活動ができるように事前に[フレーム]に班の番号などを[付箋]で貼り付けておく。

❷ Classroom から[課題]の[生徒はファイルを編集可能]で配付し、クラス全員で共同作業ができるようにしておく。

Google Classroom

Google Jamboard

授業の流れ

1 Jamboard で思考ツールのウェビングを利用してアイディアを出す

教師は思考ツールのウェビングを利用して「溶け残りを溶かすにはどうしたらいいだろうか」と指示し、児童は、アイデアを Jamboard の[付箋]で思いつくままに入力していく。ここから班別に活動してもよい。その後、大型提示装置に提示して共有する。

2 Jamboard で思考ツールのくま手チャートを利用して多面的に見る

児童は思考ツールのくま手チャートを利用してウェビングで出した案を絞り込み、日常生活を想起しながら多面的に考える。教師は班ごとに[フレーム]を指定し、作業するように指示する。くま手チャートはトピックについて複数の視点で捉えるときに役立つ。

問題 水溶液にとけ残った物をとかすには、どうすればよいのだろうか。

方法

水の量を増やす

変える条件	水の量	100mL	150mL	
変えない条件	水の温度	常温		

水温を上げる

変える条件	水の温度	20℃	40℃	60℃
変えない条件	水の量	50mL		

3 Jamboard を利用して条件を設定して問題の解決方法を発想する

児童は Jamboard で実際に条件を設定し、問題の具体的な解決方法を班ごとに指定された[フレーム]で[付箋]を使って相談しながら考える。教師は「条件の固定」や「条件の変更」の考え方も伝えながら、児童の発想のサポートをする。

4 Jamboard で実際にどのような結果が出るか見通しを立てる

教師は、児童が発想した解決方法を実践すると実際にどんな結果が出るか、Jamboard を大型提示装置に表示して見通しを児童と共有する。児童は食塩の場合やミョウバンの場合など、それぞれの見通しの理由をお互いに発表し意見交換して学習のまとめをしていく。

小学校

理科 第6学年

単元名: 生物と環境B（3） 第14時／18時

持続可能な社会の構築に向けて人はどうすればよいか理解する

板書シリーズ 実践活用例の概略

使用するツールと機能

Google Classroom

Google スライド

Google ドキュメント

Google Classroom：資料の配付／課題の配付／回収／評価
Google スライド：画像・動画・リンク挿入／同時編集／コメント
Google ドキュメント：文書作成／コメント／画像・リンク挿入

第⑭時

持続可能な社会の構築に向けて人はどうすればよいか理解する

本時のねらい

・生物と環境について学んだことや、調べて分かったことから、人が今後もよりよい生活を続けるために必要なことを理解し、自分たちの生活を見直すことができる。

本時の評価

・人は、環境と関わり、工夫して生活していることを理解している。知③

準備するもの

・図書資料
・コンピュータ（タブレット型端末）
・調べたことをまとめる大型の用紙
・掲示用の写真やイラスト

授業の流れ

1

前時の振り返りの活動で、〈転用の型〉〈可視の型〉を意識する。前回児童が決めたテーマを確認するために **ドキュメント** を使用し、大型提示装置で前時を振り返り、本時の活動の見通しを持つ。

授業の流れ ▷▷▷

1 前時を振り返り、問題を確認する 〈2分〉

「持続可能な社会をつくるために、どんな工夫や努力が考えられるでしょうか。前回決めたテーマで調べてみましょう」
・前時の学習を振り返って問題を確認できるようにする。
・本時の学習のタイムスケジュールを説明する。

2 調べてわかったことをポスターにまとめる（前時の続き） 〈18分〉

「聞き手にとって分かりやすいポスターや発表内容になっているでしょうか」
・分かりやすくなっているか確認しながら仕上げるように助言する。

2

調べて分かったことをポスターにまとめる活動で、〈共有の型〉〈可視の型〉を意識する。[共有]した **スライド** を利用して班ごとに共同編集する。グリッド表示して全体の進行状況も共有する。

意識する〈型〉

転用

可視

共有

対話

創造

詳細な授業展開例は次ページへ GO

が地球で生きていくために、人はどのような工夫をしたり、努力をしたりして
～「持続可能な社会」をつくるために～

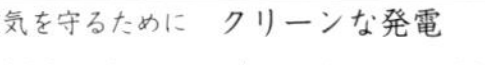
空気を守るために　クリーンな発電

火力発電のように石油や石炭を燃やすことなく、電気をつくる発電方法が注目されている。

太陽光発電　風力発電　水力発電

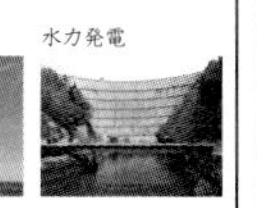

生物を守るために　水中生物を守る取り組み

海の生物を守るために様々な取り組みが行われている。

卵から育てた魚を放流している

海辺の環境を守るために海辺を埋め立てないようにしている

琵琶湖でブラックバスなどの外来種を減らす取り組み

3
- 空気や水をよごさない取り組みが大切。
- そもそもごみを正しく捨てれば、海洋プラスチック問題は大きく改善できるのに…。

空気を守るために　かん境へのえいきょうが少ない車

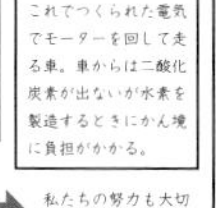
ハイブリッド自動車
エンジンとモーターで走る車。これらを効率的に使い分け、もしくは組み合わせることでかん境への負担を小さくする。

電気自動車
自宅や充電スタンドで電気を充電して、電気でモーターを回して走る車。車からは二酸化炭素が出ない。しかし、発電所で発電するときに二酸化炭素が出ている。

燃料電池自動車
燃料電池は水素と酸素の化学反応から電力を取り出す発電機構で、これでつくられた電気でモーターを回して走る車。車からは二酸化炭素が出ないが水素を製造するときにかん境に負担がかかる。

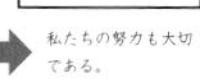
エコカーでも、乗ればかん境に負担をかける。
・公共の乗り物を利用する
・近いところは自転車を利用する
➡ 私たちの努力も大切である。

森林を守るために　植林活動

地球温暖化を防止したり、こう水などの災害を防いだり、豊かな海を育んだりすることが期待できる。

日本は木材消費大国
日本の国土の約70%が森林。しかし、木材のほとんどは輸入に頼っている。消費国として生産国を支援したり、ルールを決めたりしなければならない。

材木を切って売っている会社の人たちが、自分たちで植林を行うようになった。

漁師も植林を行っている！？

豊かな森林は川や海の生命を育む

4 結論

これからも人や他の生物が地球で生きていくために、人はかん境へのえいきょうを小さくしたり、かん境を守ったりするための工夫や努力が大切である。
➡私には何ができるだろうか？

ツールの効果

- ドキュメント を利用することで、授業の終わりの結論やまとめをクラス全体で共有したり可視化したりすることが容易になる。
- スライド を利用することで、班員での同時編集や友達のポスターに対するコメント追加、グリッド表示によりクラス全体での可視化が容易になる。

3 調べたことを交流する 〈20分〉

- 一方的な発表でなく、質問や意見などの交流が活発になるように支援する。その内容を発表用の用紙に書き加えていくようにする。
- 批判的思考を働かせてより深く考えられるように助言する。（例）電気自動車からは二酸化炭素が出ないが、電気をつくる過程では二酸化炭素が排出されているので環境に負担をかけていないわけではない。

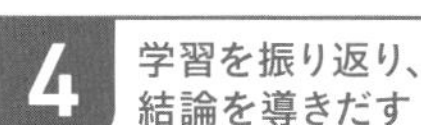

4 学習を振り返り、結論を導きだす 〈5分〉

- これまでの理科の学習を踏まえて、人々はどのように環境と関わっていくべきなのか、考察できるようにする。
- 子供自身が環境とよりよく関わっていくためには日常生活でできることはないかと考えられるように助言し、次時の「これからも人が地球で暮らし続けるために、自分たちでできることを考えよう」につなげる。

4

創造

共有

可視

学習の振り返りと解決策を考える活動で、〈創造の型〉〈共有の型〉〈可視の型〉を意識する。児童が解決策を入力した ドキュメント を大型提示装置に表示し、可視化共有して振り返り、まとめていく。

3

対話

共有

可視

調べたことを各班で交流する活動で、〈対話の型〉〈共有の型〉〈可視の型〉を意識する。 スライド でそれぞれの班のポスターを[共有]し[コメント]することで、お互いにさらによい作品にしていく。

小学校

理科 第6学年

Googleで10X授業

持続可能な社会の構築に向けて人はどうすればよいか理解する

事前の準備

❶ ドキュメント で前時の授業の振り返りや決めたテーマをまとめたワークシートを作成しておく。
❷ スライド に班の数だけページ（[スライド]）を追加しておく。
❸ 二つのファイルを Classroom から[課題]の[生徒はファイルを編集可能]で下書き保存しておく。

Google ドキュメント

Google スライド

Google Classroom

授業の流れ

1 ドキュメント を利用して前回決めたテーマを確認する

教師は、前時に児童が決定したテーマを記載した ドキュメント を大型提示装置に表示する。児童は、自分の端末で同じ ドキュメント を開いて確認し、前時の学習の振り返りをするとともに、本時の学習の見通しを持つ。このファイルは追記できるよう共有設定しておく。

2 スライド を利用して調べて分かったことをポスターにまとめる

児童は、[共有]した スライド に班で調べて整理したことを協働で表現する。その際、ポスターの全体構成を考える人、 Google 検索 で得た画像を配置する人など分担する。教師は スライド を大型提示装置でグリッド表示し、児童の進捗状況を確認しながら支援する。

空気を守るために **クリーンな発電**

火力発電のように石油や石炭を燃やすことなく、電気をつくる発電方法が注目されている。

太陽光発電　**風力発電**　**水力発電**

3 スライド の[コメント]を利用してお互いのポスターにコメントを付け交流する

2 の スライド で作成したポスターを班ごとにプレゼンし、聴き手は感想や疑問などを[コメント]で入力する。教師は、[コメント]の数や内容を確認しながら、補足の[コメント]を入れるなど配慮する。

4 ドキュメント を利用して学習を振り返り、解決策の案を導き出す

教師は、ドキュメント に学習の振り返り時の話合いで出された児童の考えを入力する。また、児童にも直接入力することを促し、児童の考えを引き出し、学び合えるようにする。大型提示装置に提示することで、意欲をより高めていく。

小学校

生活 第1学年

単元名: 元気にそだてわたしのアサガオ

第15時 / 16時

これまでの活動をまとめよう

板書シリーズ 実践活用例の概略

使用するツールと機能

Google Keep

Google Keep：メモに画像を追加 / 音声や写真から文字起こし（モバイルのみ）/ 共有 / 共同編集

本時案

これまでの活動をまとめよう

本時の目標

アサガオの記録をまとめる活動を通して、アサガオと自分との関わりや、世話を頑張った自分や友達の成長を認め合い、アサガオへの感謝の気持ちや、育てることの楽しさや難しさを伝えようとすることができる。

資料等の準備

- これまでの学習カード
- 穴あけパンチ
- とじひも（リボンなど）
- 大きなアサガオの写真
- 子供たちとアサガオの活動の記録写真

対話的な学びの視点からの授業改善

➡板書の工夫

point 1 本時はこれまでのアサガオと自分の成長を振り返る時間になる。アサガオの世話をしている子供の様子を記録した写真を示し、長期間の栽培活動を思い起こすことができるようにする。自分や友達の写っている写真を見ることでそのときの様子が思い返され、子供たちの会話も活発になるであろう。

point 2 黒板を見ながら全体で振り返るときに「アサガオの成長」と「自分の成長」に気付きやすくするために、アサガオの栽培活動の写真と「みんな」のできたこと、頑張ったことを並行して板書する。

point 3 最後にハートで「大きくなった」自分とアサガオの図でまとめる。

授業の流れ

授業の流れ ▷▷▷

1 アサガオについての記録用紙をまとめる

これまでの記録を4月から順番に並べていき、綴じて本のようにする活動を行う。記録の中には、花の数を記録した用紙や、作文などがあれば、それも綴じていく。あえて表紙はつけずに綴じて、子供から「表紙を書きたい」という気持ちをもたせる。

2 まとめた記録用紙を見返して、気が付いたことを話す

班机にしておき、気付いたことを話し合う。小グループでの話合いにより、自分の4月ごろの拙い観察記録のことも伝えやすくなり、友達も同じだったことに安心できる。

お互いの記録を見ながら比較し、アサガオの成長の違いに気付くこともできる。

1

アサガオの観察記録をまとめる活動で、〈記録の型〉〈転用の型〉を意識する。毎回の観察記録を撮影した画像を Keep のメモに追加することで、学習の足跡をデジタルノートとしてまとめることができる。

2

まとめた記録用紙等を見返して、気付いたことを話す活動で、〈対話の型〉を意識する。Keep のメモにまとめた記録用紙などをもとに、友達に説明してお互いのアサガオの成長の違いを確認する。

意識する〈型〉

詳細な授業展開例は
次ページへ GO

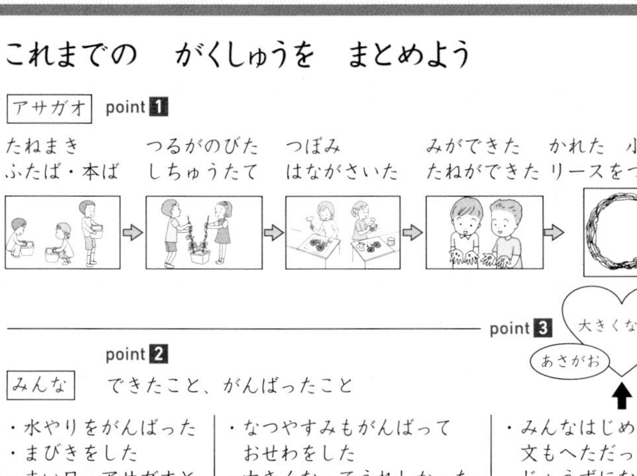

ツールの効果

- 紙ベースで作成していた活動をデジタルメモとしてまとめることができる。
- 低学年の記録や作品を保存しておき、高学年になってから振り返ることが可能である。
- 教師や保護者を「共同編集者」とすることで保護者にも児童の活動を確認し、[コメント]をもらうことができる。

3 全体で振り返りを行う

全体で気付きを交流する。これまでの記録を見直したり、他の子供の記録と比較することで、アサガオの成長や個体差に気付くと同時に、じょうずに絵や文章で記録ができるようになった自分の成長や友達の頑張りにも気付くことができる。

期待する子供の反応

これまでアサガオを育ててきたことについて想起し、自分とアサガオの成長を感じることができる。

1 **[導入]**
4月からアサガオを育ててきて、いろいろなことがあったな。

↓

2 **[展開]**
○○さんよりたくさん花が咲いたし、種もたくさんできた。

↓

3 **[まとめ]**
1年間、水やりや観察をがんばったな。アサガオさんもたくさん種ができたよ。

発展

アサガオの観察をはじめから Keep を中心に記録し、デジタル化することも可能である。「共同編集者」に保護者を追加することで、保護者所有のスマートフォンから音声でのコメントを残すことも可能となる。

3

全体で気付きや振り返りを交流する活動で、〈共有の型〉〈可視の型〉を意識する。児童の作成した Keep のメモを共同編集者に教師を追加してもらい、大型提示装置で全員のメモを見える形で共有する。

小学校

生活 第1学年

Googleで10X授業

これまでの活動をまとめよう

これまでの児童の活動の写真を表示する

事前の準備

❶ 大型提示装置で表示するこれまでの児童の活動の写真を選択して、教師自身の Keep の[メモ]を作成しておく。

授業の流れ

1 Keep を利用して観察記録のデータを集約する

教師は、今までの児童の活動を記録した Keep を大型提示装置で提示し、本時の活動を説明する。児童は、今まで撮りためた観察記録の画像を Keep のメモに追加する。アサガオの写真に[ペンツール]で手書きしたものを表紙としてもよい。

2 Keep を利用して自分の観察記録を友達と説明し合う

児童は Keep のメモにまとめた自分の観察記録に説明を加え[手書き・音声入力]し、大事な箇所に印を付けるなど資料を整理する。その後、まとめを見せ合い、[ペンツール]で説明したい箇所に印を付けて説明し、アサガオの成長の仕方について比較し、理解を深めていく。

活動のポイント

本時ではまず、これまで児童の活動を記録した Keep を大型提示装置で提示し、本時の活動に見通しが持てるようにする。続いて、何人かの児童の観察記録を紹介することで、アサガオの成長の違いや友達との世話の違いに気付かせていく。

3 Keep を利用してまとめを残し、教師を共同編集者にする

児童は自分のメモに教師を共同編集者で追加し、班で話した内容も含めまとめていく。教師は大型提示装置に児童のメモを表示し、まとめや画像を紹介することにより学び合いを促す。後日、教師が[コメント]することで評価を行う。

発展 保護者のコメントも保存する

あさがおのかんさつ　たなかはなこ

まいにち水をあげました。がんばっておせわをしたら、いろいろないろのあさがおがさいて、とてもうれしかったです。たねもいっぱいとれたので、いえでもそだてたいとおもいます。

よくがんばったね。らいねんもアサガオそだててみようね。

編集日時：11:53

5月30日 11:47　00:00 / 00:09

児童が「保護者」を「共同編集者」にすることで、保護者が児童の活動を確認できる。共有されると保護者のアイコンが表示される。保護者にスマートフォンから[コメント]を音声入力してもらう。音声保存された保護者の声は、高学年になっても振り返ることができる。

小学校

生活 第1学年

単元名: なつとあそぼう

第1・2時 / 8時

夏の公園で遊ぼう

板書シリーズ 実践活用例の概略

使用するツールと機能

Google Classroom

Google Jamboard

Google フォト

Google Classroom: 課題の配付 / 回収 / 評価
Google Jamboard: 背景の変更・固定でワークシート化 / 付箋 / テキスト / 同時編集
Google フォト: 撮影した写真と動画を管理 / 検索 / アルバム / 共有

授業の流れ

1

既習内容の振り返りやめあてを持つ活動で、〈転用の型〉を意識する。Jamboard を春の様子の提示や、夏の様子の検索結果保存に活用することで、活動の見通しを具体的に持つことができるようになる。

本時案

夏の公園で遊ぼう

本時の目標

春にも行った公園にもう一度行く活動を通して、春の様子と比べながら夏を見付けたり、公園で遊んだりし、自然の様子や季節の変化に気付くことができる。

資料等の準備

・携帯電話
・デジタルカメラ
・学級旗（目印になるもの）
・簡易救急医療セット

対話的な学びの視点からの授業改善

➡板書の工夫

point 1 春と夏の様子を比較しやすくするために写真を掲示する。撮影のポイントは、春の様子の写真と同じ場所の写真を撮るようにしておく。また、暑そうな様子など夏ならではの写真も撮っておく。

point 2 席が隣の友達に、自分が見付けた夏を伝え合う。教師はその話を聞きながら、「春のときはどうだった？」などと問いかけ、春の公園の様子と比較していく。全体での振り返り場面では、見付けた夏を教師がYチャートで分類しながら板書していく。子供と一緒に対話しながら分類していく。

授業の流れ ▷▷▷

1 めあて、行く場所や安全、春の公園の様子について確認する

教室で、めあてと活動の流れを知り、本時の活動の見通しをもつ。次に、安全に出かけるために、道の歩き方、横断歩道の渡り方、まちにいる人への配慮などを確認する。そして、春の公園の様子を、写真を掲示しながら思い出す。

2 夏の公園に行き、夏を見付けたり、遊んだりする

虫探しや遊具での遊びなど、子供が思い思いに公園で過ごせるようにする。夏を見付けている子供を大いに称賛し、その見付けた夏を周りに紹介する。子供の活動を確認しながら、「春のときはどうだった？」と、春と夏を比較できるように問いかけていく。

2

夏の公園の様子を記録する際に〈記録の型〉〈活用の型〉を意識して、カメラを使う。春の公園の様子の記録を見せながらの具体的な問いかけや、事後の活動での活用が可能となる。

意識する〈型〉

詳細な授業展開例は
次ページへ GO

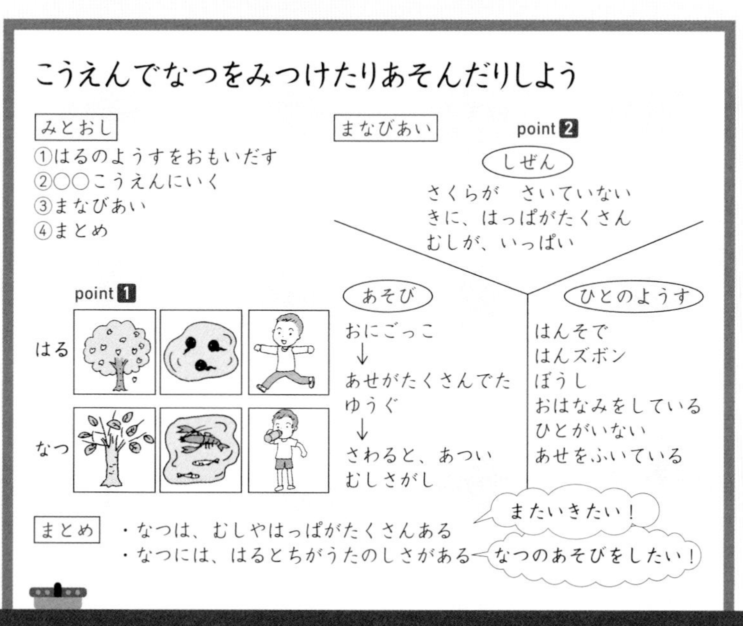

ツールの効果

- 既習内容を即時にまた具体的に表示でき、現在の状況との比較や関連付けを深められる。
- 見学で得た情報を再利用しやすくなる。
- 情報の蓄積の幅が広がり、細かい事象も記録として残すことが容易となる。
- 自分や友達の考えのリアルタイムの可視化、共有化ができ、対話を深めることができる。

3 教室に戻り、今日の活動を振り返る

隣の友達と見付けた夏を伝え合う。全体での振り返り場面では、写真を掲示したり、問いかけたりしながら、見付けた夏を分類し、季節の変化に気付けるようにする。まとめの後に、これからどんな遊びをしたいか考えておくように伝える。

期待する子供の反応

公園に行き、春の様子と比べながら夏を見付けることで、季節の変化に気付いている。

1 **［導入］**
○○公園、楽しみだな。前は桜の花が咲いていたな。

2 **［展開］**
桜の花が咲いていないな。あっ、アゲハチョウだ。みんなとの鬼ごっこは楽しいな。

3 **［まとめ］**
鬼ごっこでたくさん汗をかきました。とても暑くなりました。

4

見つけた夏を分類・整理するために〈共有の型〉と〈可視の型〉〈転用の型〉を意識する。見つけた夏を Jamboard で可視化するとともに、春の様子も表示することで、比較や関連付けがしやすくなる。

3

夏の公園の様子を整理するために〈活用の型〉〈共有の型〉を意識し、撮影した写真やイラストを共有設定した フォト アルバムに集約する。このことで、話合いによる整理がしやすくなる。

小学校

生活 第1学年

Googleで10X授業

夏の公園で遊ぼう

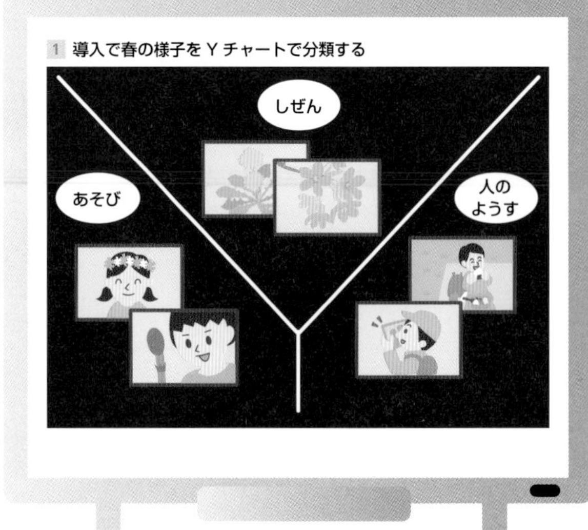

事前の準備

❶ 春の公園を探検した学習で活用した Jamboard の[Jam]を用意しておく。
❷ フォト に班ごとに共有設定した「なつ」アルバムを作成しておく。
❸ Jamboard でYチャートを[背景に設定]し、班数分のフレームを作成しておく。

Google Classroom

Google Jamboard

Google フォト

授業の流れ

1 めあて、行く場所や安全、写真の撮影方法、春の公園の様子について確認する

教師は、春の様子を整理した Jamboard を大型提示装置に提示し、振り返りをさせ、めあてと活動の見通しを持たせる。児童は、画像検索で夏画像を Jamboard に貼り付け、夏探しのイメージを持ち、公園に出かける。
※事前に撮影許諾等についての確認が大切。

2 夏の公園に行き、夏を見つけたり、遊んだり、写真を撮影したりする

児童は、虫探しや遊びなどをしながら、見つけた夏をカメラで撮影したり、動画で記録したりする。教師は、夏を見つけている児童を称賛して周りに紹介する。また、春のときに撮影した画像と比較した問いかけをすることで、視点を明確にした記録ができるようになる。

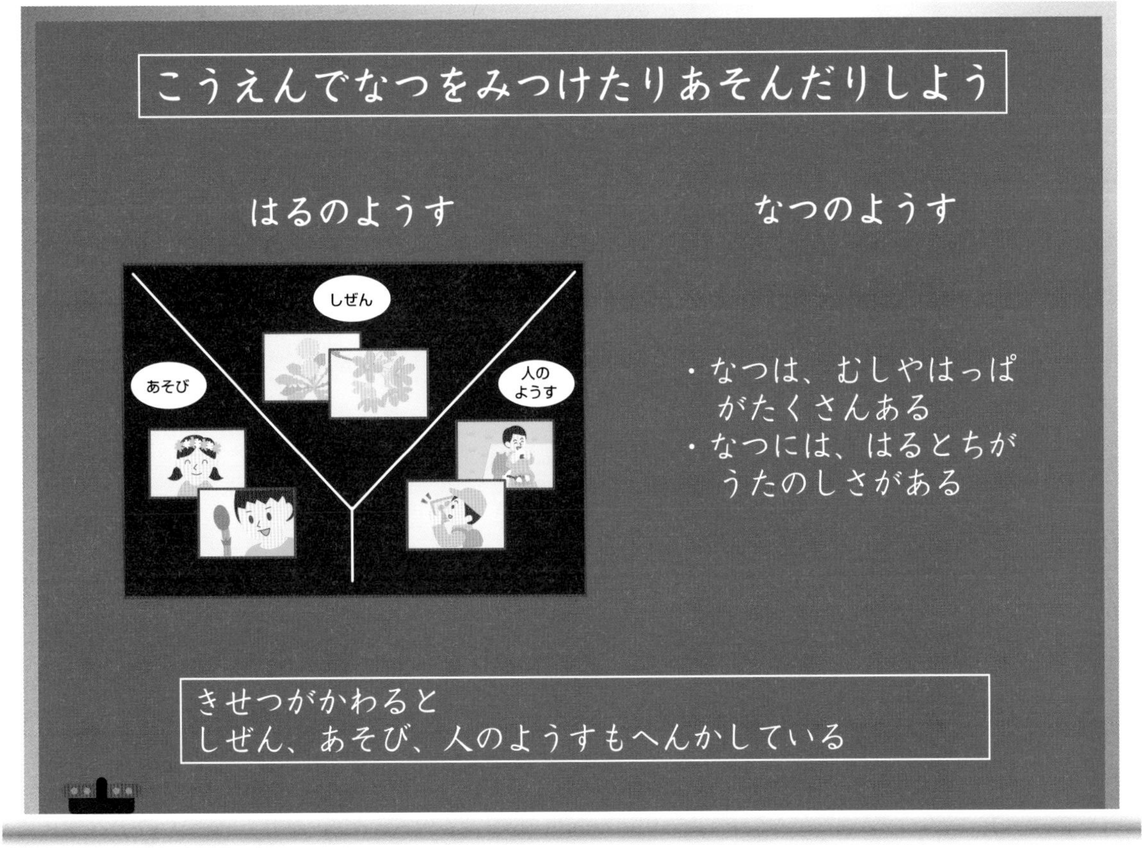

こうえんでなつをみつけたりあそんだりしよう

はるのようす

しぜん
あそび
人のようす

なつのようす

・なつは、むしやはっぱがたくさんある
・なつには、はるとちがうたのしさがある

きせつがかわると
しぜん、あそび、人のようすもへんかしている

3 教室に戻り、撮影した画像を共有する

児童は、フォトから、班ごとに共有設定されたアルバムを開き、そこに公園で記録した夏の画像や動画をアップロードし、事後の表現活動で活用できるようにする。

4 今日の活動を振り返り、本時のまとめをする

班内で、児童はフォトに保存した画像をJamboardに追加するとともに、見つけた夏を紹介する。Yチャートを活用し、夏の画像を話し合いながら分類していく。その後、全体で各班で整理したものや春の様子とを比べ、季節の変化について話し合い、まとめる。

小学校

生活 第2学年

単元名: 生きものとなかよし

第12時 / 12時

生き物からの贈り物

板書シリーズ 実践活用例の概略

使用するツールと機能

Google Classroom

Google Jamboard

Google スライド

YouTube

Google Classroom：課題の配付 / 回収 / 評価
Google Jamboard：背景を設定 / 付箋 / 同時編集
Google スライド：画像・動画・テキスト ボックス挿入 / 同時編集 / コメント
YouTube：動画

本時案

生き物からの贈り物

本時の目標

これまでの活動を振り返り、飼っている生き物からもらった贈り物は何かを考え、自分自身の変容や成長に気付くことができる。

資料等の準備

・贈り物を書き出す用紙
・作文用紙

深い学びの視点からの授業改善

➡板書の工夫

point 1 子供が考える贈り物は、目に見えるものや見えないものなど、様々なものが予想される。子供が生き物からもらったと感じているものは全て板書するようにしたい。そうすることで、子供は教師から認められ、自分の考えに自信をもち、子供の自己肯定感を高めることにもつながる。

point 2 子供自身が自分の変化・成長に気付けるように、構造的に板書する。生き物からもらった贈り物を子供自身の成長に関わるものと、そうでないものとに分けながら、イメージマップをかくように、広げながらまとめていく。また、それぞれの考えを線でつなげたり、似た意見を近くに書いたりするなど、子供が視覚的に分かるように板書していくことを心掛ける。

授業の流れ

1

生き物からもらったという贈り物を考え、書き出す活動で、〈活用の型〉を意識する。**YouTube** で適切な朗読の動画を検索しておく。みんなで視聴することにより、一緒に考えられるようにする。

授業の流れ ▷▷▷

1 生き物からもらったと思う贈り物を考え、書き出す

導入として、絵本『わすれられないおくりもの』（スーザン・バーレイ）を読み聞かせる。そこで、贈り物とは、目に見えるものだけではないことを押さえる。そして、これまでの活動を振り返り、もらった贈り物をできるだけたくさん書き出させる。

2 それぞれが考えた贈り物を発表し、全体で共有する

自分の考えた生き物からもらった贈り物を発表させる。出てきた考えは、全て板書するようにし、安心して自分の考えを発言できる雰囲気をつくる。また、子供の考えた贈り物をつなげたり、まとめたりと構造的な板書を心がける。

2

それぞれが考えた贈り物を発表し、全体で共有する活動で、〈対話の型〉〈共有の型〉〈可視の型〉を意識する。**Jamboard** を利用し、みんなで対話を[付箋]に入力し、生き物からの贈り物を共有する。

意識する〈型〉

詳細な授業展開例は
次ページへ GO

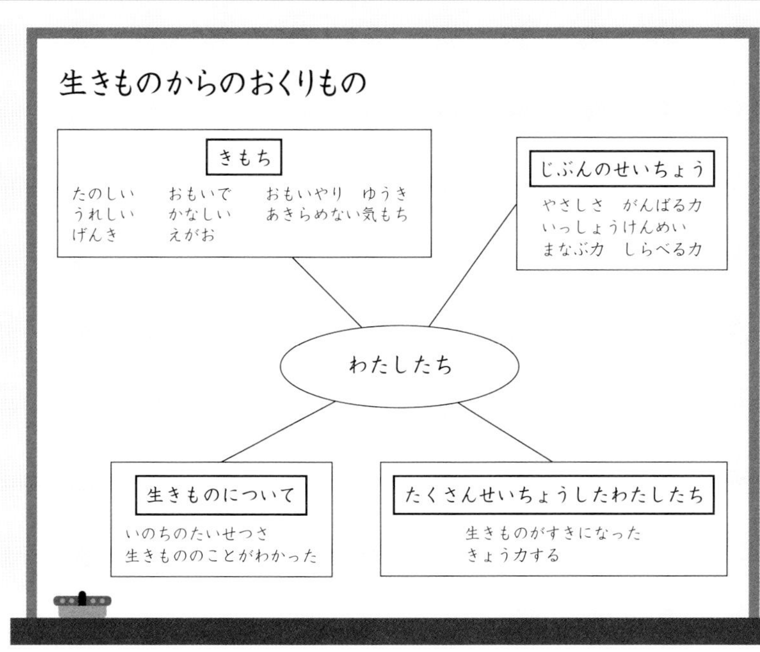

ツールの効果

- 良質な動画を児童が主体的に、繰り返し視聴できる。
- Jamboard で思考の可視化と共同編集ができる。
- スライド で児童が友達の作文も確認しながら作業できる。
- 保護者にコメント権限を付与し、コメントをもらうことができる。

3 作文を書く

黒板に書いてある、もらった贈り物の中で、子供自身の成長に関わるものに注目させるようにする。そして、生き物を飼育する前と後では、何が違うのかを考えさせ、作文に書くことで、自分自身の変容や成長に気付かせたい。

期待する子供の反応

生き物からもらった贈り物を考えることを通して、自分自身の変化・成長に気付いている。

1 **[導入]**
ダンゴムシから命の大切さを教えてもらったよ。

2 **[展開]**
ダンゴムシから思いやりの心やがんばる力をもらったよ。

3 **[まとめ]**
私は、ダンゴムシのおかげで、生き物が好きになり、優しくできるようになりました。

発展

スライド を児童・教師・保護者と共有する活動で、〈評価の型〉を意識する。児童の活動に他者が評価をすることができる。また、保護者も学校での児童の活動が確認でき、保護者のコメントも共有できる。

3

2 で共有した贈り物の中から、自分の成長に関わる物に注目する活動で、〈共有の型〉〈可視の型〉〈創造の型〉を意識する。スライド でグリッド表示しながら、児童の進捗状況を共有する。

小学校

生活 第2学年

Googleで10X授業

生き物からの贈り物

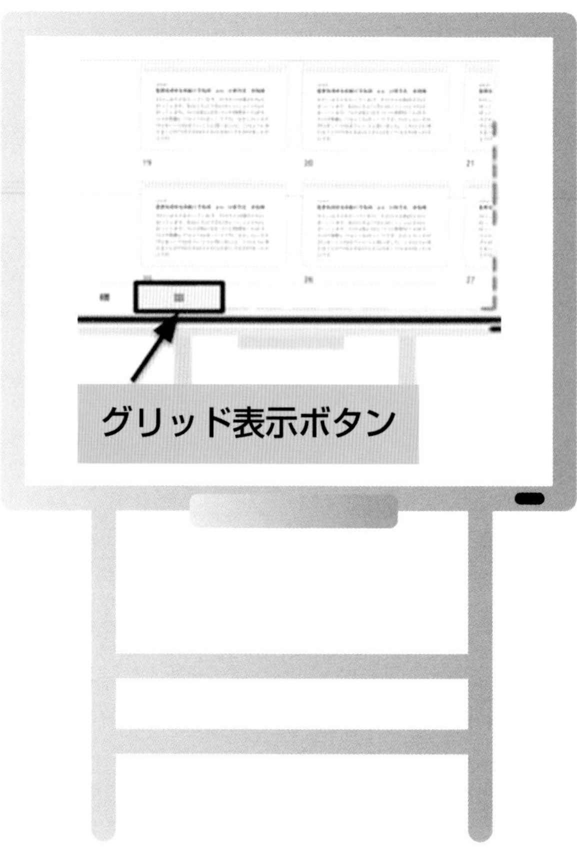

事前の準備

❶ YouTube で視聴する動画を決めておく。

❷ Jamboard でタイトルを設定した[フレーム]を作成しておく。

❸ スライド で児童の人数分ページ([スライド])を作成しておく(ページに児童の名前を入れておき、間違いを防止)。

Google Classroom

Google Jamboard

Google スライド

YouTube

授業の流れ

1 YouTube を大型提示装置に表示させ、動画をみんなで視聴する

児童は、教師があらかじめ選定しておいた YouTube の動画を視聴する。教師は視聴前に児童に注目すべき点を示しておく。

2 Jamboard で児童の考えを友達と共有し、まとめを表示する

児童は、Jamboard で自分の考えた生き物からもらった贈り物を[付箋]に書いて共有する。できるだけたくさん出すように促す。教師は[共有]された[付箋]を構造的にまとめ、大型提示装置で表示し、クラスみんなで共有し、一緒に考えていくようにする。

活動のポイント

児童が生き物からもらった贈り物を[付箋]に書いたものを、教師は「きもち」「じぶんのせいちょう」「生ものについて」「たくさんせいちょうしたわたしたち」という視点で構造的に分類していく。それをクラスみんなで共有していく。

3 スライドで自分の作文を友達と共有する

児童は[Jam]の例を参考にして スライド に作文を書く（スピーカーノートに音声入力した文章をコピー＆ペーストする方法でもよい）。一つの共有された スライド を使用することで、お互いの進行状況や内容を確認できる。また、グリッド表示して一覧で確認することもできる。

発展　児童・教師・保護者の活用

教師は 3 の スライド を「保護者」に「閲覧者（コメント可）」で[共有]し、児童の考えを共有できる。保護者には[コメント]を入力してもらい、児童へのフィードバックに役立てる。児童には作文を書く段階で文章だけでなく、生き物の写真や動画を挿入することも促していく。

小学校

生活 第2学年

単元名: 図書館に出かけよう

第6時 / 15時

図書館で見付けたことを紹介しよう

板書シリーズ 実践活用例の概略

使用するツールと機能

Google Jamboard

Google Classroom：課題の配付 / 回収 / 評価
Google Keep：メモ / 共有 / 図形描画
Google Jamboard：背景を設定 / 付箋 / 手書き入力 / 同時編集

本時案

図書館で見付けたことを紹介しよう

本時の目標

地域の図書館を利用して見付けた施設の様子や特徴について、紹介したいことを書いたカードや写真を使いながら友達と伝え合い、学校図書館と比べながら考えることができる。

資料等の準備

・図書館を利用した活動の様子の写真
・学習カード 2-6-2

対話的な学びの視点からの授業改善
➡板書の工夫

point 1 地域の図書館の利用について振り返る際には、写真を使いながら振り返るようにする。写真の様子について友達と話し合うことで、そのときの状況を詳しく思い出すようにする。また、利用したときの気持ちについても思い出しながら、そのような気持ちになれた施設の工夫について気付けるようにする。

point 2 友達と地域の図書館の施設の様子や特徴について伝え合い、学校図書館との違いを比較しながら考えることができるようにする。様々な人々が利用する地域の図書館と小学生だけが利用する学校図書館の違いを比べることで、地域の図書館の特徴や働きを見付けることができるようにする。

授業の流れ ▷▷▷

1 図書館を利用したことを思い出す

地域の図書館を利用している様子の写真や自分たちが見付けたことを記録した写真を見ながら、活動を振り返る。子供たちが利用しているときに感じたことなどの気持ちも振り返られるように、どんな気持ちだったかも尋ねるように言葉をかけるようにする。

2 図書館で見付けたことから紹介したいことを決め、カードに表す

地域の図書館を利用しながら見付けたことの中から、自分が友達に紹介したいことを決める。見付けたことや感じたことを学習カードに表す。具体的に思い出させるように利用したときの写真を掲示し、それを見ながら学習カードに表すようにする。

授業の流れ

1

振り返り活動で〈転用の型〉を意識し、Keep を使う。図書館見学時の図書館利用の様子や、自分たちが見つけたことについて Keep の[メモ]の画像を表示しながら確認することで、そのときの状況の振り返りがしやすくなる。

2

見つけたことや感じたことを表す活動で〈転用の型〉〈創造の型〉を意識し、Keep を使う。見学時に保存した[メモ]に追記する形で書き表すことで、具体と結び付けて書き表すことが可能となる。

意識する〈型〉

詳細な授業展開例は次ページへ GO

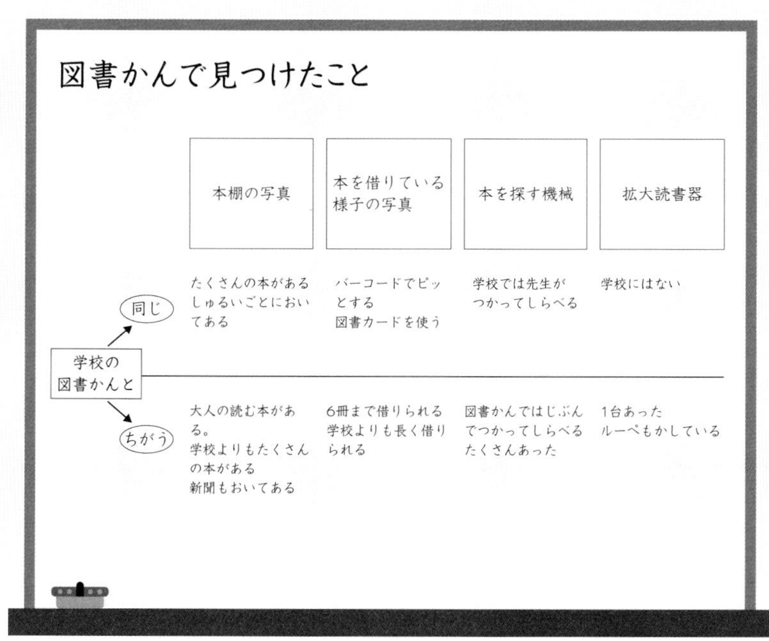

ツールの効果

- 既習内容を即時にまた具体的に表示でき、現在の状況との比較や関連付けを深められる。
- 見学で得た情報を再利用しやすくなる。
- 情報の蓄積の幅が広がり、細かい事象も記録として残すことが容易となる。
- 自分や友達の考えのリアルタイムの可視化、共有化ができ、対話を深めることができる。

3 図書館を利用して見付けたことや感じたことを伝え合う

作成した学習カードや写真を使いながら、友達と地域の図書館で見付けたことを伝え合う。地域の図書館には様々な人々が気持ちよく使うことができるように工夫されていることなどを学校図書館と比べながら気付けるようにする。

期待する子供の反応

図書館の利用を思い出し、自分が見付けたことを伝えようとする。

1 **[導入]**
図書館では、本を読んだり、借りたりしたよ。図書館を使うのは、とても楽しかったね。友達にも教えたいな。

↓

2 **[展開]**
図書館には、学校には置いてない難しい本もあったよ。本を探すことのできる機械は便利だったよ。

↓

3 **[まとめ]**
図書館には学校の図書館と同じところや違うところがあったね。

4

地域の図書館の工夫について話し合う活動に〈共有の型〉〈可視の型〉を意識し、Jamboard を使う。施設の様子や特徴を画面上で共有し、分類することで、図書館の工夫に気付くことができるようにする。

3

友達に発表する活動で〈創造の型〉〈対話の型〉を意識し、Keep に記録した[メモ]を活用して発表を進める。聞き手に分かりやすいような資料の提示の仕方や話し方の工夫につなげることができる。

小学校

生活 第２学年

Googleで10X授業

図書館で見付けたことを紹介しよう

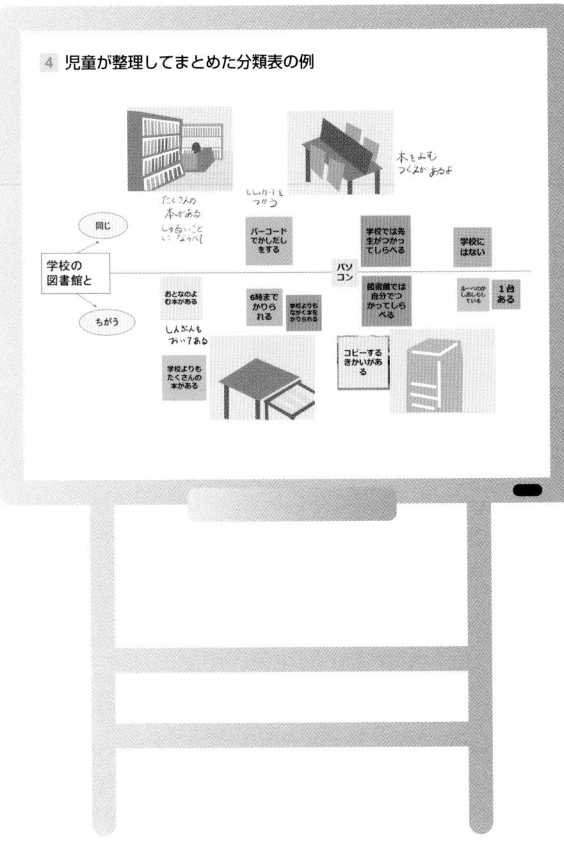

事前の準備

❶ 図書館見学の際に、児童は図書館の様子や特徴などを撮影し、Keepに「図書館見学」等のラベルをつくり、写真を保存しておく。

❷ 教師は、Jamboardに4のような分類表を背景画像として設定しておく。

Google Classroom

Google Keep

Google Jamboard

授業の流れ

1 これまでのKeepメモを振り返り、単元の学習問題や学習計画を再度確認する

児童は、自分がKeepに記録した図書館見学画像を確認しながら、見学時の活動を振り返り、画像を示しながら発表をする。教師は、利用しているときに感じた気持ちについても、記録した情報を踏まえながら発表できるように声かけをする。

2 図書館で見つけたことから紹介したいことを決め、Keepに表す

児童は、Keepに記録した中から、友達に紹介したいことを決め（複数可）、学校図書館と比べながら紹介できるようにする。[メモ]には、見つけたことや感じたことを追記する。必要に応じて[音声入力]や[図形描画]の手書きの文字などの機能も使い表現する。

図書かんでみつけたことやかんじたことをはっぴょうしよう

図書館のようすと学校図書館のようすをくらべよう

○図書館のようすや、見つけたこと

○利用して感じたこと

図書館には学校の図書館と同じところや違うところがあった。

3 友達と地域の図書館の施設の様子や特徴について伝え合う

児童は、班の友達に Keep の［メモ］を提示しながら発表する。［メモ］と自分の言葉を組み合わせ、分かりやすく伝えられるようにする。みんなの発表後に児童は、 Classroom で配付された班別の Jamboard に、発表で使った Keep のメモを貼り付ける。

4 本時のまとめをする

児童は、班内で Jamboard の［フレーム］に貼り付けられた画像を、学校図書館との相違という視点で整理する。さらに、地域の図書館の工夫についての気付きも付箋に書き込み、視点を明確にした話合いを行う。その後、班で話し合ったことを全体で共有し、まとめをする。

小学校

体育 第4学年

単元名: 跳び箱運動

第3時 / 5時

技の習得・習熟を目指そう①

板書シリーズ 実践活用例の概略

使用するツールと機能

Google Classroom

Google スライド

YouTube

Google Classroom: 資料の配付 / 課題の配付 / 回収 / 評価
Google スライド: 画像・動画・リンク挿入 / 同時編集 / コメント
YouTube: 動画検索 / 再生リスト

授業の流れ

1

本時の学習活動を確認する場面で、〈時短の型〉〈可視の型〉を意識する。教師は Classroom から跳び箱の動画を配信し、児童は自分のねらいに合った動画を選び、視聴することで、活動の見通しを持つ。

本時案

技の習得・習熟を目指そう①

本時の目標

自己の能力に適した技に取り組み、その習得に向けた練習の場や段階を選んで取り組む。

評価のポイント

技の習得に向けて、練習方法を工夫したり、仲間と助け合って練習に取り組んだりすることができたか。

週案記入例

[目標]
自己の能力に適した技に取り組む。

[活動]
練習の場や段階を選んで取り組む。

[評価]
練習を工夫し、助け合って練習に取り組めたか。

[指導上の留意点]
技の習得のために段階的に運動に取り組ませる。望ましい練習や学び合いをしているグループの姿を全体に価値付け、手本とするようにしていく。

本時の展開

	時	子供の活動
はじめ	5分	**集合・あいさつ** ○今日の学習内容を知る。
準備運動	5分	**本時の学習で使う部位をよくほぐす** ○足や足首、手や手首、首、肩のストレッチ運動をする。 ○伸ばしている部分を意識させるよう言葉掛けをする。
跳び箱運動につながる運動	5分	**跳び箱運動につながる運動感覚を養う** ○ゆりかご、カエルの足うち、カエル倒立、ウサギ跳び、馬跳び、手押し車など跳び箱運動につながる運動を行う。
場の準備	3分	**安全に気を付けて、協力して場の準備をすすめる** 1 ○事前に決めておいた配置場所に跳び箱等を配置する。
課題解決に向けて取り組む	20分	**自己の学習課題にした技の習得・習熟に取り組む** 2 ○技別のグループを組み取り組む。 ○前時に決めた切り返し系、回転技系の技に取り組む。 ○技の習得に向けて段階的に取り組ませていく。
片付け 整理運動	2分	**場の片付けの後、運動で使った部位をほぐす** ○安全に気を付けて、協力して片付ける。 ○肩、首、手首を中心にほぐす。
学習の見通しをもつ学習の振り返り	5分	**今日の学習の振り返りをする** ○本時の振り返りを行う。 **あいさつ**

2

互いの技を見合い、教え合う活動で、〈可視の型〉〈記録の型〉を意識する。児童は、自分の端末で跳んでいる様子を動画で撮影してもらい参考にする。友達に、アドバイスを録音してもらうことも有効である。

意識する〈型〉

詳細な授業展開例は次ページへ GO

1 場の設置の工夫

跳び箱の位置を体育館中央に向かって助走をとるように設定することで、子供の運動方向が同じになり、教師が多くの子供の動きを把握しやすくなる。

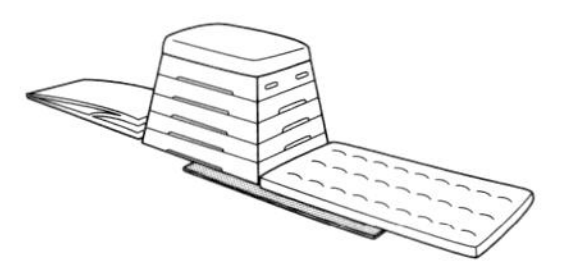
滑り止めシートは、跳び箱とマットの両方に重なるように置く。

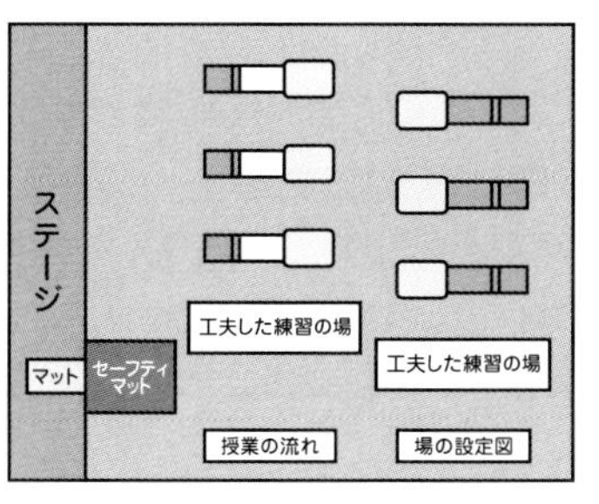

2 グループで学習を進めるときの配慮

技の習得に向け、お互いが見合い、教え合えるグループ学習を展開していく。3～4人でグループを組み「運動に取り組む子供」と「見てアドバイスをする子供」に分かれる。
数回取り組んだらペアごと入れ替わると運動する時間の無駄が少なくなる。

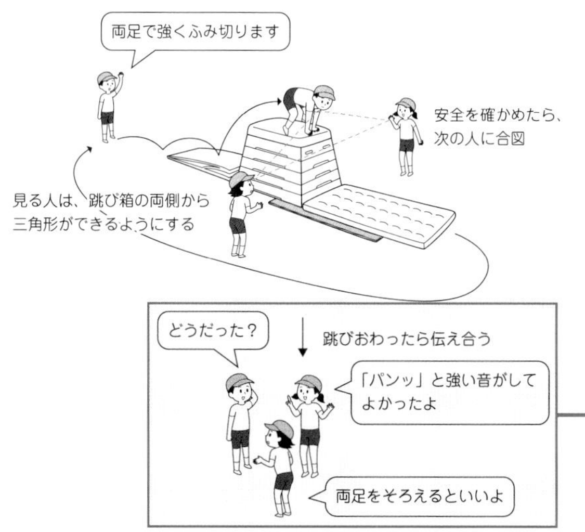

ツールの効果

- 手本となる動画の[再生リスト]を配信することで、児童が自分に合った動画をすぐに確認し、参考にできる。
- 撮影してもらった自分の跳び方を動画で確認することで、課題が明確になる。
- 記録として残せるので、成長過程や前回の振り返りが容易になる。

4

学習を振り返り、まとめる活動で、〈創造の型〉を意識する。**スライド** に自分のよいフォームの動画を挿入し、[テキストボックス]で振り返りを入力し、最後に **Classroom** で提出する。

3

お互いのアドバイスを伝え合う活動で、〈対話の型〉を意識する。児童は、グループで共有した **スライド** で、一人ひとり個別の **スライド** に記録し、そこに[コメント]で互いにアドバイスを入力していく。

小学校

体育 第4学年

Googleで10X授業

技の習得・習熟を目指そう①

事前の準備

❶ 跳び箱の動画を YouTube で検索し、[再生リスト]を作成しておく。

❷ 学び合いとまとめの部分で活用する学習カードを スライド で作成し、児童の人数分コピーしておく。

YouTube

Google スライド

活動のポイント

撮影した日：

名　前：

撮影した動画をここに追加しましょう。[挿入]＞[動画]から選択します。

気づいたことを書きましょう。

がんばったことを書きましょう。

授業の流れ

1 動画を視聴し、授業の見通しを持つ

教師は Classroom から YouTube [再生リスト]の URL を[資料]で配付し、本時の見通しを持たせる。児童は、自分が挑戦する技に応じた動画を視聴し、ポイントを確認し、本時の活動に対するイメージを膨らませる。

2 自分の跳び方を動画で確認し、改善に生かしていく

児童はグループに分かれ、互いに跳び箱を跳ぶ動画を自分の端末で撮影し合う。練習後、各自で自分のフォームを動画で確認しながら、よりよい跳び方ができるように練習に活かしていく。

自分のフォームを動画で撮影し、その動画を視聴してよりよい跳び方ができるよう練習に活かす

撮影した動画を、学び合いや振り返りの場面でも活かす

3 自分の技を振り返り、改善点を確かめる

教師は スライド で作成した学習カードを Classroom から配付する。児童は自分の記入する スライド に氏名を入力してから動画を一つ選んで挿入する。さらに、頑張った点や気になる点を学習カードの指示に従って入力する。

4 友達の スライド を確認し、[コメント]でアドバイスする

児童は、自分の スライド を完成させたら、 スライド 動画や本人のコメントを見る。アドバイスや励ましのメッセージを[コメント]を使って入力する。教師は、授業後でも児童の画像や言葉で各自の学びを確かめ、個に応じた評価や助言を行うことが可能となる。

小学校

体育
第６学年

単元名: 病気の予防: 喫煙

第１時 / ４時

喫煙の害について考えよう

板書シリーズ 実践活用例の概略

使用するツールと機能

Google Classroom

Google Jamboard

Google スプレッドシート

Google Classroom：課題の配付 / 回収 / 評価
Google Jamboard：背景を設定 / 付箋 / 手書き入力 / 同時編集
Google スプレッドシート：表作成 / シート追加 / 同時編集 / コメント

本時案

1/4

喫煙の害について考えよう

本時の目標

喫煙は、呼吸や心臓の働きに影響を与えること、受動喫煙により周囲の人々の健康にも影響を及ぼすことを理解することができる。

評価のポイント

喫煙は、呼吸や心臓の働きに影響を与えること、受動喫煙により周囲の人々の健康にも影響を及ぼすことを理解できたか、ワークシートに具体例を示しながら書けているかをチェックする。

本時の板書のポイント

point 1 最初の発問に対して、子供から出た発言を、体と心に分けて板書することにより、既習事項とこれから学習する内容とに分ける。

point 2 心は「感情」「社会性」「思考力」で成り立っていること、その３つは年齢によってどのように違うのか、比較して考えられるように、表にしてまとめる。

point 3 心はどのようなことを通して発達するのかについて、表の途中に子供の発言を書き込み、いろいろな生活経験が大切になることを視覚的に理解できるようにする。

本時の展開 ▷▷▷

1 なぜ、20 歳未満の喫煙を禁止する法律があるのかを考える

後半の４時間も病気の予防について学んでいくことを伝え、見通しをもたせる。そして「なぜ、20 歳未満の人がたばこを吸ってはいけないという法律があるのでしょう」と発問する。特に未成年は体に悪い影響が大きいことをおさえる。

2 喫煙にはどのような害があるのかを考え、理解する

一人一人の生活経験が違うので、「喫煙にはどのような害があるでしょうか」と発問し、グループでブレインストーミングをさせる。全体共有をした後に、正しい知識を伝える。副流煙についてもここで指導する。その際、養護教諭と連携しながら授業を進めると効果的である。

授業の流れ

1

単元の見通しを持つ場面で〈可視の型〉を意識する。教師は Jamboard に[背景を設定]で課題を挿入し、授業の流れを確かめる。児童は気付きを[付箋]で入力していく。

2

喫煙の害についてグループで話し合う活動で、〈可視の型〉を意識する。教師は Jamboard の二つ目の[フレーム]をグループの数だけコピーし、児童は[付箋]で考えを記入しながら、話合いを深めていく。

意識する〈型〉

詳細な授業展開例は
次ページへ GO

病気の予防

喫煙の害について知り、健康について考えよう

なぜ20歳未満は禁止なのか。
・成長中だから
・体に悪いから
・子供だと悪いことが多くなる

喫煙の害 → 周りの人にも…
・吐き気　・せき、たん
・食欲の低下　・歯の汚れ
・思考力の低下　・めまい
・息切れ　・心臓がドキドキ
・運動能力の低下
・がん → たばこをすう人はすわない人に比べると、がんによる死亡率が、どのようにちがうのでしょうか。

こう頭がん	32.5 倍
食道がん	2.2 倍
肺がん	4.5 倍
肝臓がん	1.5 倍
胃がん	1.5 倍

喫煙しない人にも害がある

すいこむ側のけむりより、火のついた先のけむりに有害物質が多くふくまれている

火のついた先のけむりの中の有害物質は
・タール　3.4 倍　がんの原因になる
・ニコチン　2.8 倍　血液の流れをさまたげる
・一酸化炭素　4.7 倍　体が酸素不足になる

自分はどうする？
・病気になりやすくなるから減らしてほしいと言う。

ツールの効果

- 思いついた考えを、数にとらわれず自由に表現することができるようになる。
- 各自の考えをクラス全員で可視化し、短時間で多くの友達の意見に触れ、考えを深めることができる。

3 習得した知識を使って、課題解決をする

習得した知識を使って、「身近な家族がたばこを吸い出したら、自分はどうするか」を考える。発表し合うことで、様々な伝え方や投げかけ方があることにも気付かせたい。また、他の課題解決（高校生になったとき、同級生がたばこを吸っていたら自分はどうするか、など）をすることも考えられる。

 喫煙の害と健康についてまとめる

今日の学びや、これからの生活で生かしていきたいことなどをワークシートに記入するように促す。

週案記入例

[目標]
喫煙は、呼吸や心臓の働きに影響を与えること、受動喫煙により周囲の人々の健康にも影響を及ぼすことを理解することができる。

[活動]
喫煙の害について考える。

[評価]
喫煙は、呼吸や心臓の働きに影響を与えること、受動喫煙により周囲の人々の健康にも影響を及ぼすことを理解できたか。

4

本時の活動をまとめる活動で、〈対話の型〉を意識する。児童は 3 の **スプレッドシート** に本時のまとめを入力する。その後、お互いのまとめを読み合い、[コメント]で感想を入力し合い、学びを深めていく。

3

習得した知識を活かし、喫煙の害を防ぐ方法を考える活動で、〈共有の型〉を意識する。教師は1枚の **スプレッドシート** を全員で[共有]する。児童は、自分の考えを再構築して入力し、互いに参考にしていく。

小学校

体育 第６学年

Googleで10X授業

喫煙の害について考えよう

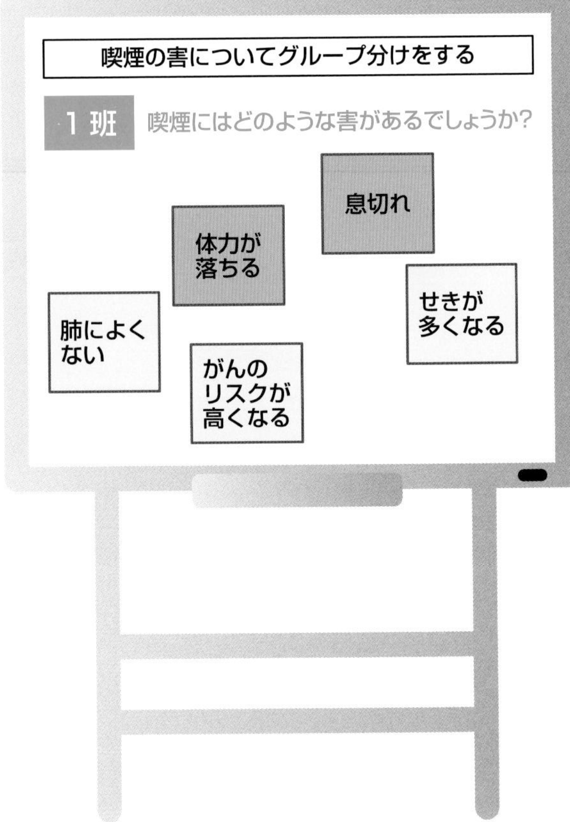

事前の準備

❶ 導入とグループ活動で使用する Jamboard は、必要数の[フレーム]を一つの[Jam]で作成しておく。

❷ 全体で考えを入力し、学び合う スプレッドシート を作成しておく。クラス名簿から名前を貼り付け、必要な項目を設定しておく。

❸ ❶と❷を Classroom から[生徒はファイルを編集可能]で配付できるように準備しておく。

Google Jamboard

Google スプレッドシート

Google Classroom

授業の流れ

1 授業の見通しを持ち、喫煙を禁止する法律について考える

教師は Jamboard の１フレーム目を示し、本時の見通しを持たせる。児童は、グループの数だけコピーした[フレーム]に、課題に対する自分の考えを各グループごとに[付箋]で入力していく。教師は、友達の考えも参考にするように助言する。

2 喫煙の害について考え、グループで話し合い理解する

教師は Jamboard の２フレーム目を示し、グループの数だけコピーする。児童は、自分のグループの[フレーム]に自分の考えを入力する。その後、グループで話し合いながら[付箋]を操作しながらグループ分けして喫煙の害について可視化し、理解を深める。

喫煙の害について
ファイル 編集 表示 挿入 表示形式 データ ツール アドオン ヘルプ 最終編集：数秒前

	A	B	C
1	番号	名前	身近な家族や友達がタバコを吸い出したら自分はどうしますか？
2	1	●●●●	いらないよタバコなんて
3		●●●●	吸うと病気になるからいらないよ
4	3	●●●●	ぼくはタバコなんていらない。体に悪いんだよ。
5	4	●●●●	
6	5	●●●●	いらない
7	6	●●●●	1本でもやめられなくなるからいらない
8	7	●●●●	友達でもたばこはまた別だよ
9	8	●●●●	僕は吸わないって決めているから。
10	9	●●●●	ぼくはタバコなんていらない。体に悪いんだよ。
11	10	●●●●	きみにとってもよくないよ。
12	11	●●●●	いらない
13	12	●●●●	1本でもやめられなくなるからいらない
14			

3 習得した知識を活用し、課題解決の方法について考える

教師は、**スプレッドシート**を[生徒は編集可能]で配付する。児童は、友達や家族が喫煙した場合の対応策を考え、入力する。同時に多くの友達の意見も参考にしながら、よりよい方法を考え、実行できるようにしていく。

4 喫煙の害と健康について、全員でまとめていく

教師は、3の**スプレッドシート**に「振り返り」の項目を挿入する。児童は、そこに「喫煙の害と健康」について気付いたことを入力する。その後、お互いに読み合い[コメント]で交流することで考えを広め、理解を深める。

小学校
外国語活動
第3学年

単元名: Unit 8 What's this?

第4時 / 5時

クイズを作ってリハーサルをしよう

板書シリーズ 実践活用例の概略

使用するツールと機能

Google Jamboard

Google 検索

Google Jamboard：背景を設定 / 付箋 / 手書き入力 / 同時編集
Google 検索：キーワード検索 / 画像検索

第4時 クイズを作ってリハーサルをしよう

本時の目標

学級の友達とクイズを出し合って仲よくなるために、相手に伝わるように工夫しながら、あるものが何かを尋ねたり答えたりして伝え合う。

準備する物

・絵カード（前時と同様）（掲示用）（子供用）
・クイズ用台紙、色画用紙
・クイズメモ用紙
・黒板掲示用キーセンテンス
・評価用付箋紙　・振り返りカード

本時の言語活動のポイント

前半のクイズが終わった後に、答えにつながるように「相手に伝わる声の大きさや速さ」「ジェスチャー」「反応」など、伝え方を工夫している子供や既習語句や表現を用いてヒントを出している子供を紹介する。また、単元の目的である「仲よくなる」「みんなのことを知る」「自分のことを知ってもらう」をもう一度確認し、さらに相手意識をもちながら交流できるようにする。

後半は、答えにつながるように工夫しながらやり取りする子供が増えることが予想される。

【「話すこと［やり取り］」の指導に生かす評価】

◎本時では、記録に残す評価は行わないが、目標に向けて指導を行う。子供の学習状況を記録に残さない活動や時間においても、教師が子供の学習状況を確認する。
・子供たちが完成した「すきなものハウス」クイズを出し合っている活動を中心に見取る。

本時の展開 ▷▷▷

1 クイズの答えやヒントを考え、クイズメモ用紙にまとめる

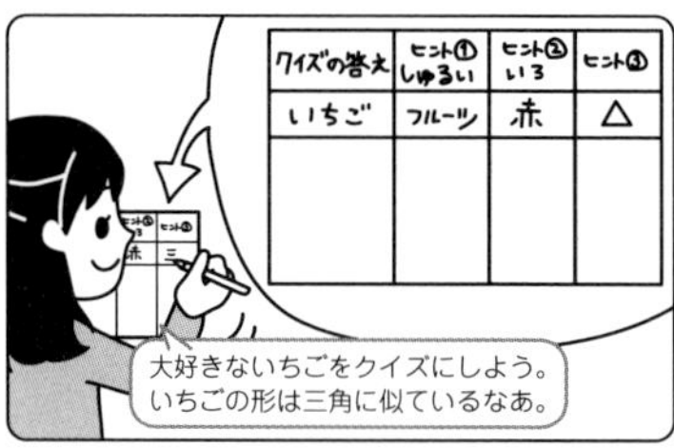

クイズの答えは、本単元やこれまでの学習で扱ったものから選ぶようにする。クイズの答えやヒントをクイズメモ用紙の表に日本語などでメモする。全体でヒントの出し方について確認したり、友達同士で相談したりしながら準備ができるようにする。

2 自分の「すきなものハウス」を使ってクイズを作る

台紙に好きなものの絵カードを6つ貼り、上からめくれるように画用紙を重ねて貼る。3つにはスリットを入れ、残り3つにはスリットを入れない。スリットの場所や形、幅の広さ、画用紙の色塗り等のデザインは子供の発想を大切にしながら作るようにする。

授業の流れ

1

「好きなものハウス」の作成を Jamboard で行う。〈活用の型〉を意識し、Google 検索の画像検索を使い、好きなものキーワードを英語で入力してクイズに使う画像を探す（英語での言い方が分からない場合は検索する）。

2

Jamboard の図形を画用紙の代わりに使えば、わざわざ画用紙を用意することが不要になる。図形を2枚使って画像の上に貼って目隠しとする。それを動かすことで、クイズのヒントとしていく。

意識する〈型〉

詳細な授業展開例は
次ページへ GO

Let's Try! 1 ／ **Unit 8**

3 4 クイズを出し合う

活動のポイント：答えにつながるように工夫しながら伝え合う

A) Hello, My name is 〇〇.
B) Hello, My name is △△.
A) Quiz O.K?
B) O.K.
A) This is my すきなものハウスクイズ.
What's this?
B) Hint, please.
A) O.K. It's a fruit.（ゆっくりとした声で）
B) Melon?
A) No, sorry.
B) Hint, please.
A) O.K. Monkey.
（ジェスチャーしながら）
B) Banana?
A) That's right.

前半のクイズの後、中間指導の時間を設け、答えにつながるように工夫しながら伝えている子供を紹介する

【子供同士で紹介し合う】

この人のこのヒントで答えが分かったということを紹介してください

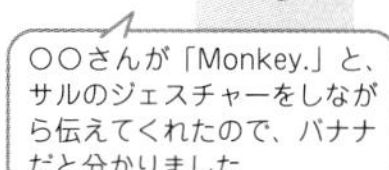

〇〇さんが「Monkey.」と、サルのジェスチャーをしながら伝えてくれたので、バナナだと分かりました

【教師が紹介する】

答えの「トマト」につながるように、It's summer. と季節の言葉を使っているのがいいなと思いました

3 クイズを出し合う（前半）

完成したクイズを出題し合う前に、クイズを友達と出題し合う目的を確認する。「仲よくなる」「みんなのことを知る」「自分のことを知ってもらう」等の目的が出されることが予想される。クイズは教室内を自由に歩き、ペアで出題し合うようにする。

4 クイズを出し合う（後半）

前半の後、「声の大きさや速さ」「ジェスチャー」「反応」「ヒント」等工夫して伝えている子供を紹介する。後半は、工夫できている子供に付箋紙（青：声の大きさや速さ、赤：反応、緑：ジェスチャー、黄：ヒントの工夫）を渡し、自信へとつなげていく。

ツールの効果

- 画像検索で絵を描く手間が不要になる。
- 英語で検索する練習にもなる。
- 自分や友達の考えを可視化し、さらにそれを伝え合うことが容易となる。
- 短時間で多くの友達の意見に触れることができる。
- 考えをやり取りすることで、対話ができるようになる。

4

付箋紙で行うコメントは、Jamboard で行うほうが効率的である。発表した児童の Jamboard に、他の児童が発表の工夫について気付いた点を、色分けした[付箋]に書き込んで貼らせていくようにする。

3

児童がクラス全体の前で発表する際には、他の児童にも画面を見やすくするために〈共有の型〉を意識する。Jamboard をリンク共有して、それぞれの児童の端末上で画面を見られるようにするとよい。

小学校
外国語活動 第3学年

Googleで10X授業

クイズを作ってリハーサルをしよう

事前の準備

❶ クイズメモ用紙を用意する。
❷ Jamboard の共有リンクを Classroom から[生徒は編集可能]で配付できるよう準備し、[下書きを保存]しておく（個別だと煩雑なので、グループで一つにするとよい）。
❸ ❷に「すきなものハウス」の画像を作成して[背景に設定]しておく。

Google Classroom

Google Jamboard

授業の流れ

1 クイズの答えやヒントを考え、クイズメモ用紙にまとめる

クイズの答えは、本単元や、これまでの学習で扱ったものから選ぶことを基本とし、それ以外のものから出したい場合は、英単語を Google 検索（翻訳）などを使って調べるようにする（発音も必ず確認する）。ヒントをクイズメモ用紙の表に日本語などでメモする。

2 自分の「すきなものハウス」を使ってクイズを作る

教師が配付した Jamboard をグループで共有し、1人1フレームで「すきなものハウス」の作成に取り掛かる。画像検索で「すきなもの」を英語で調べて、クイズで使う画像を探し、挿入する。画像を隠すためのカードを図形で作成し、すきなものの画像の上に重ねる。

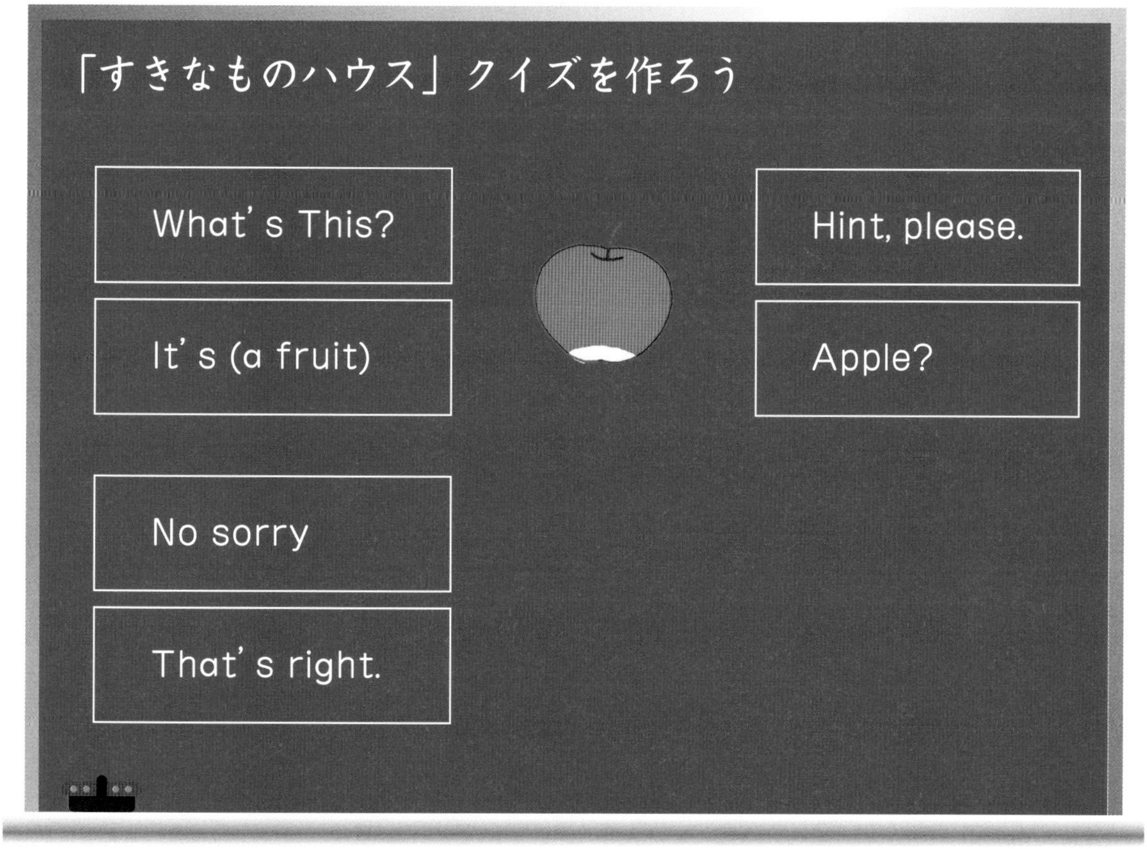

「すきなものハウス」クイズを作ろう

What' s This?

It' s (a fruit)

No sorry

That' s right.

Hint, please.

Apple?

3 クイズを出し合う（前半）

Jamboard で作成した「すきなものハウス」の画面を見せて、クイズを出し合う。クイズはグループ内で出題し合うようにさせる。教師は机間指導をして、お互いが臆せずに英語でコミュニケーションし合えるように促していく。

4 クイズを出し合う（後半）

「声の大きさや速さ」「ジェスチャー」「反応」「ヒント」等工夫して伝えている児童を全体で紹介し、発表してもらう。児童が作成した Jamboard をクラス全体で共有し、発表に工夫が見られる点について、Jamboard の付箋にコメントを書いて伝える。

単元名: Unit3 Let's go to Italy.

第2時 / 8時

行きたい国について話そう

板書シリーズ 実践活用例の概略

使用するツールと機能

Google スライド　Google Earth

Google スライド：画像・動画・リンク挿入 / 同時編集 / コメント
Google Earth：3D 地図教材

第2時 行きたい国について話そう

本時の目標

行きたい国について話すことができる。

準備する物

・国旗、有名なものなどの絵カード（掲示用）
・デジタル教材
・センテンスカード（掲示用）
・Picture Dictionary
・振り返りカード

本時の言語活動のポイント

前時に各国の特色として扱った食べ物を受けて、好きな食べ物を話題として提供する。教師（同士）が“I like *gyoza*. How about you? It's good.” などと既習の表現などで会話し、教師と子供、子供同士のやり取りへとつなげる。また、本時には、ペアで行きたい国を話す活動を設定している。第1時から耳にしている I want to go to ～. という表現であるが、子供はここで初めて「使う」ことになる。「使う」ことにより子供は言葉の意味を理解し、自己の課題にも気付き、主体的な学びが促されるであろう。

【「話すこと［やり取り］」の指導に生かす評価】
◎本時では、記録に残す評価は行わないが、目標に向けて指導を行う。
・行きたい国について話す活動を中心に見取る。まだ十分に慣れていない段階であるので、必要に応じて活動を止めて全体に指導したり、個別支援をしたりして、子供の学習改善につなげる。

本時の展開 ▷▷▷

1 Small Talk 好きな食べ物について話す

第1時に各国の特色として扱った、食べ物をテーマとする。モデルを見せた後、子供同士の活動へ移る。その後、できれば全体で「言えなくて困ったこと」などを共有して、どう言えばよいのかを全体で学び合う時間とする。それを踏まえ相手を替え、もう一度行うとよい。

2 国旗クイズ、ポインティング・ゲームをする

前時を想起させるため、封筒の中に国旗カードを入れて、“What country is this?” と尋ね、It ～（国旗の色など）. You can ～. などのヒントを出したり、封筒から国旗の一部を見せたりする。その後、「メトロラーニング」やポインティング・ゲームなどで国名に慣れさせる。

授業の流れ

1

活用　時短

国旗カードの代わりに、〈活用の型〉を意識し、画像検索で入手した国旗の画像を、Google スライド上で提示する。デジタルで用意することで、電子黒板などで拡大して提示することができる。また〈時短の型〉を意識し、各自の端末に配付すれば、児童がペアワークで活用できる。

2

活用

教師が英語で紹介した地名や世界遺産の写真をヒントに、児童がその場所を Earth で探す活動を行う。〈活用の型〉を意識し、実際の場所や世界遺産の画像を見つけることで、児童の興味・関心を高めることができる。

意識する〈型〉

詳細な授業展開例は次ページへ GO

NEW HORIZON Elementary 6 ／ Unit 3 **板書のポイント** 前時の活動を踏まえ国旗やその国の有名なものなどを整理して並べる。

Unit3 Let's go to Italy. 世界を旅しよう

めあて 行きたい国について話そう

Where do you want to go?

I want to go to

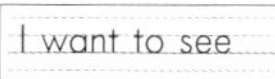

ツールの効果

- Earth を使うと、実際にその場所に行ったようなリアルな画像が見られ、児童の関心を高めることができる。
- Earth を使えば、どんな場所でも必ず探し出し、画像で提示することができ、児童の意欲を高めることができる。

3 Over the Horizon：Do you know? をする

可能であれば Starting Out や教科書 p.28に掲載されているもの以外にも世界遺産の写真を用意したい。写真を映して子供とやり取りしながら紹介する。単元ゴールに向けて、広く世界に目を向けさせ活動への意欲を高めたい。社会科などとの関連を図ると活動内容にも深まりが出る。

4 教師が行きたい国について話し、子供同士が話す

子供たちの海外の国々への興味・関心が徐々に高まっていると考える。ここで、ALT（第1時とは違う教師）が行きたい国と理由を伝えてモデルを示し、子供同士の言語活動につなげる。ペアになり、I want to go to ～. Why? I want eat/see ～. I like ～. などの表現を使って話す。

その他、英語学習で使える Google ツール

YouTube

好きな英語の歌を探し、紹介し合うなどの活動も楽しく取り組める。

Google 翻訳

単語だけでなく海外の Web サイトも翻訳できる。また、音声入力もできるので発音の練習にも活用できる。

3

今度は児童が〈活用の型〉を意識し、それぞれの端末で行きたい国を Earth で探していく。行きたい国が決まったら、その理由を考えて、ペアワークで紹介し合う活動を行う。

小学校

外国語 第6学年

Googleで10X授業

行きたい国について話そう

事前の準備

❶ 国旗の画像を探し、スライドで国旗クイズを作成する。
❷ ❶をClassroomの［課題］［生徒にコピーを作成］で配付する。
❸ 教師が紹介する場所を前もってEarthで調べておき、スムーズに提示できるようにしておく。

Google スライド

Google Classroom

Google Earth

授業の流れ

1 Small Talk 好きな食べ物について話す

第1時に各国の特色として扱った、食べ物をテーマとする。モデルを見せた後、児童同士の活動へ移る。その後、できれば全体で「言えなくて困ったこと」など共有して、どう言えばよいのかを全体で学び合う時間とする。それを踏まえ相手を交え、もう一度行うとよい。

2 国旗クイズをする

スライドで作成した国旗の画像を電子黒板に投影して、国旗クイズを行う。"What country is this?" と尋ね、It ～（国旗の色など）You can ～などのヒントを出したり、国旗の一部を見せたりする。Earthを使って実際に国の場所を確認してもよい。

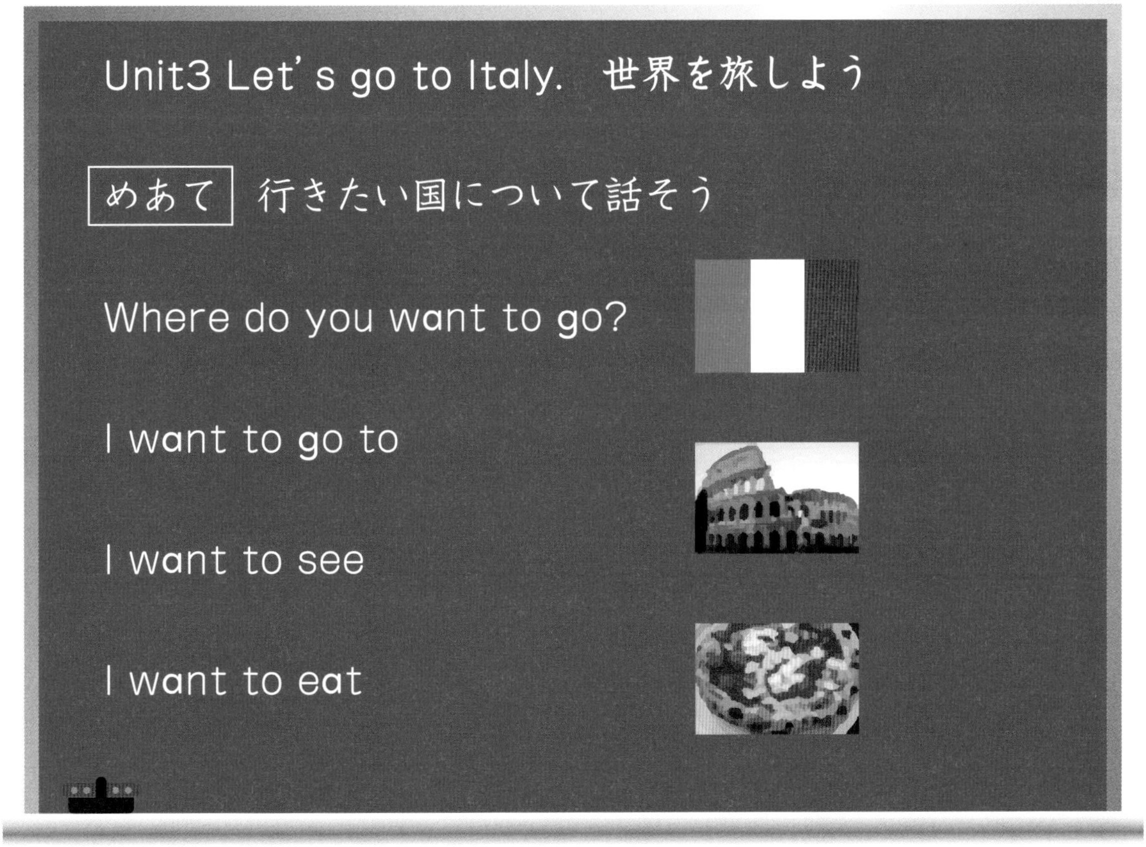

Unit3 Let's go to Italy.　世界を旅しよう
めあて　行きたい国について話そう
Where do you want to go?
I want to go to
I want to see
I want to eat

3　世界遺産クイズをする

イタリアに
あります！

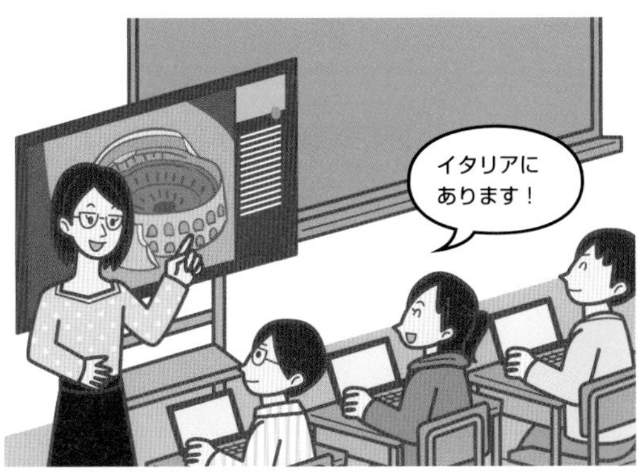

Earth で世界遺産の画像を次々と電子黒板に示して、児童とやり取りしながら紹介する。単元のゴールに向けて、広く世界に目を向けさせ活動への意欲を高めたい。社会科等との関連を図ると、活動内容にも深まりが出る。

4　児童同士で行きたい国や場所を紹介し合う

I want
to go India.

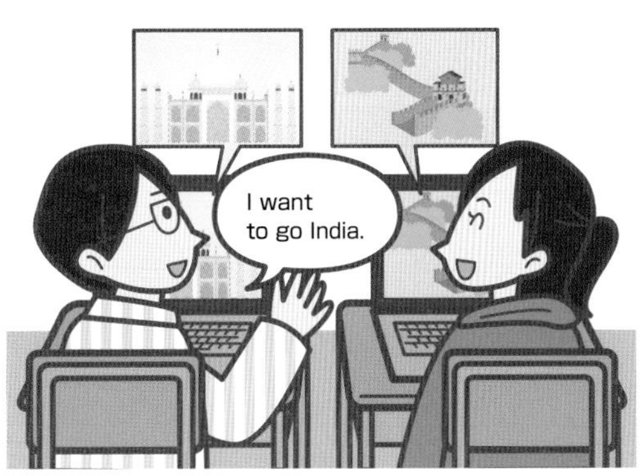

児童が各自の端末で Earth を立ち上げ、行きたい国や場所を検索する。行きたい国の理由がまとまったらペア活動とし、言語活動につなげる。I want to go ～ . Why? I want to eat / see ～ / I like ～などの表現を使って、画像を提示しながらお互いに英語で紹介し合う。

小学校

道徳 第2学年

教材名: るっぺどうしたの

るっぺどうしたの

板書シリーズ 実践活用例の概略

使用するツールと機能

Google Classroom

Google フォーム

Google Jamboard

Google Keep

Google Classroom：課題の配付／回収／評価
Google フォーム：データ収集／自動集計／グラフ化
Google Keep：手書き入力／メモ
Google Jamboard：背景を設定／付箋／手書き入力／同時編集

2年 教材名 **るっぺどうしたの**

出典：教出、廣あ、日文

A 3　節度、節制	主題名　気持ちよく生活を送る

1　ねらい

規則正しい生活を送ることは、快適な生活を送ることにつながることに気付き、わがままをせず、規則正しい生活を送ろうとする心情を育む。

2　教材の概要

①朝起こされてもなかなか起きない②靴のかかとを踏んでいる③ランドセルを閉めずにいて中身を巻き散らかす④砂場で友達に砂をかける、といった4つのことから、規則（きまり）正しく生活を送れていない主人公と、周囲の人達の様子が描かれている。

3　教材を生かすポイント

○るっぺのしたことを批判的に捉えることがしやすい教材である。そこで、るっぺの行為から、規則正しい生活を送らないと、快適な生活が送れないことを子ども達と考えていきたい。

○るっぺを批判的に捉えるだけではなく、自分にもるっぺのように、規則を守らず生活を送りたいと思ってしまうことがあることに気が付けるようにしたい。そこから、自分を律し、規則正しく生活を送ることで、気持ちよい生活ができることを考えていく。

4　本授業の展開

学習活動と主な発問等	●指導の手立て　◆板書の工夫
1 気持ちよく生活を送るために、どんなことをしているか生活を想起する。	◆子どもから挙がった考えは、板書していつでも見返すことができるようにする。
気持ちよく生活を送る。	
2 教材「るっぺどうしたの」を読んで話し合う。 Q1 るっぺは、気持ちよく生活を送れているのでしょうか。 Q2 みんなで、るっぺにアドバイスをしましょう。 2-2 **3** 自分の生活を振り返り、自分を見つめる。 Q3 間違っていることをしたい気持ちに負けずに、気持ちよく生活を送れたことはありますか。	◆るっぺの4つの出来事を、場面絵を掲示しながら確認する。 ●Q1の発問後、意見が出ないときは、4つの場面絵から、行為の結果、るっぺはどのような気持ちになるかを考えてもよい。 ◆「気持ちよく生活できる」「生活できていない」の意見に分けて板書を行う。 ◆Q2では、アドバイスカードにアドバイスを書き、黒板に貼りに来る。 ◆Q3「〇〇したいけど、＿＿＿＿＿した よ！」と板書し、子どもの考えを促す。 ●規則を守らずに生活したい思いもあることに気付くようにする。
4 本時のまとめ	●テーマを振り返り、感想を伝え合う。

授業の流れ

1

時短

家や学校での生活を想起する活動で〈時短の型〉を意識し、**フォーム** のアンケート結果を表示する。日頃の生活の様子を問うような言葉かけをし、問題意識を持ってねらいとする価値にせまることができるようにする。

2

可視

共有

るっぺが気持ちよく生活を送れているかを考え話し合う活動で〈可視の型〉〈共有の型〉を意識し、**Jamboard** を使う。[付箋]を使って度合いを示すことで、話合い活動を活発化させるようにする。

意識する〈型〉

詳細な授業展開例は
次ページへ GO

1

Q1 では、４つの場面絵から、るっぺの行為は、「気持ちよく生活を送る」ことにつながるかを考えられるようにする。その際、理由も聞くようにする。

2

Q2 では、一人一人にカードを渡し、記述させてもよい。書けた子どもから黒板に貼りに来るように伝え、るっぺへのアドバイスを学級全体で共有する。

3

Q3 では「○○したいけど、＿＿＿したよ！」と板書し、空欄にあてはめられるよう子ども達に思考を促し、自分の生活を振り返ることができるようにする。

ツールの効果

- アンケートの集計、結果表示・共有が容易になるとともに、児童全体の状況を把握しやすくなる。
- 自分や友達の考えのリアルタイムの可視化、共有化ができ、対話を深めることができる。
- 発言が苦手な児童も意思表示がしやすくなり、多様な意見をもとに話合いをすることができる。

準備するもの・作り方

○場面絵
　2-05-1～4
裏に教材文を貼っておくことで、教材提示のときに、紙芝居として使うことができる。
○アドバイスカード（人数分）

板書を生かして盛り上げる工夫

○「○○したいけど、＿＿＿＿＿したよ！」と板書し、子どもの考えを促す。
○るっぺへのアドバイスをカードに書き、黒板に掲示する。

評価のポイント

○ Q1 で「気持ちよく生活が送れているか」について、様々な意見を聞いて多面的・多角的に考えているか。
○ Q2 Q3 で、自分の生活を想起し、話をし、終末で感想を述べる様子などから、自分の生活を振り返り、自分をみつめているか。
○発言や、表情、記述など

4

自分の生活を振り返り、自分を見つめる活動で〈可視の型〉を意識し、Keep を使う。さまざまな場面を見つめ直し、それらを手書き入力などを使って[メモ]へ自由に書き出す。

3

「るっぺ」へのアドバイスを書く活動で〈可視の型〉〈共有の型〉を意識し、Jamboard を使う。[付箋]を使って可視化することで、発言が苦手な児童も意思表示がしやすくなり、多面的・多角的な思考につなげることができる。

小学校

道徳 第2学年

Googleで10X授業

るっぺどうしたの

事前の準備

❶ 事前に「気持ちよく生活を送るためにどんなことをしているか」などの生活に関するアンケートを フォーム で実施する。

❷ Jamboard の背景画像に 2 3 のような画像を設定し、フレームを作成しておく。

Google Classroom

Google フォーム

Google Jamboard

Google Keep

授業の流れ

1 気持ちよく生活を送るために、どんなことをしているか生活を想起する

教師は、規則正しい生活に意識を向けさせるため、 フォーム で実施した生活に関するアンケート結果を大型提示装置に提示する。児童は、その結果を確認し、家や学校での生活を想起する。全体で確認していくことで、価値の方向付けにつなげていく。

2 教材を読んで話し合う①

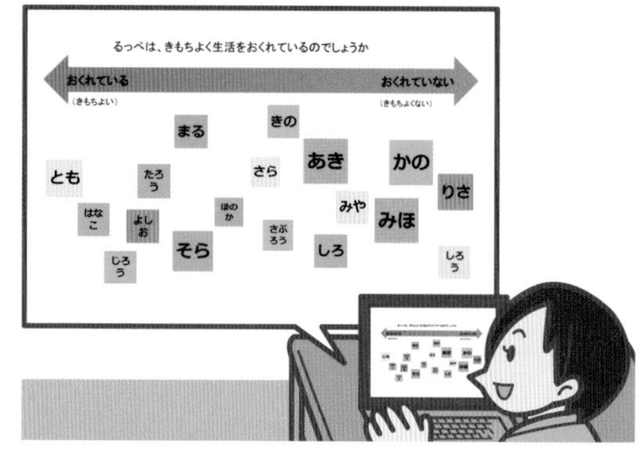

児童は、「るっぺ」が気持ちよく生活を送ることができているかについて考え、配付された Jamboard を開き、[付箋]に自分の名前を付けて配置し、話合いをする。気持ちよく生活を送れているといないの度合いを考えて[付箋]を配置することで、それぞれの考えが明確となる。

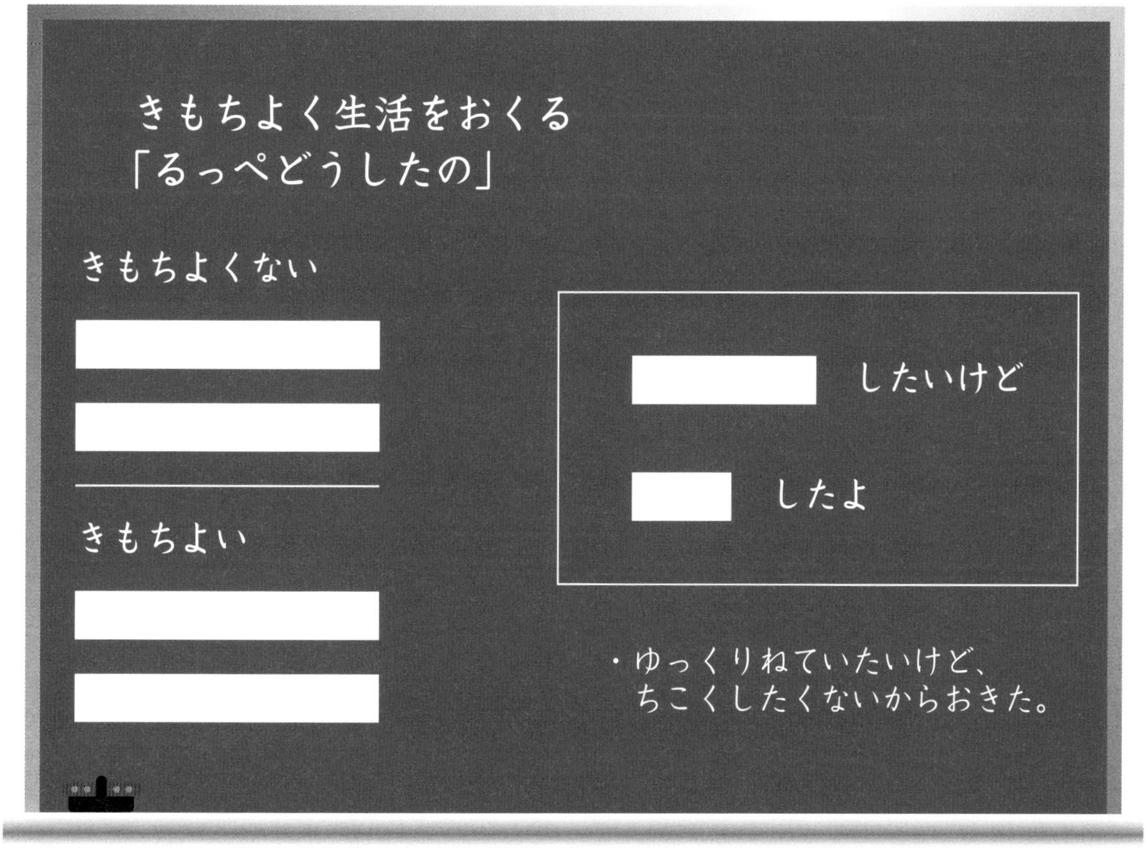

きもちよく生活をおくる
「るっぺどうしたの」
きもちよくない
きもちよい
したいけど
したよ
・ゆっくりねていたいけど、
ちこくしたくないからおきた。

3 教材を読んで話し合う②

「やめて」と言われたらなおそう！

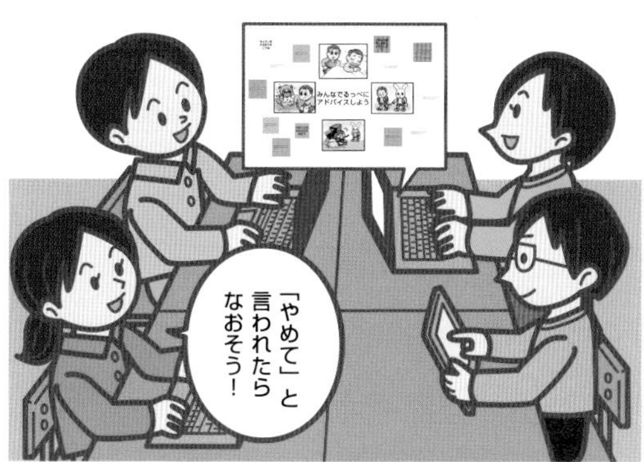

児童は、配付された Jamboard を開き、「るっぺ」へのアドバイスを、四つの場面絵ごとに音声や手書き入力で[付箋]に記入する。その後は全体でも共有し、話し合う。多様な考えを可視化することで、意見交流の活発化につなげることができる。

4 本時のまとめをする

遅刻したら
みんなに
迷惑を
かけて
しまうな
ゆっくりねて
いたいけど

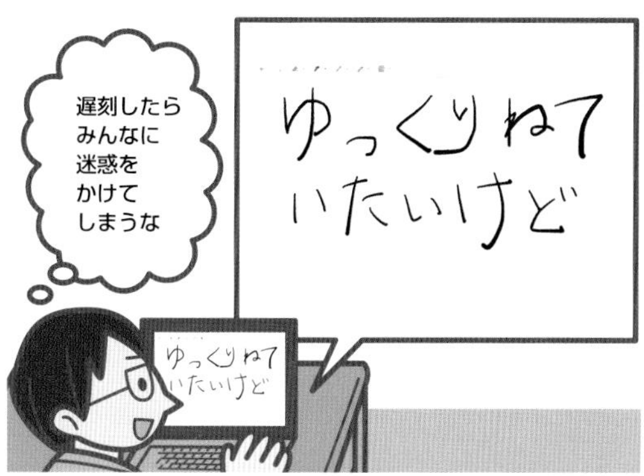

児童は、自分の生活を振り返り、音声や手書き入力で「○○したいけど、○○したよ」という形式で Keep に記入していく。その後、その[メモ]を配付された Jamboard の班ごとに指定されたフレームに画像としてコピーして貼り付け、班内で伝え合い、全体でも交流する。

小学校

道徳
第4学年

絵葉書と切手

板書シリーズ 実践活用例の概略

使用するツールと機能

Google Classroom

Google スライド

Google ドキュメント

Google フォーム

Google Classroom：資料の配付 / 課題の配付 / 回収 / 評価
Google スライド：画像・動画・リンク挿入 / 同時編集 / コメント
Google ドキュメント：画像 / リンク挿入 / 同時編集
Google フォーム：データ収集 / 自動集計 / グラフ化

授業の流れ

1

定形外郵便について説明する際に、〈活用の型〉を意識する。スライドで作成した定形郵便と定形外郵便の資料を大型提示装置で表示し、不足料金について、児童が視覚的にも理解できるようにする。

2

教材文を読み、自分の考えを表現する活動で〈可視の型〉〈共有の型〉を意識する。スライドに「心のスケール」を置くようにし、どのような立場の考えなのかを共有することで、対話の促進につなげるようにする。

4年 教材名
絵葉書と切手

出典：学図、教出、廣あ、日文、光村、学研（3年）

B4　友情・信頼　主題名　ずっと友だちでいたいから

1　ねらい

友達の過ちを伝えるか否か迷うひろ子について考えることを通して、互いに信頼し、助け合い、友情を深めていこうとする態度を育てる。

2　教材の概要

転校した仲よしの正子から絵はがきが届く。その葉書は、心のこもった内容にもかかわらず、定形外で料金不足だった。「正子に教えた方がよい」という兄と「お礼だけにしたら」という母の意見に悩むひろ子だったが、自分の思いが伝わることを信じ、手紙を書き始める。

3　教材を生かすポイント

○よく知られた葛藤教材である。葛藤場面を際立たせるために、教材を分け、「まよいました」までの前半のみを範読し、中心発問に入る。そこで、「自分だったらどうするか」を考えさせ、教材を通して、自分を見つめ、ねらいへと迫っていく。
○中心発問の後、教材を最後まで読み、ひろ子と自分とを比べ、ねらいとする価値について考える。
○兄と母を対比できるように板書し、それぞれの意見を考えた後、二人の友だち観を短くまとめ、自分の生活に生かしていく。

4　本授業の展開

学習活動と主な発問等	●指導の手立て　◆板書の工夫
1 定形外郵便について説明する。	●不足料金を説明しておく。
2 教材「絵はがきと切手」を読んで話し合う。	●「まよってしまいました」まで範読し、中心発問後、最後まで示す。
大切な友だちについて考えよう。	
Q1 兄はどんな考えから「教えてあげたほうがよい」と言ったのでしょう。2-1 Q2 母はどんな考えから「お礼だけ」と言ったのでしょう。2-2 Q3 自分がひろ子だったら、どうしますか？ 2-3	●絵はがきを受け取ったひろ子の気持ちを押さえた上で発問に入る。 ◆「兄」「母」の考えを発表させ、板書する。一通り意見が出た後、二人の友達観を短くまとめる。
Q4（教材の後半を示し）ひろ子は、手紙に何と書いたでしょう。2-4 3 今日の学習を通して、友達について考えたことを書く。	●ワークシートに記入し、じっくりと考えさせ、「どうしたらよいか」話し合う。 ●手紙の内容を考えることで、実際に「どう伝えたらよいのか」に触れ、自分の生活に生かそうとする気持ちを高める。
4 教師の友人についての話を聞く。	●困ったときの一言や過ちを指摘してくれた声など教師の体験を伝える。

意識する〈型〉

詳細な授業展開例は次ページへ GO

1

Q1 では「教えたほうがいいよ」という兄の言葉を取り上げ、どんなことを考えているか考え、板書する。その後に、短く友達観をまとめ示すことで、中心発問に生かしていく。

2

Q2 では、「お礼だけ」という母の言葉を取り上げ、どんなことを考えているか考え、板書する。兄の考えと逆にあることに気付かせ、友達への考えの視点を増やしていく。

3

Q3 以降では、母も兄も友達を思っていることに気付かせ、「自分なら」と問う。「どうするか」を話し合うことで、友達についての考えを深めていく。

準備するもの・作り方

○ワークシート
　4-16-1
○実物の葉書と定型の図
○場面絵
　4-16-2〜6
○手紙文の1例

板書を生かして盛り上げる工夫

○定形外郵便の説明では、実物の絵葉書などを見せて学習への関心を高める。
○「兄」と「母」を対比的に掲示する。二人の行動は逆だが、互いに友達のことを思っていることに気付かせることで、大切な友達について考える材料としていく。
○最後に具体的な伝え方にふれることで、自分の生活との接点を作る。

評価のポイント

○兄の考えや母の考えの違いに気付き、それぞれのよい点を思い浮かべ、友達について考えている。
○友達との関係について考え、自分の友達観を広げている。
○発言・反応、ワークシートでの記述などで評価する。

ツールの効果

・全体で共通理解させたいものを視覚的な支援で補うことができる。
・自分や友達の考えのリアルタイムの可視化、共有化ができ、対話を深めることができる。
・アンケートの集計が容易となり、児童の振り返りの状況の把握がしやすくなる。

4

本時の振り返りをする活動で〈評価の型〉〈時短の型〉を意識し、**フォーム**で、自己評価ができるようにする。児童の学習の振り返りについての回答データを集計し、それをさまざまな評価に生かすようにする。

3

「ひろ子」への手紙文を表現する活動で〈創造の型〉〈共有の型〉を意識し、**ドキュメント**の手紙として表現する。手紙を共有して、話し合い、自分の生活に生かそうとする気持ちを高める。

小学校

道徳 第４学年

Googleで10X授業

絵葉書と切手

友達の意見を共有することで話合いを促す

事前の準備

❶ スライド で定形外郵便を説明する資料を作成する。
❷ 2の画像のような スライド を作成し、学級人数分コピーしておく。
❸ ドキュメント で「手紙」枠を作成する。
❹ フォーム で本時の振り返りアンケートを作成する。

Google スライド

Google ドキュメント

Google フォーム

授業の流れ

1 定形外郵便について説明する

教師は、スライド で作成した定形外郵便についての資料を大型提示装置に提示し、定形外郵便について知らせる。また、不足料金についての説明も行う。これらのことで、児童が教材文にある状況を、視覚的にも理解できるようにする。

2 教材を読んで話し合う①

児童は、配付された スライド から番号指定された[スライド]を開く。「兄」「母」どちらの考えに近いのかを、「矢印」を左右移動させ、「どうするか」を書く。その後、大型提示装置にグリッド表示された友達の[スライド]を見て、矢印の位置が違う人や同じ人と話し合う。

大切な友だちについて考えよう

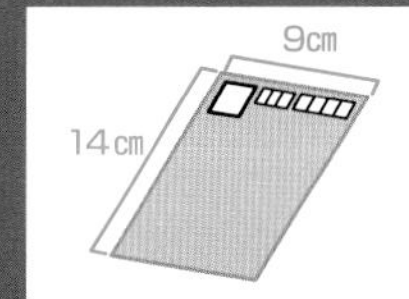

・せっかくくれたのだから
お礼だけにしたほうがよい
・間違いだと言われたら
気分を悪くするよ

定形外郵便

・友だちなら、まちがいは
きちんと教えてあげたほう
がよい
・どんなことでも言えるのが
友達だ

自分だったらどうするか

・他の人にもおなじまちがいをしないようにおしえてあげる
・離れているから、よろこんでもらえるよう、お礼だけする

ずっと友だちで
いたいから

・何でも言い合う
・たがいの気持ちを分かり合う
・相手の気持ちをよく理解する

3 教材を読んで話し合う②

児童は、「ひろ子」が手紙に何と書いたかを考え、配付 **ドキュメント** に、手紙形式で表現する。手紙を共有して意見交流をし、クラスのグループメールに[コメント権限]を付与する。手紙を互いに読み合い、[コメント]を記入する。書いた手紙は、 **Classroom** で提出する。

4 本時のまとめをする

絵葉書と切手

主人公の気持ちや行動を他の人物からも見つめ、考えることができた。
友だちの意見を聞き、「いいな」、「なるほど」と思うことが見つけられた。
考えが変わったり、納得できることが見つかったりした。
自分にできることや大切にしたいことを考えられた。

児童は、配付された **スライド** に追記する形で、今日の学習を通して友達について考えたことを書く。班で意見を交流した後に、全体で共有していく。また、児童は配付された **フォーム** を開き、授業の振り返りをしながら、自己評価を行う。

小学校

道徳 第5学年

ブータンに日本の農業を

板書シリーズ 実践活用例の概略

使用するツールと機能

Google Classroom

Google フォーム

Google Jamboard

Google スライド

Google Classroom：資料の配付／課題の配付／回収／評価
Google フォーム：データ収集／自動集計／グラフ化
Google Jamboard：背景を設定／付箋／手書き入力／同時編集
Google スライド：画像・動画・リンク挿入／同時編集／コメント

授業の流れ

1

他国の人々との交流について話し合うための活動で、〈時短の型〉〈転用の型〉を意識する。事前に児童に対して フォーム で実施したアンケート結果を、大型提示装置に表示する。

2

登場人物の複雑な思いについて考える活動で〈共有の型〉〈可視の型〉を意識し、 Jamboard を使う。共有化された［フレーム］に自分の考えを記入し、班で話し合い、全体でも共有する。

5年 教材名

ブータンに日本の農業を

出典：学図、教出

C 7 国際理解、国際親善 主題名 他国の人々とつながろう

1 ねらい

他国の人々や文化を理解し、日本人として国際親善に努めようとする態度を育てる。

2 教材の概要

外国人の入国を受け入れていなかった時代、日本からブータンへ農業の技術指導にやってきた西岡京治さん。日本式の田植えがなかなか受け入れられない中、「ブータンの農業の伝統に学ぶところは学び、時間をかけて、日本の農業のよさを示していこう」と考える。

3 教材を生かすポイント

○グローバル化が進展する今日、国際理解や国際親善の進展は重要な課題である。他国の文化や伝統を尊重する西岡さんの考えに触れる教材を生かす意義は大きい。
○本教材は、日本とは土地も文化も異なるブータンが舞台となっている。ブータンの人々の思いと西岡さんの思いを比較することで、他国の人々とつながるにはどうしたらよいか考えさせると効果的である。

4 本授業の展開

学習活動と主な発問等	●指導の手立て ◆板書の工夫
1 他国の人々との交流について、どんなことを感じているか話し合う。 **他国の人々とつながるために大切なこと**	●話合い後、西岡さんの写真を効果的に提示し、本時の学習テーマを板書する。
2 教材「ブータンに日本の農業を」を読んで話し合う。 Q1 西岡さんがブータンに行くことを決めたのは、どんな思いからでしょう。 2-1 Q2 日本式の農業をすんなり受け入れられないブータンの人々は、どのような思いでしょう。 2-2 Q3 ブータンの人々に西岡さんが伝えた日本式の農業が受け入れられたのは、どうしてでしょう。 2-3 **3** 他国の人々とつながるために大切なことを考え、ワークシートに書く。	●社会科の学習と関連させ、日本の農業をイメージできるようにする。 ◆「ブータンのために」という西岡さんの思いと、ブータンの人々の複雑な思いの違いが分かるように板書する。 ●楽で収穫が増える日本式の農業がなぜ受け入れられないのか、ブータンの人々の立場になって考えさせる。 ●小グループでの話合いの中で、ホワイトボードを活用し、考えを記録させる。 ◆ホワイトボードは、類似する物同士を近くにしたりマーカーで印を付けたりして、視覚的に整理する。
4 国際親善に努めている人々について教師の話を聞く。	●他の学校や子供たちの取組を紹介し、国際親善が身近なものとして感じられるようにする。

意識する〈型〉

詳細な授業展開例は次ページへ GO

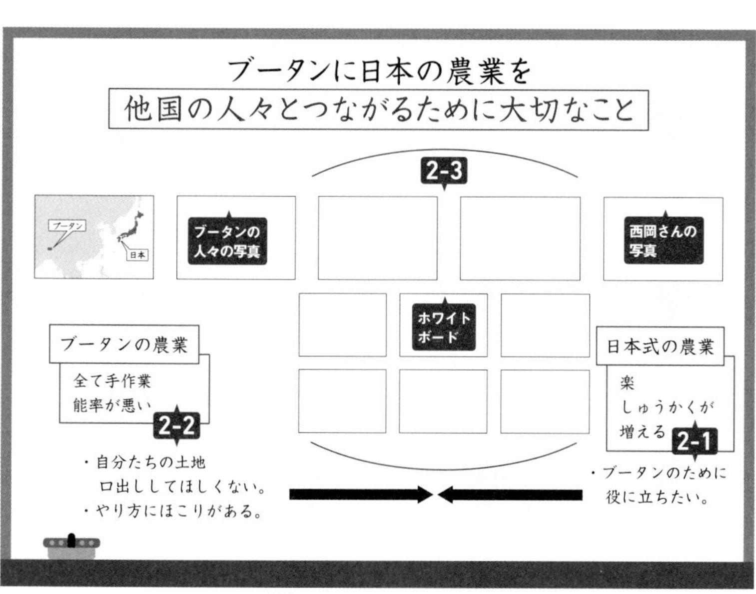

1

Q1 では、西岡さんとブータンの写真を離して提示する。地図を活用して日本とブータンの違いを押さえるようにする。

2

Q2 では、「日本式の農業」とすべて手作業の「ブータンの農業」を対比した板書になるようにする。発言を板書した後、矢印を書きながら整理すると効果的である。

3

Q3 では、児童にホワイトボードを貼らせた後、類似する物同士でまとめ、マーカーで色分けして整理する。話合い後、場面絵を線でつなげると効果的である。

ツールの効果

- アンケートの集計、結果表示・共有が容易になる。
- 思いついた考えを、数にとらわれず自由に表現することができるようになる。
- 自分や友達の考えのリアルタイムの可視化、共有化ができ、対話を深めることができる。

準備するもの・作り方

○ワークシート
　5-29-1
○地図
　5-29-2
○西岡さんの写真、ブータンの人々の写真
○ホワイトボード、マーカー、ネームカード

ICT の活用

○終末では、ICT を活用して国際親善の取組を画像や動画で紹介する。オリンピックの動画を活用して、他国の人々との交流に期待感をもたせることもできる。

評価のポイント

○Q2、Q3でブータンの人々の立場になって考えることで、他国の人々も同じように自国の伝統と文化に愛着や誇りをもっていることに気付いているか。
○Q1について事前にワークシートに記入させる。3の活動の際に、自分の考えを振り返りながら見つめているか。
○ホワイトボードにネームカードを貼らせると、児童の考えを確認することができる。

4

終末に〈転用の型〉を意識し、スライドを使う。国際親善の取組に関する動画や画像を見ながら、教師の話を聞くことで、他国の人々との交流についてより身近なものとして感じられるようにする。

3

自分や友達の意見の交流・整理をする活動で〈共有の型〉〈可視の型〉を意識する。班での話合いを Jamboard で整理し、全体でも意見を共有して、類似するもの同士でまとめたり、線でつなげたりする。

小学校

道徳 第5学年

Googleで10X授業

ブータンに日本の農業を

多様な意見をグループ化し、自分の考えを整理していく

ブータンに日本の農業を

ブータンの人々に西岡さんが伝えた日本式の農業が受け入れられたのはどうしてでしょう。

事前の準備

❶ フォーム で、児童向けに他国の人々との交流に関するアンケートを作成し、授業前に実施しておく。

❷ ブータンと日本を含む地図資料を スライド にて作成する。

❸ Jamboard で、2と3にあるようなワークシートを背景画像とし、それぞれ班の数だけフレームをコピーして作成しておく。

Google フォーム

Google スライド

Google Jamboard

授業の流れ

1 導入: 事前アンケートの結果をもとに話し合う

教師は、児童に フォーム で事前に調査した、他国の人々との交流ついてのアンケート結果を大型提示装置に表示し、本時の課題を考える手がかりとする。また、ブータンと日本を含む地図と西岡さんの写真を貼り付けた スライド も提示し、本時の学習テーマにつなげる。

2 教材を読んで話し合う①

児童は、「日本式の農業をすんなり受け入れられないブータンの人々は、どのような思いがあったのか」について考え、配付された Jamboard を開く。自分の考えを、[背景に設定]した[フレーム]上に[付箋]で記入し、班で話し合う。その後、全体で意見を交流する。

ブータンに日本の農業を

他国の人々とつながるために大切なこと

ブータンの農業
・すべて手作業
・能率が悪い

ブータンの人々に西岡さんが伝えた日本式の農業が受け入れられたのは？？

日本式の農業
・楽
・しゅうかくが増える

・自分たちの土地口出ししてほしくない
・やり方にはほこりがある

・ブータンのためにに役に立ちたい

3 教材を読んで話し合う②

児童は、ブータンの人々に西岡さんが伝えた日本式の農業が受け入れられた理由を考え、[背景に設定]した Jamboard の[フレーム]の上に自分の考えを記入し、班で話し合う。[付箋]を移動したり、マーカーで印を付けたりして整理しながら話し合う。

4 本時のまとめをする

教師は、事前に準備しておいた国際親善の取組に関する画像や動画のリンクを貼り付けた スライド を大型提示装置に表示する。他の学校や児童の取組を動画を交えて紹介することで、国際親善が身近なものとして感じられるようにする。

小学校

音楽 第2学年

4時間

どんな音が きこえるかな

題材の目標　身の回りのさまざまな音の特徴に気付いたり、そのよさや面白さを感じ取ったりすることを通して、聴き取ったことと感じ取ったこととの関わりについて考え、耳を澄まして音を聴くことができる。

使用するツール

Google Classroom

Google スライド

意識する〈型〉

事前の準備

❶ 板書の代わりに スライド を使う。学習問題と授業の流れを入力して可視化し、授業の見通しを持てるようにする。活動の中で児童が入力する スライド も2枚目以降に作成しておく。
❷ ❶で作成した スライド を Classroom の[課題]として下書き保存しておく。

授業の流れ

1　この題材での学習の見通しを持つ（1時間目）

この題材での学習の見通しを持つ活動で、スライド を使う。スライド に挿入した画像からイメージできる音を発表し、教師が[コメント]で入力していく。それを見ながら、校舎内外で、その音が聴こえそうな場面を発表し、イメージを広げる。

2　その場所へ行って音を探し、録音（録画）する（2時間目）

実際に音を探して集める場面で、端末のカメラで動画を撮影する。事前に練習し、1 で確認した校舎内外の場所に全員で移動しながら、イメージした音を録音（録画）するように促す。その音声（動画）データは、端末や ドライブ に個人アカウントで保存され事後に活用できる。

何の 音を 見つけたかな。　どんな 音 だったかな。

さわさわさわ
（よわい音が
とおくで
何回もきこえた）

見つかったかな こんな音 木のはのゆれる音

ほっとする音を見つけた

いちばん 心に のこった 音は 何かな。友だちに つたえよう。

活動のポイント

児童が一番心に残った音を録音（録画）し再現可能にすることで、前時に聴いた音を想起しやすくする。例えば、「木の葉の揺れる音」は「さわさわ」と「弱く繰り返して」聴こえたというように、音色や強弱についても、自分の言葉でまとめていく。また、「ほっとする音だった」と聴取と感受との関わりについて繰り返し考えさせることで、自分にとっての価値付けを深めていく。

3　見つけた音を言葉や絵で表現する（3時間目）

見つけた音を言葉や絵で表現する活動で、**スライド** を使う。児童は録音（録画）した音声データを挿入し、その音を選んだ根拠を[テキストボックス]に入力する。その後、同じ音を選んだ児童同士で **スライド** を［共有］し、感じ方の違いに気付かせるようにする。

4　見つけた音を発表する（4時間目）

児童が見つけた音とその根拠を発表し共有する活動で、**スライド** を使う。教師は児童の画面を［共有］して、大型提示装置に提示し、児童は選んだ音とその理由、感じ方を発表する。校舎内外でいろいろな音が聴こえ、違う感じ方があることを伝え、音への関心を高めていく。

小学校

音楽 第5学年

3時間

和音に合わせて 旋律をつくろう

題材の目標

和音と旋律の関わりや響き等について、そのよさを感じ取りながら理解し、音を音楽へと構成することを通して思いや意図を持ち、表現をするために必要な技能を身に付けることができる。

使用するツール

Google Classroom

Google スライド

Song Maker
（Google MusicLab）

意識する〈型〉

事前の準備

❶ 板書の代わりに スライド を使う。第1時の学習問題と学習活動を入力しておき、見通しが持てるようにする。
❷ 既習の「和音や低音の働き」を音で想起できるようにしておく。
❸ Song Maker[1] に教科書の事例を入力しておく。

授業の流れ

1 「和音に合わせた旋律づくり」について理解し見通しを持つ（1時間目）

「和音に合った旋律」とはどういうものかを考える活動で、Song Maker を使う。教科書の事例を Song Maker で音と画面で示し、イメージを膨らませ、学習の見通しを持たせる。楽譜との関わりにも触れるとよい。

2 旋律づくりのルールを理解し、和音を入力する（1時間目後半）

旋律のつくり方を理解する活動で、Song Maker を使用する。Classroom から URL を配信する。最初は4分音符で和音を入力する（シレソはレソシで入力）。保存後、各自で再生させⅠⅣⅤⅠの実際につくった和音の響きを味わわせる。

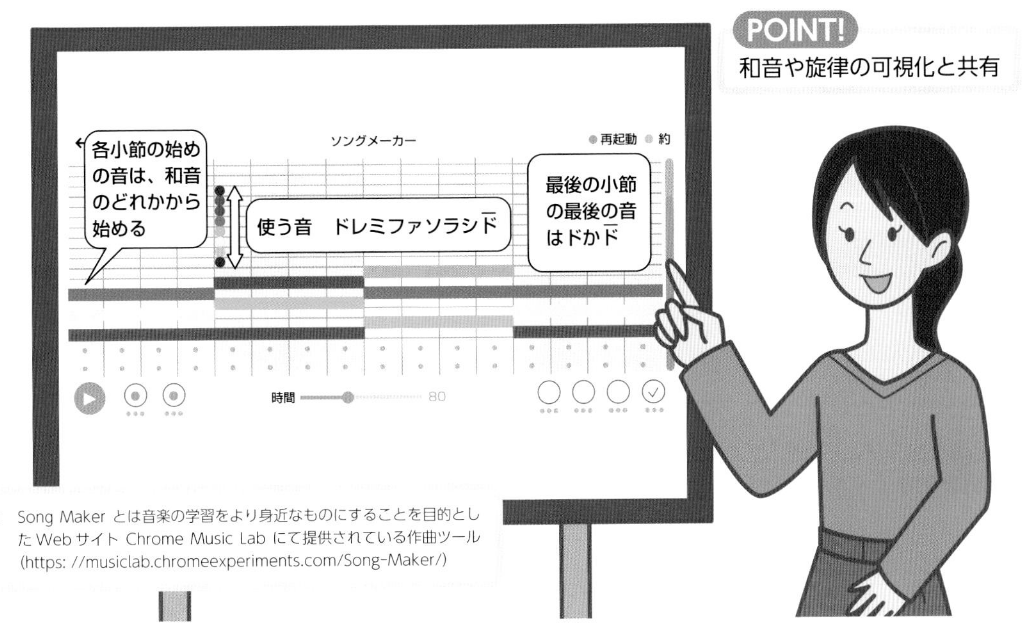

1　Song Maker とは音楽の学習をより身近なものにすることを目的としたWebサイト Chrome Music Lab にて提供されている作曲ツール (https: //musiclab.chromeexperiments.com/Song-Maker/)

活動のポイント

本題材の活動のポイントは、Song Maker による和音や旋律の可視化と共有による学習の深化である。「どのような旋律にしたいのか」という思いを、各児童が音符で表現する。児童の端末を大型提示装置で提示共有し、学級全員で工夫する活動を入れてもよい。その際は既習の学習も活かし、設定から「ビートを２分割」してリズムを工夫させたり、跳躍音程を使ったりする等の工夫もでき、楽譜に表すなどの学びにも広がっていく。

3　「思い」を持って、和音に合った旋律をつくる（2時間目）

自分の「思い」を表現する活動で、Song Maker を使う。児童は自分の「思い」に合った和音を可視化し、音を確かめながら旋律をつくる。教師は、児童に端末を持ち寄らせ、各小節の最初の音を和音の色の中から選ばせたり、最後の音を赤（ド）で入力させたりする。

4　「思い」の似た二人で協力し、8小節の旋律をつくる（3時間目）

二人一組で8小節の旋律をつくる活動で、Song Maker を使う。教師は、最初に前半4小節目の最後の音を何にすれば続く感じになるか問う。その後、似た思いのペアで[共有]するよう指示し、前半の3・4小節目を二人でつくらせ、前後半で分担・4小節ずつ再生させる。

2時間

「小さな自分」のお気に入り

題材の目標

「視点」を変えることで場所の持つ新たなよさを見つけ、自分の思いに合わせて題材の形や色、組合せなどを変えながらお気に入りの場所につくり変え、紹介し合う。

使用するツール

Google Classroom

Google スライド

Google フォーム

Google フォト

意識する〈型〉

事前の準備

❶ 事前に、校内で「小さな自分」の「お気に入りの場所」を探しておくよう児童に伝えておく。
❷「お気に入りの場所」には、楽しくなるように小道具で映画や舞台のようなセットをつくってもよいことも知らせておき、必要な材料を用意しておくよう児童に伝えておく。

授業の流れ

1 二人組で「楽しい場所」と「小さな自分」の画像を複数枚撮影する

二人組になって、お互いに自分で考えてきたイメージを伝え合う。その後、まずそれぞれの見つけた「お気に入りの場所」で、楽しい感じになるように準備した小道具を配置して写真を撮影する。次に二人組で場所に合わせたポーズの写真をお互いに撮影し合う。

2 使用する画像を選び、「小さな自分」の背景を削除する

Adobe Spark Post の[MyPost]でデータを新規作成する。まず フォト から撮影した「楽しい場所」の画像データを選んで取り出す。次に「小さな自分」にする画像データを取り出し、「背景を削除」で自分の姿の画像だけを切り取る。

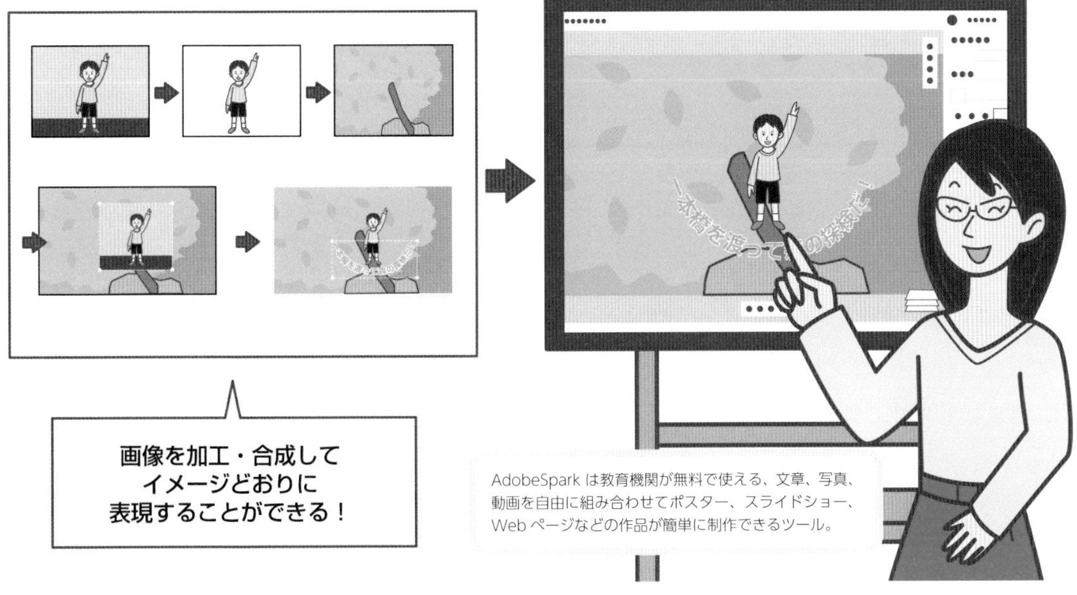

活動のポイント

Adobe Spark Post を用いることで、お気に入りの楽しい場所に「小さな自分」がいる風景を、自分の考えたイメージどおりに画像を加工し、合成することで表現できる。また、できた作品を スライド に貼り付け共有することで、児童一人ひとりがお互いの作品にコメントでき、作品のよさを受け止め、感じたことを言語化することもできる。

3 「小さな自分」の位置を決め、保存後、スライド に貼り付ける

「お気に入りの場所」の画像の中で、「小さな自分」を動かし配置を決める。小道具の写真を組み合わせ、さらに工夫する。次にテキストでタイトルを付け、Classroom で画像データを提出し、共有された自分の番号の スライド に、完成した画像データを貼り付ける。

4 スライド で作品をグループ内で相互評価する

まずは、グループ単位で、一人ずつ作品の説明をし、その後気付いたことを口頭や[コメント]でフィードバックし合う。コメントを見たり、他の作品を見て気付いたことをもとに自分の作品を改善する。最後に フォーム で自分の活動を振り返る。

2時間

わたしの感じる日本の美

題材の目標 身の回りの「日本の美」を見つけ、そのよさを知らない人に伝えるために、歴史的な背景や、形や色、材料などの特徴を調べることを通して、日本の美のよさを感じ、味わうことができる。

使用するツール

意識する〈型〉

事前の準備

❶ 生活の中にある「日本の美」だと思うものについて、画像を撮影したり、Google 検索で調べたりして、特に「美」を感じた部分を確かめておく。

❷ インターネットや本で自分の選んだ「日本の美」に関する情報を収集し、Keep に保存し、授業中の活動に転用して活用できるようにしておく。

授業の流れ

1 撮影した画像や調べた URL を スライド に挿入する

Classroom から[生徒は編集可能]で配付された スライド の自分の番号のワークシートに、自分で撮影した画像や URL を挿入する。なお、画像を選択する際には、教師は美しさや特徴が見てる人に伝わるかという視点で選ばせるよう、児童にアドバイスする。

2 選んだ「日本の美」の特徴を入力する

事前に収集して Keep でまとめた「日本の美」の歴史的背景や、形や色、材料などの特徴の情報から、相手に「日本の美」のよさが分かる情報を選択する。次に情報を整理し、それらを知らない人が、そのよさに気付くよう表現を工夫し、スライド に入力する。

活動のポイント

この学習は、身近な「日本の美」から、そのよさ、特徴に気付かせ、その上で見ている人に伝えるために、自分で撮影した画像や収集したWeb上の情報を活用し、考えを スライド にまとめる活動である。Keep に保存することで、授業での情報の加工、発信の時間を十分確保できる。スライド で可視化、共有し、[コメント]でフィードバックし合うことで、よりよい表現にし、考えも深めることができる。

3 スライド をグループ内でフィードバックし合い、修正する

スライド をもとにグループ内で一人ひとりが説明した後、発表者以外が[コメント]でフィードバックしていく。発表が終わった後、もらった[コメント]をもとに、自分の発表スライドに不足している内容を収集して追加したり、説明の文を修正したりする。

4 フォーム で今日の学びを振り返る

フォーム で、今日の学びを通して、考えたことや、学んだこと、これから自分がやろうとしてることを書くことで、今日の自分の取組を振り返り、次の時間の活動に活かせるようにする。

小学校

全学年
(夏休みオンライン宿題配信)

学習

身近な自然でアートしよう

学習の目標 自宅周辺の身近な自然に興味・関心を持ち、自然の素材を活用して作品をつくり、お互いに鑑賞することを通して地域の自然のよさを知り、互いに作品づくりに活かせるようにする。

使用するツール

意識する〈型〉

共有　時短　可視　対話

事前の準備

❶ 夏休み前に、夏休みになったら、身近な自然の素材を集めておくように指示しておく。
❷ Classroom から[課題]を作成し、配信しておく。

学習の流れ

1 家の外に出て、身近にある自然の葉や石から自分のお気に入りのものを見つける

児童が自分や家族と身近な素材を探す活動で フォト を使う。児童は、自分の家の庭や地域の中で、気に入った自然の写真を端末で撮影したり、素材を採取しに行ったりした際の写真を撮影したりして、保存しておく。また、工作の場合は、気に入った素材の実物を採集しておく。

2 空き容器につめたり並べたり、絵を描いたりして作品をつくり、端末で撮影する

作品をつくる様子や作品の写真を撮影する活動で フォト を使う。児童は、自分たちが作品をつくる過程やつくっている様子を端末で家族に撮影してもらったり、完成した作品を自分で撮影したりしながら写真を蓄積し、その中から、提出する写真を選ぶようにする。

活動のポイント

本学習の活動のポイントは、Google Workspace for Education の活用による「オンライン宿題」での創作活動の実施である。Classroom を活用することで、夏休み期間中に、各自が家庭で制作した作品を鑑賞し合い、お互いに交流することが可能となる。また、教師も作品を通したやり取りで、長期休業中の児童の様子を把握することもできる。

3 撮影した作品の写真を提出する

児童が作品を提出し、教師が評価する活動で、Classroom を使う。児童は、自分の撮りためた作品の写真から一番気に入った写真を Classroom から提出し、特に、伝えたいポイントを［限定コメント］に入力する。教師も評価を［限定コメント］で返し、助言していく。

4 お互いの作品を鑑賞して、感想を交流する

お互いの作品を鑑賞して、感想を交流する活動で、Classroom を使う。教師は［クラスのドライブフォルダ］に自動作成された本時の作品が保存されたフォルダの画像を児童の［グループ］で［共有］する。児童は、お互いの作品を見合い、感想を［クラスのコメント］で交流する。

小学校

家庭 第5学年

1時間

どんな生活をしてるのかな

本時の目標　家庭における家族の仕事を調べて、どんな仕事を誰がやってるのかを考えることを通して、分担を見直し、家族の中での自分の役割を考えることができる。

使用するツール

Google Classroom

Google Jamboard

Google フォーム

意識する〈型〉

事前の準備

❶ Jamboard で、家族全員が家庭内で分担している仕事について、[付箋]を貼る[Jam]を作成しておく。
❷ Classroom から❶の[Jam]を[課題]の[各生徒にコピーを作成]で配付しておく。その際、[詳細]に黄色の[付箋]1枚につき、一つの仕事を記入するよう指示しておく。
❸ 教師は思考ツールのXチャートを画像データにし、Classroom の[資料]で準備しておく。

授業の流れ

1 グループごとに調べてきた家族の仕事を伝え合う

グループごとに、Jamboard を見ながら、一人ひとりが家で調べてきた、家族全員に関わる家庭の仕事を発表し合う。次に、他のメンバーの発表の中で、抜けている仕事を、お互いに教え合う。児童は自分が記入していなかった内容を[付箋]で追加していく。

2 Xチャートを用いて、各児童が家庭の仕事を分類する

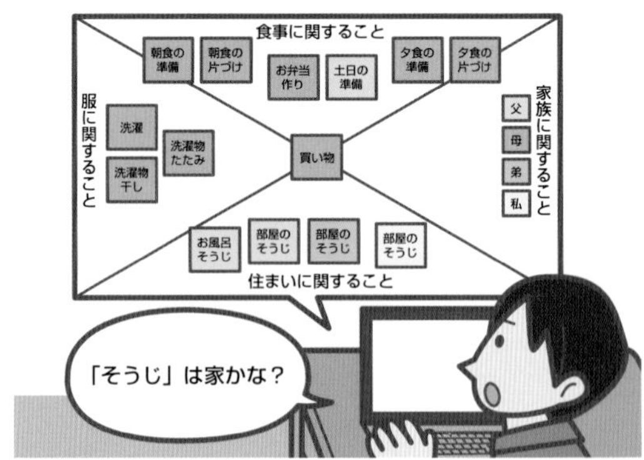

児童は個別作業で、Classroom で配付されたXチャートの画像ファイルを、自分の[フレーム]の背景に設定する。次にチャートを使って食事に関すること、服に関すること、住まいに関すること、家族に関することの四つに[付箋]を移動し、分類していく。

活動のポイント

Jamboard の［付箋］を用いることで、家庭での仕事を調べ、色分けで家族の役割を分類したりするという一人ひとりの思考活動が容易にできる。通常は Jamboard の共同編集でグループの思考を可視化、共有しているが、家族というプライバシーに触れる内容のため、できるだけ個人で活動できるようにして、個人情報に配慮したい。ただ、可視化した情報をもとに話し合うため、グループワークを活性化できる。

3 ［付箋］を分担している人ごとに色分けする

児童は個別作業で［付箋］に書かれた仕事を主に誰がやってるのかを考え、家族一人につき一つの色を割り当て、それぞれの［付箋］の色を変更する。教師は、誰の色か分かるよう凡例で示す。

4 グループごとに、今日の活動で感じたことを共有する

グループワークで、授業を通して感じたことや、考えたことを一人ずつ発表し、それに対し聞き手がフィードバックする。その後、フォーム を使ってこれからどう行動したらよいかなど、考えたことをまとめていく。

小学校

家庭 第6学年

2時間

まかせてね　今日の食事

題材の目標　一人ひとりが調理実習での経験を活かしたレシピを作成することを通して、おかずの栄養や食品の品質を考えた調理の方法を確実に身に付けることができる。

使用するツール

Google Classroom

Google スライド

Google フォーム

Google スプレッドシート

意識する〈型〉

事前の準備

❶ 教師は[クラスのドライブフォルダ]の中に新規フォルダをグループ別に作成して、Classroom でリンクを配付しておく。
❷ 教師は実習の際に、調理手順を説明することを意識して、調理の場面ごとに撮影し、画像をフォルダに保存しておくよう指示する。その際、調理の方法、手順が伝わるような場面や構図を考えさせる。
❸ スライド でワークシートを作成しておく。
❹ 振り返りの フォーム を作成しておく。

授業の流れ

1　グループで「おかずレシピの準備編スライド」を構成する

児童は調理実習で用いた計画や、実習メモを開き、グループで調理の手順を振り返る。その後、家での調理に使えるようなレシピの全体構成を考える。その際、実習で気付いた調理等のコツをどう分かりやすく伝えるか考えさせる。

2　「おかずレシピの手順編スライド」を作成する

ドライブ に保存した調理実習の画像から、手順を伝えるのに適したものを選択し、個別作業で スライド に挿入する。その後、実習メモをもとに手順を スライド のワークシートに入力する。

活動のポイント

調理実習での体験を家庭でも活かせるようにするために、ドライブ に保存された画像、実習計画やメモをもとに、スライド を用いて一人ひとりレシピを作成するという情報の再構成、再構築の活動を行う。また、作成したレシピは児童に共有され、グループ内で[コメント]を用いて相互評価することで、児童がそれぞれ、評価をもとにさらに修正を加える活動を行うことができる。

3 グループ内でフィードバックし合い、各自修正する

グループ内でお互いの スライド を［共有］し、相互に分かりやすかった点、改善点、疑問点を[コメント]で書き込む。その後、コメントの内容や、友達の スライド を見て気付いたことをもとに、それぞれの スライド のレシピの記述内容を見直して修正を加えていく。

4 フォーム で今日の活動を振り返る

フォーム で振り返るが、「家で調理するとき、どんなことに気を付けようと思いますか？」という設問を用意する。

スプレッドシート で出力した結果を見ながら話し合い、学んだことを共有し、家での調理につなげたい。

小学校

家庭 第6学年

上手に暮らそう

2時間

題材の目標 工業製品、食料品に貼られたマークを調べ、その目的を調べ、目的を理解することを通して、持続可能な社会形成のために、マークを意識した製品を選択することができる。

使用するツール

Google 検索

Google Keep

Google Classroom

Google スライド

意識する〈型〉

事前の準備

❶ 事前に家庭にある工業製品、食品の品質表示等のマークを探し、その画像を撮影するよう指示しておく。

❷ 教師は［クラスのドライブフォルダ］の中に新規フォルダをグループ別に作成して、Classroom でリンクを配付しておく。児童はフォルダに撮影した画像データを保存しておく。その際に、画像の名称を製品の名前にしておくとよいことをアドバイスしておく。

❸ 教師は スライド でワークシートを作成しておく。

授業の流れ

1 グループで集めたマークのそれぞれの意味を調べる

児童はフォルダに保存された画像をグループ内で分担し、個人作業でマークの意味を検索し、調べた意味を［共有した］ Keep に一つずつメモする。その後、マークの示す意味ごとに、仲間分けをし、スライド のグループワークシートにメモを Keep から転用する。

2 グループで調べたマークの意味から、マークが付けられた目的を考える

グループごとにマークの表す意味について話し合い、それらが大きく品質、材質、環境負荷の３種類に分かれることに気付かせる。その後、どうしてそのマークが必要なのかという目的を調べたり、話し合ったりし、グループとしての考えをワークシートに記入する。

活動のポイント

身近な工業製品等についてるマークを、授業前に児童一人ひとりが家庭で調査し、その画像をグループごとの共有フォルダに保存し、授業での活用を図る。次にそれらのマークの意味や目的を Web サイトで検索したり、話し合ったりして、その意味を大きく三つに分類し、マークを目的に応じて活用できるようにし、持続可能な社会の形成に、児童一人ひとりが適切に関わっていく意欲を高めたい。

3 生活する中でマークをどう活かしたらよいかを考える

グループの中で話し合ったマークの意味や目的をもとに、生活する中での関わりを考えたいマークを選ぶ。次に話し合った結果や **Keep** にメモした情報をもとに、製品の選択や、リサイクルなどでの活用法を一人ひとりが考え、自分の **スライド** にまとめていく。

4 グループ内で、一人ずつマークの活かし方を発表し、フィードバックし合う

児童は生活の中で、いかにマークを活用していくかを、それぞれがまとめた **スライド** をグループ内で[共有]し、発表し合う。さらに、他のグループの **スライド** も[共有]し合うことで、全員が[コメント]でフィードバックする。

小学校

総合 第3学年

1単元

農作物を栽培しよう

単元の目標 農作物を栽培する過程を通して、環境に合わせて多種類が工夫して栽培されていることを理解し、食物生産の大切さについて考え、自分の生活に活かすことができるようにする。

使用するツール

意識する〈型〉

事前の準備

❶ 教師は事前に「普段の家庭の食事」や「地域の畑」などの写真を撮影しておくように指示する。
❷ 児童は自分のアカウント フォト のアルバムに、写真をテーマごとに整理して保存しておく。
❸ 栽培する野菜を決定する話合いで使う Jamboard 、中間発表会でのグループワーク用 スライド を作成し Classroom から配信準備しておく。

単元の流れ

1 【課題の設定】家庭の食事や地域の畑の様子を観察し記録する

児童が自分の家庭で食べたり、地域で栽培されたりしている野菜への興味・関心を高める活動で フォト を使う。児童は自分の端末で、自分の家の食事や地域の畑で見かける野菜の写真を撮影し、意欲を高める。撮影した写真は自動保存され、事後に活用できる。

2 【課題の設定】写真を整理し、栽培する野菜を決定する

写真を整理しながら、栽培する野菜を決める活動で Jamboard を使う。児童は、写真を見ながら気付いたことを話し合い、栽培したい野菜とその理由を[フレーム]に[付箋]で挿入し、その後、[付箋]を動かしながらグループ分けをして、栽培する野菜を決定する。

活動のポイント

本単元の活動のポイントは、Chromebookの活用による活動の効率化と学習の深化・充実である。課題をつかむ場面、課題について調べる場面、調べたことをまとめて発表する場面で、多くのアプリを連動させることで、資料を効果的に収集、記録して活用することができ、児童の主体性を高め、対話を促し、学びを深めることができる。

3 【情報の収集】野菜の栽培方法や調理方法を調べる

栽培する野菜の栽培方法や調理方法を調べて記録する活動で **Keep** を使う。児童は、グループ内で役割を分担（栽培法、調理法、仲間の野菜等）し、**Google 検索** で必要な情報を収集する。参考になるサイトのURLや写真を分析し **Keep** の[メモ]に個別作業で記入していく。

4 【整理・分析】【まとめ・表現】経過を記録し、発表資料をつくる

発表用の資料を作成する活動で **スライド** を使う。教師が、事前に **Classroom** から配付したワークシートに、児童は自分の **Keep** のメモをサイドパネルから転用し、栽培記録をまとめていく。グループで１枚の発表用の **スライド** を作成する。

小学校

総合 第4学年

1単元

福祉について調べよう

単元の目標

福祉施設や福祉に関することについて調べる過程を通して、地域の実態に応じて福祉が工夫されていることを理解し、福祉の大切さについて考え、貢献しようとする意識を高める。

使用するツール

意識する〈型〉

事前の準備

❶ 児童には事前に「地域の福祉施設」や「福祉に関すること」について調べておくように伝える。教師は地域の福祉施設の方と連絡を取り、共有可能なメールアドレス等を確認しておく。

❷ 意見交換に使う Jamboard 、情報を整理記録する スプレッドシート 、発表用に スライド で３種類のワークシートを作成しておく。

単元の流れ

1 【課題の設定】地域の福祉施設について調べ、課題を設定する

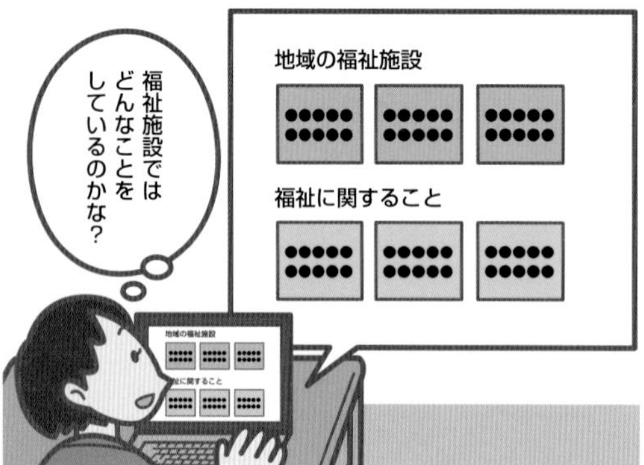

「地域の福祉施設」「福祉に関すること」を調べて課題を設定する活動で、 Jamboard を使う。児童は、収集してきたパンフレットや Google 検索 を使って、それらを調べる。調べて気付いたことを Jamboard に[付箋]で入力し、互いの考えを参考にして課題を設定していく。

2 【情報の収集】施設の職員の方にインタビューし、情報収集する

福祉施設等の職員へのインタビューで、 Google Meet を使う。教師は、事前に[カレンダー]からGTをオンライン会議に招待し、質問項目を設定した スプレッドシート を予定に添付して共有しておく。児童は、これを見ながら役割分担してインタビューし、記録する。

Google Meet を使ったインタビュー活動

中間発表会での意見交流

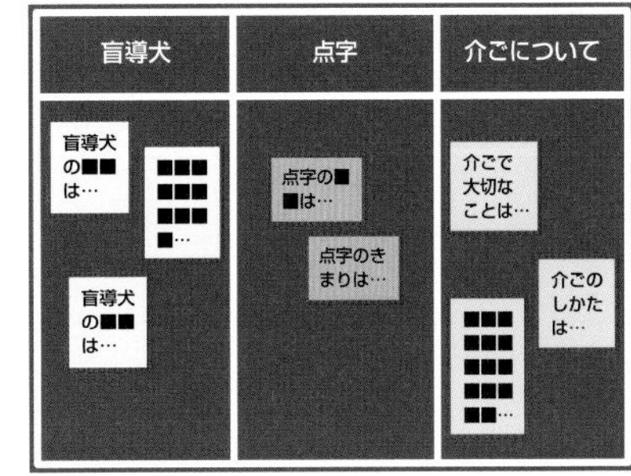

［思考ツール］を背景に設定した Jamboard に［付箋］で書き込み、動かしながらグループ分けをする

活動のポイント

本単元の活動のポイントは、オンライン ビデオ会議システム Google Meet による取材や Google 検索 による情報収集の効率化である。情報を収集する場面で、遠隔地にいる多様な方々に短時間で話を聞き、聞き取った内容を記録したり、検索機能で疑問を調べたりすることで、課題に対する意欲を高め、効率的に多くの情報を収集できる。それらを活用し、まとめることで、学習内容の深まりも期待できる。

3 【整理・分析】中間発表会を行い、意見を交換する

中間発表会をグループごとに行う活動で、Jamboard を使う。教師は、課題別に作成した背景を事前に［フレーム］に設定しておく。児童は調べたことを［付箋］で書き込み、［付箋］を動かしながらグループ分けして、お互いの考えを共有し、事後のまとめに活かしていく。

4 【まとめ・表現】調べて分かったことを発表用資料にまとめる

ここまで調べてきたことをグループごとにまとめる活動で、スライド を使う。授業参観や学習発表会等で発表することを想定して、児童は、スライド をグループで共有し、1 枚を共同編集する。

小学校

総合 第5学年

1単元

環境について考えよう

単元の目標 自然環境や環境保全に向けた取組を調査することを通して、多様な環境問題があることを理解し、自然環境の在り方について考え、自らの生活や行動に生かすことができるようにする。

使用するツール

意識する〈型〉

事前の準備

❶ 教師は事前に「環境問題」についてまとめてある YouTube 動画の URL を[再生リスト]にして、URL を Classroom の[資料]から配付しておく。
❷ 検索したデータを整理するワークシートを スプレッドシート で作成しておく。
❸ 発表用 スライド のワークシートを作成しておく。

単元の流れ

1 【課題の設定】環境問題に関わる動画を見て課題を設定する

環境問題への関心を高め、課題を設定する活動で YouTube を使う。教師は事前に動画URL を Classroom から配付し、児童はそれを視聴する。自分たちで検索させてもよい。その後、Classroom [ストリーム]の[コメント]で意見交換し、課題を設定する。

2 【情報の収集】フォーム や Google 検索 で情報を収集する

課題解決のための情報を収集する活動で、フォーム や Google 検索 を活用する。児童は次時に使う情報を フォーム でアンケートをしたり、Google 検索 で検索したりして集めていく。情報は スプレッドシート に集約する。データ検索を想定し項目を工夫する。

活動のポイント

本単元の活動のポイントは、「目的意識」や「相手意識」を明確にした授業づくりのために、各アプリを活かす点にある。「環境問題」に関する課題を設定する場面で保護者の情報を得て、終末に保護者へ情報を提供する活動で、各アプリを活用し、これまでの授業では難しかった家庭との連携を実現する。そのことが、児童の深い学びにつながる。

3 【整理・分析】調べたことを発表資料にまとめていく

発表用の資料を作成する活動で スライド を使う。児童は、グループ内で役割分担し、発表用資料を１枚のスライドに共同編集する。お互いの作業を確認しながら、気付いたことを Classroom の[クラスのコメント]で交流し、互いに学びを深めていくようにする。

4 【まとめ・表現】作成した スライド を サイト で保護者へ公開する

完成資料を公開し、意見収集する活動で、 サイト を使う。教師は学級サイトを新規作成し、児童は各グループの スライド を サイト 内に挿入する。また、感想を収集する フォーム も作成する。保護者と[共有]し、感想を入力してもらい、児童の達成感を高める。

総合 第6学年

1単元

自分たちの住む地域をよくしよう

単元の目標 地域の課題に目を向け、解決のために活動する過程を通して、地域の一員としての意識を高め、貢献する方法を考え、自分の問題として解決法を提案することができるようにする。

使用するツール

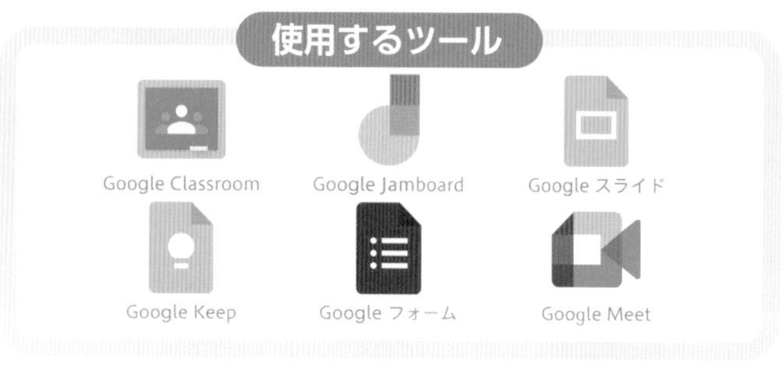

意識する〈型〉

事前の準備

❶ 教師は、事前に自分たちの地域の特色ある写真を撮影したり、Web ページの URL を集めたりしておくよう児童に伝える。また、教師は Jamboard でワークシートを作成しておく。
❷ グループワーク用の スライド のワークシートを作成しておく。
❸ 発表の感想を収集する フォーム を作成しておく。

単元の流れ

1 【課題の設定】事前の調査から、地域をよくする課題を設定する

学習課題を設定する活動で、Jamboard を使う。教師は、マトリックスの画像を背景に設定したワークシートを配付する。児童は、地域のよい点や改善点を[付箋]で色分けして貼っていく。その後、グループで話し合いながら[付箋]を整理し、全体で共有する。

2 【情報の収集】調べる計画を策定する

課題について調べる計画を策定する活動で、Keep の[チェックボックス]を使う。教師は計画を共有し、グループで協力して計画的に活動できるようにする。その後、カレンダー で GT(ゲスト・ティーチャー)に Google Meet のオンライン会議の招待を行う。

活動のポイント

本単元の活動のポイントは、ICTを活用し、自分たちで計画を立てて、主体的に活動できるようにする点である。「自分たちの住む地域」に関する課題を設定した後に、「いつ」「どこで」「だれに」「何を」ということを自分たちで考え、計画的に調査やまとめる活動を行う。アプリを活用することで、ICTを主体的に活用し、課題を解決していく力を高める。

3 【まとめ・表現】提言用の資料を作成する

提言用の資料を作成する活動で、**スライド**を使う。児童は、グループごとに提言用のワークシートを使って、共同編集する。お互いに[コメント]しながら意見交換をして、資料をつくり込めるようにしていく。

4 【まとめ・表現】地域の方に向けて、提言を行う

地域の方へ提言を行う活動で、**Google Meet**を活用する。児童は**Google Meet**によるオンラインでの提言やそれを録画し動画化したものを学校HP等で配信するなど多様な方法で意見を発信していく。視聴した方たちの感想を**フォーム**で回収し、事後に活かす。

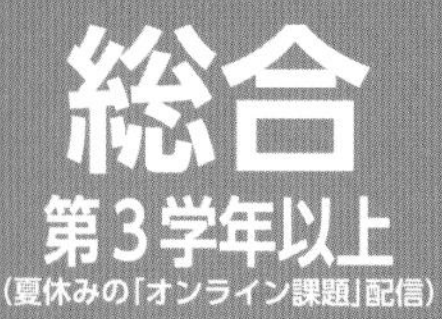

学習

平和について考えよう

学習の目標 広島への原爆投下など大きな被害を受けたことを理解し、平和の大切さを理解し、自分にできることを考える。

使用するツール

Google Classroom

Google Jamboard

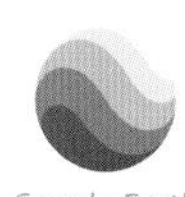
Google Earth

Google マップ

意識する〈型〉

事前の準備

❶ Earth の[プロジェクト]に、自校と原爆ドームの地点登録を行い、公開設定にしておく。
❷ マップ （ストリートビュー）の原爆ドームの URL を取得しておく。
❸ Jamboard の背景に、原爆ドームの写真を設定しておく。学級やグループごとに[フレーム]を増やしておく。
❹ ❶〜❸の共有リンクを Classroom から 8 月 6 日午前 8 時 15 分[予定の設定]で配信しておく。

学習の流れ

1 原爆ドームの場所を確認し、画像を見て、考える

児童が原爆ドーム等の知識を得る活動で Earth マップ を使う。児童は Classroom の[課題]の指示に従って Earth の[プロジェクト]や マップ の画像を見て解説を読み、原爆投下や原爆ドームについて理解し、本時のオンライン宿題や平和学習への関心を高めていく。

2 原爆投下についての映像を見て、戦争や平和について考える

原爆投下の事実を理解し、戦争や平和について考える活動で、YouTube を使う。児童は、Classroom から配付された YouTube の動画を見て、戦争や平和について考える。その際[コメント]欄の多くの意見も読むように促し、平和について多角的に考えるようにする。

活動のポイント

本学習の活動のポイントは、Google Workspace for Education の活用による「オンライン宿題」での効果的な平和学習の実施である。Classroom を課題配信だけでなく交流の場として活用することで、例年は共に考えることができない8月6日「原爆の日」に、平和について考え交流し、さらに、それを記録し振り返ることが可能となる。低学年では保護者に協力を依頼し、親子で考える場に発展させる。

3 原爆投下についての、自分の考えを書く

原爆投下の事実を理解し、戦争や平和について話し合う活動で、Jamboard を使う。背景に平和学習をする小学生の画像を挿入した[Jam]を[生徒は編集可能]で配付し、児童は自分の考えを[付箋]で入力していく。自宅で互いの考えを共有し、交流していく。

4 互いの考えを交流し、本時の学習で学んだことや感じたことをまとめる

平和について考えたことを交流する活動で、Classroom を使う。児童は[クラスのコメント]に自分の考えを入力し、友達の考えに対する意見も返信しながら考えを深める。教師への質問があれば[限定コメント]に入力し、教師も各自の思いに応え、返信し交流していく。

1時間

2学期の目標を決めよう

本時の目標　2学期の目標を決める話合い活動を通して、自分たちの学級に必要なことを理解し、その解決のための目標を考え、前向きにがんばろうとする意欲を持つことができるようにする。

使用するツール

Google Classroom

Google フォーム

Google Jamboard

Google スライド

意識する〈型〉

事前の準備

❶ フォーム で1学期の学校生活を振り返るアンケートを行い、自動集計しておく。
❷ 本時の見通しを持たせる スライド と話合い用の Jamboard を作成しておく。
❸ ❷の スライド と Jamboard を Classroom から配信できるようにしておく。
❹ フォーム で話合い活動の振り返りの準備をしておく。

授業の流れ

1 【導入】問題を発見する

導入の問題を発見する活動で、フォーム を使う。教師は、事前に行ったアンケート結果を フォーム の回答画面で可視化し、児童に示す。児童は、画面を見て「がんばったこと」や「がんばれなかったこと」を全員で話し合い、「2学期の目標」を決める意欲を高める。

2 【展開】議題や話合い方の確認・解決方法等を話し合う

議題について話し合い、まとめる活動で スライド と Jamboard を使う。教師が事前に作成した スライド を見せ、本時の見通しを持たせる。話合いを進め、児童は Jamboard に「がんばったこと」「がんばれなかったこと」を[付箋]で色分けし、音声を入力する。

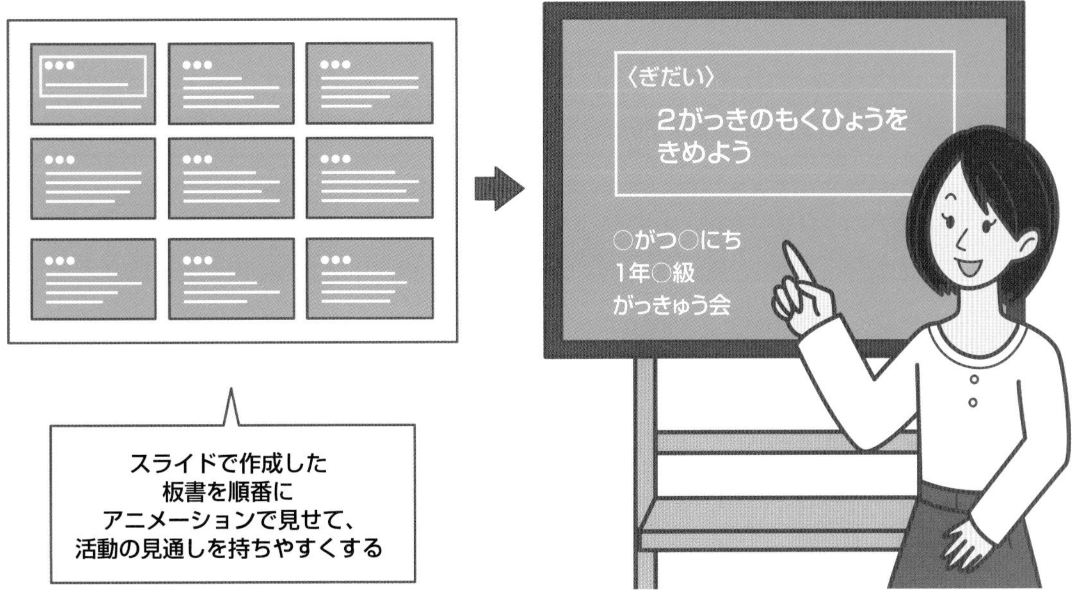

活動のポイント

本単元の活動のポイントは、Jamboard の活用による各児童の意見の表出と可視化、それをもとにした意見交流である。問題に対しての気付きを発表する場面、それをもとに「2学期の目標」を考え決定する場面、それを実現するための方法を考える場面で Jamboard を活用することで、児童の意見を引き出し、交流を活性化することができる。

3 【展開】解決方法を決める

目標について話し合い、決定する活動で Jamboard を使う。児童は、目標にしたい言葉を[付箋]に記録していく。Jamboard の[付箋]をグループ分けしながら、教師の司会で話し合う。可視化した画面を見ながら意見を発表させ、考えをまとめ「2学期の目標」を決定する。

4 【まとめ】決めたことの振り返りをする

「2学期の目標」を達成するためにどうするかを考える活動で、Jamboard を活用する。教師は Jamboard の最後の[フレーム]に[付箋]で言語化するように指示する。児童は友達の意見を参考にしながら「がんばっていくこと」を考え、フォーム で授業の振り返りをする。

行事

学習発表会を成功させよう

行事の目標 学習発表会を成功させようという意欲を持ち、資料を作成し発表する活動を通して、自分たちの学校に対する理解を深め、そのよさを伝える意欲を高め、表現する力を身に付ける。

使用するツール

Google Classroom

Google フォーム

Google Jamboard

Google スライド

意識する〈型〉

事前の準備

❶ 事前に「学習発表会」で行う「学校クイズ」に使う校内の写真を撮影し、[共有ドライブ]にデータを保存しておく。
❷ スライド で発表用ワークシートを作成しておく。
❸ フォーム で当日の参加者用アンケートを作成し、QR コードも生成しておく。

行事の流れ

1 【事前の活動】グループごとに スライド で発表資料を作成する

事前に発表用の資料を作成する活動において、スライド を使う。教師は Classroom の[ストリーム]から共有リンクを配信する。児童はグループで役割分担して一つの スライド を作成する。写真は[共有ドライブ]から挿入し、文章は[手書き・音声入力]していく。

2 【学習発表会】グループごとに発表し、後日コメントを入れる

学習発表会当日の活動で、スライド を使う。教師は、簡単なアニメーションなどを用いて、分かりやすい発表となるように助言する。児童は、発表会の終了後、他のグループの スライド を共有し、気付いたことや感想を[コメント]し、互いの学習の成果を確かめていく。

活動のポイント

本単元の活動のポイントは、スライドを共有して資料を作成する点と、スライドやフォームの感想をもとにJamboardで活動を振り返る点である。共有して資料を作成することで、お互いの意見や工夫を参考にすることができる。また[コメント]やフォームの感想から活動を振り返り、成果や課題を確かめることができる。

3 【学習発表会】参加者にアンケートを行う

学習発表会の参観者から感想を収集し事後に活かす活動で、フォームを使う。教師が事前に作成したフォームを使い、参加者の感想を集約する。参加する予定の保護者にはClassroomから、当日参加した人にはQRコードから回答できるように準備しておく。

4 【事後の活動】スライドのコメントやフォームを見て話し合う

事後の振り返りの活動で、Jamboardを使う。児童は、友達が書いた[コメント]や参観者が回答したフォームの結果を見て、自分の感想をJamboardの[付箋]に記録していく。その画面を共有し、学習発表会の振り返りを行い、事後につなげる。

行事

秋の遠足を楽しもう

行事の目標 遠足で公共機関を訪問し活動する機会を通して、公共のマナーを守り社会の一員として生活する態度の基礎を養うとともに、友達と協力して活動する意欲を高め実践力を身に付ける。

使用するツール

意識する〈型〉

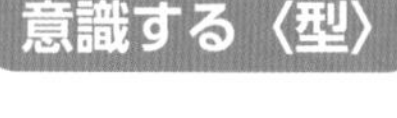

事前の準備

❶ フォーム で事前に、昨年度や春の遠足を振り返るアンケートを実施しておく。
❷ ドキュメント でグループごとに目標や役割を入力するワークシートを作成しておく。
❸ Keep で遠足当日に入力する[メモ]を作成し、[オフラインで使用を可能にする]を設定して、グループ別に共有しておく。事後の発表用の スライド と振り返り用の フォーム を作成しておく。

行事の流れ

1 【事前の活動】グループごとに目標を決めて、役割分担をする

グループごとに目標を決め、役割分担する事前の活動で、教師は、Classroom から ドキュメント を配付する。児童は話し合った結果をグループの ドキュメント に[手書き・音声入力]する。それを「しおり」として活用できるようにする。

2 【秋の遠足】グループごとに、写真やコメントを記録する

遠足当日にその様子を記録する活動で、Keep を使う。教師は事前に Keep の[メモ]を作成して、グループごとに共有しておく。児童は、グループごとに端末を1台遠足に持参し、Keep に[コメント]と写真を入力する。※オフライン機能を利用し保存する。

活動のポイント

ここでのポイントは、学校行事で Keep を活用し、その場で文字や写真で感想や記録を残し、それを事後の活動で活かす点である。Keep の※オフライン機能を活用することで、遠足当日も簡単にグループの感想を残せる。スライド 等への転用も容易であり、データを再利用することで、簡単にまとめの資料を作成できる。

※ Keep のオフライン機能を使うために、事前に Google Play ストアから 「Google Keep メモリスト」をダウンロードしておく。

3 【事後の活動】授業参観で保護者に発表する スライド を作成する

事後に保護者へ報告する資料を作成する活動で、スライド を使う。児童は、遠足を振り返り、授業参観で保護者に向けて発表するための スライド をグループごとに役割分担して作成する。その際、当日記録した Keep のデータを転用していく。

4 【事後の活動】スライド のコメントや フォーム を見て話し合う

児童は発表を聞きながら、各 スライド を全員で共有して、[手書き・音声入力]で、他の班の発表に[コメント]を入れる。スライド が各自の ドライブ に即時保存され、自分の記録や友達のコメントを後で振り返ることができる。

1時間

友達を大切にしよう

本時の目標

これまでの学校生活を振り返り、友達との関係について考える活動を通して、友達のよい点を見つけ、友達に感謝の気持ちを持ち、よりよい友達関係について考えることができる。

使用するツール

Google Classroom

Google フォーム

Google スプレッドシート

Google Jamboard

Google ドキュメント

意識する〈型〉

事前の準備

❶ 事前に、これまでの友達との交流や生活を振り返る フォーム を作成し、回答させておく。
❷ 回答を Classroom の[質問]で、[生徒はクラスメートに返信できます]のチェックを外し、リンクを配信する準備をしておく。
❸ 当日に使う Jamboard と振り返り用のワークシートを ドキュメント で作成しておく。

授業の流れ

1 【事前の活動】フォーム でアンケートを行い、事前に共有し考える

課題に対する意識を高める事前の活動で、フォーム を使う。教師は、事前に行ったアンケート結果を Classroom の[質問]から教師にのみ回答が見られる設定で配信する。その後、結果を示し、児童には、感じたことや考えたことを[回答]で提出させ、意識を把握しておく。

2 【本時の活動】アンケート結果や[質問]の回答を見て課題を明確にする

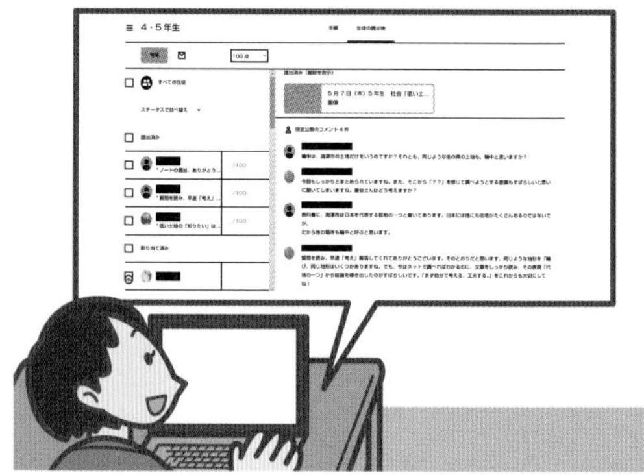

本時の導入で、課題について考える活動で、教師は、アンケート結果や[質問]の回答の中から、問題意識を喚起するデータを提示して共有する。それらを見ながら、児童は意見を交わし、課題を明確にしていく。教師は児童の意見を取り上げ、問題意識を高めていく。

活動のポイント

本時の活動のポイントは、これまでの学校生活の振り返りをもとに、友達の大切さに気付き、よりよい友達関係について考え、めあてを決める活動で、複数のアプリを活かす点である。フォーム での振り返りをもとに Jamboard で考えを深め、各自のめあては ドキュメント で共有する。さらに[コメント]で互いの考えを交流し深めていくことで、よりよい友達との関係に気付くようにする。

3 【本時の活動】話合いをして解決方法を[付箋]に書き出す

みんなが仲よくするための方法を全員で話し合う活動で、Jamboard を使う。教師は、Classroom から[Jam]を配付する。児童は、大切にしたいことを[付箋]で書き出していく。全員の意見を取り上げ、お互いの考え方に触れられるようにする。

4 【事後の活動】話合いをもとにめあてを決め、共有する

話し合った内容をもとに、個人の目標を決めて共有する活動で ドキュメント を使う。教師は、目標記入用の ドキュメント を Classroom から配付する。児童は、自分の欄に目標を記入後、全体で発表し、お互いの目標を読み合い、級友の思いに触れるようにする。

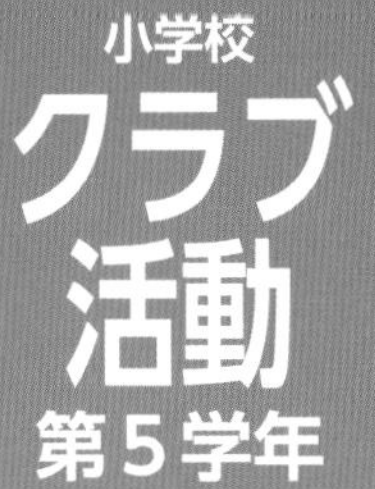

通年

クラブを楽しもう

活動の目標　活動計画を決定し、活動し、記録し、振り返るというクラブの一連の活動を通して、望ましい人間関係を形成し、個性の伸長を図り、集団の一員として協力することができる。

使用するツール

意識する〈型〉

事前の準備

1. 教師は、事前に Jamboard でクラブのめあてを作成するワークシートを準備しておく。
2. 活動計画や活動記録を記入するワークシートを スプレッドシート で作成しておく。
3. 毎時間の活動を文章や写真で記録、累積していくワークシートを スライド で作成しておく。
4. 毎時間の振り返り用の フォーム を作成しておく。

活動の流れ

1 【事前の活動】クラブでやりたいことを書き出し、めあてを決定する

クラブ活動で行いたいことを考え、計画を立てる活動で、Jamboard を使う。教師は、マトリックスを背景に設定した[Jam]を Classroom から配付する。児童は、そこに行いたい活動を個別に[付箋]で入力し、その後グループワークで[付箋]を分類し、決定する。

2 【本時の活動】クラブの実施計画を立てる

活動計画をたてる活動で、スプレッドシート を使う。教師は Classroom で スプレッドシート を配付する。[シート]ごとに各クラブの活動計画を書き込み、互いの計画を確認しながら活動場所などの調整に活用していく。変更点などは[コメント]で記録を残していく。

活動のポイント

本活動のポイントは、児童が主体的にクラブ活動に取り組み、集団を意識して活動するために、複数のアプリを活かす点である。計画立案の段階で Jamboard を活用し、意見を活かす。活動の記録で スライド 、個人の振り返りで フォーム 等を活用し、クラブ活動に全員で取り組み、その成果もお互いに共有できるようにする。

3 【本時の活動】毎時間の活動を記録していく

毎時間の活動の様子を記録する活動で、スライド を使う。教師は Classroom から スライド のワークシートを配付する。児童は各クラブで1枚の[スライド]を共有し、写真や文章で記録する。児童が主体的にクラブ活動に取り組むために活用する。

4 【事後の活動】毎時間の振り返りを各自の端末で行う

毎時間の個人の振り返りを行う活動で、フォーム を使う。時間を確保するために、クラブの時間内では個人の反省は行わない。児童は、クラブ活動が終わった後、配付された フォーム で、個人の端末から自分で時間を見つけて入力するようにしていく。

1単元

委員会・食育集会を行おう

活動の目標

協力して食育集会を行う活動を通して、集団の一員としてよりよい学校生活づくりに参画し、協力して諸問題を解決しようとする自主的、実践的な態度を育てる。

使用するツール

意識する〈型〉

事前の準備

❶ 発表用の スライド をワークシートとして作成しておく。
❷ 発表用の スライド 作成に使用した Web サイトの URL やアンケートの集計結果を掲載するための サイト を作成しておく。

活動の流れ

1 【事前の活動】発表用の スライド を配信し、担当する内容を決定する

役割分担をして、資料作成の見通しを持つ活動で スライド を使う。教師は、事前に作成した スライド を Classroom から[生徒は編集可能]で配付する。一つのファイルをグループで共有し、1スライドずつ作成することを伝える。児童は、休み時間等を使って作成していく。

2 【事前の活動】 フォーム や検索で調べたデータを累積する

調べたデータや作成途中の スライド を[共有]し発信する活動で、グループごとに サイト を使う。児童は、テーマに沿って検索で調べた URL、フォーム のアンケート結果を サイト にアップする。サイト は、自分たちの他、友達や保護者への情報発信で活用する。

好きな給食のパンランキング（　）

１位　きなこあげパン　28人
２位　ナン　10人
３位　こめこパン　６人
４位　ピザパン　４人
５位　くろパン　コッペパン　３人
６位　その他のパン　８人

活動のポイント

本単元の活動のポイントは、委員会の常時活動で、児童が主体的に啓発資料を作成し、それを常時発信できるようにする点にある。食育集会の発表資料を作成する活動を スライド で行い、休み時間や家庭などの常時活動で可能とした。さらに、サイト を活用することで、調べたデータやつくった資料を有効に活用し、発信できるようにして、委員会活動を充実させていく。

3 【事前の活動】教師は、随時、スライド を見て助言する

教師が児童に指導助言する活動で、スライド の［コメント］を使う。教師は スライド を見て、アドバイスを［コメント］で行う。児童にも質問等を［コメント］で行うように指示し、オンライン上でのやり取りを行い、互いに参考にして スライド をつくり込んでいく。

4 【事後の活動】作成した スライド と サイト で、啓発活動を行う

完成した資料を発表し発信する活動で、スライド や サイト を活用する。

教師は、作成した スライド と サイト を Classroom で全校児童に配信し資料にアクセスできるようにする。給食や栄養に気を付ける意識を醸成し、常時活動で内容の拡充を行う。

中学校

理科 第1学年

単元名: 光と音

第13時／13時

振幅と振動数

板書シリーズ 実践活用例の概略

使用するツールと機能

Google Classroom

Google Jamboard

Google 検索

Google ドキュメント

特定の Web サイト（【波形データと周波数スペクトル】）

Google Classroom：資料の配付／課題の配付／回収／評価
Google 検索：キーワード検索
Google Jamboard：背景を設定／付箋／手書き入力／同時編集
Google ドキュメント：文書作成／コメント／画像・リンク・グラフ挿入

第⑬時

振幅と振動数

本時のねらい
・音の波形から、振動の様子と音の大きさ・高さとの関係を見いだすことができる。

本時の評価
・音の性質の規則性や関係性を見いだして表現している。(思)
・光と音に関する事物・現象に進んで関わり、見通しをもったり振り返ったりするなど、科学的に探究しようとしている。態

準備するもの
・オシロスコープ
・マイク
・ギターなどの楽器
・音さ

付録

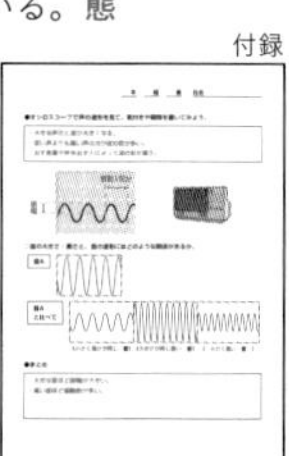

課題
音の大きさ・高さと、音の波形にはどのような関係があるか。

声の波形を見て気付いたこと 

・大きな声だと波が大きくなる。
・低い声よりも高い声の方が波の数が多い。
・出す言葉や声を出す人によって波の形が違う。

生徒の気付きや疑問をできる限り板書する

授業の流れ ▷▷▷

授業の流れ

1

オシロスコープを使う活動で、〈活用の型〉〈可視の型〉を意識する。オシロスコープの代わりに「波形データと周波数スペクトル」を使い、自分の声（音）を波形として可視化し、より理解を深める。

1 オシロスコープは音を波の形で表示できることを知る 〈10分〉

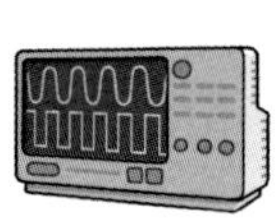

・声だけでなく、ギターなどの楽器の音による波形も確認しておく。
・音源によって波の形が異なるが、音の大きさや高さに注目した場合に共通していえることは何かを発表する。

2 音の波形と音の大きさや高さとの関係を確認する 〈10分〉

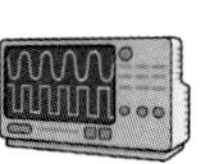
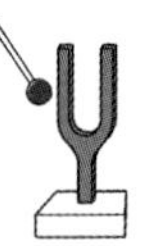

・縦軸は音の振れ幅、横軸は時間を示していることを十分に説明してから考察させる。
・音の大きさを一定にすることは難しいため、ある程度観察させた後、考察や説明用に教科書等の波形を見せるとよい。

2-1

音さを使った活動で、〈対話の型〉〈共有の型〉〈可視の型〉を意識する。Jamboard で[Jam]の[フレーム]に、音さを使用した波形の特徴を[付箋]で自由に意見を出し合う。

「波形データと周波数スペクトル」を利用して音が振動であることを波形として可視化して確認する。

意識する〈型〉

詳細な授業展開例は次ページへGO

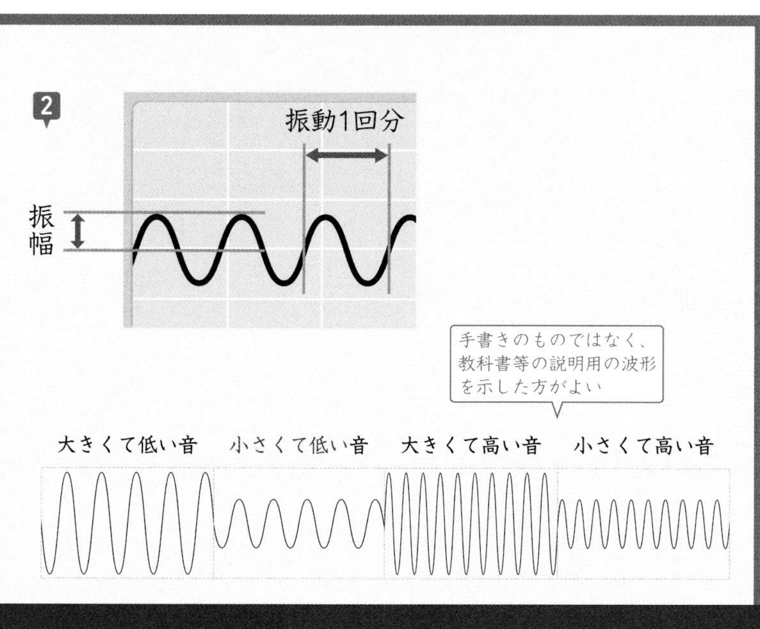

ツールの効果

- 学習に関連したWebサイト上のツールを効果的に活用することでより理解が深まる。
- 自分や友達の考えが可視化され、共有が容易となる。
- 実際の操作活動では消えてしまう複数の実験結果をスクリーンショットで保存できるため、復元したり比較したりして考えを深めることができる。

3 音の大小・高低を決める条件は同じか調べる 〈15分〉

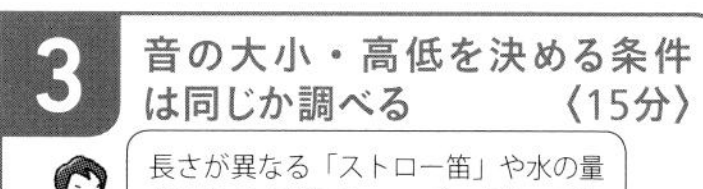

ものづくり

- 身近な楽器を教材にすることで、音の高低がイメージしやすく、理解を深めることができる。
- 短時間でできる「楽器作り」は、生徒の関心を高める。

4 学習を通して生じた疑問や気付きをノートへ記入する 〈15分〉

救急車のサイレンが高くなったり低くなったりすることに疑問を持ちました。運動しながら音を出している場合、振動数がどのように変化するのかを知りたいと思いました。

- 「音」は、生徒にとって大変身近であるため、日常生活を過ごす中で多くの疑問や気付きがあるはずである。それらの疑問が学習した内容と結び付き、主体的に学習できる生徒を育てたい。

個人や班で調べた波形をまとめる活動で、〈創造の型〉〈共有の型〉〈可視の型〉を意識する。疑問や気付きをドキュメント Jamboard、大型提示装置を利用して可視化したり共有したりして振り返る。

2-2

音の大小・高低を決める条件を調べる活動で、〈可視の型〉〈共有の型〉を意識する。Jamboard で思考ツールの座標軸を使い、班で分担して調べた波形をスクリーンショットで共有して意見交換する。

中学校

理科 第1学年

Googleで10X授業

振幅と振動数

事前の準備

❶ Jamboard で思考ツールを背景に設定した[フレーム]を作成しておく。

❷ Google 検索 で【波形データと周波数スペクトル】の Web サイトを検索し、接続確認をしておく。

❸ 学習の振り返り用の ドキュメント を作成しておく。

音（自分の声）が振動であることを波形として可視化する

波形データ

1 "波形データと周波数スペクトル - プチモンテ." 12 2月. 2019, https://www.petitmonte.com/labo/waveform-spectrum/ アクセス日: 14 5月. 2021。
オシロスコープの代わりに使うことが可能。

授業の流れ

1 【音声の分析】の Web サイトで声が波形で表示されることを確認する

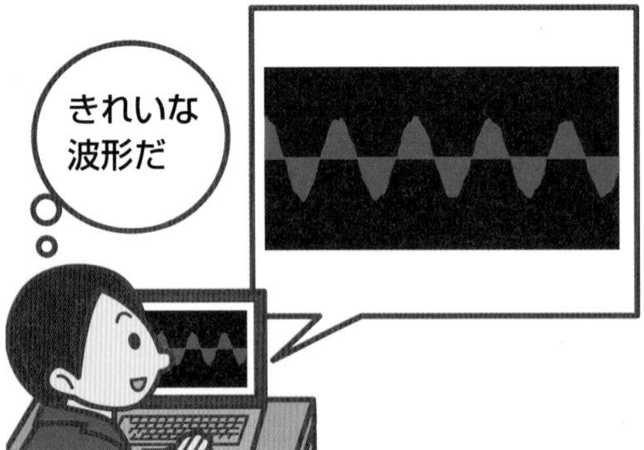

生徒は Google 検索 で「波形データと周波数スペクトル」の Web サイトを検索する。各自の端末で自分の声（音）が波形で表示されることを確認し、音さで調べると綺麗な波形が表示されることを理解する。

2 Jamboard を使って、音の特徴で気付いたことを出し合う

生徒は、音さも使った結果も含め、 Jamboard を利用して音の波形の特徴で気付いたことを[付箋]で共有する。縦軸が音の振れ幅で、横軸は時間を示していることに着目し、疑問点は Google 検索 や教科書で調べながら班で思考を深める。

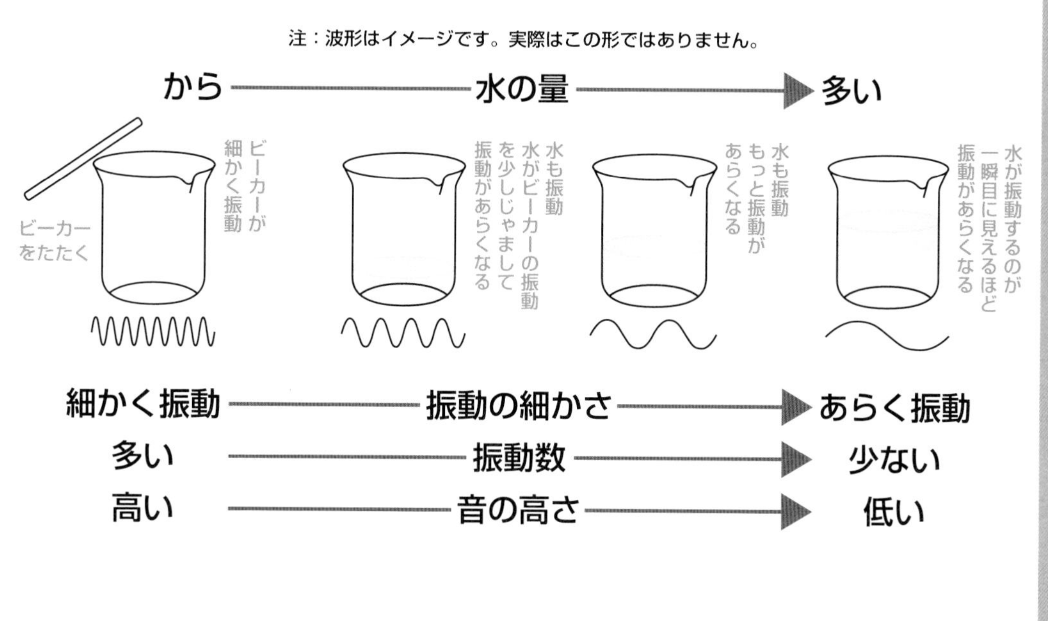

3 Jamboard に多様な波形のスクリーンショットを場合分けする

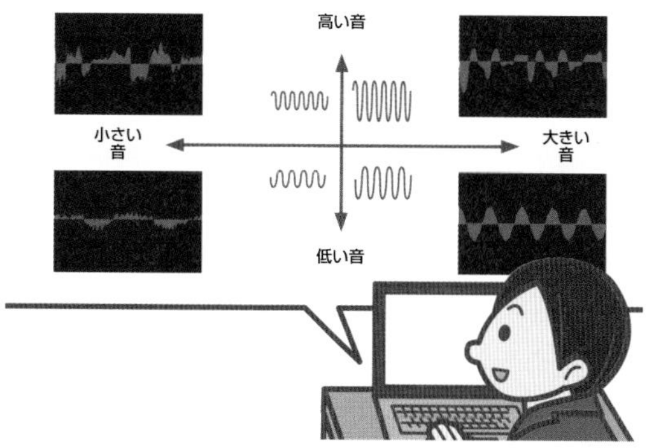

生徒は、音によって変わる波形の違いを Jamboard で波形について考察する際、背景画像に設定した思考ツールに音の大小・高低を調べた波形のスクリーンショットを配置して比較する。

4 ドキュメント を利用して学習を振り返り、まとめをする

教師は、ドキュメント に本時の学習のまとめを入力する。大型提示装置に表示し、可視化共有し、クラスでまとめるようにする。「グラスハープ」の紹介も Jamboard の描画で教師が手書きで行い、参考にするように促す。

単元名: 化学変化

第2時 / 15時

単体と化合物

板書シリーズ 実践活用例の概略

Google Classroom

Google 検索

Google Jamboard

Google ドキュメント

特定の Web サイト（「MolView」）

Google Classroom：資料の配付 / 課題の配付 / 回収 / 評価
Google 検索：キーワード検索
Google Jamboard：背景を設定 / 付箋 / 手書き入力 / 同時編集
Google ドキュメント：文書作成 / コメント / 画像・リンク・グラフ挿入

第②時

単体と化合物

本時のねらい

・様々な物質の化学式を探究的に学ぶ中で、単体と化合物について、粒子モデルや化学式に着目して、その違いを理解することができる。

本時の評価

・物質を化学式で進んで表そうとしている。態

準備するもの

・分子モデル
（発砲ポリスチレン球、カラーシール、マグネット等）
・ワークシート

付録

課題 1

さまざまな物質を探究しよう。

下の物質を2つに分類しよう。

H_2	NH_3	O_2
Ag	H_2O	CO_2
N_2	$C_6H_{12}O_6$	NaCl
HCl	Cu	CH_4

（拡大した用紙を貼る）

<分類した観点> 2
・右下に数字があるかないか。
・物質を作る原子の数
・炭素原子がふくまれているか。

生徒の意見を記入する（各班に記入させてもよい）

授業の流れ ▷▷▷

1 課題を確認する〈5分〉

・単体・化合物を含む10種類程度の物質を2つに分類させる。
・化学式で書かれている物質を、実際にモデルを作ることで、探究していくことを伝える。
・ただ作業的に2つに分類するのではなく、どんな観点で分けるかを明確にさせる。

2 分子モデルを作成する〈20分〉

・化学式で表されている物質の模型を作りながら、分類を行っていく。作業は個人で行わせる。
・粒子モデルは、原子の種類によって色を変えておき、使われている原子の種類の数に着目しやすいように工夫するとよい。

授業の流れ

1

化学式を分類する活動で、〈可視の型〉を意識する。Jamboard を[各生徒にコピーを作成]で化学式の[フレーム]を Classroom から配信し、どんな観点で分類するかを明確にし、本時の見通しを持つ。

2

化学式の分子モデルを作成する活動で、「MolView」を使用して画面上で 3D 分子モデルの立体構造を可視化する。化学式を操作しながら考えることで、Jamboard で整理しながら理解を深めることができる。

「MolView」を活用して画面上で3D分子モデルの立体構造をイメージする。

意識する〈型〉

詳細な授業展開例は次ページへ GO

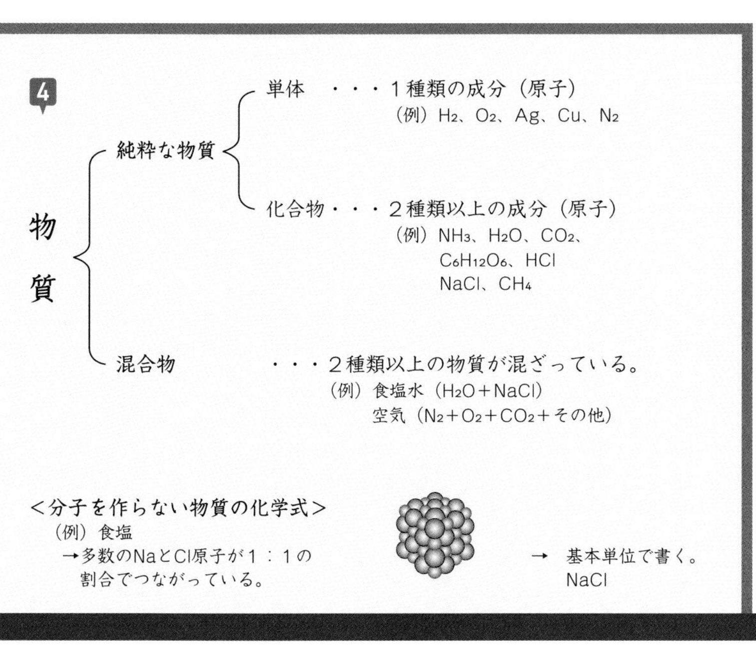

ツールの効果

- Jamboard で事前に物質の化学式の付箋を用意しておくことで生徒が簡単に分類に集中でき、まとめも共有できる。
- 自分や友達の考えが自席にいてもリアルタイムで把握できるようになる。
- 学習に関連したクラウド上のツールを効果的に活用することで、より理解が深まる。

3 観点を共有する 〈10分〉

- 物質を分類した観点について、班で意見を共有させる。
- 他の人の意見を参考にしながら、自分の考えを再構成させる。
- 化学式から、含まれている原子の種類や個数について探究することが目的であり、分子の形等については言及しない。

4 単体と化合物について知る 〈15分〉

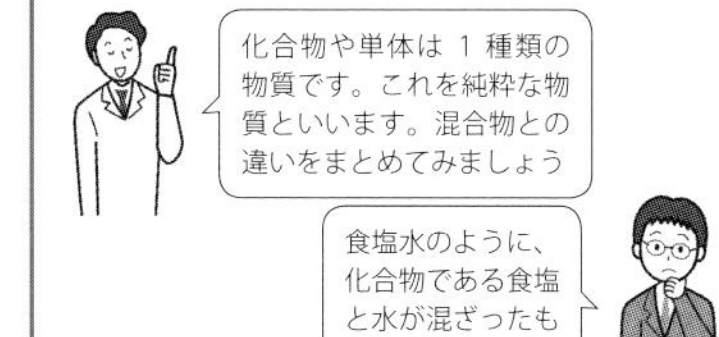

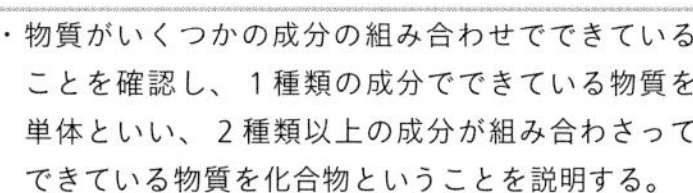

- 物質がいくつかの成分の組み合わせでできていることを確認し、1種類の成分でできている物質を単体といい、2種類以上の成分が組み合わさってできている物質を化合物ということを説明する。
- 特に混合物と化合物を混同している生徒が多いので、具体的な例を挙げながら、両者の違いをていねいに説明する。
- 分子をつくらない物質の化学式を説明する。

4

化学式を分類する活動で、〈創造の型〉〈共有の型〉〈可視の型〉を意識する。ドキュメント でまとめた内容を Jamboard で可視化したり共有して話し合ったりすることで、理解を深めていく。

3

物質を分類した観点について班で意見をまとめる活動で、〈可視の型〉〈共有の型〉を意識する。ドキュメント を[共有]して[編集]で各自の意見を入力し、班で確認しながらまとめていく。

Googleで10X授業

単体と化合物

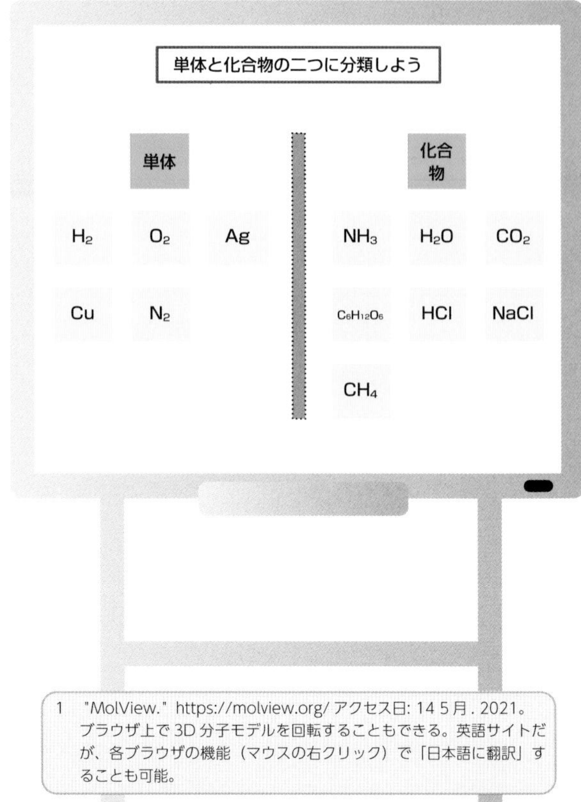

事前の準備

❶ Jamboard でワークシートを作成しておく。
❷ Google 検索 で「MolView」[1] のWebサイトを検索し、接続確認をしておく。
❸ 学習の振り返り用のドキュメントを作成しておく。

Google Classroom
Google Jamboard
Google 検索
Google ドキュメント

1 "MolView." https://molview.org/ アクセス日: 14 5月. 2021。ブラウザ上で3D分子モデルを回転することもできる。英語サイトだが、各ブラウザの機能（マウスの右クリック）で「日本語に翻訳」することも可能。

授業の流れ

1 Jamboard の[付箋]を使用して、12類類の化学式を提示する

教師は大型提示装置で12類類の化学式を[付箋]で示した[Jam]を提示し、単体と化合物の2種に分類する観点を明確にして考えることを説明し、本時の見通しを持つようにする。生徒へは、Classroom から[課題]の[各生徒にコピーを作成]で配信する。

2 3D分子モデルを確認し、Jamboard で分類する

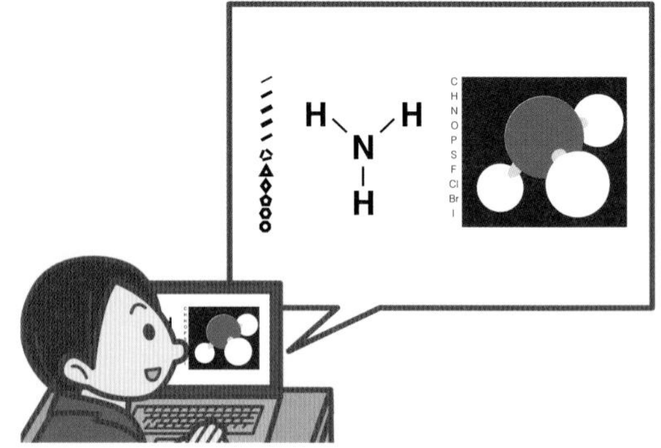

生徒は、Google 検索 で「MolView」のWebサイトを検索する。3D分子モデルを確認し、Jamboard を利用してどんな観点で単体と化合物の2種類に分類するかを[付箋]を整理しながら明確にする。

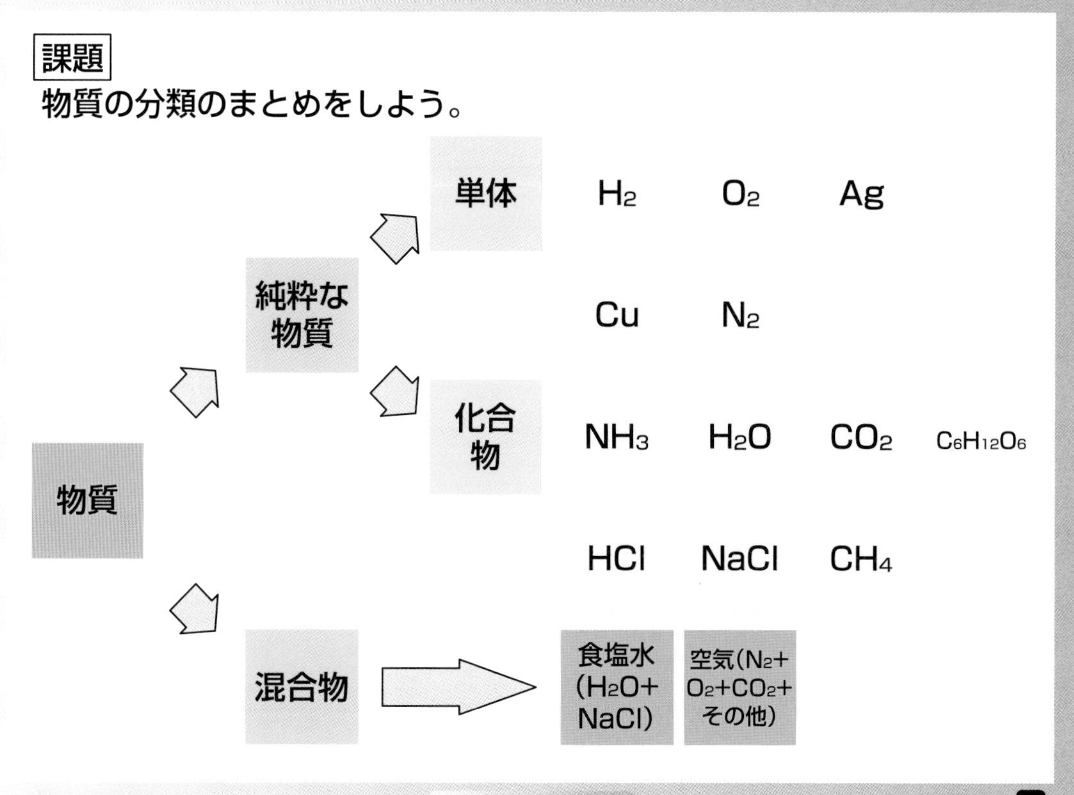

3 ドキュメント を利用して、分類した観点を共有する

生徒は、2で作成した個々の Jamboard を利用して分類した観点を全員で共有する。化学式から、含まれている原子の種類や個数について、探究した結果を共有設定された ドキュメント に同時入力しながら、各自の意見を確認し、班でまとめていく。

4 ドキュメント で集約し、Jamboard でまとめを図示する

教師は、3で生徒が同時入力した ドキュメント を集約する。各生徒が2で化学式の[付箋]を単体と化合物について分類した[Jam]をもとに、生徒に説明してもらいながら、大型提示装置を利用してクラス全体でまとめの分類図をつくる。

中学校

理科 第3学年

単元名: 生物の成長と殖え方

第3時 / 10時

体細胞分裂の観察の考察

板書シリーズ 実践活用例の概略

使用するツールと機能

Google Classroom

Google ドキュメント

Google Jamboard

Google Classroom：資料の配付 / 課題の配付 / 回収 / 評価
Google ドキュメント：文書作成 / コメント / 提案モード / 画像・リンク・グラフ挿入
Google Jamboard：背景を設定 / 付箋 / 手書き入力 / 同時編集

第③時

体細胞分裂の観察の考察

本時のねらい

・前時の観察結果をまとめ、生徒が観察した結果と体細胞分裂の過程を対比しながら、体細胞分裂時の核の変化について理解することができる。

本時の評価

・細胞の分裂と生物の成長とを関連付けて理解している。(知)
・生物の成長するときの特徴や規則性を見いだして表現している。思

付録

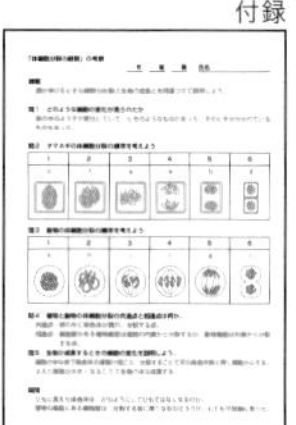

課題

根が伸びるときの細胞の分裂と生物の成長とを関連づけて説明しよう。

問1　どのような細胞の変化が見られたか。 1

<自分の結果>
核の中のようすが変化していて、ひものようなものがあった。そのひもが分かれているものもあった。

2

問2　タマネギの体細胞分裂の順序を考えよう

a	b	c	d	e	f

問3　動物の体細胞分裂の順序を考えよう

g	h	i	j	k	l

授業の流れ ▷▷▷

1 前時の復習をする 〈10分〉

・①丸い核以外にどのようなものが観察されたか、②根の先端と離れた部分の細胞とどのような違いがあったのかを振り返る。

2 対話を通して考える 〈15分〉

対話的な学び

・観察した結果から、細胞分裂の順序を考える。個人でまず考えてから、グループで検討する。
・タマネギの体細胞分裂の各ステージがかかれている図を配布し、a〜eを並び替える。さらに、動物の体細胞分裂の順序も考え比較する。

授業の流れ

1

活用

可視

前時を振り返る活動で〈活用の型〉〈可視の型〉を意識する。**ドキュメント**に前回に生徒が観察した結果を対比できるようにまとめ、大型提示装置で提示し、前時との違いを確かめ、本時の見通しを持つ。

2

可視

共有

体細胞分裂の過程を考える活動で、〈可視の型〉〈共有の型〉を意識する。**Classroom** から **Jamboard** を[各生徒にコピーを作成]で配付し、可視化して各自で考え、班で共有する。

画面録画機能で動画を作成しアウトプットする。

意識する〈型〉

詳細な授業展開例は次ページへ GO

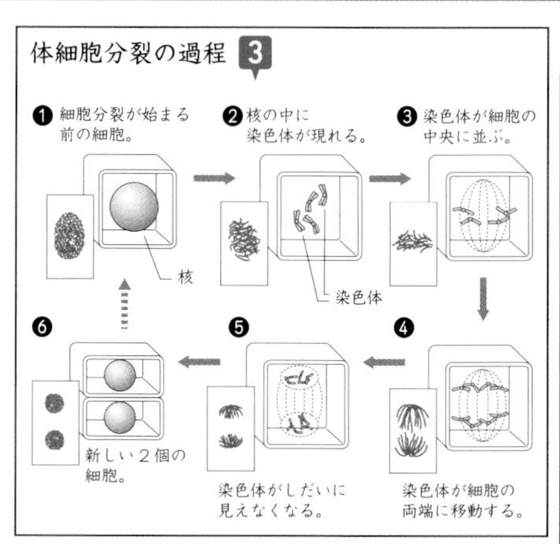

生徒実験では植物細胞しか扱わないが、生物の多様性の理解の観点から、動物の体細胞分裂についても触れられるとよい

4

問4　植物と動物の体細胞分裂の共通点と相違点は何か。

共通点…核の中に染色体が現れ、分裂する点。
相違点…細胞壁がある植物細胞は細胞の内側から分裂するが、動物細胞は外側から分裂する点。

問5　生物が成長するときの細胞の変化を説明しよう。

細胞の中の核で染色体の複製が起こり、分裂することで元の染色体数と同じ細胞がふえる。ふえた細胞が大きくなることで生物の体は成長する。

ツールの効果

- 自分や友達の考えを可視化し、さらにそれを伝え合うことが容易となる。
- 短時間で多くの友達の意見に触れることができる。
- 視覚的な効果や手を動かしながら思考を可視化できるため、記憶に定着させやすくなる。

3 説明を聞く 〈15分〉

- 細胞分裂の過程（順序）を整理する。
- 細胞分裂の前期、中期、後期、終期の各段階の核の変化について、教科書や資料集の写真や図を参考にしてまとめる。
- 映像教材を使い、染色体の動きを見せてもよい。

4 まとめをする 〈10分〉

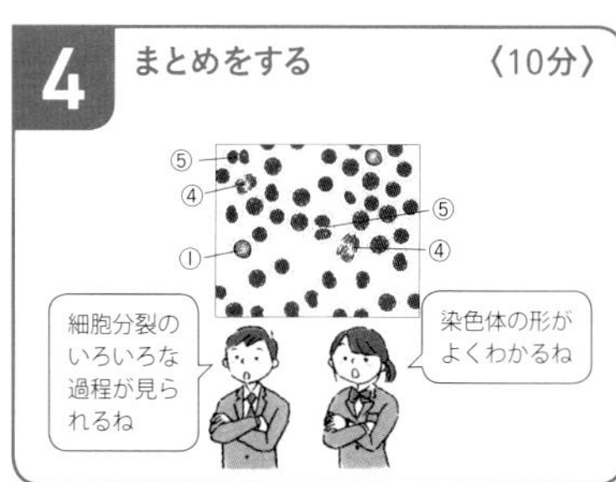

比較

- 細胞分裂の過程（順序）と観察した結果をもう一度対比させ、観察した細胞が細胞分裂のどの過程のものだったかを確認する。
- 動物の体細胞分裂のいろいろな過程と比較し、植物細胞の体細胞分裂との共通点と相違点を見いださせる。
- 根が伸びるときの細胞の分裂と生物の成長について生徒に説明させることで理解の定着を図る。

4

動物細胞と植物細胞の体細胞分裂の共通点と相違点を見いだす活動で、〈創造の型〉〈共有の型〉〈可視の型〉を意識する。ドキュメント と Jamboard と大型提示装置を利用して、学びを振り返り、深めていく。

3

体細胞分裂の過程を整理する活動で〈記録の型〉〈創造の型〉を意識する。画面録画機能を利用して Jamboard でまとめた内容を説明動画として作成し、自分の考えを記録し、創造する。

Googleで10X授業

体細胞分裂の観察の考察

事前の準備

❶ ドキュメント で前時の授業の振り返りや結果をまとめ、ワークシートを作成しておく。

❷ Jamboard に細胞分裂の画像や動物細胞と植物細胞の比較用のベン図の背景を設定したワークシートを作成しておく。

植物と動物の体細胞分裂の過程を比較しよう

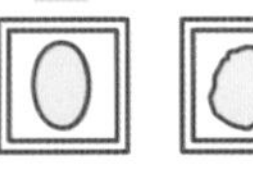

【画面を録画する】(Chromebook ヘルプより)
1. [Shift] + [Ctrl] + [ウィンドウを表示□‖] を押します。
2. 下のメニューで [画面録画□◀] を選択します。
3. 次のいずれかを選択します。
・全画面を録画する
・画面の一部を録画する
・ウィンドウを録画する
録画を停止するには、右下の撮影を停止を選択します。

授業の流れ

1 大型提示装置に ドキュメント を表示して前時の振り返りをする

教師は大型提示装置に前時の振り返りを ドキュメント で表示する。生徒が観察した結果と体細胞分裂の過程を対比できるようにして、全員が画面を見ながら確認することで、体細胞分裂時の核の変化の順序についてイメージを持てるようにする。

2 Jamboard を利用して画像を移動しながら細胞分裂の過程を考える

生徒は Jamboard で可視化共有した体細胞分裂の各時期の画像を個人・班で並び替える。協働することで新しい気付きにつなげていく。動物細胞についても確認し、両細胞の各時期の細胞の形態について比較し、共通点や相違点を[付箋]で色分けして貼り付けながら考えていく。

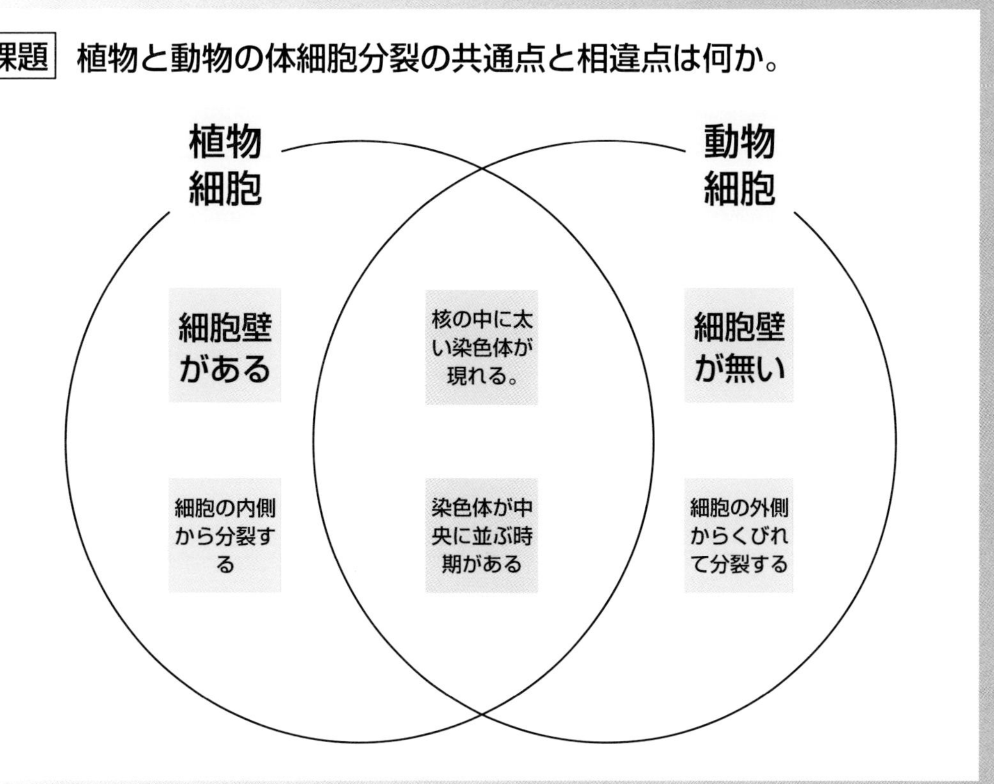

3 画面録画機能で体細胞分裂の説明動画を作成する

生徒が 2 で作成した Jamboard に、体細胞分裂を説明・解説した[付箋]を追加していく。画面録画機能を使って、その過程を自分の言葉で紙芝居のようにカードを送りながら説明し、動画として記録する。自分の考えを他者に伝えるツールとして活用する。

4 ドキュメント と Jamboard のベン図で振り返る

教師は ドキュメント に生徒作成の動画を埋め込み、全員で共有する。Jamboard の背景に「ベン図」画像を設定し、共通点と相違点を明確化できるようにする。大型提示装置に表示し、動画を用いて可視化共有することで、各自の考えを参考にしながら、理解を深める。

中学校

国語 第2学年

1～4時/6時間

「走れメロス」の謎を探究する

単元の目標

「走れメロス」について、グループで問いを設定して、本文の叙述を根拠に作品の魅力に迫ることができる。

使用するツール

意識する〈型〉

事前の準備

❶ 「走れメロス」の全文を ドキュメント に貼り付け、リンクを共有して[コメント]できる状態にする（青空文庫（https://www.aozora.gr.jp/）などのテキストデータを活用）。
❷ 語句と内容について フォーム でテスト問題を作成、配付する。
❸ グループごとに共同編集する Jamboard と スライド を作成しておく。

単元の流れ

1 全文を通読し、教材文に感じたことや疑問を書き入れる（1時間目）

まず、全文を通読する。その後、クラス全体で共有した「走れメロス」の本文の ドキュメント に疑問に思ったところや、感じたことなどの[コメント]を付け合う。残りは語句調べをする（次時に取り組む、難語句や内容について作成した フォーム の問題に挑戦する）。

2 難語句や内容についての小テストに取り組む（2時間目前半）

最初の10分を使って、前時に予告した難語句や内容についてのテストを行う。正答率が低い問題について教師が説明する（事前に練習用に、同じ問題を配付し、何度も繰り返し解くことができるようにしておく。順番がランダムに入れ替わる設定にしておく）。

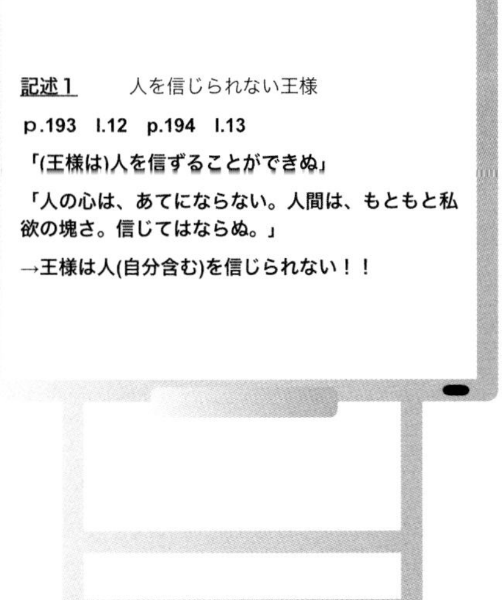

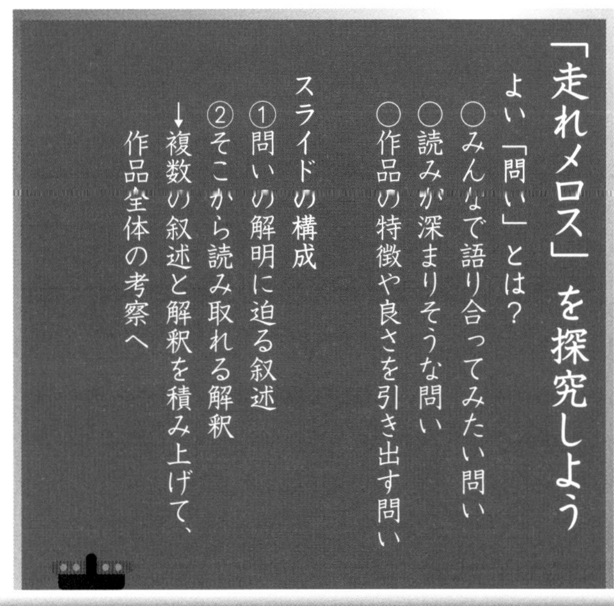

活動のポイント

グループで問いを設定して作品を読み込んでいくが、その際に〈共有の型〉として **スライド** の共同編集を活用する。**スライド** には根拠となる叙述と解釈を取り上げる。複数の叙述や解釈に基づいて、問いに対する解釈を深めていくようにする。**スライド** の共同編集を活用することで、お互いの解釈を共有しながら読みを深めていくことができる。

3 **Jamboard** で「走れメロス」の探究したい問いをグループで検討する（2時間目後半）

まず、各自で「走れメロス」について深めたい問いをノートに書く。その後、グループで **Jamboard** を共有し、各自で考えた問いを[付箋]で書き出す。グループで、どの問いが最も作品の解釈を深めることができるか検討し、グループで探究する問いを一つに絞る。

4 問いについてグループで探究し、**スライド** にまとめる（3・4時間目）

問いについて解明する根拠となる作品中の叙述を探す。さらに、そこから読み取った解釈を、グループで共同編集している **スライド** に記入する（一つの叙述に1枚の **スライド** ）。集まったすべての叙述と解釈を総合して「走れメロス」全体の考察をまとめる。

中学校

社会 第1学年

3～4時/5時間

ヨーロッパ州 ～国同士の統合による変化～

本時の目標 ヨーロッパにおける産業の仕組みの変化と、それに伴う移民・難民への対応など、EUが抱える課題について考察することができる。

使用するツール

Google Classroom

Google Jamboard

Google スライド

Google ドキュメント

意識する〈型〉

事前の準備

❶ Classroom にて、EUへの加盟を喜ぶクロアチアの人々とEUからの離脱の決定を喜ぶイギリスの人々との写真を背景に設定した Jamboard の共有リンクを配付する（班ごとに共有し、話合いができるように、複数のフレームやファイルを用意する)。

❷ スライド にてEU統合による「よい影響」と「課題」を整理する表をワークシートとして作成しておく。

授業の流れ

1 「ヨーロッパでは、統合によってどのような変化や課題が見られるのか」という学習課題を確認し、見通しを持つ

生徒は、教師から配付された Jamboard のワークシートを開き、イギリスにEU離脱決定を喜ぶ人がいる理由を予想し、[付箋]に記入する。Jamboard に出された予想を班内で話し合い、全体で整理して、学習の見通しを持つ。

2 さまざまな視点で、EU統合による「よい影響」と「課題」を考える

生徒は、統合による利点や問題点について整理する。その際、くらし・政治・経済等の視点別のグループに分かれて話し合う。視点に合った資料等を活用し、EU統合による「よい影響」と「課題」を スライド を使って視点別グループで共同編集してまとめる。

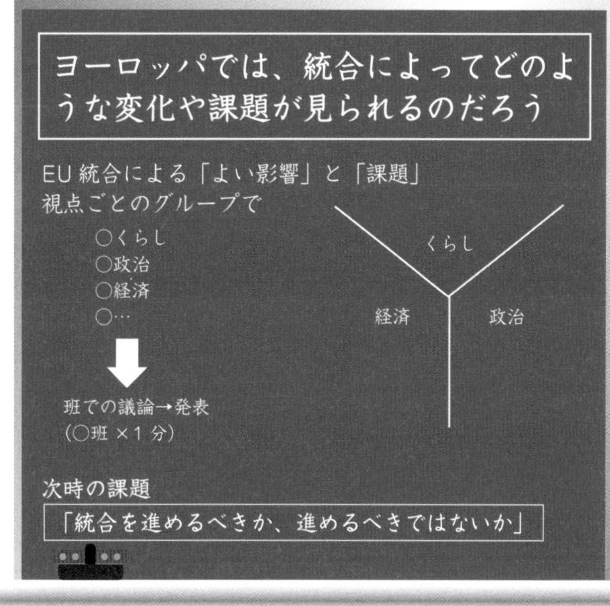

活動のポイント

2 や 3 での話合いでは、事例や根拠となる資料を踏まえた議論ができるようにし、情報の整理・分析の力を伸ばすようにする。4 での **ドキュメント** に記入の際には、さまざまな視点での考えを統合した表現ができるようにする。それぞれの意見文を共有し合い、コメントを書き込むなどして、さらに多様な見方を促すこともできる。

3 話合いの内容を班内で発表し合い、学習問題に対するプレゼン資料をつくる

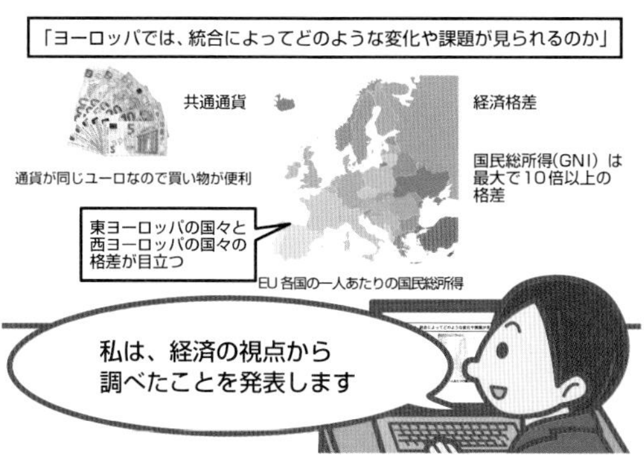

生徒は、もとの班に戻り、視点別グループで整理した **スライド** 資料を活用して発表し合う。班内で質疑応答を行い、発表された内容をもとに個の意見を再構成する。その後、班内で学習問題について議論し、結論を **スライド** に共同編集してまとめる。

4 全体でプレゼンでの共有を行い、個人の考えをまとめる

生徒は班でまとめた **スライド** をもとにプレゼンをし、全体に共有する。その後、班ごとのプレゼンやこれまでの学習を参考にして、学習問題に対する自分の意見を教師から配付された **ドキュメント** に記入し、**Classroom** にて提出する。

中学校

数学 第1学年

1時間

比例を利用しよう

本時の目標 身の回りの問題を、比例の関係を利用して解決するとともに、ICT を活用することで、可視化したデータをもとに具体的根拠を示しながら、自分の考えを表現する力を身に付ける。

使用するツール

Google Classroom

YouTube

Google フォーム

Google スプレッドシート

意識する〈型〉

事前の準備

1. お風呂に水を貯める YouTube 動画を用意しておく（参考 URL: https://youtu.be/3otMHvXOp_4）。
2. スプレッドシート で、「展開」で活用する数値を入力する ワークシートを作成しておく。
3. 「まとめ」で活用する振り返り用の フォーム を作成しておく。
4. Classroom の課題として、上記の YouTube スプレッドシート フォーム を下書き保存しておく。

授業の流れ

1 【導入】動画を活用して課題を把握し、見通しを持つ

課題を出し、課題解決への意欲を高める活動で、YouTube を使う。教師は、生徒の関心を惹き付ける動画を準備する。生徒が動画を視聴した後に、教師は「なるべく簡単に、水を貯めるのに必要な時間を求める方法を考えよう」という課題を出す。

2 【展開①】グループごとに解決の見通しを持ち、シートにまとめる

グループで解決の見通しを話し合う活動で、スプレッドシート を使う。教師は、各グループごとに違った条件の数値を提示する。1枚の スプレッドシート に数値と表を記入し、Classroom から配付する。条件が違うことを伝え、解決の見通しを持つようにする。

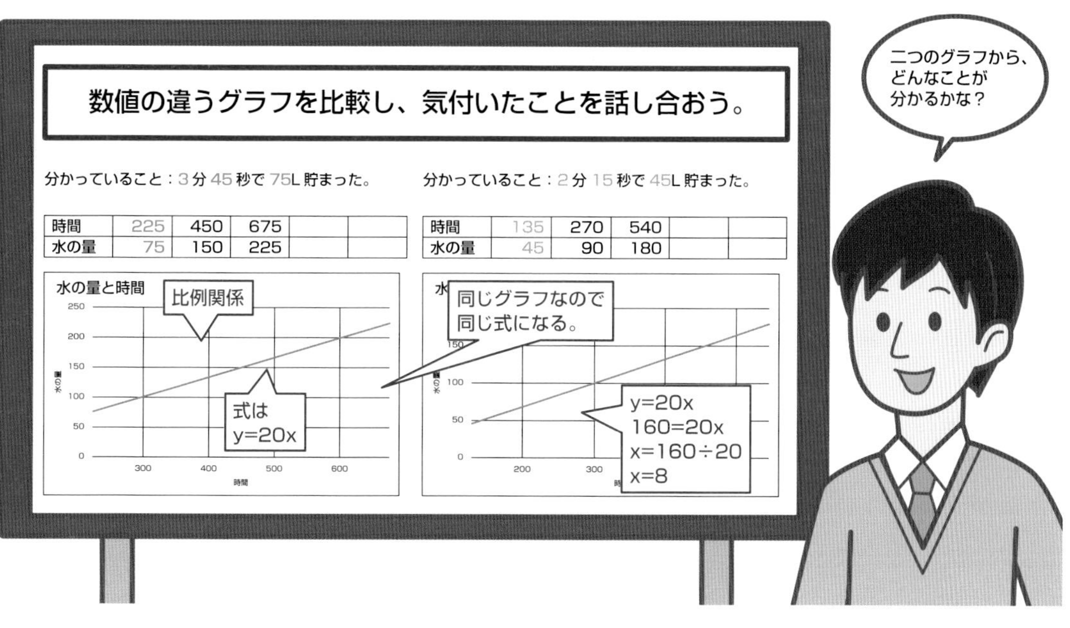

活動のポイント

本時の活動のポイントは、スプレッドシートを活用し、既習事項を活かしながら数値を可視化・グラフ化して、比例関係に気付かせていく点にある。今回の授業では「グラフをかく」ことは「ねらい」ではなく「手段」であり、スプレッドシートを活用することでその時間の縮減が可能となり、生徒は「ねらい」である比例関係を考えることに集中できる。

3 【展開②】「個人→グループ→全体」という流れで課題解決を行う

グループで課題解決に対する考えを練り上げる活動で、スプレッドシートのワークシートを活用する。生徒はまず自分で考え、グループで話し合い、考えを記入する。その後、全体で共有し、他の班の意見を参考にしながら[コメント]も記入し、考えを深めていく。

4 【まとめ】y＝axの式のよさに気付き、評価問題を解く

授業のまとめと振り返りの活動において、フォームを活用する。生徒は、Classroomから配信されたフォームの振り返りを共有し、評価問題に取り組む。授業の振り返りを[記述]で回答し、教師が[回答]を投影することでまとめを共有する。教師は評価に活用する。

中学校

音楽 第2学年

4時間

曲にふさわしい発声で歌おう

題材の目標

曲にふさわしい歌唱表現を創意工夫することを通して、声の音色や響き及び言葉の特性と曲想に応じた発声との関わりを理解し、発声、言葉の発音などの技能を身に付けることができる。

使用するツール

Google Classroom

Google Jamboard

Google スライド

意識する〈型〉

事前の準備

❶ 学習問題や楽譜の画像を挿入した スライド を作成しておく。
❷ Classroom でパート別の範唱の音声のファイルを配付できるように、ファイルを ドライブ にアップロードしておく。
❸ Jamboard で表現の工夫を書き込めるように、楽譜を背景に設定した[Jam]を作成しておく。

授業の流れ

1 曲想と歌詞の内容や旋律のまとまりについて考える（1時間目）

曲想や歌詞の内容、旋律のまとまりを考える活動で、Jamboard を使う。最初に範唱を聴き、歌詞や旋律から楽曲の特徴を考えたり、歌詞の内容と曲想の変化の関わりや旋律の特徴について考えたりする。それらを[付箋]で記録・確認して自分の思いや意図を膨らませる。

2 自分の音域に応じたパートを選び、歌えるようにする（2時間目）

範唱をもとにパート練習をする活動で、Classroom を使う。教師は、[授業]から[生徒はファイルを閲覧可能]で範唱用の音声ファイルを配付する。生徒はパート別の音源を聴き、各パートで音取りをする。その後、端末のカメラで撮影し合い、範唱と比較して練習する。

活動のポイント

本題材の活動のポイントは、Jamboard による「合唱」という音声や活動の可視化と活用である。まず、楽譜を背景に設定した[Jam]に、各自が考えた気付きや工夫を記入し、イメージを膨らませる。次に、実際の合唱の動画も活用し、客観的に自分たちの表現を見つめ、協働して練り上げ、深めていくようにする。それらの活動で、[可視化]と[共有]という機能を効果的に活かし合唱を磨き上げていく。

3 強弱や速度・音色等の歌唱表現の工夫を協働して行う（3時間目）

協働して歌唱表現を練り上げる活動で、Jamboard を使う。教師は、楽譜を背景に設定した[Jam]を[生徒はファイルを編集可能]で配付する。生徒は、各自の工夫を[ペン]で書き込み可視化しながら歌唱表現を練り上げ、実際に歌いながらよりよい合唱をつくり上げる。

4 学級全体での表現の工夫を決め、合唱してまとめとする（4時間目）

一つの合唱にまとめる活動で スライド を使う。生徒は全員で歌い、その様子を撮影した動画を見返し、さらに表現を工夫し、一つの表現に磨き上げていく。最後に曲にふさわしい発声で歌えるようになったかを振り返り、[コメント]で入力し、まとめる。

中学校

音楽 全学年

3時間

楽器と唱歌によるパッチワーク

題材の目標 「手」のつながり方について表したいイメージとの関わりで理解し、まとまりのあるお囃子づくりを通し、課題や条件に沿った音の選択や組合せなどの技能を身に付けることができる。

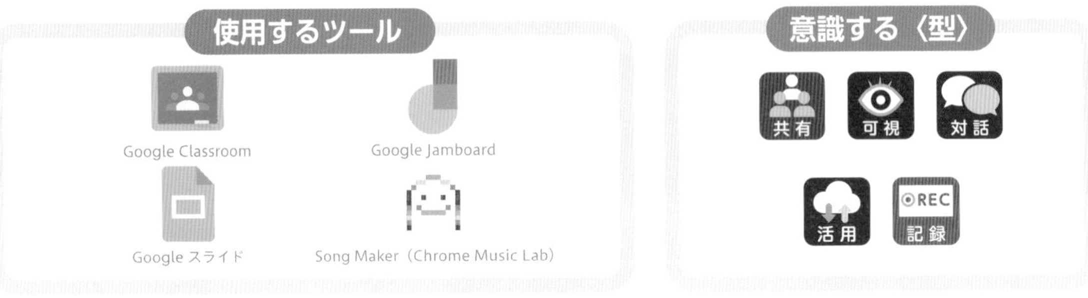

事前の準備

❶ 学習問題や活動について入力した スライド を作成しておく。
❷ 教科書の例を実際の音声として聴かせることができるように、音声を Song Maker で作成しておく。
❸ Jamboard に旋律や「手」をカードにしたものを貼り付けておく。

授業の流れ

1 学級で旋律に合う「手」を継ぎ合う体験をし、見通しを持つ（1時間目）

「手」を継ぎ合う体験で、Song Maker を使い、唱歌を歌唱する。特に「手」については、Song Maker で音を出し雰囲気をつかませる。「手」の中でも、続く感じと終わる感じがあることに気付けるようにして、まとまりのある構成に活かすようにする。

2 どのようなお囃子をつくるか、思いを持つ（2時間目前半）

お囃子への思いを持たせる場面で、スライド を使う。生徒は スライド の楽譜を見ながら歌唱する。教師は、拍をとったり篠笛で吹いたりして、正しく歌えるよう支援する。十分に活動することで雰囲気を高め、どんなお囃子をつくりたいかという思いを膨らませる。

1　能の邦楽器の演奏を類似体験できるアプリ「OHAYASHI sensei」を活用するとより効果的である。

活動のポイント

本題材の活動のポイントは、お囃子の「手」を Jamboard で可視化しイメージを膨らませることと、Song Maker や動画撮影を用いた音声の可視化と記録、そして、そのデータの保存と共有による評価への活用である。お囃子の「手」をアプリ「OHAYASHI sensei」[1] など多様な方法で可視化して試行錯誤していくことで、より豊かな表現を実現することができる。

3　ペアで構成を考えながら「手」を継ぎ合わせる（2時間目後半）

ペアで構成を考えながら「手」を継ぎ合わせる活動で、Jamboard と Song Maker を使う。生徒は、[フレーム]に挿入した「手」の画像を端末上で操作したり Song Maker で音を確かめたりしながら、まとまりのあるお囃子をつくっていく。

4　全員の前で「手」を演奏、発表する（3時間目）

お囃子を発表し振り返る場面で、動画を使う。生徒は、ペアでつくったお囃子を発表する。その際、旋律は教師の篠笛等と全員の唱歌とする。発表は端末で動画撮影し、その後の自己評価や相互評価、教師の評価等に活かしていく。

中学校

美術 第1学年

1時間

遠近感を出そう～線遠近法～

本時の目標 校舎の画像に消失点や水平線を描くことで、線遠近法を理解するとともに、作品制作など今後の自分の表現に生かすことができる。

使用するツール

Google Classroom

Google フォーム

Google スライド

Google Chrome Canvas

意識する〈型〉

事前の準備

❶ 教師は、線遠近法の一つである一点透視図法について、その内容を生徒に事前に知らせておく。
❷ 生徒一人ひとりが、休み時間などに校内で遠近の分かる場所を見つけておき、遠近法の特徴が分かるように各端末のカメラで撮影しておく。
❸ スライド でワークシートを作成しておく。

授業の流れ

1 撮影した写真を スライド に挿入する

スライド を[生徒は編集可能]で配付し、生徒一人ひとりがそれぞれのスライドに自分で撮影した遠近のある画像を挿入する。次に教師が スライド 上に線を引く方法と一点透視図法の消失点の見つけ方を知らせる。

2 スライド に線を描き、透視図法について気付く

生徒一人ひとり自分が撮影した スライド の画像に線を描き、グループ内で、それぞれの画像を見合うことで、消失点の存在に気付かせる。さらに、そこに水平線を描くことで、一点透視図法が水平線上に消失点が集まる図法であることに気付いていく。

活動のポイント

自分の見つけた遠近の分かる画像を スライド に貼り付け、そこに線を描いていき、透視図法について理解を深める。画像を加工することを通して遠近感を理解させ、思考を可視化していく。また、学習後に、実際に遠近法を活かしたスケッチを Canvas で行うことで、「知識・技能」の確実な定着と評価に活かしていく。

3 画像に線を引き、消失点と水平線の特徴に気付く

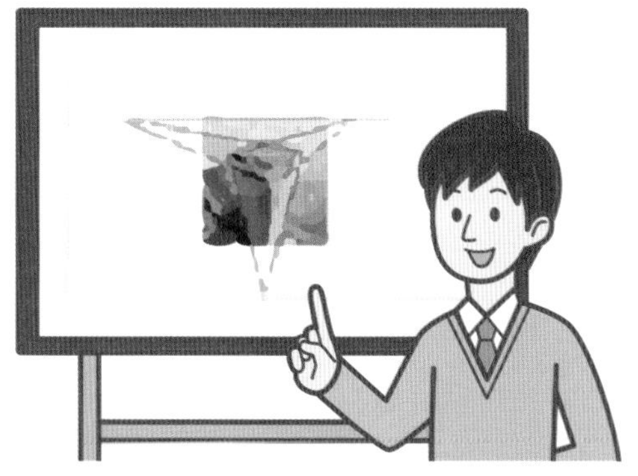

二点透視図法と三点透視図法の画像それぞれに線を引かせることで、消失点、水平線の特徴に気付かせる。その際、画像は小さめに貼り付けておくと線が描きやすいことを知らせる。

4 Canvas にスケッチし、図法についての理解を深める

Canvas で三つの線遠近法を活かしたスケッチを描かせ、グループ内で相互評価することで、本時の内容に対する理解を深めるようにする。

1時間

今を生きる私へ（自画像）

本時の目標　背景画面に設定されたお互いの作品から感じたことを付箋への記入で表現することで、作者が作品に込めた想いやその心の内面を受け止めることができる。

使用するツール

意識する〈型〉

事前の準備

❶ Jamboard でグループごとに人数分の[フレーム]を設定した[Jam]を作成しておく。

授業の流れ

1 Jamboard に自分の作品をカメラで撮影した画像を背景に設定する

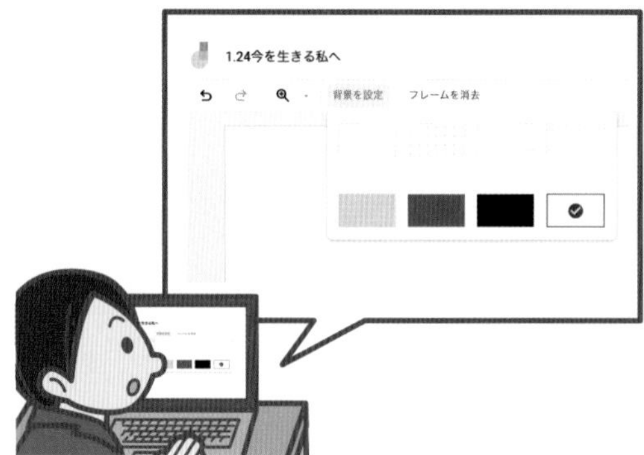

生徒は、Classroom の[課題]から自分のグループの[Jam]を開く。次に、生徒は[背景を設定]で、自分の番号の[フレーム]に自分の作品を追加する。すでに撮影済の場合はドライブから、まだの場合はカメラで撮影し、[背景を設定]で挿入する。

2 作品から感じた友達の心の内面を[付箋]に記入する

グループごとに一人ひとりが Jamboard の[フレーム]にある作品を鑑賞し、作品全体から伝わる作者の自画像に込めた気持ちや、心の内面を[付箋]に書くことで可視化する。次に[付箋]をフレーム内の作品に重ならない場所に貼り付け、互いの思いを共有していく。

活動のポイント

本時では、美術の創作を制作のみにとどめず、Jamboard の[背景を設定]と[付箋]を用いた〈可視の型〉により、対話的、協働的な学びに発展させるものである。特に[付箋]による評価を、内面的な心情の表現と、技法による表現に分けることで、学びを表面的なものから、[深い学び]に深化させていく。

3 作品の技法面の工夫を別の色で[付箋]に記入する

グループごとに、表情やしぐさ、構図、背景、色彩などの技法の工夫を作品から読み取り、感想とは別の色で[付箋]に記入し、可視化する。次に[付箋]をそう感じた場所に貼り付ける。ここでは、教師はできるだけすべての作品を評価するように指示をする。

4 [付箋]の多かった作品を制作した生徒が発表する

グループごとに、作品を描いた生徒一人ひとりが自分で表現したかった気持ち、心の内面と、他の生徒からの[付箋]で感じたことを併せて発表する。教師は、ここでの発表や、他の生徒からのフィードバックを、最後に フォーム での評価につなげるようアドバイスする。

1単元

創作ダンス

単元の目標　多様なテーマからその動きのイメージを捉え、変化のあるひと流れの表現にして踊ることができる。

使用するツール

意識する〈型〉

事前の準備

❶ 事前の２時間で基本的なリズムダンスを取り入れ、動画で記録しておく。
❷ Jamboard の[フレーム]ごとに、多様なテーマからイメージや演技構成を入力できるようにしておく。
❸ ダンスの構成を考える際に使うワークシートを スライド で作成しておく。
❹ 学習の振り返りで使う フォーム を作成しておく。

授業の流れ

1 テーマに関わるイメージを検索して、各班のテーマを決める

「多様なテーマ」に関わるイメージを膨らませる活動で、Google 検索 と Jamboard を使う。生徒は Google 検索 で身近な生活や日常動作について調べ、感じたイメージをグループで[共有]した Jamboard に[付箋]で入力整理し、テーマを決めていく。

2 グループで決めたテーマのイメージを大切にし、ダンスの演技構成を考える

1 で決めた「テーマ」のイメージに沿って演技構成を考える活動で、スライド を使う。生徒は Classroom から[生徒は編集可能]で配付された スライド ごとに分担して、個人でイメージに沿った動きを考え、写真や文章で入力していく。

創作ダンスの工夫や流れを可視化し、表現を深める。

動画で記録し、よりよいものに改善する。

活動のポイント

本単元の活動のポイントは、多様なテーマに沿ってイメージを広く検索し、それを活かしてダンスをつくることである。Jamboard でイメージを可視化して膨らませ、スライド でダンス創作の工夫や流れも可視化し、表現を深めていく。さらに、ダンスを動画で記録することで、いつでも振り返り、よりよいものに改善していくことが可能となる。

3 テーマに沿ったイメージを考え、身体で表現する

2 で決めた「演技構成」に合わせ、「はじめ・なか・おわり」の身体表現を考える活動で、動画を使う。スライド の構成案を見ながらグループで身体表現を工夫し、端末で動画撮影する。保存した動画を見返すことで改善に生かし、スライド に書き加えながら次時の活動につなげていく。

4 フォーム で今日の学習を振り返る

本時の学習を振り返り、次時に活かすため、フォーム を使う。意欲や出来映えの評価は[ラジオボタン]で数値化する。特に、考えたことやこれから行いたいことは[記述]させるが、それを表す[画像]を回答する設問も設け、言葉とイメージを結び付けるようにしていく。

1時間

交通事故などによる傷害の防止

本時の目標　交通事故の要因について理解し、危険を予測し回避する方法について考えることができる。

使用するツール

意識する〈型〉

事前の準備

1. 事前に授業で使う「交通法規」と「危険予知トレーニング」の動画を YouTube で検索し、URL を取得しておく。
2. グループ活動で使うワークシートを スライド で作成しておく。
3. 振り返りで使う スプレッドシート を作成しておく。

授業の流れ

1 自転車の事故に関わる法律について考える

自転車事故に関わる法律について考える活動で、YouTube を使う。教師が、大型提示装置に動画を投影し、適時、静止したり巻き戻したりしながら、事故時の損害賠償等、中学生に関わる法律について考え、話し合い、本時の活動の見通しを持つようにする。

2 危険を予測し、その回避方法について個人で考える

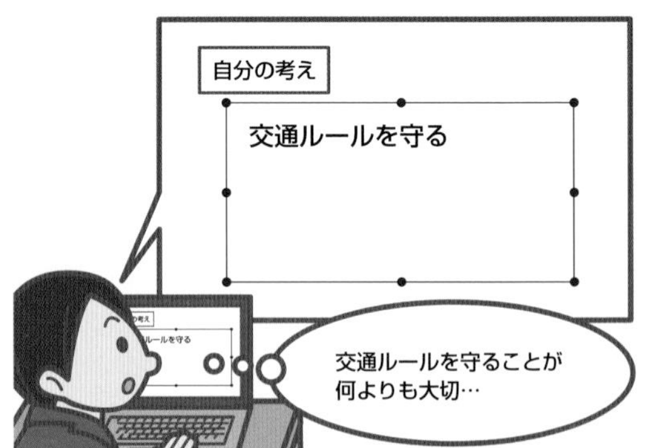

自転車事故の要因と未然防止のための危険予測について考える活動で、YouTube を使う。生徒は、動画を各自で視聴し、Classroom から[生徒は編集可能]で配付した スライド の自分のスライドに、大切なことを入力していく。

活動のポイント

本時の活動のポイントは、まず、動画を各自で静止したり巻き戻したりしながら視聴して、起こりうる事故やその要因をつかみ、予測や回避についてしっかりと考えていく点にある。次に、その考えを スライド に、今後大切にしていきたいことを スプレッドシート に入力し、[共有]することで、より多様な考え方に触れ、効果的に考えを深めていくことができる。また、 Classroom から配付することで、動画のURLが自動で保存され、事後の活動でも有効に活用できる。

3 危険を予測し、その回避方法についてグループで話し合い、まとめる

危険を回避する方法について、グループで話し合う活動で、 スライド を使う。生徒は、まず、友達の考えを読んで意見を[コメント]で入力しながら考える。それをもとに話し合い、グループとしての考えを最後のスライドにまとめ、全体で発表する。

4 本時の学びを振り返り、友達と共有してまとめていく

本時の学習を振り返り、深める活動で、 スプレッドシート を使う。生徒は、[シート]の自分の欄に危険を回避するために大切なことを入力する。その後、時間を取り、互いの意見を読み合い、新たな気付きや参考になったことを[コメント]し合いながら理解を深めていく。

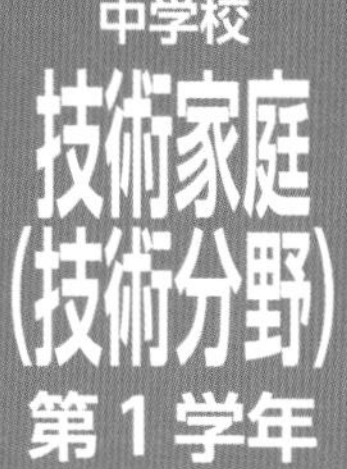

2時間

わたしのものづくり

題材の目標 自分が製作した木製品の紹介スライド作成を通して、材料と加工に関する技術で学んだ知識・技能を再構成、再構築することで、生活の中で活用できるように知識を定着させる。

使用するツール

Google Classroom

Google フォーム

Google Keep

Google スライド

意識する〈型〉

事前の準備

❶ 教師は構想、設計、製作の段階から、学習のまとめにレポートがあることを知らせ、Keep に画像やメモで記録を保存しておくように指示しておく。

❷ スライド でワークシートを作成しておく。

❸ フォーム で単元を通した振り返りの「確認テスト」を作成しておく。

授業の流れ

1 木工を通じての学習のねらいと到達度を「確認テスト」で確認する

教師は、Classroom の［授業］→［＋作成］→［テスト付き課題］から作成した「確認テスト」を配付する。［ロックモード］を有効にして、テスト中は他のタブを閲覧不可の状態にしておく。

2 生徒は個人作業で スライド に作品の画像を貼り付ける

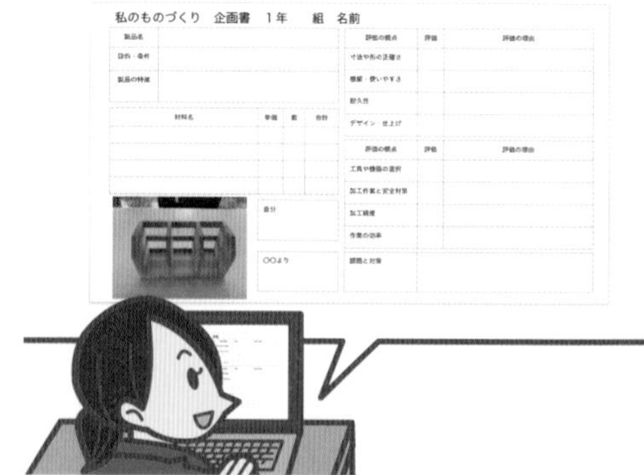

教師は Classroom から、スライド を配付する。生徒は自分の番号のスライドに、氏名を記入する。その後、確認テストで再確認した単元のねらいを意識して、Keep からデータを転用して製作品の画像を選択し貼り付け、解説を入力してワークシートを一度完成させる。

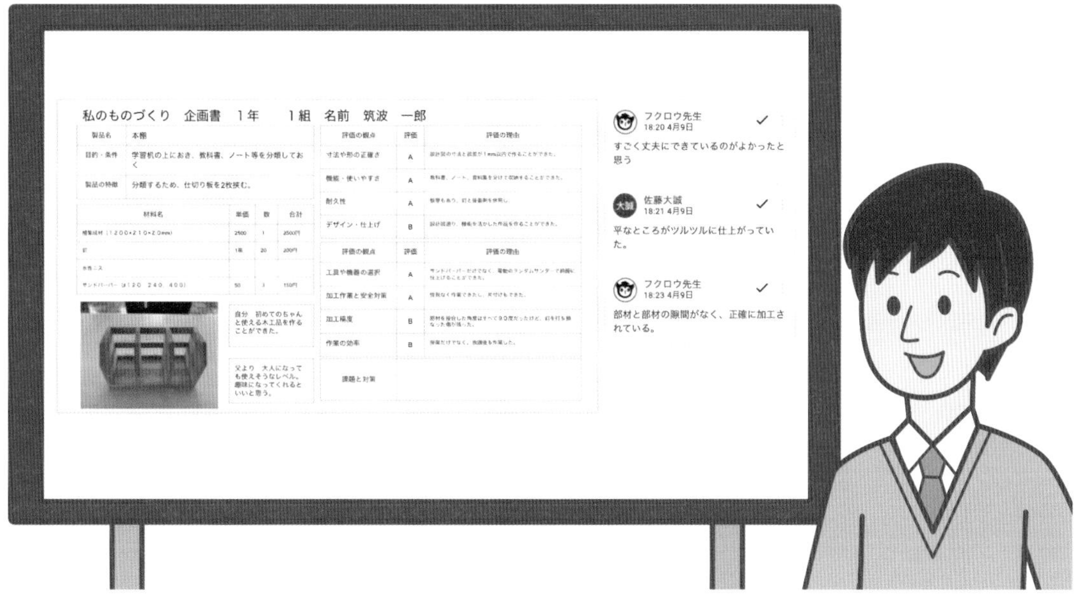

活動のポイント

この学習は、〈転用の型〉を意識し、木製品の製作の過程で、Keep に保存したデータを使って、〈創造の型〉による スライド でのレポートの作成、さらに〈共有の型〉で[コメント]による相互評価を行い、〈評価の型〉で フォーム での個人での振り返りという流れとなっている。作品製作が核となる授業を効果的に振り返り活用することで、相互に理解を深める授業デザインとなっている。

3 生徒同士で[コメント]を付け合い、フィードバックを行う

グループ内のメンバー同士で完成したワークシートを相互評価し、[コメント]を付け合う。教師は、作品製作の目的と機能性、構造に視点を当てて[コメント]するよう、指示をする。その後、フィードバックを受けて自分のスライドを修正し、完成させる。

4 各グループの代表1名が発表する

グループ内から代表を1名選出し、大型提示装置で投影して発表する。発表を聞きながら、生徒は全員が Classroom から配付された フォーム で作品製作の目的と機能性、構造に視点を当てて、フィードバックを行う。

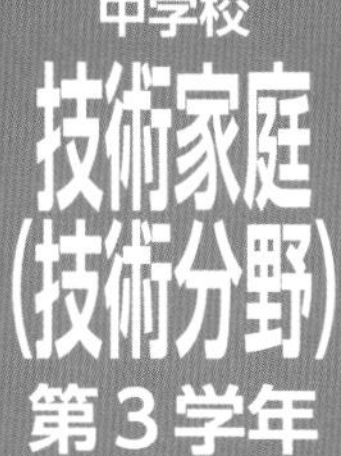

1時間

植物工場を作ろう

本時の目標　自動化された植物工場を制御するプログラムを作成することを通して、双方向の通信を活かしたプログラムを理解するとともに、同時に栽培における管理作業を理解する。

使用するツール

Google Classroom

Google 検索

Google Jamboard

Google Keep

意識する〈型〉

事前の準備

❶ 本題材は、生物育成に関する技術と情報に関する技術の教科内合科によるカリキュラムで運用される。そのため、事前に植物の環境を整える技術について学習しておく。

❷ Google 検索 で自動化された植物工場について事前に検索させ、結果を Keep の[メモ]で保存しておく。

授業の流れ

1　植物栽培に必要な作業、技術を Jamboard 上で洗い出す

　グループごとに Google 検索 で植物工場を検索した結果や、「生物育成の技術」で学んだ植物の管理作業や生育環境条件から、植物工場で管理する環境条件を Jamboard に[付箋]で書く。次に生育条件の、水分、光、温度、肥料で[付箋]の背景色でグループ分けする。

2　グループごとに自動化する管理作業を選び、必要なセンサーを考える

　グループごとに自動化する管理作業を選択する。小学校理科で学習したセンサーを用いた条件分岐のプログラムを想起して、選択した管理作業を自動化するためには、どのようなセンサーが必要かを検討する。

活動のポイント

この授業は、「情報の技術」の双方向で計測・制御を用いたプログラミングである。まず、事前に Keep に集めた情報を Jamboard で整理し、自動化の手順を考える際に再利用する。そして、実際にプログラミングをする前に、プログラムのフローを Jamboard で試行錯誤し、意見を出し合いながら考える可視化、対話を意識した活動を行い、プログラミング学習の充実を図る。

3 管理作業を自動化するプログラムのフローを考える

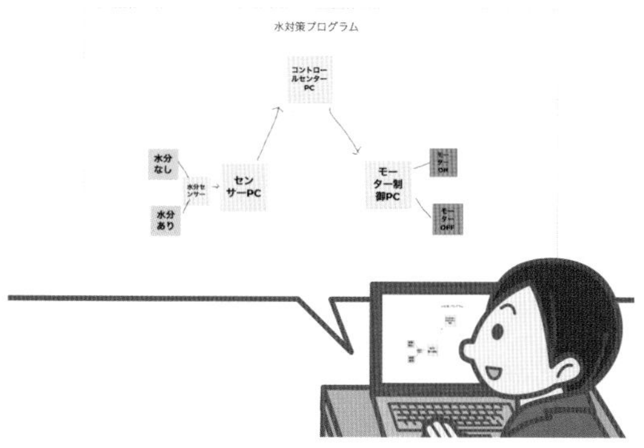

グループごとに共有された Jamboard の[フレーム]に、センサーからアクチュエータまでのプロセスを[付箋]で書く。次に作業の流れを並べ変えてフロー化し、各作業を線で結ぶ。フロー完成後、グループ内で一人ひとりがプログラムの流れを説明し、手順を確認する。

4 全体で、グループごとに作成したプログラムの手順を発表し、フィードバックし合う

Jamboard 上のプログラムのフローを大型提示装置に投影し、その手順をグループごとに説明する。発表を聞いている生徒は、プログラム処理の手順が適切かを確認し、改善点等を Keep の[メモ]で共有する。最後に UML でプログラムのフローを Jamboard で確認する。

中学校
技術家庭
(家庭分野)
第2学年

2時間

住まいの安全について考えよう

題材の目標 それぞれの家庭で、家庭内事故の可能性がある場所を見つけ、その対策を考え、レポートにまとめることを通して、家庭内事故防止を意識して生活することができる。

使用するツール

Google Classroom

Google Jamboard

Google スライド

意識する〈型〉

事前の準備

❶ 生徒一人ひとりが、家の中での事故について消費者庁のサイトで検索し、それをもとに各家庭で事故の起こりやすい場所を調べ、画像に記録しておく。

❷ 調べたこと、洗い出した危険箇所は Keep の[メモ]に画像とともに保存しておく。
※消費者庁（https://www.caa.go.jp/policies/policy/consumer_safety/caution/caution_035/）

授業の流れ

1 Jamboard で危険箇所を[付箋]で可視化し、原因を類型化する

Classroom の[課題]から Jamboard を配付し、グループごとに、各家庭で見つけた危険箇所を[フレーム]に[付箋]で一枚に一件ずつ書き出す。さらに原因毎に[付箋]を動かしてグルーピングし、タイトルを付けるとともに、[付箋]の色を統一して類型化する。

2 類型化された危険箇所の改善方法をグループワークで考える

教師は、「家での事故予防ハンドブック」の作成がゴールであることを伝える。次に各グループでは、類型化された危険ごとにハンドブック作成を分担する。作成するハンドブックがより多くの種類の危険性に対応できるよう、グループ内での担当の割り振りを調整する。

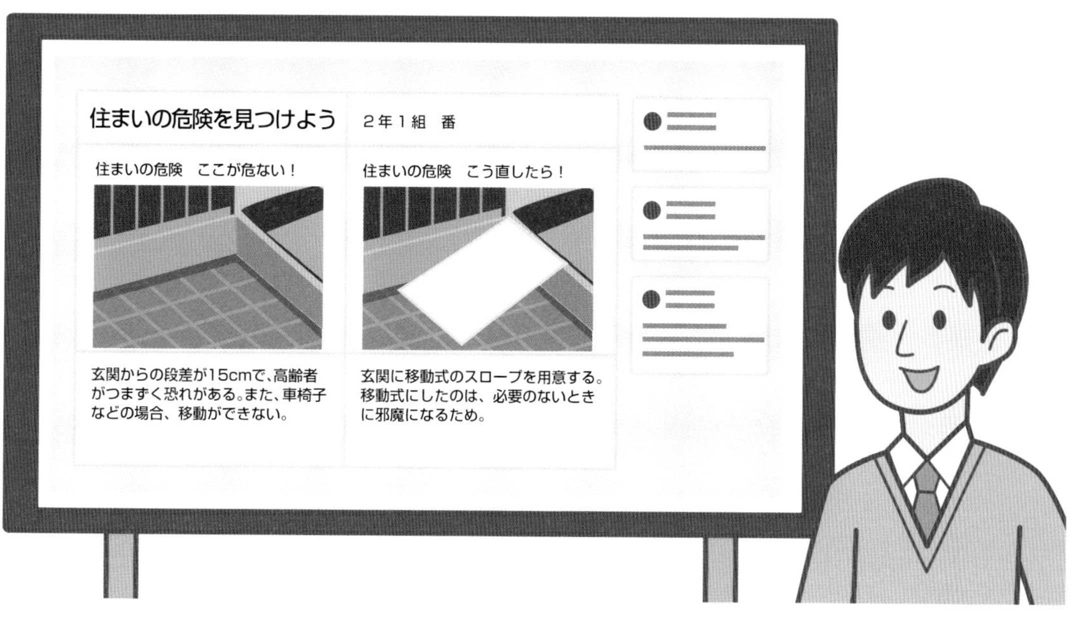

活動のポイント

本時は Jamboard を用いた〈可視の型〉による課題の整理分析と、スライド による〈創造の型〉での解決方法の検討という、2種類のアプリを用いて構成された授業デザインとなっている。さらに成果物としての「家での事故予防ハンドブック」を保護者と共有することで、学びを日常化し活かすことができる。

3 スライド を共同編集して、ハンドブックの編集を分担し、完成させる

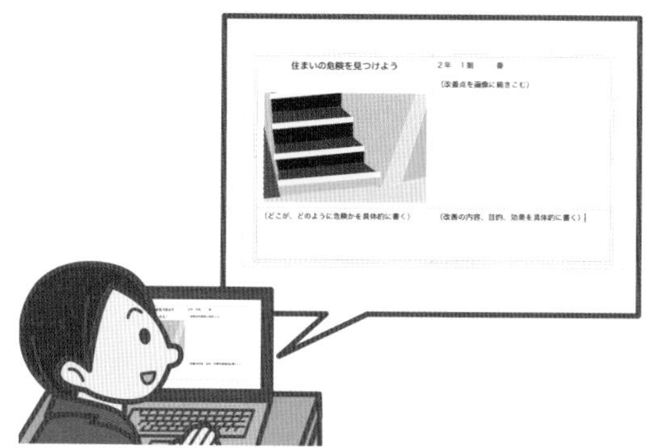

Classroom で配付した スライド を、グループワークで共同編集する。各生徒が、事前に準備した画像を貼り付け、事故を防止する工夫や解決のアイデアを描画機能を使い、図や文字で書き込んでいく。

4 完成したハンドブックをもとにプレゼンをし、相互にコメントでフィードバックする

Jamboard で可視化による課題の類型化や、作成された スライド をもとに、グループ内でプレゼンテーションをし、改善点をコメントでフィードバックする。次にコメントをもとに自分のスライドに修正を加える。

中学校
技術家庭
(家庭分野)
第3学年

2時間

消費者トラブルを解決する

題材の目標 消費者トラブルを防止するためのCMを制作することを通して、消費者トラブルを理解し、自分がトラブルに巻き込まれないための態度と知識を身に付けることができる。

使用するツール

意識する〈型〉

事前の準備

❶ 生徒は家族に消費者トラブルについて、経験を聞き、得た情報をまとめ、Keep で[メモ]に保存しておく。
❷ 生徒は Google 検索 を用いて、消費者トラブルに関する内容を検索し、その名称と内容、サイトURLを Keep で[メモ]に保存しておく。
❸ 教師はCM動画の絵コンテのテンプレートを スライド でワークシートとして作成しておく。

授業の流れ

1 消費者トラブルを原因別に分類し、注意喚起するCM動画のテーマを決める

Classroom でグループごとに配付した Jamboard の[フレーム]に、生徒は調査してきた消費者トラブルを[付箋]で書く。教師は[付箋]を動かし、消費者トラブルの原因別に類型化するよう伝える。原因に合ったタイトルを付けた後、取り上げる消費者トラブルを一つ決定する。

2 消費者トラブルの注意喚起動画を視聴し、CM動画の絵コンテをつくる

教師は スライド でワークシート「動画台本テンプレート」を Classroom から配付する。生徒は、グループごとに YouTube で動画を検索して、視聴した動画と Keep に保存された資料をもとに、消費者トラブルを予防するCMの絵コンテを作成する。

活動のポイント

家庭学習で家族やWebから調査した消費者トラブルの情報を、一旦 Keep に保存しておく。Jamboard でグループごとにテーマを決定したら YouTube で参考になる動画を視聴し、スライド でCM動画の台本を作成する。CM動画画面を録画する機能を用いて制作することで、撮影作業の効率化も実現する。

3 絵コンテをもとに、トラブルの注意喚起CMを制作する

グループごとに絵コンテをもとに役割分担を決め、スライド や Jamboard を用いて画面を録画する機能で15秒の消費者トラブル予防のCM動画を録画する。

4 グループ同士で広告やCM動画を発表し合い、相互にフィードバックをもらう

CM動画制作後、Classroom で共有するとともに、班毎に発表する。発表を聞きながら フォーム でフィードバックを行う。さらに修正を加えた上で、サイト で公開し、保護者や外部からのフィードバックをもらう。

中学校

外国語 第1学年

1～4時/4時間

観光パンフレットを作ろう

単元の目標 外国人観光客に向けて、スライドを使って地域の魅力を分かりやすく紹介するパンフレットを作成することができる。

使用するツール

Google Classroom

Google Jamboard

Google 翻訳

Google スライド

意識する〈型〉

事前の準備

❶ 教師はグループワークで使用するJamboardとスライドのワークシートを作成し、Classroomから共有リンクを配付する準備をしておく。

❷ パンフレットのスライドが完成したら、次の授業までにその共有リンクをクラス全員に閲覧者（コメント可）の権限で配付して、コメントを書き込めるよう準備しておく。

授業の流れ

1 四人グループで、パンフレットに取り上げる内容をJamboardで検討する（1時）

各グループで取り上げる地域を決めたら、各自が紹介したいことをキーワードや画像で[Jam]に追加する。[付箋]を分野ごと（文化・娯楽・買い物など）に色分けなどして整理しながら、パンフレットに取り上げるものを絞り込み、記事作成担当者を決める。

2 グループ内で担当項目を分担し、紹介文を英文で作成する（2時）

教科書の例文や既習事項を参考にしながら、担当する項目を具体的に説明する英文をスライドのワークシートに書く。英文を書き上げたら、グループでお互いに読み合ったり、Google 翻訳を使ったりして確かめる。

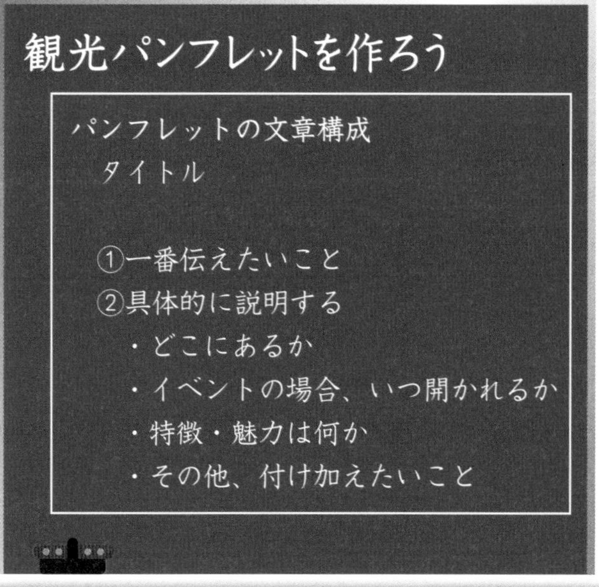

活動のポイント

外国人観光客に向けて地域を紹介するパンフレットを、グループで協力して作成する活動である。スライドには画像や地図、図、動画などのマルチメディア素材でビジュアル表現を工夫することができる。Classroomの課題で取り組ませれば教師にもデータが共有され、随時、活動状況をリアルタイムで確認できる。英文とビジュアル表現とで、視覚的に分かりやすい紹介パンフレットの作成を目指す。クラス内で読み合い、[コメント]を付け合って短時間で多くの友達の意見に触れることができる。

3 画像、イラストなどを工夫してパンフレットをデザインする（3時）

英文の作成が完了したら、見出しや説明を補足する画像（地図や写真など）を付け加えていく。画像検索して画像を入手したら、それをスライド上に並べる。文字の大きさやデザインなどを整えてパンフレットの紙面を完成させる。

4 パンフレットを共有し、他のグループと読み合ってコメントを書き合う（4時）

各グループで完成したスライドをスクリーンに提示し、作成者が内容を発表する。聞き手は、プレゼンテーションを聞きながら共有した[スライド]上に感想の[コメント]を書き合う。

中学校

道徳 第3学年

1時間

『二通の手紙』

本時の目標　『二通の手紙』によって「元さん」が考えたことを通して、規律ある安定した社会の実現を目指し、きまりや法の意義について深く考え、主体的に守ろうとする態度を育てる。

使用するツール

Google Classroom

Google Jamboard

Google スライド

Google スプレッドシート

意識する〈型〉

事前の準備

❶ 教師は Jamboard できまりについて（例: きまりがあってよかったと思うことや嫌だと思ったことについて）[フレーム]を作成しておく。
❷ スプレッドシート で表と円グラフ（2の画像参照）を作成した[シート]を準備しておく。
❸ スライド で自分の考えを書き込む[スライド]（3 4の画像参照）を作成しておく。

授業の流れ

1 【導入】アンケートの結果をもとに話し合う

生徒は、これまでの経験を想起し、きまりについて考えたことを Classroom で配付された Jamboard の[フレーム]に記載する。[付箋]を使って、それぞれが考えたことを整理することで、社会にあるきまりを意識し、学習課題への意識付けとなるようにする。

2 【展開 1】教材を読んで、話し合う①

姉弟を入園させた元さんの判断を、あなたはどう思いますか。

元さんの判断について

賛成できる	70%
反対である	30%

反対である
賛成できる

生徒は、元さんが職場を去っていった理由について話し合う。元さんの判断に賛成か反対かを各自に配付された スプレッドシート に心の割合を数値で入力する。その際、円グラフを、配付された スライド の個別に指定された[スライド]にリンク貼り付けし、考えを書く。

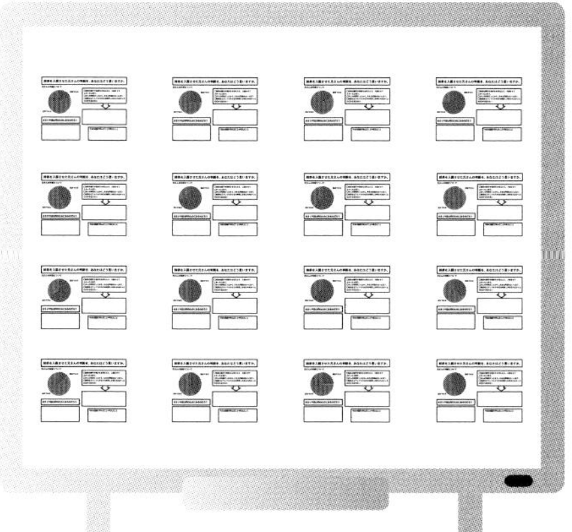

■スプレッドシートからスライドへのグラフ貼り付け
①スプレッドシートでグラフをコピー。
②スライドで「右クリック→貼り付け」で「スプレッドシート」にリンクを選択。そして、「貼り付け」をクリック。

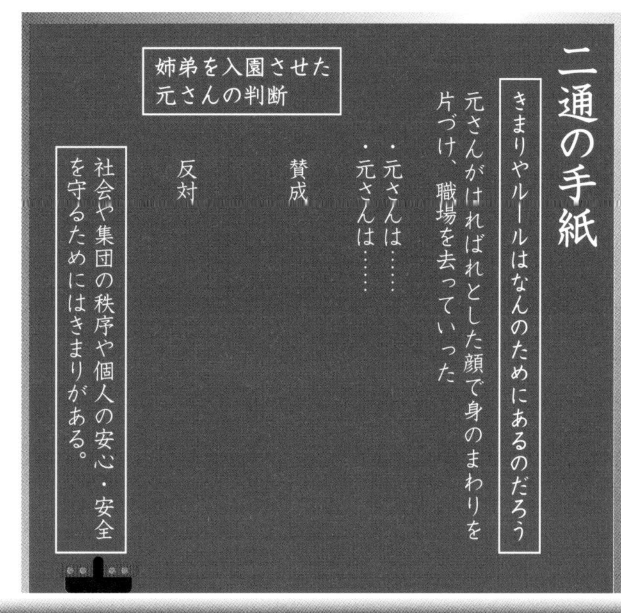

活動のポイント

共有された スライド のそれぞれのページ（[スライド]）に個々の考えを書くことで、即時に考えを共有できたり、それをもとに意見交流することで、多様な価値観にふれたりすることができる。2や3では、スライド に同期された スプレッドシート を使っているので、意見交流後に考えが変わった場合には、シート上の表の数値を変えて、スライド 上の円グラフを更新することで、立場を明確にした意見交流がしやすくなる。

3 【展開 2】教材を読んで、話し合う②

教師は各生徒の[スライド]をグリッド表示する。生徒はそれを見て、自分と同じ考えや違う考えの人と対面で交流をする。その後、生徒はきまりや法は何のためにあるのかについて[スライド]に考えを書き、話し合う。元さんの判断を再考して[スライド]に追記し、話し合う。

4 学習のまとめをする

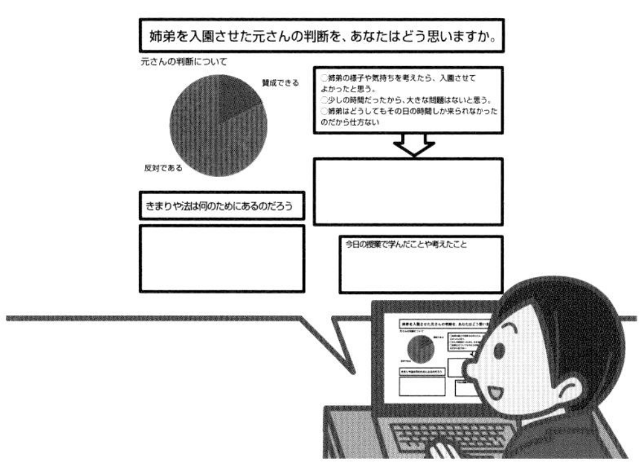

生徒は、同[スライド]に、授業を通して気付いたこと考えたことを書く（振り返り）。

※本時において、個々が記入した[スライド]は、別途継続的に作成している自分たちの「道徳用スライド」にコピーして貼り付けて蓄積しておく。

中学校

総合 第2学年

2時間

スマホ活用について考えよう

本時の目標　経験と照らし合わせながら動画を視聴する活動を通して問題点に気付き、解決策を考え、話し合うことにより健全なメディアバランスを見いだす方法を深く考察することができる。

使用するツール

意識する〈型〉

事前の準備

❶ 配付用課題 スライド と発表用共有 スライド を作成しておく。
❷ 相互評価用の フォーム を作成しておく。
❸ ❶で作成した課題スライドを、[各生徒にコピーを作成]の設定で Classroom の[課題]として下書き保存しておく。

授業の流れ

1 課題の設定を友達の考えを確認しながら自席で行う

本時の課題を把握する導入の場面において、Classroom を活用する。教師は事前に[質問]を配付し、生徒は自身のスマホの使用状況について振り返る。その後、各自回答した後、友達のコメントを見て[クラスのコメント]で返信する活動で関心を高めていく。

2 【情報の収集】【整理・分析】動画を視聴し、必要な情報を検索し収集する

教師は課題スライドを配付する。生徒は各自 YouTube 動画を視聴した後、スライドの指示に従って Google 検索 で情報を収集、整理しながら、自分の考えをまとめていく。

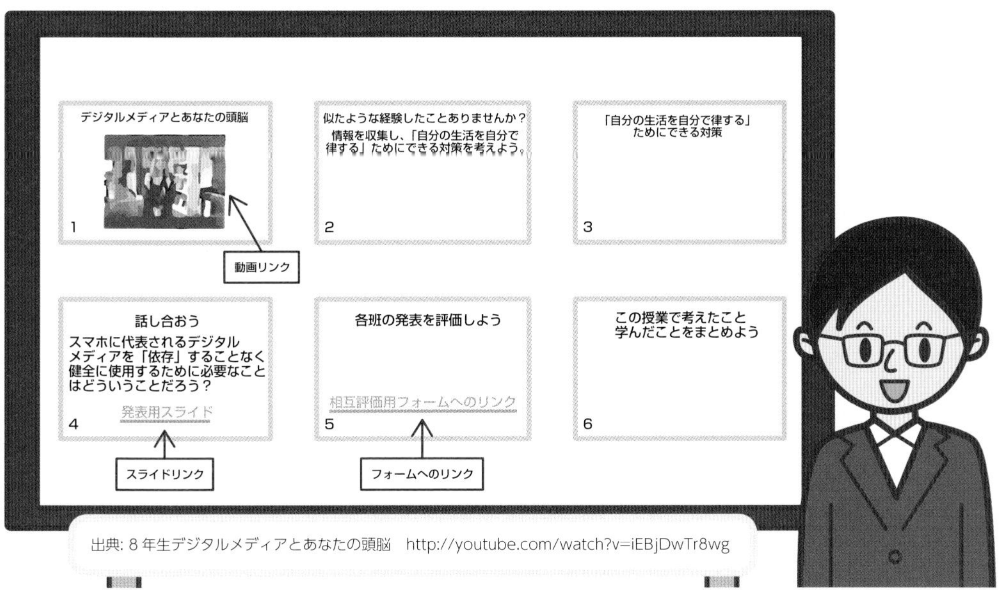

活動のポイント

本時の活動のポイントは YouTube 動画へのリンク、発表用スライドへのリンク、フォーム へのリンクを埋め込んでおいた スライド を活用することにより、「個の活動」「グループの活動」「全体の活動」をシームレスに切り替えることができる点である。※「デジタルメディアとあなたの頭脳」は、世界で提供されているデジタル・シティズンシップ教材の一つで、common sense.org が提供している。

3 【整理・分析】【まとめ・表現】自分の考えを持ち、それをもとにグループで話し合い、発表用スライドをつくる

教師は、「発表用スライド」を Classroom の[課題]から[生徒は編集可能]で配付しておく。生徒は各自の考えをもとに話し合い、グループワークで共同編集しながら発表内容を スライド にまとめる。

4 【まとめ・表現】発表し、相互評価を行い、成果をまとめる

まとめを発表する活動で スライド を、その後の相互評価する活動で フォーム を活用する。代表生徒が発表し、その他の生徒は、発表を見ながら フォーム に入力し、すべて終了したら回答する。最後に振り返りを課題スライドにまとめ、提出する。

1単元

先輩に学ぼう
～自分のライフプランを考えよう～

単元の目標 身近な人に今の仕事を選んだきっかけややりがいなどをインタビューする活動を通して、働く目的と意義に気付くとともに、そのための方法も考えることができる。

使用するツール

意識する〈型〉

事前の準備

❶ 事前にインタビューに協力いただける保護者や地域の方、卒業生などのメールアドレスを収集しておく。
❷ 事前調査用の フォーム の原本を作成しておく。
❸ Jamboard で発表用と感想用のワークシートを作成しておく。
❹ ドキュメント でライフプランのワークシートを作成しておく。

単元の流れ

1 【インタビュー準備の活動】グループで話し合い、質問用フォームを作成する

生徒は先輩たちにインタビュー前のヒアリングを行う活動で、フォーム を使う。生徒は自分たちの「ライフプラン」を考えるという課題を確認し、質問したい内容と相手の経験等を考慮して作成した フォーム を先輩に送信する。

2 【インタビュー候補者の決定】調査結果からインタビュー先を絞り込む

フォーム の調査結果をもとに、直接インタビューする相手を決める活動で、Jamboard を使う。教師は、Classroom から[Jam]を配付する。生徒は、グループにつき 1 枚の[フレーム]に[付箋]を貼り付け情報を整理し、候補者を絞り込んでいく。

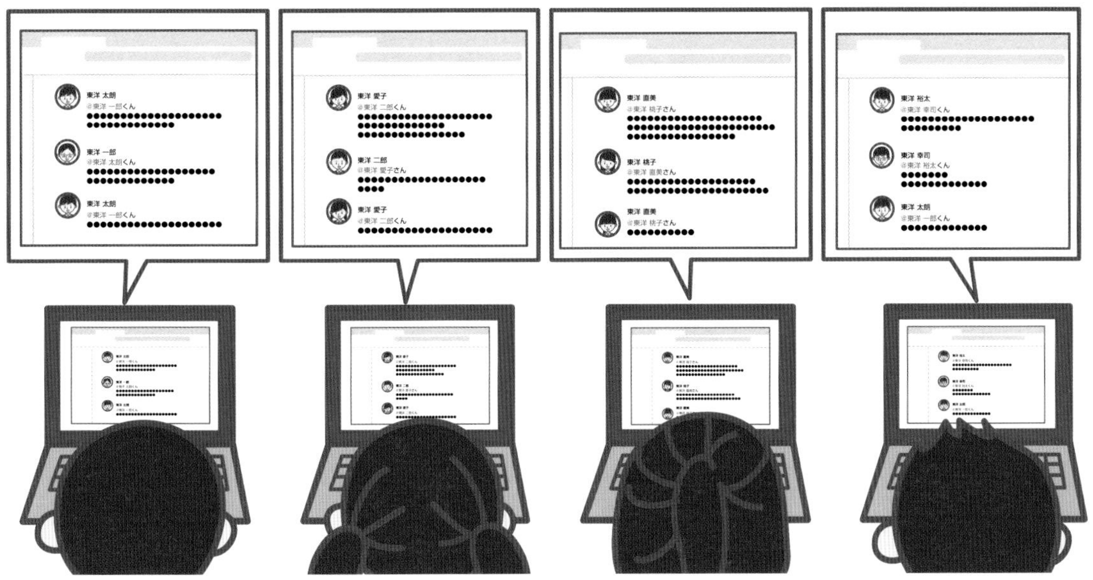

活動のポイント

本時の活動のポイントは、Google Meet や Chat を活用して、校外のさまざまな職種の先輩（GT）たちと継続して交流し、自分のライフプランについて具体的に考えていく点にある。Google Meet の録画や Chat の機能を活かすことで、オンデマンド型の交流が可能となり、生徒の考えを深め、視野を広げることにつなげることができる。

3 【インタビュー活動】オンラインでインタビュー活動をする

インタビュー相手と段取り、面談を実施する活動で、カレンダー と Google Meet を使う。教師は、事前にGT（ゲスト・ティーチャー）に カレンダー で Google Meet の招待をする。

4 【事後の活動】GTの都合に応じて Chat で交流を継続していく

事後に継続して交流し、考えを深めていく活動で、Chat を使う。教師が、事前に許可を取り、生徒は定期的に質問を Chat で行う。相手の迷惑にならないように、情報モラルについても指導しながら、必要な情報を適宜収集できるようにしていく。

Column 5

日常的に ICT を使うことの大切さ

子どもたちが自由に使うことで可能性が広がる

(株)情報通信総合研究所特別研究員　**平井聡一郎**

1. 学校全体をデジタル化する

私は、茨城県の公立小・中学校で 22 年間、市町及び県教委で指導主事として 11 年間勤務後、2017 年より現職となり、全国の教育の情報化推進の進展をこの目で見てきました。

GIGA スクール構想によって、全国の学校に ICT 環境が整いつつありますが、そもそも、GIGA スクール構想を始めたきっかけは何だったのでしょうか。1 人 1 台の機器整備ばかりが注目されますが、それが本来の目的ではないはずです。

先生主導、一斉教授による知識伝達型の授業から、学習者中心、探究型の授業に変えたい。そのきっかけづくりとして端末を導入するということが、GIGA スクール構想の大きな目的です。しかし、コロナ禍で 5 年計画が前倒しになったことで、好むと好まざるとにかかわらず急ピッチで進んでいき、教育の現場できちんと ICT の本質が理解されてきたわけではないのも事実です。

また、教育 DX と言われていますが、ICT を授業だけに活用していく学校は遅れをとっていきます。学校全体のデジタル化が必要であり、それを横につないでいくのが Google for Education です。つまり Google for Education は**授業、校務、先生、児童生徒、保護者、校外など、すべてを結ぶ「デジタル プラットフォーム**[1]」であると考えると良いでしょう。

Google for Education の良さの一つが「つながり」です。私は、ICT を語る際、「関連付ける」「リンクする」という言葉をよく使うのですが、**「つながって、みんなでつくっている」**ことを、意識できるとても良いツールだと思います。

2. ICT を日常的に使う

ICT を使いこなすコツはただ一つ、「日常的にテクノロジーを使うこと」です。そこでキーになるのが学活や係などの特別活動です。そして、**子どもの行動を縛るのではなく、むしろ使い方を子どもにゆだねることが大切**です。

ここで、そんな普段使いの例を紹介しましょう。2020 年度はコロナ禍により、どの学校も 6 年生が下級生と遊ぶといった縦割りでの異学年交流の活動が難しくなりました。そんな中、栃木県にある大田原市立大田原小学校では、卒業を目前に控えた 6 年生が、卒業前に自分たちが 1 年生にできることはないかと考えました。彼らは、自分たちが授業で学んだ「紙のお知らせのプリントをデジタル化する」という ICT のスキルを下級生に伝えたのです。ここで素晴らしかったのは、6 年生は、1 年生に直接伝えるだけでなく、1 年

このようなことを先生に伝えてください。もし先生がいなかった場合は配ったもの
（下級生プリントデジタル化について）を先生の机に置いといてください。

そして先生がいた場合は先生に前回のプリントの感想を聞いてくれるとありが
いです。まだプリントをやっていないクラスもあるので、できればでいいです。

タブレッド持って行って説明したほうが分かりやすいので持って行ったほうがいいかもし
せん。それと、(下級生プリントデジタル化)についてですが、先生がいたら、わたしても

大田原市立大田原小学校の 6 年生が、下級生に渡したお手紙。ICT を自然に使っている好例

1　プラットフォームとは「共通の土台となる環境」の意。

生を通して、1年生の担任の先生も動かそうとしたことです。6年生の担任の先生は、教室にあったプリントで初めてこのことを知ったそうです。これこそ特別活動における自治的な活動と言えるでしょう。そして、ICTが日常的になった瞬間と言えます。子どもたちは自分で学んできたことをICTに関連付けて、考えて行動しているのです。これこそが普段使いのICTであり、こういった考えや行動ができる子どもたちを育てていくべきだと考えています。

現在、活用が始まったばかりの学校でも、授業以外での活用を進めることで、いろいろな事例が生まれています。ここで一部を紹介してみます。

- **卒業文集のアンケートをGoogleフォームで募り、卒業式に流す校歌をGoogleスライドで作成する。**
- **生徒自身が教室をGoogle Meetでつないで、生徒総会を開催する。**
- **部活の「変だな」と感じる部分をGoogleスライドにまとめて、部活変革を行う。**
- **Googleフォームで、いじめ調査のアンケートをとる。**
- **休み時間の体育館遊びのルール説明を、子どもたちがGoogle Jamboardでつくって発信する。**
- **Chrome Music Labで作曲し、プログミングの音楽として使う。**

小・中学校に限らず、高校や海外の日本人学校まで、実にさまざまな活用事例やアイデアが飛び出しました。こうした取組を見ている限りは、日本の未来は明るいと感じています。

ただし、そのためには**児童生徒に自由に使わせる、各自の端末を自宅に持ち帰らせ、日常的に使うことが必要**です。実際の学校現場では、規制が厳しく、故障や紛失を恐れて持ち帰りを禁止しているケースも多いのが現状です。学校や先生はトラブルのリスクより、子どもたちの可能性をつぶすリスクこそ恐れてほしいと思います。**規則で縛れば安心安全かもしれませんが、それは同時に可能性を制限している**ことに他なりません。

先生が後押ししてあげれば、子どもたちはイキイキと動き出します。「自治的活動」にこそテクノロジーを使ってほしいのです。オンラインで他の学校と簡単につながるなど、今までできなかったことができるようになり、可能性が広がっていきます。そして、小・中学校でこうした力を育んできた子どもたちは、将来社会に出て力を発揮していくでしょう。ぜひ、そのスタートとなる小・中学校の期間に、**いろいろなものを関連付けて、新しいものを生み出す経験をさせたい**と思います。

3. デジタル・シティズンシップを学ぶ

同時に、ICTを日常的に使うときにぜひ心掛けてほしいのが「**デジタル・シティズンシップ**[2]」です。例えば、授業や特別活動などでICTを使う際に、相手や自分を傷付けないスキル、情報を発信する際の個人情報や著作権などの適切な取り扱いなどがあります。

ここで重要なのは、**ICTに関するテクノロジーの科学的な理解と、著作権法などの法的な理解**です。情報モラルのような規範意識はもちろん重要ですが、科学的な理解と法的な理解に支えられた判断力が必要になってくるのです。インターネットの世界では、たとえ発信時には匿名であっても、結局は個人が特定されたり、一度発信した情報を完全に削除することはほぼ不可能であったりします。これは**ネットワークの仕組みを学ぶ**ことでしっかりと理解できます。さらに法律をきちんと理解し、「なぜ」を考えていくことが重要です。**知識があってこそ、適切な判断を下し、行動できるようになるのです。**

これからのICT活用では、ぜひ先生や保護者も、子どもたちと一緒にデジタル・シティズンシップを学んでいくことを心掛けてください。

2 デジタル・シティズンシップとは、「情報技術の利用における適切で責任ある行動規範」のこと。テクノロジーに関する倫理的・文化的・社会的問題を理解し、責任を持って、かつポジティブにそれを利用するための規範である。

第5章

アプリの基本機能と設定、操作方法

1 すべてに共通する操作と注意すべき点

この章では、10X 授業を実現するために必要となる Google Workspace for Education の基本的な操作を、第３章で扱っている項目を中心に解説します。ただし、紙面の制約もあり、絶対に知っておくべきポイントに絞って解説していきます。最新情報や足りない部分についてはどうぞ **Google 検索** で調べてください。

Google アプリ習得のコツは、習うより慣れよ！

第３章で解説している「これからの食料生産とわたしたち」の単元の授業をやってみるという想定で、ぜひ実際に操作をしてみてください。

「このシーンでは、この型を意識し、このアプリのこの機能を使って、こう操作する」と試していくことで、アプリの操作のみならず、10X 授業を実現するための勘どころが見えてきます。

その後、第４章の GTM を読み直していただくと、今までのご自身の授業のどこをどう置き換えればよいのかが分かり、**アウトプットに重きを置いた主体的・対話的で深い学びを実現する授業**にスムーズに移行できる自信がみなぎってくるはずです。

来年には、今よりずっと上達されているはずです。
まずは、毎日一歩一歩、前へ進みましょう！

Google のアプリには、共通する基本となる操作があります。その操作を覚えておくと、いろいろなアプリを使う際も簡単に応用できるようになります。

もちろんアプリによって、操作やメニューが異なる場合もありますので、ここでは「共通する基本操作」とともに、「主要なアプリごとの操作」についてもあわせて解説していきます。

英文法を覚えるイメージで取り組みましょう。例外も結構ある、ということです。

まずは、**スライド** **ドキュメント** **スプレッドシート** に共通する基本操作を中心に解説します。

Google アプリの３ステップを覚えよう

基本的に、Google アプリの使い方はとてもシンプルです。たった三つのステップで、ほとんどのアプリを使いこなすことができます。

「3 ステップ」とは「**始める→つくる→共有する**」の三つの手順です。

STEP 1：始める	STEP 2：つくる	STEP 3：共有する
アプリを立ち上げる ↓ 空白の新しいファイルを開く ファイルに名前を付ける	コンテンツをつくる ↓ [メニューバー][ツールバー][データ探索]を使ってテキスト（音声）入力、画像、動画、リンクなどを追加する ↓ 見栄えを整える	ファイルを共有する ↓ 用途に応じて共有する相手と権限を選択する

STEP 1 ｜ 始める

Googleのアプリ群は、Chrome ブラウザ（インターネット上の情報を見るためのアプリ）を使います。このアイコンを見かけたことがあるでしょう。

Google Workspace for Educationの機能を最大限に利用するには、Chrome ブラウザの最新バージョンを使用してください。アプリの最新機能に対応しているほか、セキュリティとパフォーマンスが向上します。Chrome ブラウザを開くと、最初の画面は Google 検索 です。この画面からアプリを立ち上げることができます。Windows 端末でも、MacBook でも関係なく、ご利用になれます。

なお、**スマートフォンやiPadなどのモバイル端末を使用する際は、事前にアプリをインストールしておく必要があります。画面や操作の方法、操作できることがブラウザとは異なります。**

一般的に、パソコンのブラウザで作業することが「基本」とお考えください。

そこで本書では、パソコンの Chrome ブラウザ における操作に限定して解説しています。

①[ランチャー]からアプリを立ち上げる

Google 検索 の画面右上にある九つの点、[アプリ ランチャー] ⠿ にアプリ群が格納されています。「ランチャー」とはロケットの発射台という意味です。アプリがこの場所から飛び立っていくイメージですね。

[アプリ ランチャー]をクリックすると、アプリが表示されます。この中から使いたいアプリのアイコンをクリックすると、アプリがブラウザの[タブ]で立ち上がります。[タブ]とは、次ページの図で示したように、ブラウザの画面上部に表示されているインデックスのようなものです。[タブ]をクリックすることで、作業画面を次々と切り替えることができます。使いたいアプリのアイコンが見当たらない場合は、下にスクロールしてみましょう。見つかるはずです。

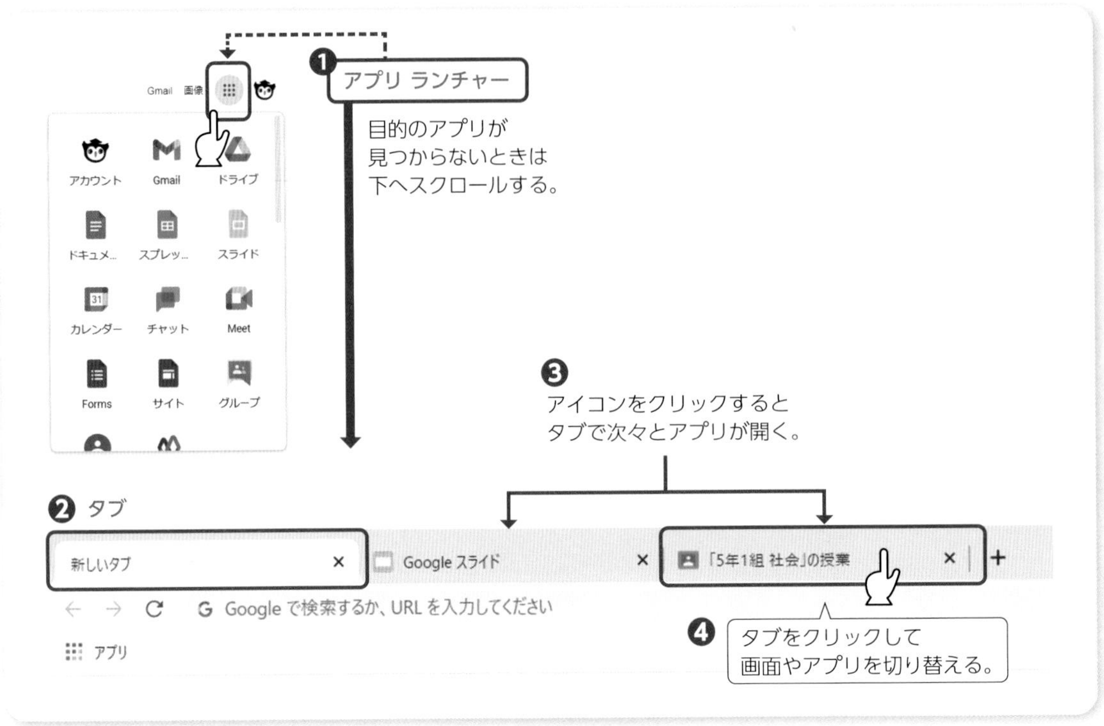

アプリが立ち上がると、下の画面が表示されます。ファイルを「新規で作成」するのか、「既存のファイルを編集」するのか選択します。既存のファイルは、表示されたリストからクリックで開きます。

新規でファイルを作成するときは、[＋空白] または用途に合うテンプレートを選択すると、作成画面が表示されます。授業の活動に合わせてオリジナルの教材を新規で作成する場合は、[空白] からスタートするとよいでしょう。

ここでは詳細を述べませんが、同じ組織のユーザーに、作成したオリジナルのテンプレートを追加しておくこともできます。

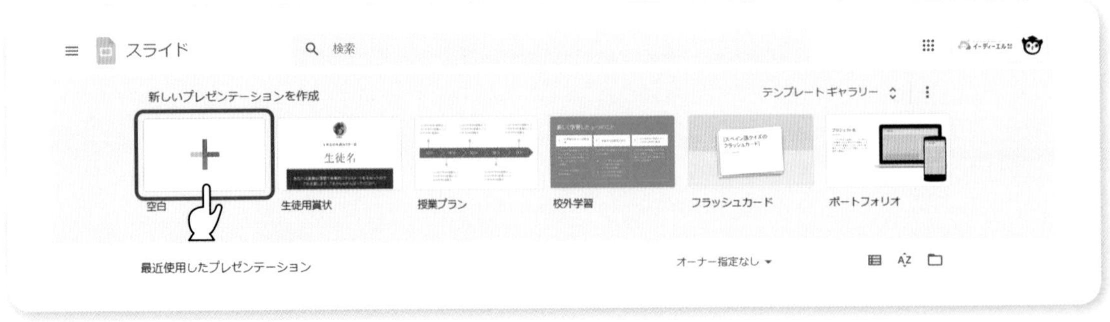

②ファイルに名前を付ける

新しいファイルを作成したら、まず名前を付けます。ファイル名は後で**誰が検索しても見つけやすいように、分かりやすい名前**を付けるのがポイントです。

ここでは、**スライド** を例に、基本的な操作を紹介します。

STEP 1 下の図にあるように、画面左上[無題のプレゼンテーション]と表示されている部分に、マウスポインタを移動させ、クリックしてファイル名を入力します。

STEP 2 ここでは、第３章第１時で使用している「〈スライド 1〉これからの食料生産とわたしたち」と入力しました。ファイル名も含め、作成したファイルは、**ドライブ**に自動保存されます。

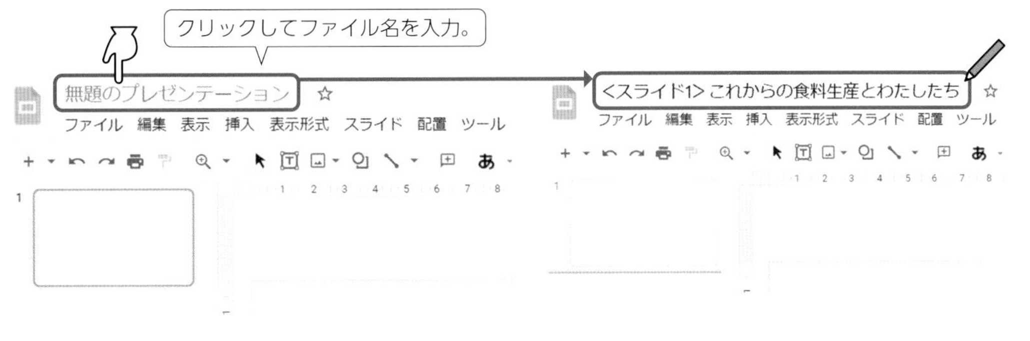

STEP2 ｜ つくる

ステップ２の「つくる」では、文字を入力したり、画像、リンクなどを挿入したり、新しい入力スペースを追加したりして、**コンテンツを作成していく作業**になります。

コンテンツが完成したら、デザインを工夫してさらに見栄えを良くしてみましょう。児童生徒の関心や興味をより引き出すことができます。

操作は、基本的に[メニューバー]と[ツールバー]で行います。

[メニューバー]とは、画面の上に表示されている[ファイル]や[編集]といった文字列です。クリックするとプルダウン メニューでさまざまな機能が表示されます。

[ツールバー]は、その下に表示される横一列に並んだツールアイコン群になります。[メニューバー]にもありますが、頻繁に使われる機能が外だしされて並んでいることもあります。

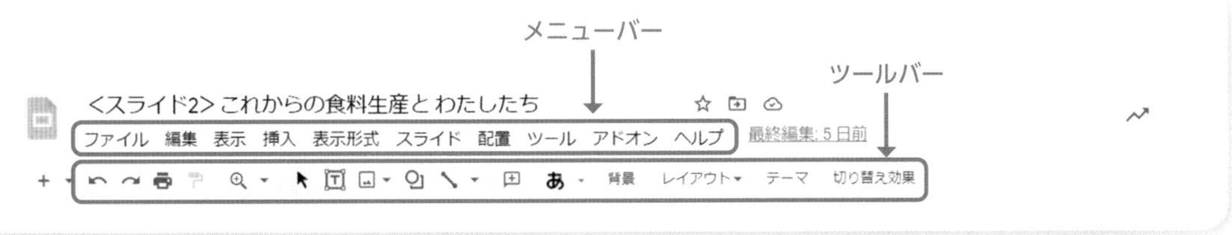

本書では基本的な機能の紹介のみにとどめますが、クリックするとメニューが表示されますので、ぜひいろいろと試してみてください。

①文字を入力し編集する

ファイルに名前を付けたら、編集していきましょう。

基本的に、入力したい場所に文字入力カーソルを置けば、そこに文字を入力することができます。

豆知識

- マウスやタッチパッドなどで**[ポインタ]**を動かすと、置いた場所によって形状が異なることを確認してみましょう。**[ポインタ]**はパソコンの画面上で何か操作しようとする特定の「ポイント(点、場所)」を『指し示すマーク』という意味で使われます。
- **[ポインタ]**の代表的な形は「矢印」ですが、例えばリンクされた文字や画像を指すと「人差し指を立てた手」の形になり、文字を入力できる場所では「I」の形になって「役割」が変わります。
- 次に**[カーソル]**ですが、**[ポインタ]**と同じ意味で使われることもあります。一方で文字を入力する『起点』となる位置を示す『点滅する縦棒マーク「|」』のことも「(文字入力) カーソル」と呼ばれます。
- 文字入力の**[カーソル]**は、**[ポインタ]**によって文章中で文字入力の起点としたい場所（文字と文字の間）に合わせてクリックすることで移動させることもできるので、本書では、以下のように決めて使っています。

画面上の場所を指し示すマークが**[ポインタ]**
文字入力の起点となるマークが**[カーソル]**

スライド など、一部のアプリでは**[テキストボックス]**を追加したいときがあります。その場合は、[ツールバー]にある**[テキストボックス]**のアイコンをクリックしてから、文字入力したい場所をクリックすると、文字入力できる枠が設置されます。

[テキストボックス]はクリックで選択した後、いつでも好きな場所へ[ドラッグ・アンド・ドロップ]で移動できます。また、**[テキストボックス]**の四隅の角にポインタを当ててドラッグすると、サイズを変更することもできます。

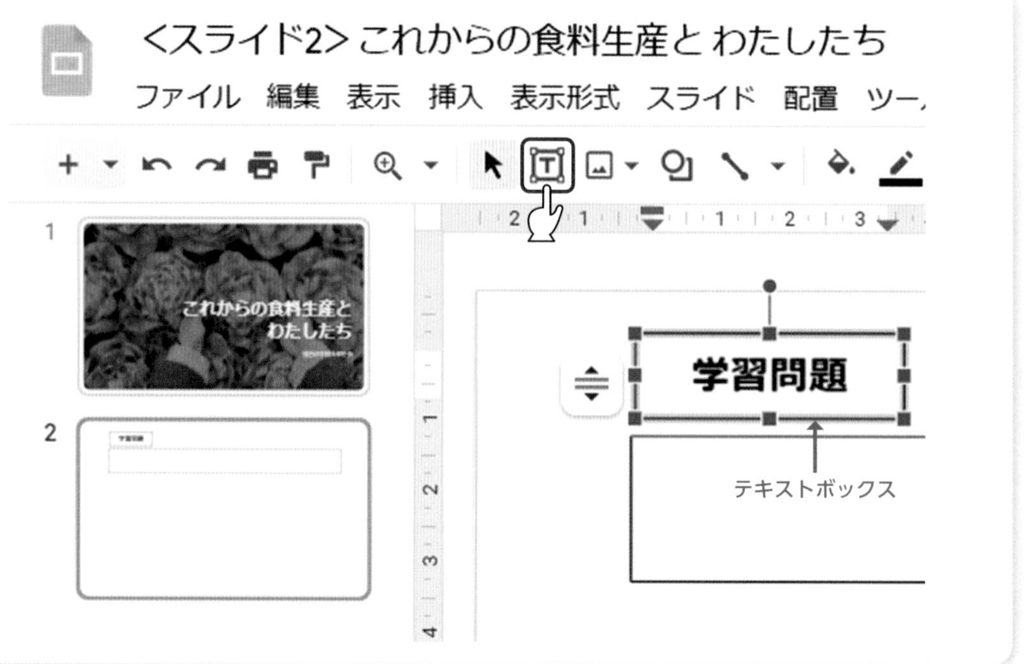

文字のサイズや色の変更、太字、塗りつぶしなどの文字装飾は、[ツールバー]に並ぶアイコンから行います。

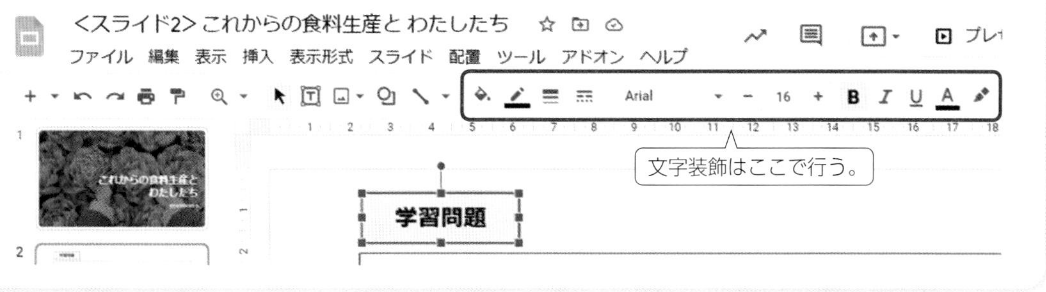

②画像を挿入する

ファイルには、文字だけでなく、写真やイラスト、図形、グラフ、表などの素材を追加することができます。より児童生徒の関心を高める教材となるよう、授業に合うビジュアル画像や詳しい資料へのリンクを挿入してみましょう。

スライド **ドキュメント** **スプレッドシート** に画像を入れる場合は、[メニューバー]にある[挿入]から操作します。画像だけでなく、何かを入れたい場合は、「挿入から」と覚えておくといいでしょう。ここでは、**スライド** を例に解説します。

STEP 1 画像を入れたい場所をクリックして選択した後、[メニューバー]にある[挿入]をクリックします。

STEP 2 プルダウン メニューから、[画像]をクリックし、さらに表示されたメニューから、使いたい画像のある場所を選択します。

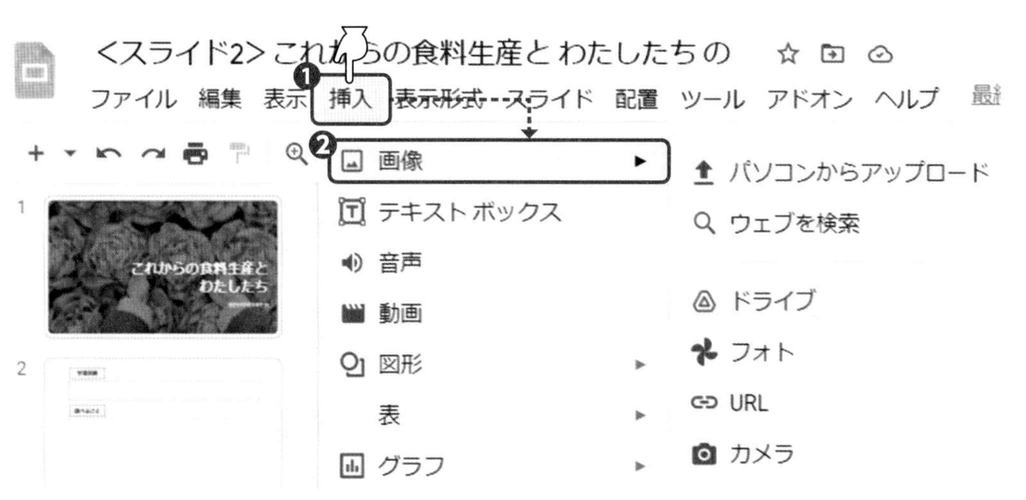

● ドライブ に保存された画像を挿入する

STEP 1 ［メニューバー］の［挿入］から、［画像］＞［ドライブ］と進みます。

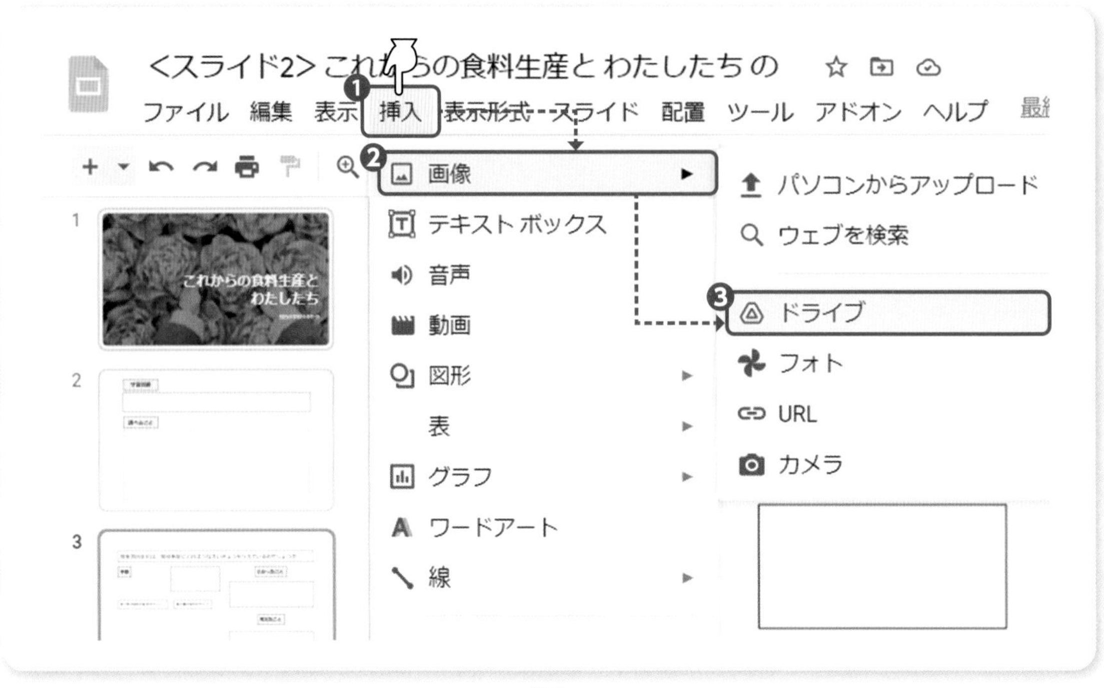

STEP 2 表示された画像の一覧から画像を選び、右下の「挿入」をクリックします。画像を複数選択すれば、一度に複数の画像を挿入することが可能です。

● パソコンからアップロードして画像を挿入する

画像が自分のパソコンにある場合、パソコンから画像をアップロードします。

[挿入]メニューから、[画像]>[パソコンからアップロード]を選択します。画像のあるフォルダから画像を指定し、[開く]をクリックします。この場合も複数の画像を一度に挿入できます。

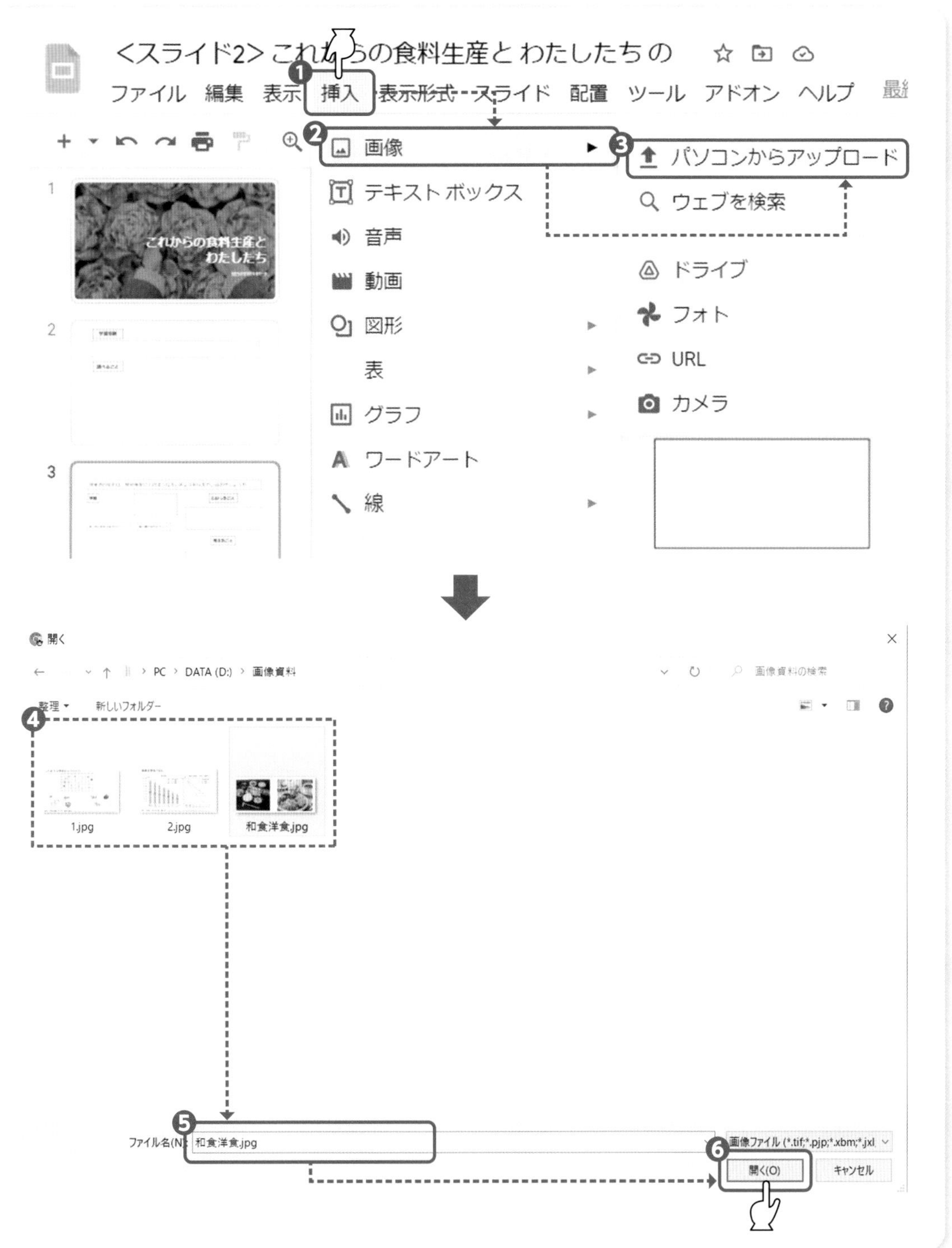

● ウェブを検索して画像を挿入する

インターネットで検索した画像をそのまま挿入することもできます。使いたい画像を端末に保存する必要はありません。ダイレクトに挿入できます。

例えば、スライドに画像を検索して挿入する場合には、スライドと同じ画面上、右側にGoogle 画像検索が表示されます。タブを切り替える手間もなく、スライド上で、検索から挿入まで行えます。これは、アプリ間が切れ目なくつながっているGoogle だからこそできるのです。

ここではスライドで説明しますが、ドキュメントなど、他のアプリでも同様に検索した画像を挿入できます。

メニューバーの[挿入]から、[画像]＞[ウェブを検索]と進みます。

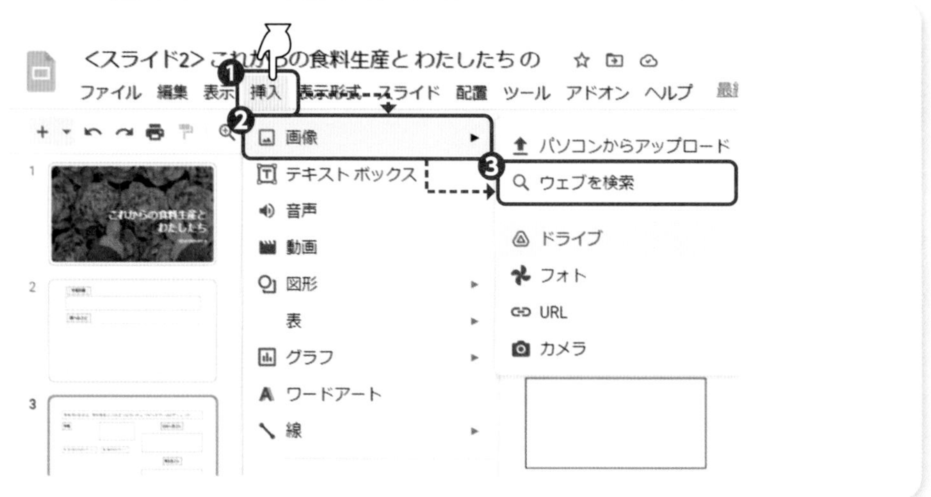

同じ画面上、右側にGoogle 画像検索が表示されます。キーワードを入力した後に[Enter キー]を押すと、画像候補が表示されます。複数のキーワードを入れることで、より精度の高い検索が可能になります。

挿入したい画像を選び、そのままダブルクリックするか、右下の「挿入」をクリックします。

この Google 画像検索 では、Google の AI が、「再利用が可能」と判断した画像のみが表示されるようになっています。著作権に配慮されているので、安心して活用できます。

コンテンツに追加できるものはアプリによって異なりますが、画像のほか、グラフ、表、動画などは、すべて[メニューバー]にある[挿入]から操作することができます。

③新しいページを追加する

ドキュメント は、書き進めると自動でページが追加されていきますが、アプリによっては、書くスペースを自分で追加する必要があります。アプリごとに少し方法が異なるため、それぞれの操作を紹介します。

● スライド　新しい[スライド]の追加

下の図の画面左上にある[+]をクリックすると、現在の[スライド]と同じレイアウトで新しい[スライド]が追加されます。別のレイアウトを指定して新しい[スライド]を作成する場合は、隣の[▼]マークをクリックし、追加するレイアウトを選択します。

なお、左側にサムネイル表示[1]されているスライド上で[エンターキー]を押すと、同じレイアウトの[スライド]をその下に追加することができます。また[スライド]は、サムネイルをドラッグ・アンド・ドロップすることで表示順を変更できます。

1　サムネイル表示: 中身を開かなくても分かる縮小画像のことを指す。「サムネイル」とは、親指の爪という意味。

● スプレッドシート　新しい[シート]の追加

画面左下にある[+]マークをクリックして、新しい[シート]を追加します。

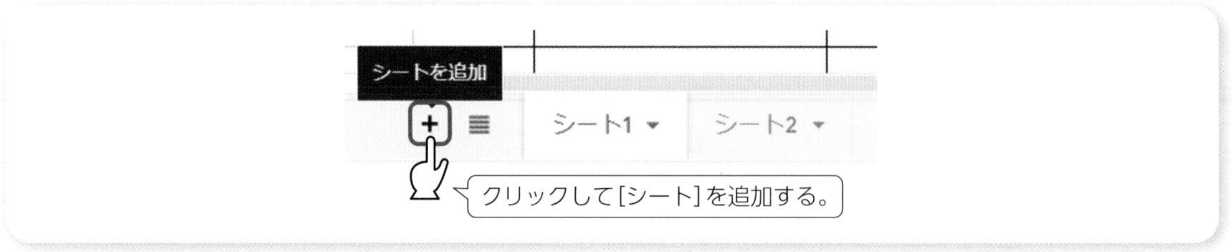

[シート]のタブをドラッグ・アンド・ドロップすることで、[シート]の順序を入れ替えることができます。

また、[シート]をコピーして追加したい場合は、画面下に表示されている[シート]のタブを右クリックし、表示されたメニューから[コピーを作成]を選択します。

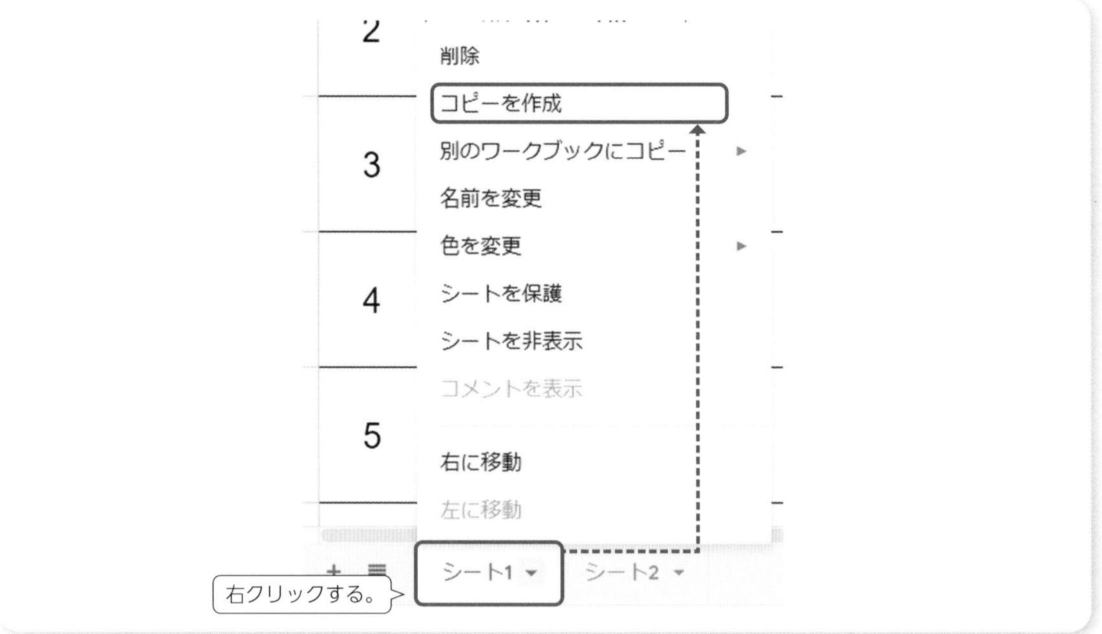

● Jamboard　新しい[フレーム]の追加

Jamboard のファイルは[Jam]と呼びます。また、ホワイトボードのように入力できるスペースのことを[フレーム]と呼びます。Jamboard の[フレーム]の増減は、フレームの上部[フレームバー]で操作できます。

最初に、画面上の中央にある 1/1 をクリックし、[フレームバー]を展開します。

[+]をクリックすると、その位置に新しい[フレーム]が追加されます。今ある[フレーム]のコピーを作成したい場合は、右上の[⋮]をクリックし、[コピーを作成]をクリックします。

[フレーム]の削除は、削除したい[フレーム]の[⋮]から[削除]を選択すれば OK です。

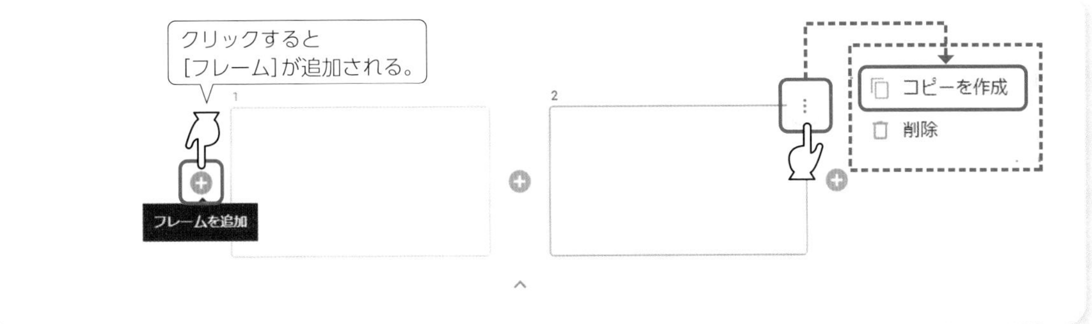

[フレーム]はドラッグ・アンド・ドロップで表示順を変更できます。

STEP3 | 共有する

「つくる」でコンテンツが完成したら、次に、そのファイルを必要な相手に[共有]します。「共有(シェア)」は、コピーではなく、原本を複数人で編集したり閲覧したりして使うということです。ファイルを[共有]すると、自分の端末からリアルタイムで変更したり、確認できたりするため、グループワークでの作業効率が格段にアップします。

共有することで、共有相手は以下のようなことができるようになります。

・共有したファイルを閲覧する（編集は不可）
・共有したファイルのコンテンツに対して、コメントを付ける（編集は不可）
・共有したファイルを、共同編集する
・同時編集時に、ファイル上のチャットでやり取りする

①誰とどういう権限で共有するのか

共有する際に重要なのが、**「共有する相手」**と**「ファイルの権限」**の設定です。"誰と" 共有するか指定し、共有した相手に "何をしてほしいか" によって「権限」を設定します。

そもそもGoogle Workspace for Educationを利用している教育機関は、組織内で安全に共有できるように設定されています。特に Classroom を活用することで、さらに手軽に安全にファイルを共有できます。

本書では、児童生徒への[共有]は、Classroom の[資料][課題]の機能を使うことをおすすめしています。Classroom の基本操作と解説は第2節を参照ください。ここでは、まずアプリ単体での[共有]について、基本操作をご紹介します。

● 編集中のファイルを[共有]する

STEP 1 画面右上にある[共有]ボタンをクリックします。[2]

[共有]ボタンはアプリによって色が異なる

2 メニューバーの[ファイル]にある[共有]を選択しても、同様に共有の設定画面が表示される。

STEP 2 共有設定画面[ユーザーやグループと共有]が開きます。[ユーザーやグループを追加]の欄をクリックし、共有したい相手のメールアドレスを入力します。

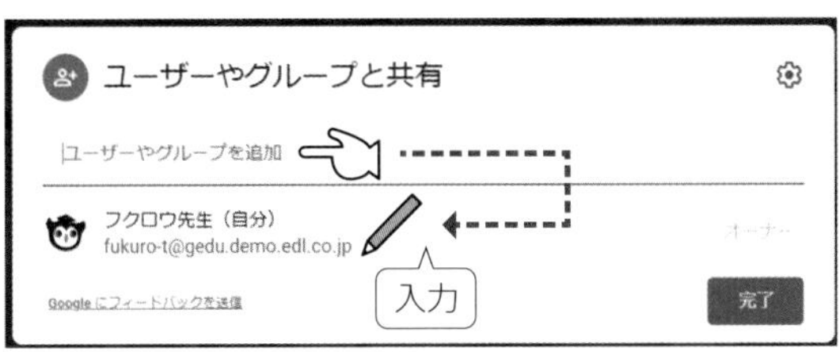

STEP 3 共有相手が行える操作を変更します。右側に表示された[▼]をクリックして、[閲覧者][閲覧者（コメント可)][編集者]の3種類から選びます。

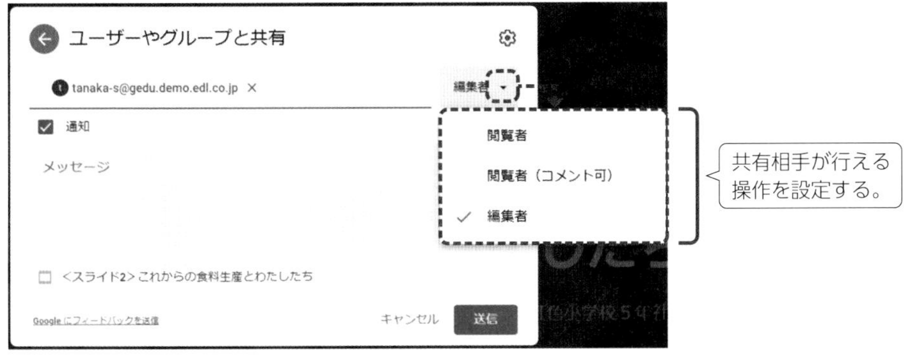

STEP 4 必要があれば[メッセージ]欄に共有相手への連絡事項などを入力して、[送信]をクリックします。相手には共有されたことを伝えるメールが届きます。メールでの連絡が不要の場合は、「通知」のチェックをオフにして、[共有]をクリックします。

共有を行うと、[共有]ボタンのアイコンが、「鍵」のマークから、「人型」に変わります。共有しているかどうかは、このボタンのマークで判断しましょう。

● ドライブ にあるファイルやフォルダを[共有]する

STEP 1 ドライブ を開き、共有したいファイルまたはフォルダを右クリックします。

STEP 2 表示されたメニューから[共有]を選択します。前述の「編集中のファイルを[共有]する方法」の STEP 2以降の設定を行います。

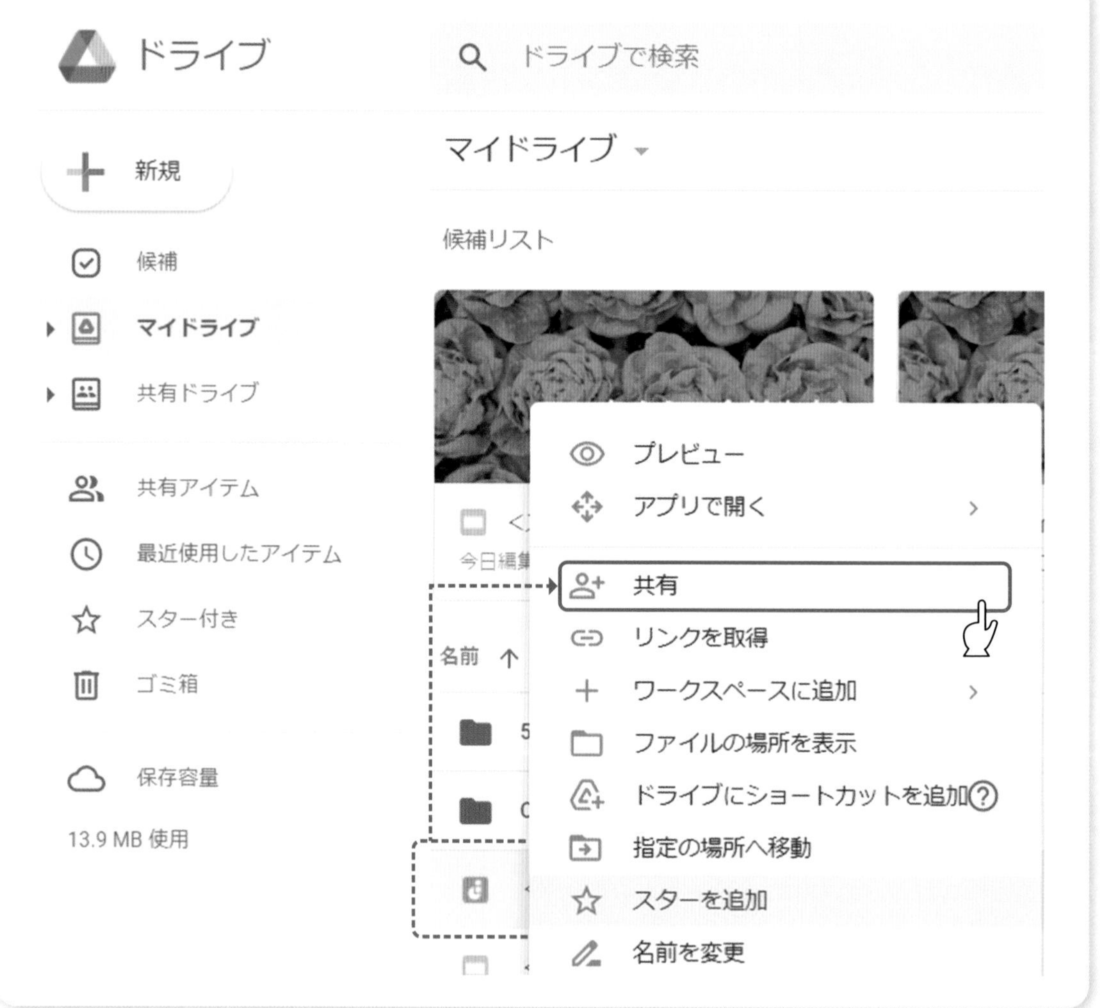

Classroom に紐づいた ドライブ や 共有ドライブ に保存したファイルは、所属しているメンバーに自動で共有の設定がかかります。第 2 節で詳しく紹介します。

②共有したファイルにコメントを追加する

[共有]すると、より双方向でのコミュニケーションが[コメント]によって実現可能になります。

コメントは、 スライド ドキュメント スプレッドシート のほか、ドライブに保存した PDF や画像にも付けることができます。ファイルに書かれている内容についてやり取りをする場合も、コメントを付ける範囲を指定すれば、別途メールなどで「3 ページ目の 5 行目の～」といった説明が不要になります。

児童生徒が編集している経過を見ながら、コメントでリアルタイムにアドバイスをすることもできます。ここでは、**スライド** を例に解説します。

STEP 1 共有しているファイルを開き、コメントを付けたい範囲をドラッグして指定します。

STEP 2 [ツールバー]にある[コメントを追加] ⊞ アイコンをクリックします。

STEP 3 コメント欄が表示されます。コメントを入力し、[コメント]ボタンをクリックし、コメントの入力完了です。

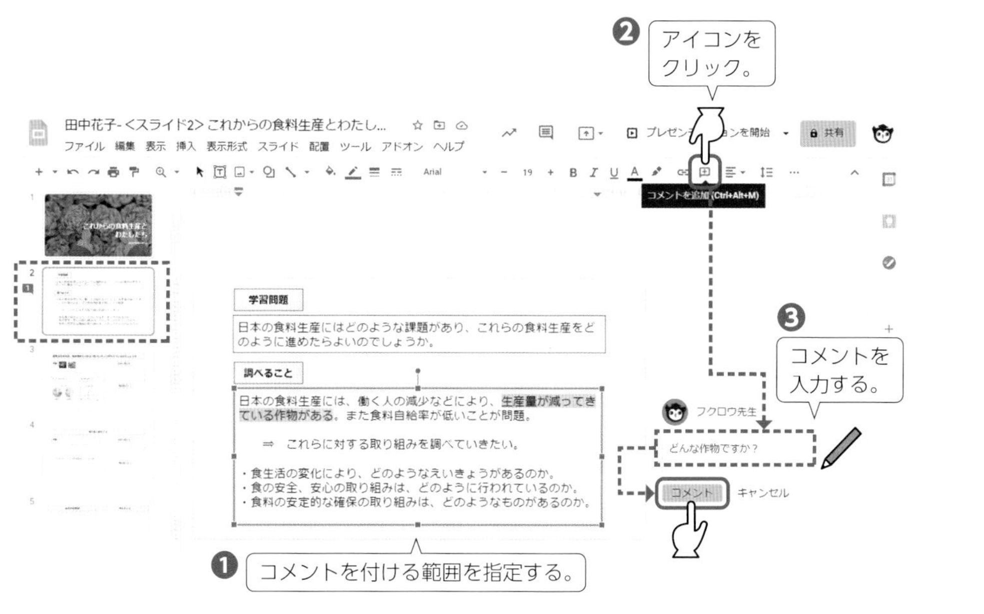

付けられたコメントにさらにコメントをする場合は、コメントをクリックして、表示された返信欄に記入します。やり取りが完了した場合は、コメント内の[✔]をクリックすることで、「解決済み」としてそのコメントは非表示になります。

また、コメントを追加するときに、半角の「@」の後にメールアドレスを入力すると、その相手にメール通知が届きます。さらに割り当てに[✔]を入れると、その相手にタスクとして割り当てることができます。

2 Google Classroom の基本操作

Classroom はオンライン上の教室です。お知らせや資料、課題の配信・回収・評価を[クラス]単位で効率良く行えます。Classroom の[クラス]は、「1 年 1 組」といった学級単位で作成するほか、学年や教科、委員会、部活動など、活動の単位で[クラス]を作成すると学校生活のあらゆるところで活用できます。[クラス]の使い方も一つとは限りません。まずは自分一人で使ってみる。あるいは学校単位でのルールに従い、やってみる。そして次に、もっと良い使い方に改善する、という流れをおすすめします。

本節では、Classroom の基本操作を次の四つのステップで解説します。

STEP1: 始める
STEP2: つくる・共有する
STEP3: [課題]を提出・採点する
STEP4: 転用する

それでは、STEP1 から見ていきましょう。

STEP1 ｜ 始める

①役割（「教師」または「生徒」）を選択する

Classroom を初めて使うときには、「役割を選ぶ」の画面が表示されます。ここで、先生は[私は教師です]、児童生徒は[私は生徒です]を選択すると、先生は「教師」として、児童生徒は「生徒」として、Classroom に登録されます。

間違えて登録した場合には、Classroom のヘルプページがあります。

「Classroom で役割を変更するヘルプ」のキーワードで検索してみましょう。

②[クラス]を作成する

STEP 1 Classroom を立ち上げ、画面右上にある「+」をクリックし、[クラスを作成]をクリックします。

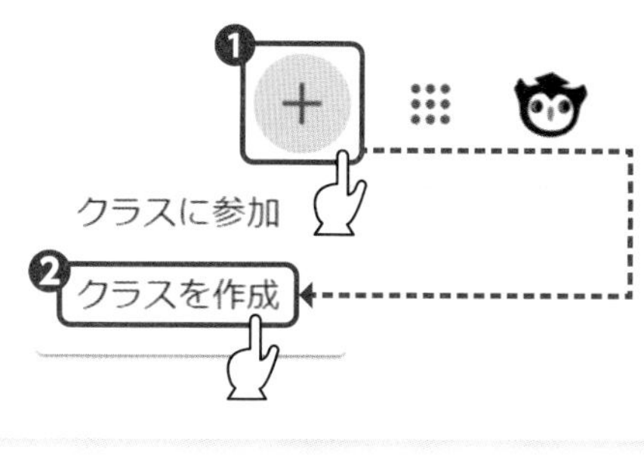

STEP 2 [クラスを作成]の画面に切り替わるので「クラス名」を入力します。必要に応じて「セクション」「科目」「部屋」を入力し、[作成]をクリックします。

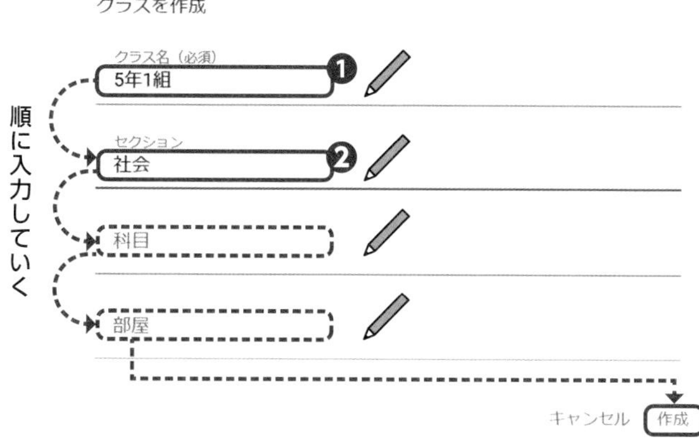

STEP 3 [クラス]が作成され、「クラスコード」も表示されました。

③児童生徒が[クラス]に参加する

作成したばかりの[クラス]には、メンバーが誰もいません。児童生徒がこの[クラス]に参加するには、次の３種類の方法があります。

①クラスコードを提示し、「生徒」に参加してもらう

②「教師」が「生徒」を直接登録する

③招待リンクをメールなどで送信し、「生徒」に参加してもらう

具体的な手順は、Google の Classroom ヘルプで検索して確認しましょう。

https://support.google.com/edu/classroom

こちらのサイトで、最新の情報が分かりやすく提示されています。

④[ストリーム][授業][メンバー][採点]とは

「教師」と「生徒」では画面表示が異なりますので、その違いを把握しておくとよいでしょう。画面を比較すると「生徒」の画面には[採点」タブと[設定（歯車）ボタン]がありません。

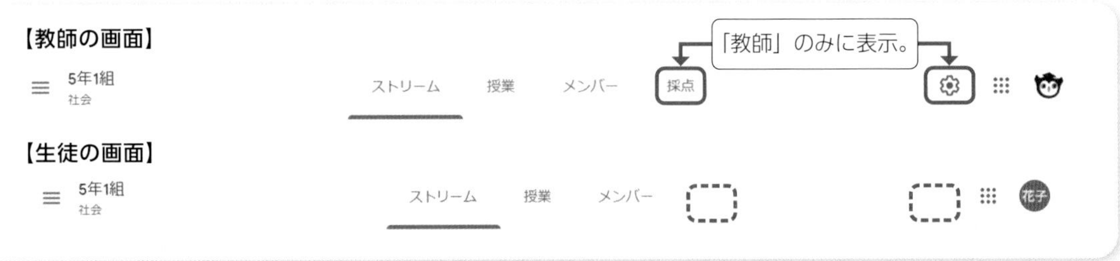

● [ストリーム]ページ

ストリームとは、小川、流れ、連続などの意味を持つ英単語です。Classroom では、この[ストリーム]ページに投稿した内容がすべて時系列で流れていきます。

「教師」はここに、[お知らせ][3]を投稿することができます。「教師」が設定を有効にしている場合は、「生徒」は[ストリーム]に情報や質問を投稿することができ、投稿に対してコメントを返信することができます[4]。画面の左側に[提出期限に近い課題]が自動表示されます。

● [授業]ページ

[授業]ページには、Google Meet カレンダー ドライブ へのリンクがあります。

「教師」はここで、[課題]や[資料]を作成し、投稿します。

「生徒」は「教師」が投稿した課題や資料を確認し、課題を提出します。

● [メンバー]ページ

「教師」は「生徒」をクラスに追加したり、他の教員を「教師」として招待することができます。「生徒」は自分以外の[クラス]のメンバーを見ることができます。

ここから教師は、生徒に個別でメール送信することができます。

● [採点]ページ

「教師」だけに表示されるページです。課題の採点や返却、コメントでフィードバックできます。

成績は一覧で表示されます。「生徒」にも表示させたり、成績にカテゴリを設定したりしたい場合には、画面上部の歯車アイコンから変更できます。

3　お知らせとは、テキスト入力と添付ファイルの追加のみが可能な投稿を指す。
4　「教師」は[生徒に投稿とコメントを許可][生徒にコメントのみを許可][教師にのみ投稿とコメントを許可]のいずれかに設定することができる。

STEP2 | つくる・共有する

①コンテンツを作成し、投稿する

● [投稿]を[作成]する

[課題]や[資料]の作成は、[授業]のページから行います。Classroom から配付すると、印刷などの手間がいらないだけでなく、期限間近の課題や、提出状況を確認できるので、大変便利です。ここでは、[課題]の作成を例に解説します。

STEP 1 投稿する[クラス]にアクセスし、画面上部の[授業]タブをクリックします。

STEP 2 画面左上にある[＋作成]ボタンをクリックします。

STEP 3 [＋作成]をクリックすると、[課題][テスト付きの課題][質問][資料]と表示が出ます。課題を投稿する場合は、[課題]を選択します。

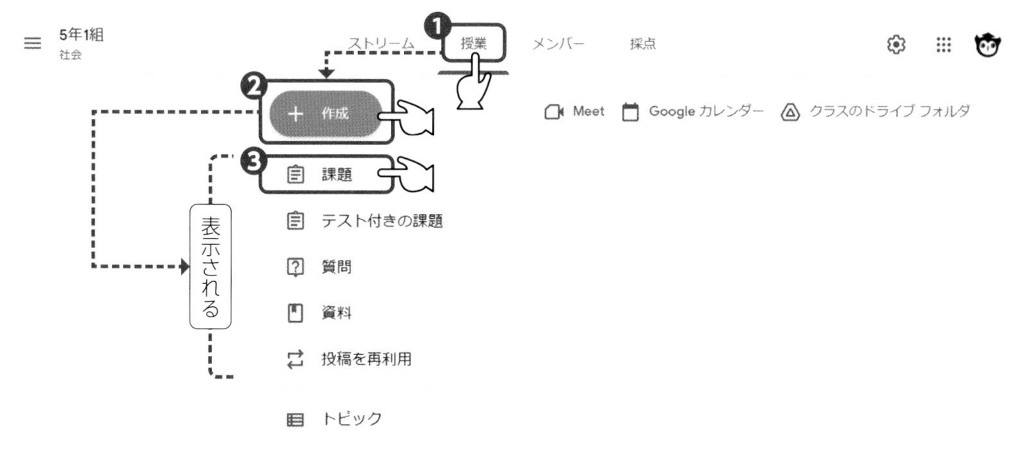

STEP 4 [課題]作成画面が開きます。まず、タイトルを入力します。児童生徒が分かりやすいタイトルがいいでしょう。必要に応じて、[課題の詳細]に課題についての説明を書き込んでおきます。

STEP 5 説明を入力したら、下に示すとおり、[ツールバー]の機能を使って見栄えを整えましょう。

B I U ≔ T̸

強調したいときは、太字や斜体、下線を引くことができます。
箇条書きも使えます。
設定した書式をすべて削除したいときは、一番右のアイコンをクリックしてください。

なお、投稿には、ワークシートや資料、小テストなど複数のファイルを追加をすることができます。投稿に関する設定は後の項目で詳しく解説します。

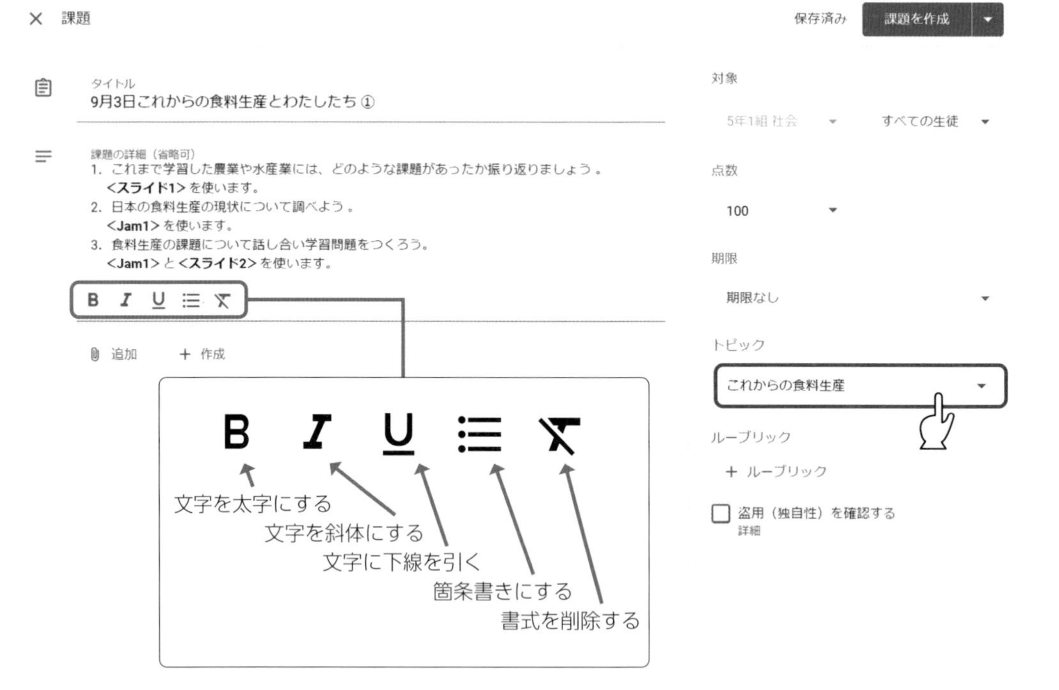

● [トピック]を設定する

[トピック]を割り当てておくと、[課題] [テスト付きの課題] [質問] [資料]を[トピック]ごとに分類することができます。

[トピック]が割り当てられていない投稿は、[授業]ページの上部にまとめて表示されます。数が増えてくると投稿を見つけるのに時間がかかりますので、あらかじめ[トピック]を設定しておくことをおすすめします。

[トピック]内の投稿を並べ替えたり、カリキュラムに沿って[トピック]を並べ替えたりできます。

ここでは、「これからの食料生産」という単元名をトピックとして設定しました。

トピックを作成するには、[トピックを作成]をクリックしてトピック名を入力します。リストからトピックを選択するには、トピック名をクリックします。

● [投稿]にファイルやリンクを[追加]する

[お知らせ] [課題] [資料]などの投稿には、以下の設定を追加することができます。

STEP 1 事前に作成したワークシートなどのファイル、閲覧させたいWebページやYouTubeなどのリンクを指定する場合は、[追加]のメニューから選択します。

STEP 2 挿入したいコンテンツを選択したら、[挿入]または[エンターキー]で追加できます。

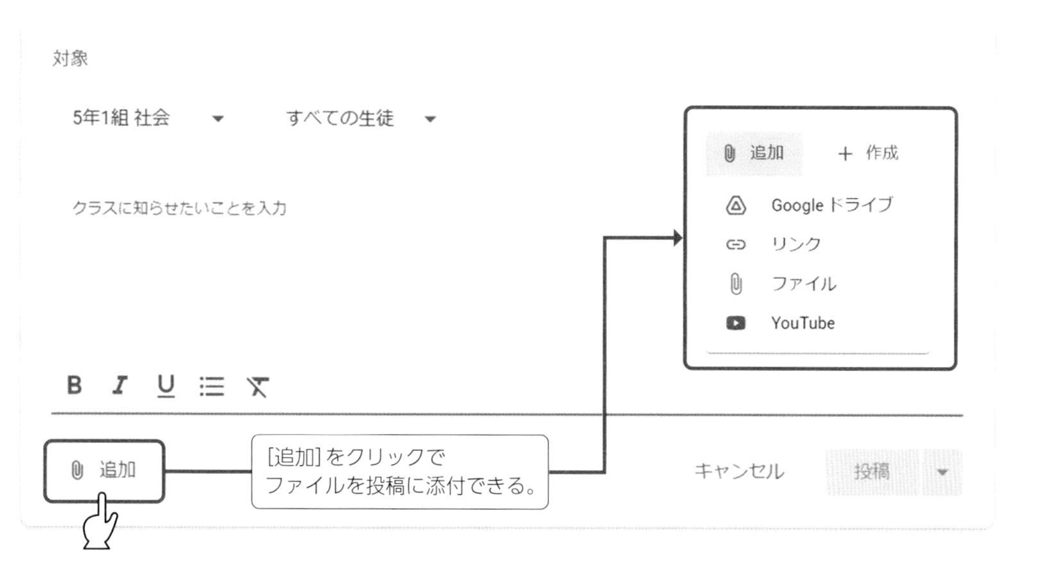

ワークシートなどのGoogle Workspace for Educationで作成したファイルへのリンクの場合、[Google ドライブ][リンク][ファイル]のいずれでも追加できます。使いやすいものを選択してください。

特に、[Google ドライブ]は[最近使用したアイテム]に直近で編集したファイルが表示されているので、追加したいファイルを見つけるのに時間がかかりません。

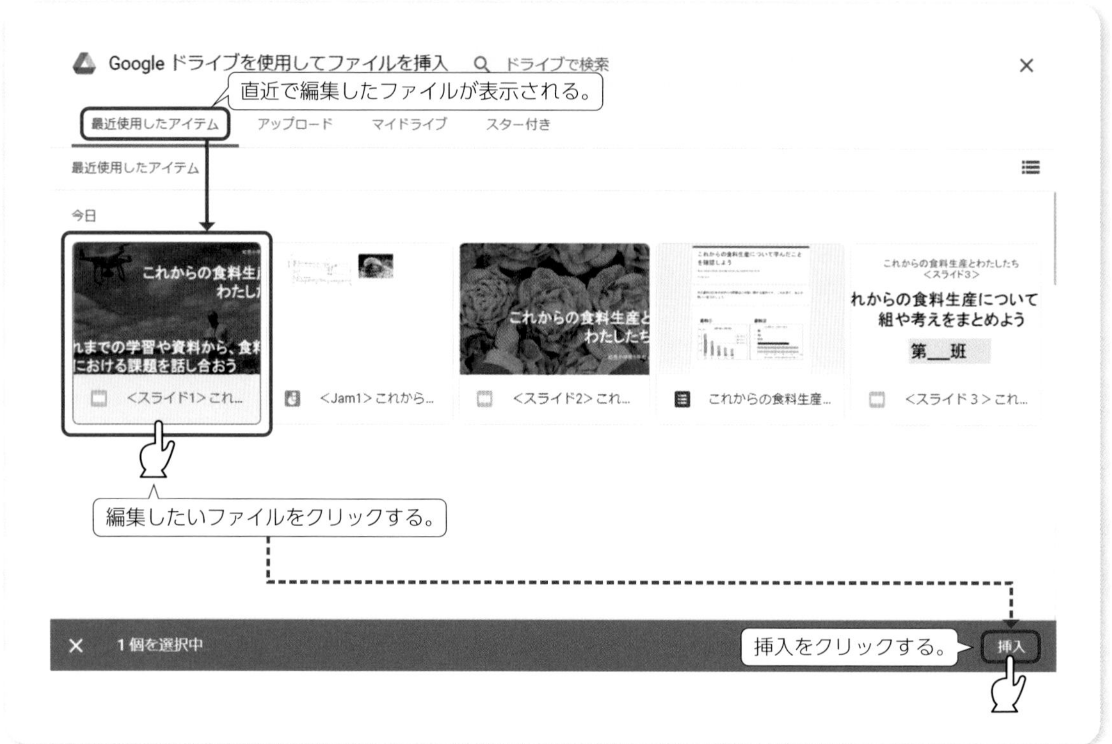

● [投稿]に追加したファイルの[共有]に権限を設定する

[資料]に追加したファイルは、[生徒はファイルを閲覧可能]の権限で、共有が自動設定されます。一方、[課題]に追加したファイルは、それぞれに対して生徒が行える操作を設定できます。

STEP 1 [課題]に追加、または作成したファイルに表示されている[生徒はファイルを閲覧可能]の右にある[▼]をクリックします。

STEP 2 一覧から、ファイルに対して生徒が行える操作を設定します。

ファイルに対しての設定は、下記の3種類です。

[生徒はファイルを閲覧可能]	すべての生徒がファイルを閲覧できるが、編集することはできない。
[生徒はファイルを編集可能]	すべての生徒が同じファイルの原本を共有し、そのファイルに変更を加えることができる。
[各生徒にコピーを作成]	タイトルに生徒の名前が追加されたファイルのコピーが、それぞれの生徒に配付される。教師とその生徒自身がファイルを編集することができる。

一つの[課題]に複数のファイルを追加した場合、追加したそれぞれのファイルに、上記の設定を行います。

[生徒はファイルを編集可能][各生徒にコピーを作成]を設定した場合、教師は、配付後、児童生徒が議題を提出する前の状態でも確認ができます。結果だけでなく、途中経過を見られるので、必要に応じてフィードバックができ、早いタイミングで問題解決していけるのです。

● [投稿]を配信する

[質問][資料][課題]の準備ができたら、配信します。その場で投稿する場合は、右上に表示[5]されている[課題を作成]ボタン  をクリックします。これで投稿完了です。

5 [質問]の場合は[質問を作成]、[資料]の場合は[投稿]のボタンが表示される。

● 下書きを保存しておく

準備だけして、授業中のタイミングで投稿したい場合は、[課題を作成]ボタンの右にある[▼]をクリックし、[下書きを保存]をクリックします。

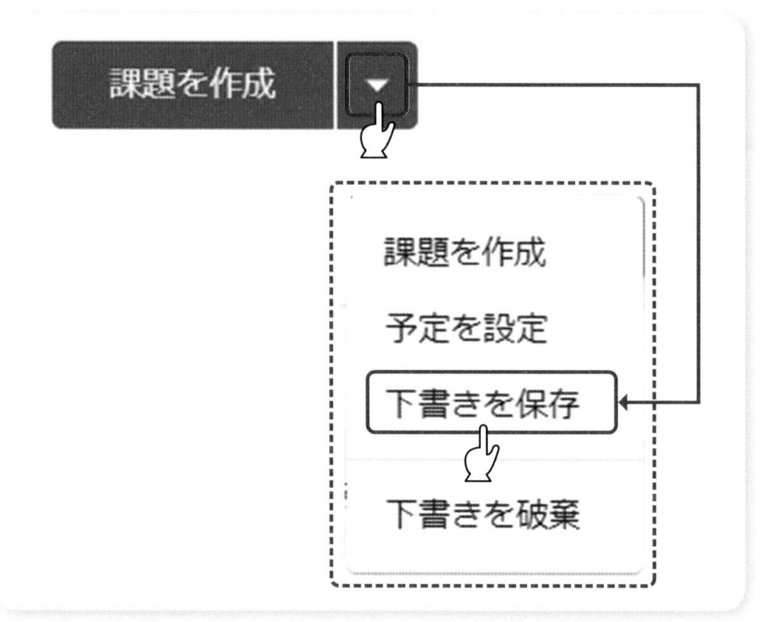

[下書きを保存]した場合、投稿するときに、[授業]のページに表示された下書き状態の[課題]を選択し、[課題を編集]をクリックします。右上に表示された[課題を作成]ボタンをクリックすれば投稿完了です。

● 日時を指定して予約配信する

日時を指定して、投稿の予約をすることも可能です。[課題を作成]ボタンの右にある[▼]をクリックし、[予定を設定]を選択します。[課題のスケジュール設定]が表示されたら、日時を入力し、[予定を設定]をクリックします。

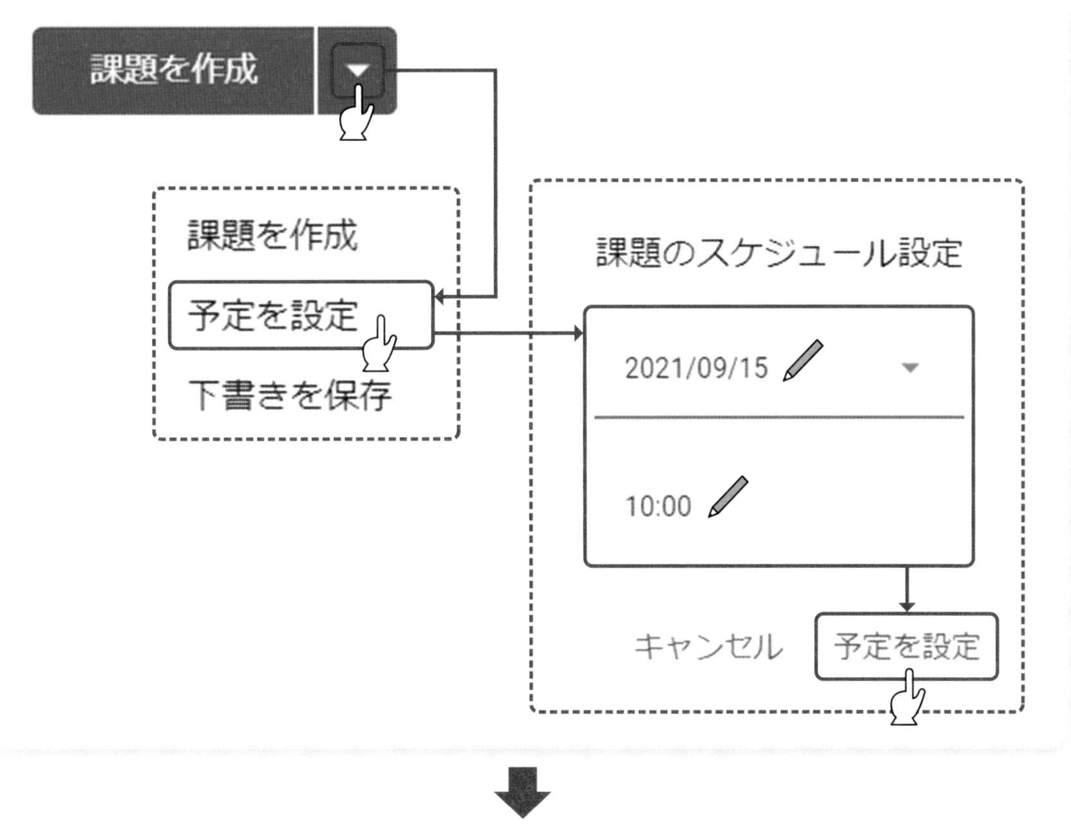

児童生徒は、[ストリーム]ページと[授業]ページで、投稿された[課題]を確認できます。

STEP3 ｜ [課題]を提出・採点する

①「生徒」が課題を提出する

第３章にある実践例の第１時で児童は〈スライド 2〉を提出します。

コピーで配付された課題など、児童生徒自身が「オーナー」となるファイルは、Classroom から[提出]できます。

ここでは、「生徒」が課題を提出する方法を説明します。

STEP 1 Classroom の[授業]ページを開き、[課題を表示]＞[詳細を表示]をクリックします。

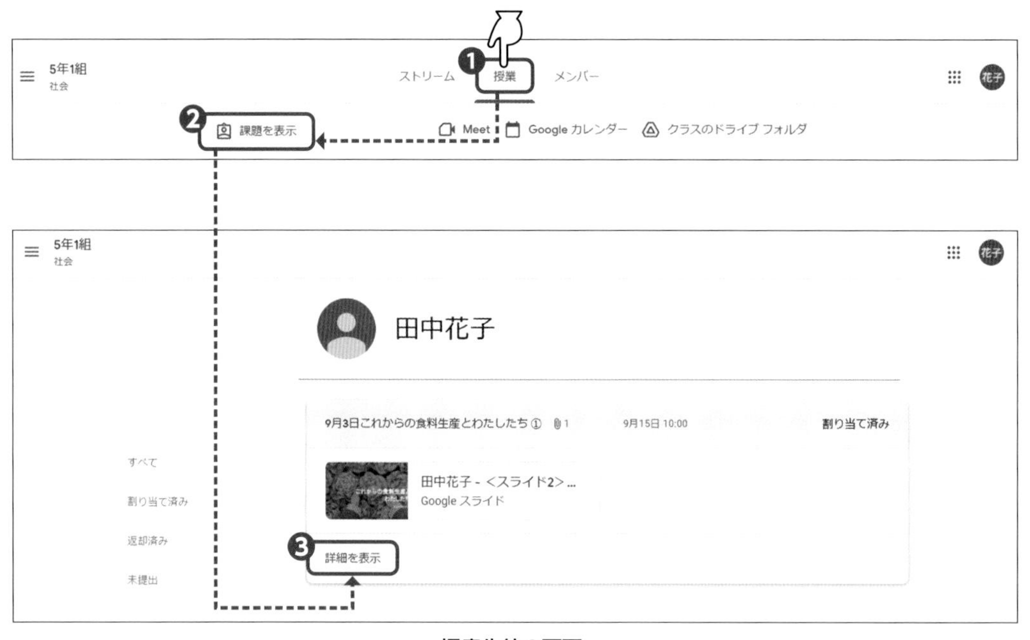

児童生徒の画面

STEP 2 課題の詳細が開きます。未提出の場合は、画面右上に「割り当て済み」と表示されています。

STEP 3 このとき、教師が[課題]に添付したワークシートなどのファイルに児童生徒が入力して提出する場合は、[提出]ボタンをクリックします。確認画面が表示されるので、[提出]をクリックします。

児童生徒が自分で新規作成したファイルやデータを[課題]に新しく添付する場合は、[＋追加または作成]のボタンをクリックします。

この[提出]ボタンを押さないと、教師は課題が完了したと分かりませんので、児童生徒には必ず[提出]をクリックするように伝えておきましょう。

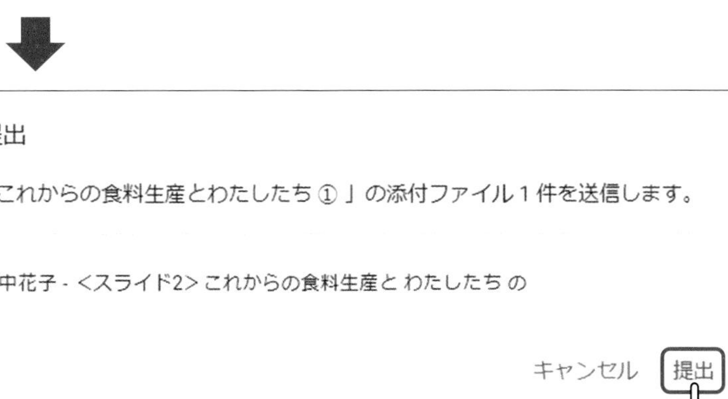

児童生徒の画面

画面が課題の詳細ページに戻り、画面右上の表示が「提出済み」になったことが確認できます。提出されると、すぐに教師の画面上でも「提出済み」と更新され、その児童生徒が提出したことが分かります。

②「教師」が課題を評価し、返却する

提出された課題は、教師も児童生徒も[授業]ページで確認できます。

STEP 1 Classroom の[授業]ページで、確認したい[課題]を選択し、[課題を表示]をクリックします。[課題を表示]は下の図の画面左下にあります。

9月3日これからの食料生産とわたしたち ①

投稿日: 9月3日

「生徒」の提出状況が確認できる。

期限なし

1. これまで学習した農業や水産業には、どのような課題があったか振り返りましょう。
   <スライド1> を使います。
2. 日本の食料生産の現状について調べよう 。
   <Jam1> を使います。
3. 食料生産の課題について話し合い学習問題をつくろう。
   <Jam1> と **<スライド2>** を使います。

3 提出済み

28 割り当て済み

<スライド1> これからの...
Google スライド

<Jam1> これからの食料...
Google Jamboard

<スライド2> これからの...
Google スライド

課題を表示

STEP 2 [生徒の提出物]のページが開き、提出状況が確認できます。

次のページの図にある、[提出済み]の数字をクリックすると、提出された課題のファイルが一覧表示されます。ここで個々のサムネイルをクリックすると、各児童生徒のファイルが開き、確認、評価ができます。

STEP 3 一方、[割り当て済み]は未提出者のリストが表示されます。未提出状態でも、各児童生徒のファイルは共有されていますので、クリックしてファイルを開き、進捗を確認することができます。

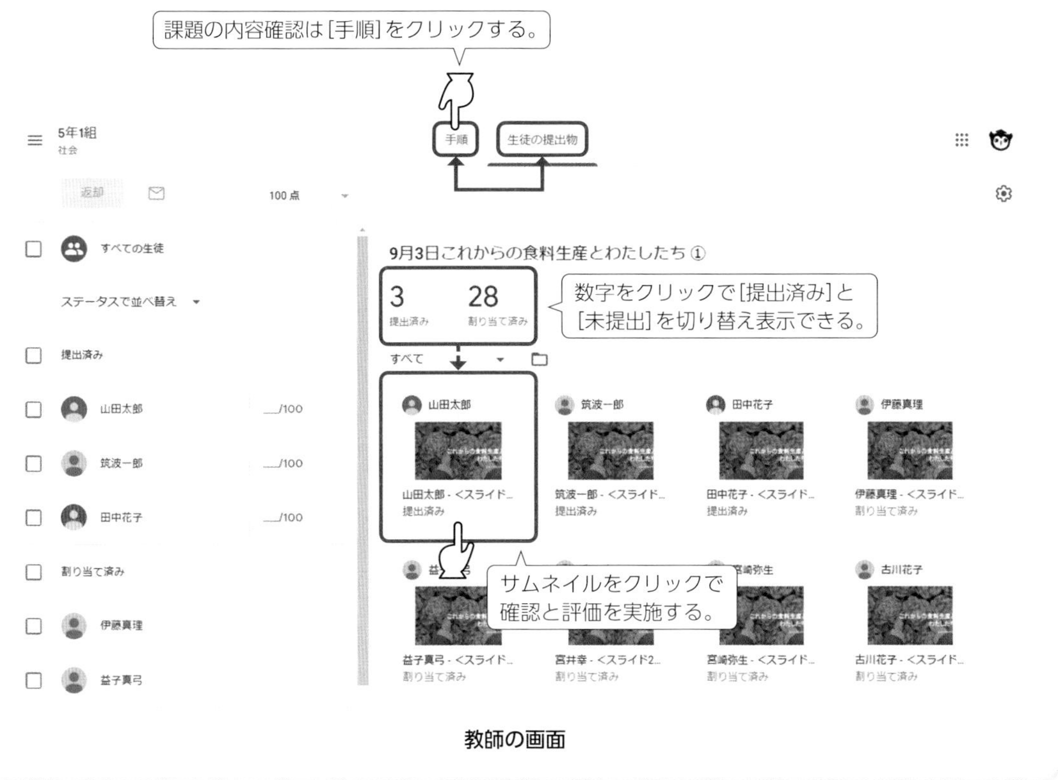

教師の画面

STEP 4 内容を確認したら、次のページの図右側に表示されている「成績」に、点数を入力します。[限定公開のコメント]にフィードバック等を入れて[投稿]をクリックすると、その児童生徒だけに直接、教師からコメントが送信されます。このコメントは児童生徒からも送信でき、オンライン上で対話することができます。

STEP 5 採点が完了したら、右上の[返却]ボタンをクリックします。すると、次のページの図のように確認画面が表示されるので、[返却]をクリックします。
採点結果は、最後にまとめて一括返却することもできます。

なお、[課題]の内容そのものを確認したいときは、上の図の上部にある[手順]タブをクリックします。すると、教師が配付した[課題]の内容が表示されます。

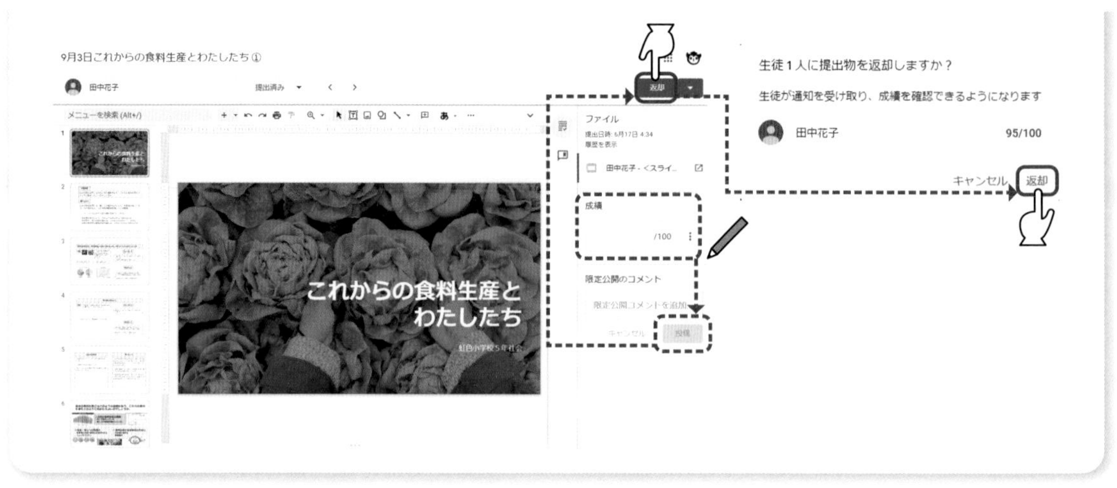

● 生徒の画面での見え方

生徒の画面は次のようになり、成績や[限定公開のコメント]を確認することができます。教師から届いているコメントに対し、返信をすることもできます。

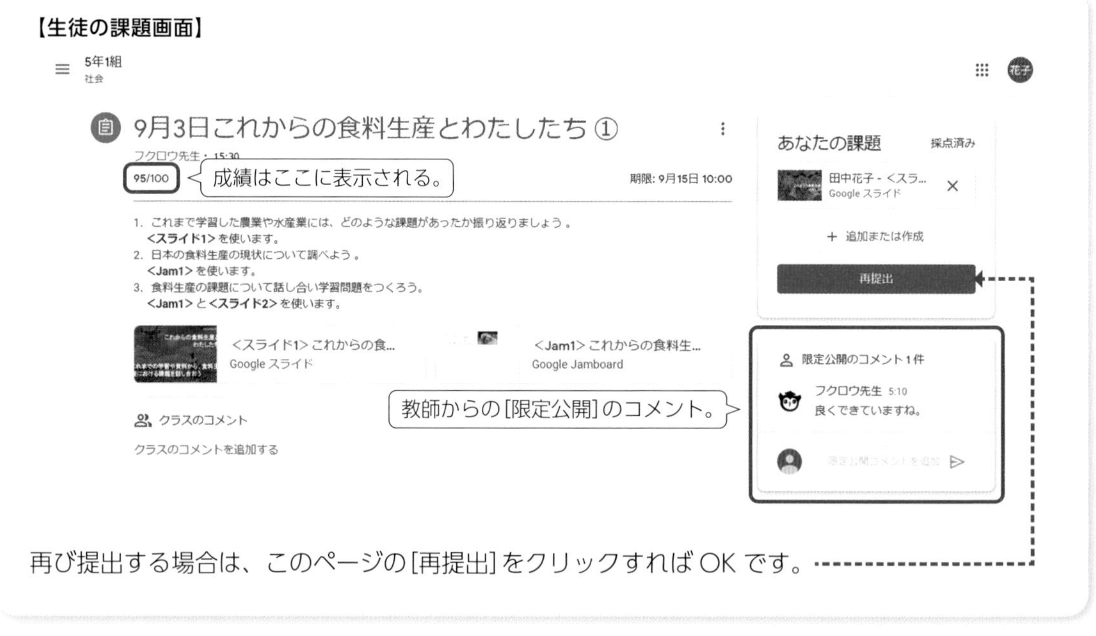

STEP4 ｜ 転用する

Classroom で作成した[課題]は、**再利用して、そのクラスや別のクラスで使用**できます。もちろん、投稿内容に変更を加えてから公開することも可能です。「デジタル化」されているので、簡単な操作でできます。同学年の他のクラスにも同じ内容で投稿するときや、前の年に投稿した内容を再利用したいときは、ゼロから作成しなくてもいいので、時短することができ、とても便利です。

STEP 1 **Classroom** で、投稿内容を再利用して配信したい[クラス]を開きます。

STEP 2 [授業]タブを選択し、[＋作成]をクリックして表示されるメニューの中から[投稿を再利用]をクリックします。

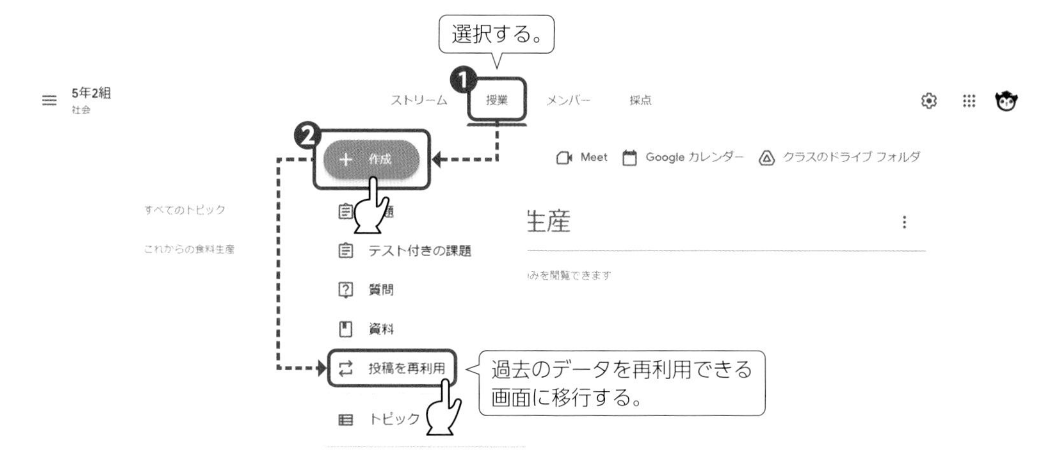

STEP 3 再利用したい投稿が含まれている[クラス]を選択します。画面が切り替わり、そのクラスの投稿が一覧で表示されるので、該当する投稿をクリックします。

※このとき、この投稿内容はそのまま使っても、同じ添付ファイルにリンクさせたくない場合は、左下にある[すべての添付ファイルの新しいコピーを作成する]にチェックを入れておきます。こうすると、この投稿を再利用する[クラスのドライブ フォルダ]に添付ファイルのコピーが自動で作成されます。

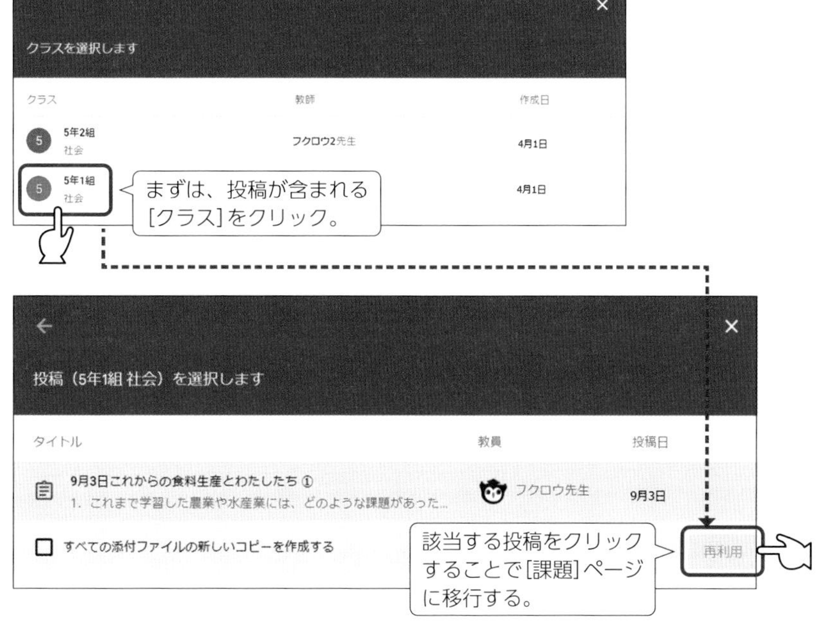

STEP 4 ［再利用］をクリックすると、STEP 1で開いた配信したい［クラス］の［課題］ページに画面が切り替わります。このとき、必要に応じて、タイトルや課題の内容を変更しておきます。添付ファイルの三つのオプション設定についても確認しておくとよいでしょう。ファイルの追加、または削除もできます。

STEP 5 ［課題］を配信します。そのまま配信する場合は［課題を作成］を、一時保存して後で送信する場合は、［下書きを保存］を選択します。

3 授業で使える便利な機能

本節では、第 3 章でご紹介した知っておくとより活用の幅が広がる便利な機能と操作について解説します。

Google Jamboard: [フレーム]に[背景を設定]するには？

第 3 章では、Jamboard の[フレーム]にあらかじめ添付された資料を見て、児童の考えを[付箋]に言語化していく活動を紹介しました。

画像は、[フレーム]に直接追加することもできますが、一つ問題があります。それは、児童生徒が付箋やテキストを動かすときに、画像も一緒に移動させてしまったり、誤って消してしまう可能性があるということです。そこで「背景」として画像を固定すると、その心配はなくなり、作業に集中できます。

まずは、背景に設定したときの見え方を考えるところから始めます。

第 3 章にある実践例第 1 時の〈Jam1〉を作成してみましょう。[背景を設定]で画像をそのまま背景に挿入すると、下の図のように画面いっぱいに設定されてしまいます。付箋が写真の上に重なることを避けるなら、また、背景に 2 枚の画像を掲載したいなら、あらかじめ別に背景画像を用意しておく必要があります。

6　写真: https://pxhere.com/ja/photo/1417470?utm_content=shareClip&utm_medium=referral&utm_source=pxhere（以下、同じ写真同様）

簡単に背景画像を作成するポイントは、**[フレーム]を「画像」として保存**してしまうことです。ここでは、この手順を解説します。

STEP 1 [アプリランチャー]から Jamboard を立ち上げます。新規作成は、右下の[+]ボタンから始めます。ファイルに名前を付けたら、[画像を追加]のアイコンから背景に設置したい画像を挿入します。

STEP 2 挿入した画像を選択してマウス操作で大きさ、位置を調整します。

STEP 3 続いて「グラフ」も同様に追加します。

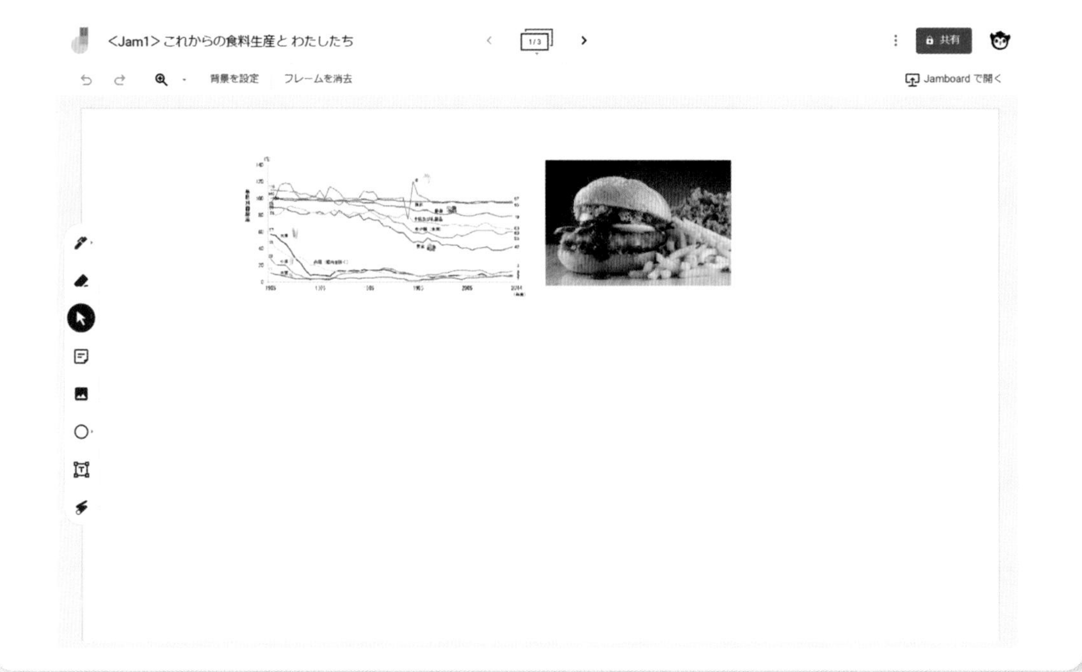

STEP 4 2枚の画像を入れた[フレーム]の見え方が決まったら、画面右上の[その他の操作 ⋮]をクリックし、[フレームを画像として保存]をクリックします。すると、今、表示されている[フレーム]が「画像」データとして保存されます。(「〈Jam1〉 これからの食料生産と わたしたち 1.png」のように、Jam のタイトルが入ったファイル名になります。)

1/1
共有
その他の操作
Jamboard
名前を変更
PDF 形式でダウンロード
フレームを画像として保存
削除
コピーを作成
お困りの場合
Google にフィードバックを送信
変更履歴を表示

STEP 5 もともと[フレーム]に挿入していた画像を二つとも削除し、上部[ツールバー]にある[背景を設定]からクリックし、[画像]から「〈Jam1〉 これからの食料生産と わたしたち 1.png」を選択します。

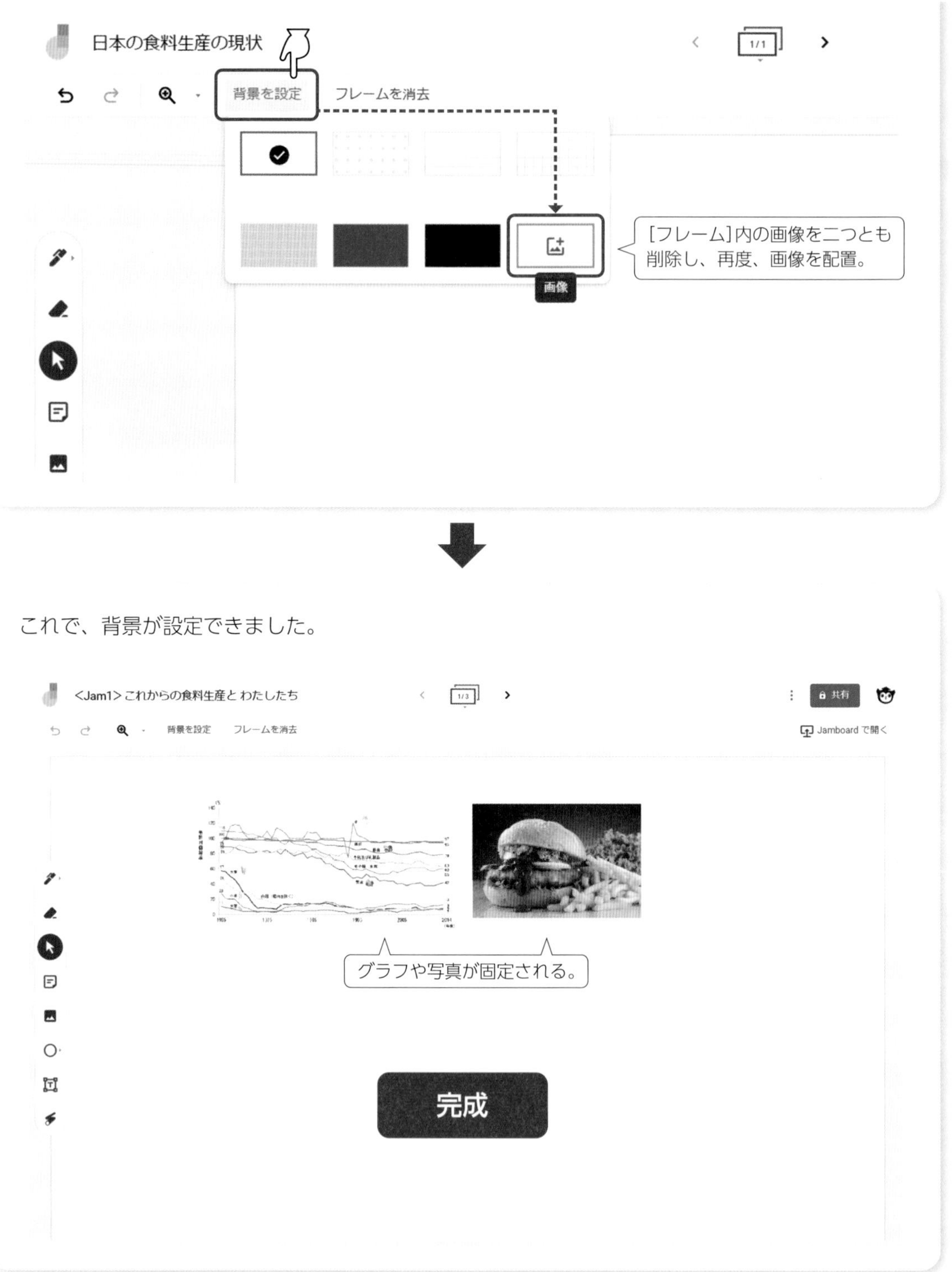

このように設定すると、グラフや写真が固定された状態になります。
背景に設定するものによって、さまざまな活用ができます。
「思考ツール」を背景に設定すれば、グループで考えを整理してまとめる活動に使えます。
白地図やワークシートなどを背景に設定してもいいでしょう。

Google フォーム: 自動採点のテストを作成するには？

フォーム を利用すると、一問一答形式のシンプルなアンケート（または小テスト）はもちろん、選択式や表形式の複雑なアンケート（テスト）まで作成することができます。しかもフォームに回答があれば、直ちに自動で集計、採点をしてくれます。

ここでは、フォーム で第３章にある実践例第５時の単元の終わりに使用する「自動採点の小テスト」を作成する方法をご紹介します。

もっとも手軽に作成する方法は、Classroom の[授業]で[テスト付きの課題]から作成する方法です。始めから Classroom の[クラス]とデータ連携しているので、採点結果が自動的にインポートされます。

① Classroom で「テスト」を作成する

STEP 1 [授業]タブから、[＋作成]＞[テスト付きの課題]をクリックします。

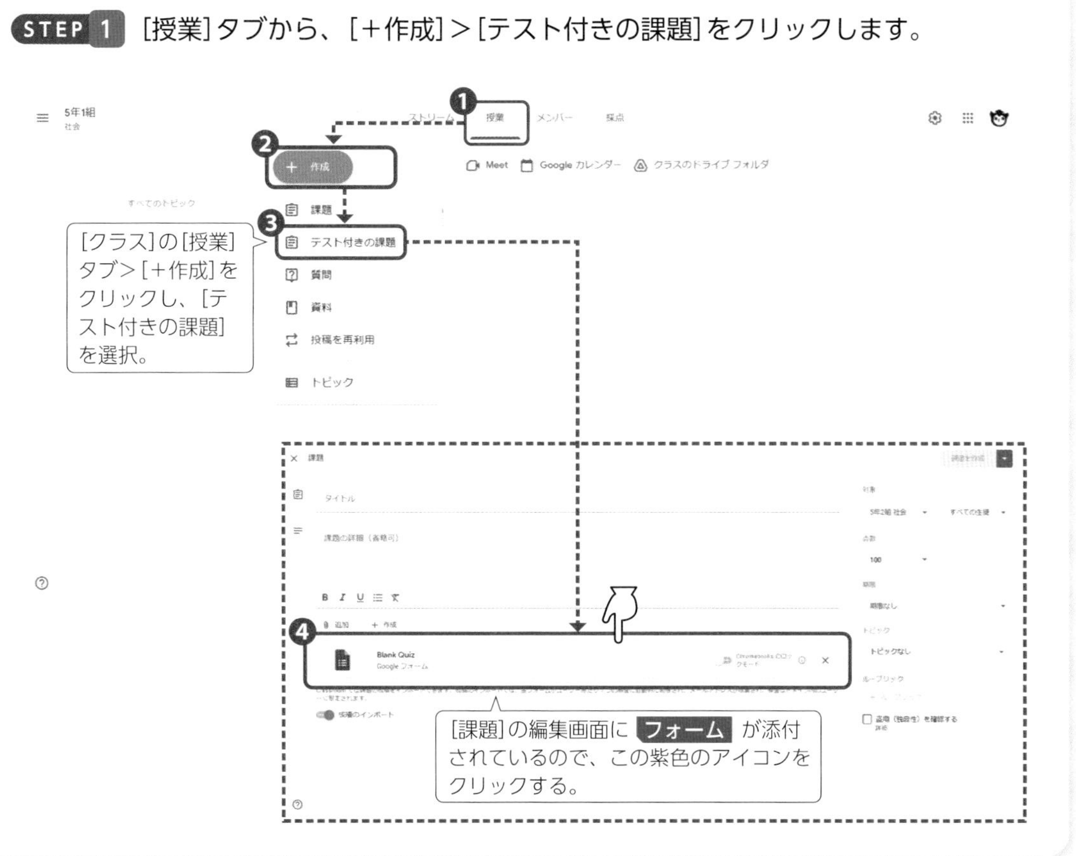

すると、[課題]の編集画面に切り替わります。ここでタイトル等を入力するとともに、添付された フォーム をクリックして、テストを作成していきましょう。

フォーム は Classroom とは別の新しいタブで開きます。[課題]の編集画面を表示するときは、タブで切り替えましょう。

[Blank Quiz]という欄は、日本語では[無題のフォーム]となります。こちらをクリックし、ファイルに名前を付けておきましょう。ここでは、「これからの食料生産について学んだことを確認しよう」と入力します。

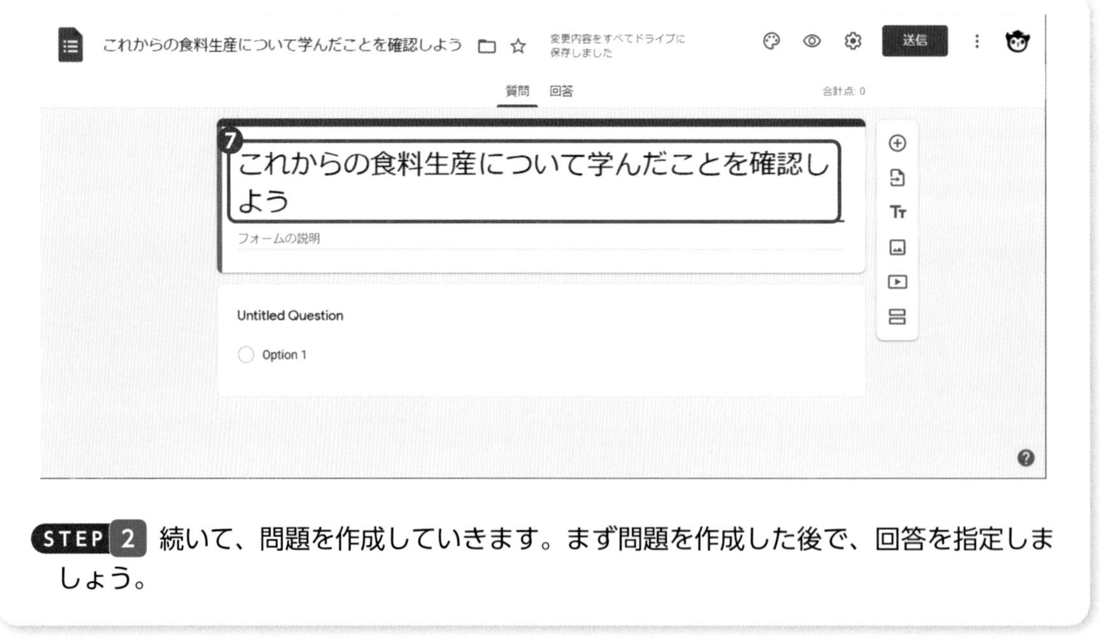

STEP 2 続いて、問題を作成していきます。まず問題を作成した後で、回答を指定しましょう。

フォーム には、以下 11 種類の回答形式が用意されています。特に、選択式の問題は知識の確認には最適です。すぐに正誤が分かり、クラスの得点の平均も出しやすいからです。

回答形式はプルダウン メニューで選択します。択一の場合は、[ラジオボタン]をクリックして選択します。なお、回答形式によっては入力を制限できるオプション設定も用意されています。回答条件を細く指定することもできるので、上手に活用すると採点が効率化します。

回答の種類	特徴	テスト使用に適しているか？	設定可能な入力制限
記述式	短文	◎	回答に特定の言葉または数字が含まれているか、指定可能。 回答の最大文字数や最小文字数を指定可能。
段落	長文	○	回答の最大文字数や最小文字数を指定可能。
ラジオボタン	択一	◎	選択肢の順序をシャッフルする。
チェックボックス	複数選択	◎	選択するチェックボックスの最低個数、選択する最多個数、選択する個数を指定可能。
プルダウン	択一	◎	選択肢の順序をシャッフルする。
ファイルのアップロード	ファイル	◎	
均等目盛	程度	△	
選択式（グリッド）	各行ごとに択一	◎	テストの度に、表示順を変更可能。
チェックボックス（グリッド）	各行ごとに複数選択	△	テストの度に、表示順を変更可能。
日付	日付	△	
時刻	時刻	△	

入力制限とは、入力に条件を加えることができるということです。数字だけを回答してほしい場合、入力制限に「整数の数字」と指定しておくことで、それ以外の回答を受け付けなくできます。

設定は、三点リーダーから行います。[回答の検証]をクリックして、指定します。

同じ設定画面で[説明]をクリックすると、質問に記入例や注意点などの説明を追加することができます。

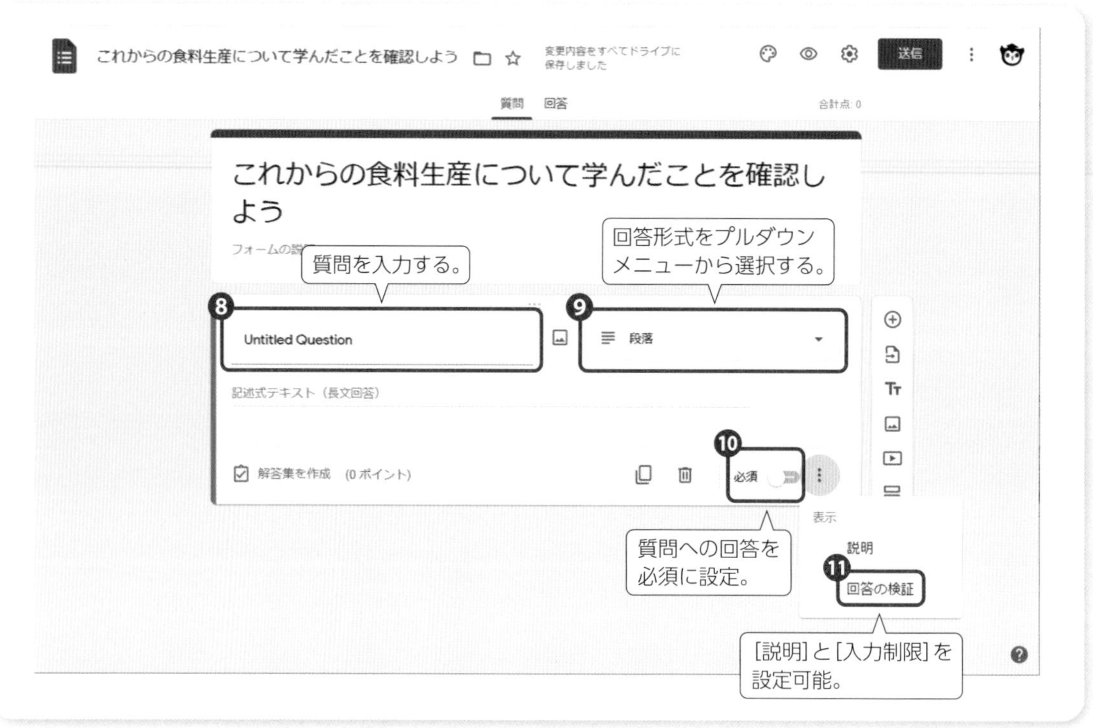

質問や選択肢には、それぞれに画像を追加することも簡単にできます。グラフや写真を追加して、ビジュアルなテストを作成してみましょう。

削除するときは、バツボタンやゴミ箱のアイコンをクリックしてください。選択肢の表示順は、ドラッグ・アンド・ドロップでいつでも移動できます。

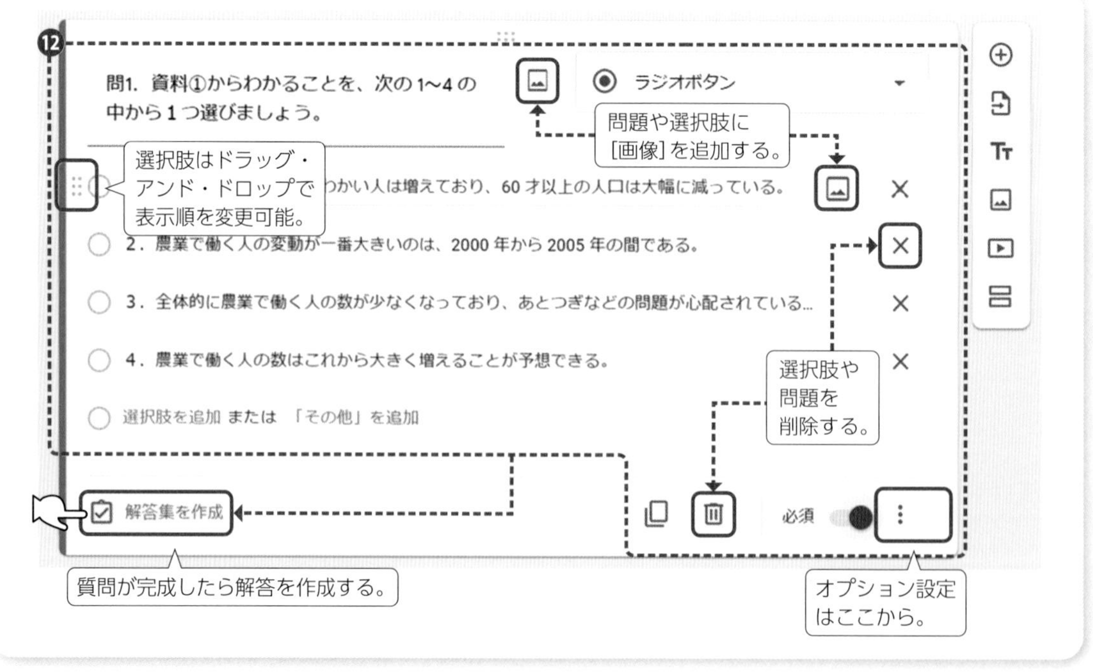

②解答、配点、フィードバックを設定する

一つめの質問が完成したら、[解答集を作成]から解答を作成します。ここで正解を指定し、配点を決めます。

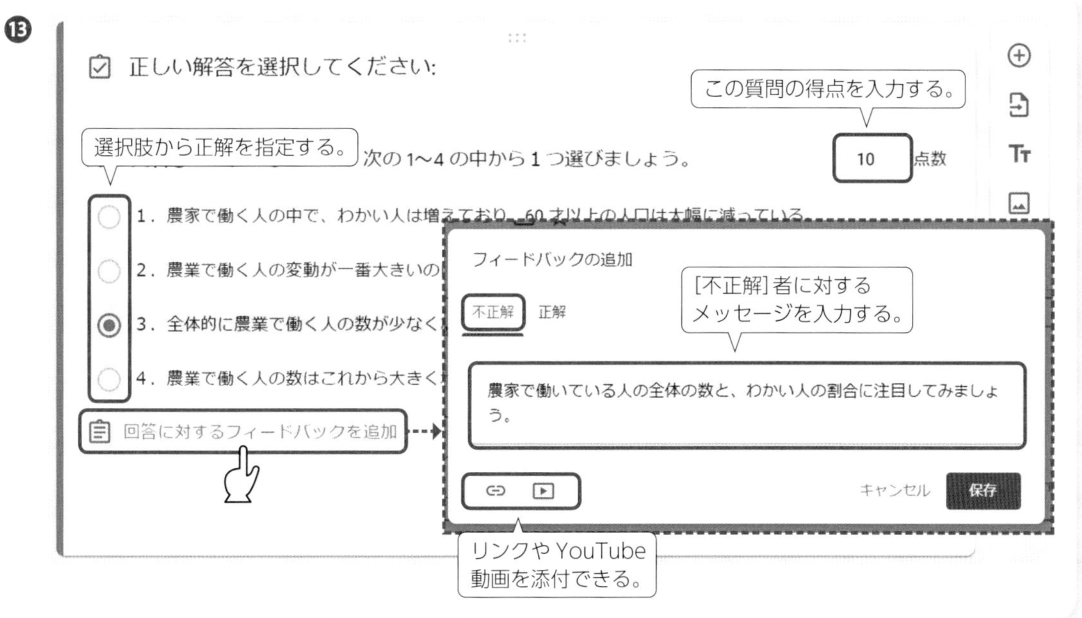

[回答に対するフィードバックを追加]をクリックすると、[不正解]と[正解]それぞれにメッセージとリンクやYouTube動画を添付することができます。

フィードバックで、不正解だった児童生徒に復習しておくべき教材のリンクや動画を追加したり、正解だった児童生徒にステップアップできるコンテンツを追加しておくことで、個別の理解に合わせた学習機会を増やせます。

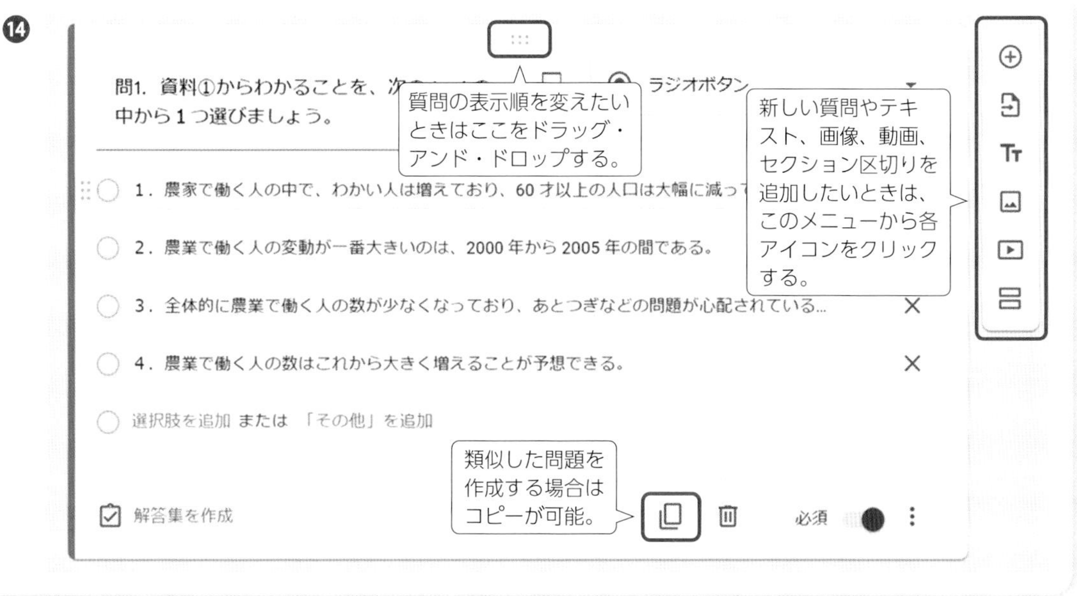

新しい質問や画像、動画を追加したいときは右側のメニューから各アイコンをクリックします。
過去に作成した質問を一部分だけ転用することもできます。

質問がすべて完成したら、この フォーム の全体的な設定を確認していきましょう。画面右上の歯車アイコン（設定）をクリックすると、このフォームへの[回答を 1 回に制限する]ことができます。さらに、児童生徒が回答を送信した後、自分の回答内容を編集したり、他の児童生徒のテキストの回答と概要グラフを閲覧できたりするように、設定することもできます。

p.401 でご紹介した、フォーム から Classroom にテストの成績を読み込む「成績のインポート」には、フォーム で児童生徒のメールアドレスを収集していることが前提となります。
設定画面で[メールアドレスを収集する]にチェックを入れておきましょう。
質問の表示のさせ方や、アンケートとテストの切り替えなどの設定は、[プレゼンテーション]タブや[テスト]タブからできます。
なお、[テスト]タブでは、「成績の表示」のタイミングや、「回答者が表示できる項目」を選択できます。すべての設定の変更が完了したら、[保存]をクリックして設定を保存します。

Google Meet でゲスト ティーチャーに取材するには？

Google Meet は、ビデオ会議ツールです。これを利用して遠隔授業を行ったり、ゲスト ティーチャーからお話を聞いたりすることができます。

Classroom の「教師」は、各[クラス]専用の Google Meet リンクを作成することができます。「教師」と「生徒」はこのリンクを使用して、クラスのビデオ会議に簡単に参加できます。

また、Google Meet は Google カレンダー とも連携しており、日時を指定して、簡単に参加者を招待することができます。

ここでは第3章の実践例第4時にある、あらかじめ JA の方を Google カレンダー から、Google Meet のビデオ会議に招待しておき、ビデオ会議で授業に参加してもらう手順について解説します。もちろん、同様に校外の方とのビデオ会議を設定するときや、校内でつながり合うためのビデオ会議設定でも使える方法です。

① Google カレンダーから、Google Meet に招待する / 参加する

STEP 1 Classroom の[授業]>[Google カレンダー]をクリックする。

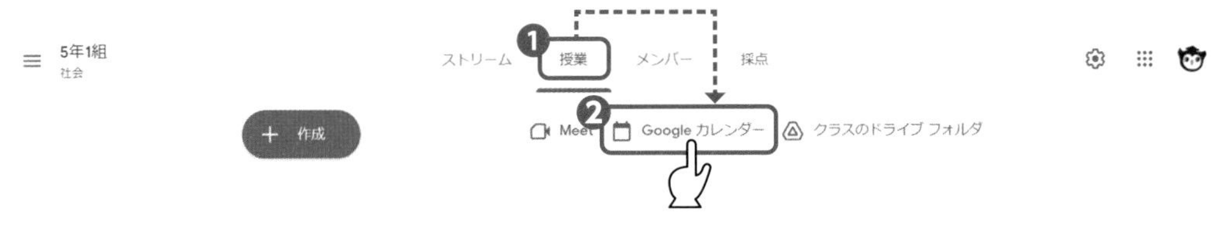

STEP 2 カレンダーの画面で Google Meet を開始する日時にマウスを移動させ、クリックします。すると予定作成画面が別ウィンドウが開きます。まずは予定にタイトルを入れます。

STEP 3 日時を確認し、[Google Meet のビデオ会議を追加]をクリックすると、自動で予定内に Google Meet へのリンクが生成されます。

カレンダー
今日
2021年 9月
12
17
18
JAの方のお話を聞こう
予定にタイトルを入れる。
予定 外出中 タスク リマインダー 予約枠
9月 17日 (金曜日) 午前10:30 – 午前11:30
時間を探す
ゲストを追加
Google Meet のビデオ会議を追加
会議室または場所を追加
説明または添付ファイルを追加
先生フクロウ
Google Meet に参加する
meet.google.com/tjr-jwva-rmy
その他のオプション
保存
自動でリンクが生成される。
2021年 9月
マイカレンダー
先生フクロウ
5年1組 社会
ToDo リスト
リマインダー
他のカレンダー
日本の祝日

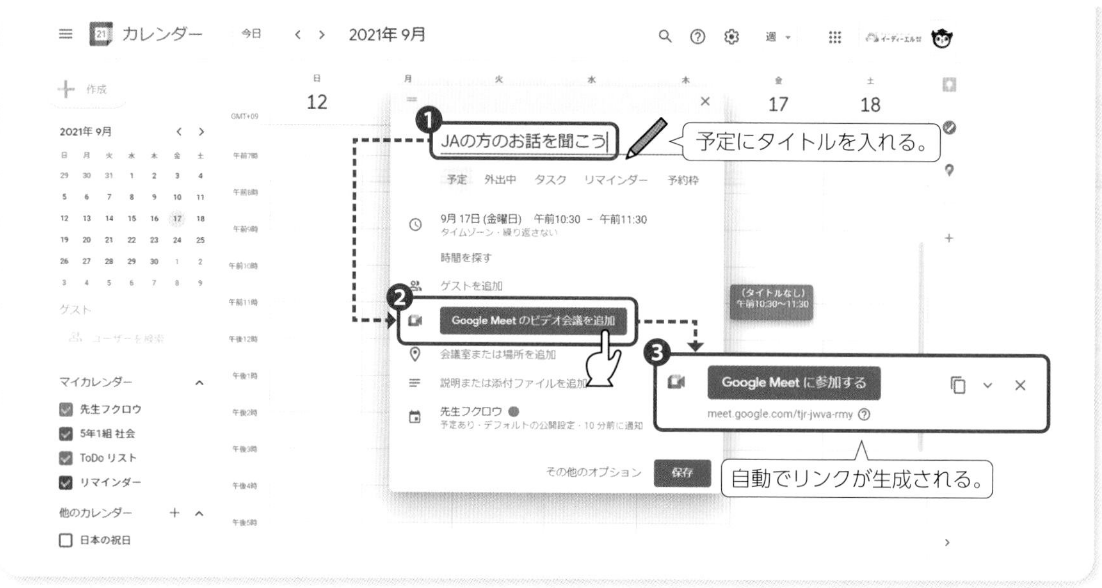

STEP 4 ［ゲストを追加］で、講師の方のメールアドレスを入力し、［保存］をクリックします。招待メールを送る画面が表示されるので［送信］をクリックします。

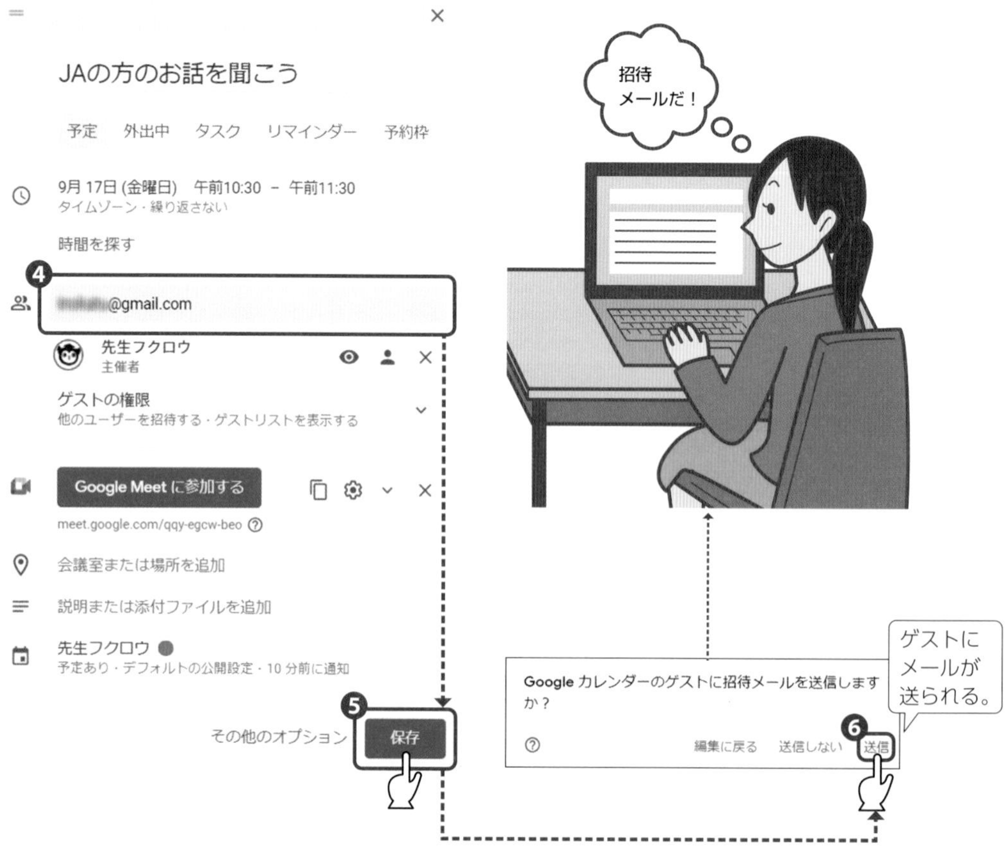

JAの方のお話を聞こう
予定 外出中 タスク リマインダー 予約枠
9月 17日 (金曜日) 午前10:30 – 午前11:30
タイムゾーン・繰り返さない
時間を探す
@gmail.com
先生フクロウ
主催者
ゲストの権限
他のユーザーを招待する・ゲストリストを表示する
Google Meet に参加する
meet.google.com/qqy-egcw-beo
会議室または場所を追加
説明または添付ファイルを追加
先生フクロウ
予定あり・デフォルトの公開設定・10 分前に通知
その他のオプション
保存
招待
メールだ！
Google カレンダーのゲストに招待メールを送信しますか？
編集に戻る
送信しない
送信
ゲストに
メールが
送られる。

STEP 5 ゲストには Google Meet の日時と URL が記された出欠の回答を促す招待メールが届きます。「はい」をクリックするとゲストのカレンダーに予定が入り、「教師」のカレンダーには「出席」として登録されます。

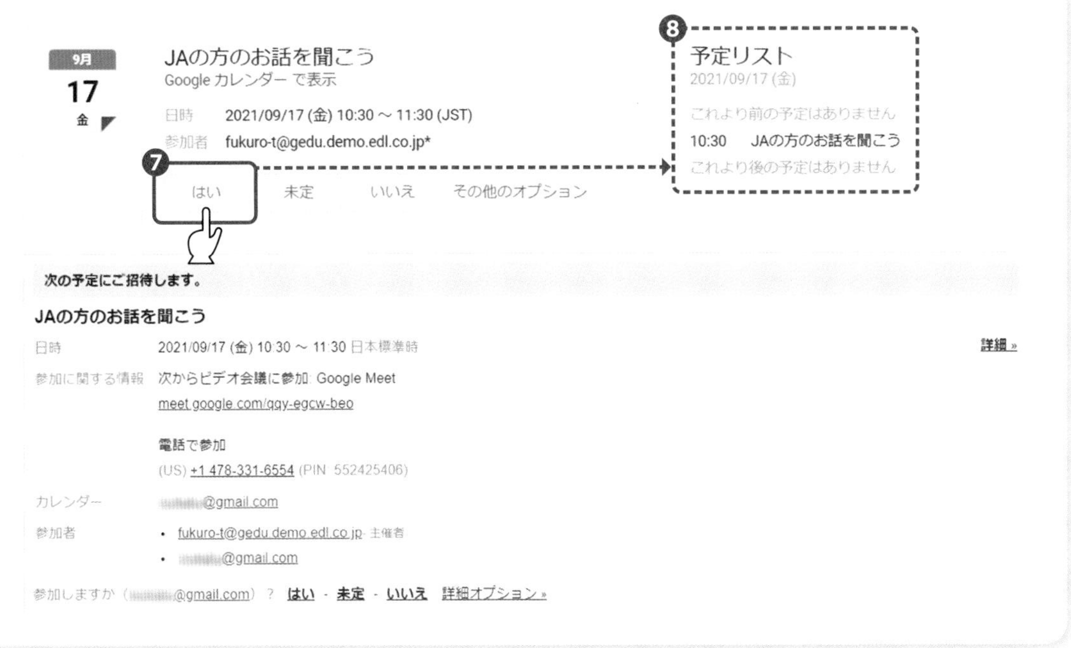

これでビデオ会議の予定が設定されました。次は、当日に会議を始めるための方法を見ていきます。

② Google カレンダー から、Google Meet に参加する

STEP 1 ゲストも「教師」もカレンダーから当日の予定を開き、[Google Meet に参加する] をクリックします。

STEP 2 Google Meet が立ち上がります。[今すぐ参加]をクリックするとビデオ会議のスタートです。

Google Meet に参加する前の画面

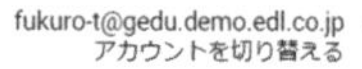

参加の準備は整いましたか？

あなた以外にまだ誰も参加していません

今すぐ参加　画面を共有する

参加（音声には電話を使用）

音声と映像を確認

[会議リンク]のみを伝えて Google Meet に参加いただくこともできます。この場合、「ゲスト」は、[参加をリクエスト]をクリックします。「教師」がそのリクエストを承認すると、ビデオ会議に参加できます。

参加の承認が必要な場合の画面

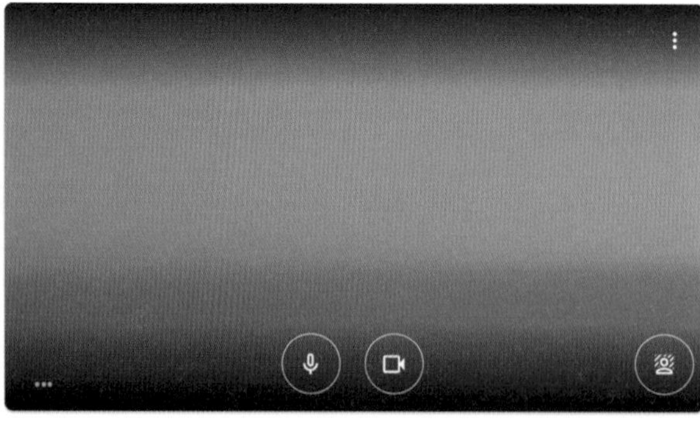

参加の準備は整いましたか？

音声と映像を確認

Google Keep の[メモ]を共同編集するには？

Keep はシンプルなメモアプリですが、実は使い方によってはさまざまな教科で活用できるアプリです。小学校低学年からでも使いやすく、思い付いたことを手軽にメモしたり、写真として残しておいたりすることができるので、ぜひ授業外の日常でも活用してみましょう。

第3章の実践例第4時には、Google Meet を通じて JA の方に取材し、クラス全員で共有された Keep にメモをしていく活動があります。ここでは、その手順について解説します。

STEP 1 [アプリランチャー]から Keep を立ち上げます。画面中央上の[メモを入力]部分をクリックすると、新しいメモが開くのでタイトルを入力します。

STEP 2 クラス全員と共有します。メモの左下にある[共同編集者]マークをクリックし、クラス全体の[グループメール][7] を入力、[保存]をクリックします。

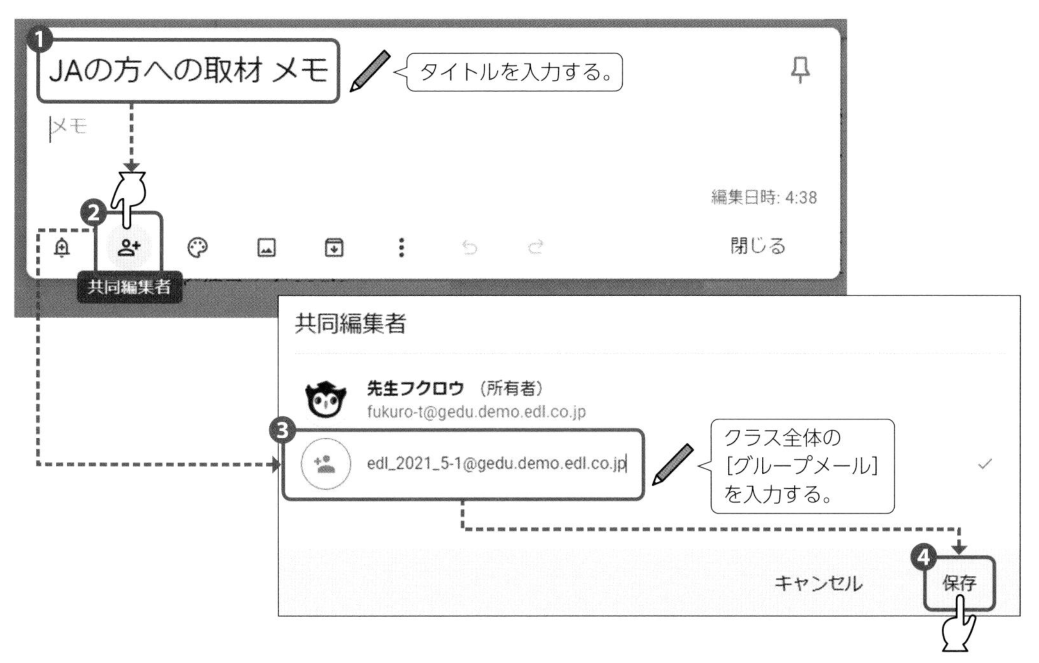

7 [グループメール]を作成する方法については、第5章 p.419 参照。

STEP 3 児童が **Keep** を立ち上げると、次のような画面になります

STEP 4 児童は、この[メモ]にJAの方から伺ったことをメモしていきます。

JAの方への取材メモ

・地域特産のパパイヤメロンの生産農家が減っている。
・地元の農家の人たちは、生産を高めるための工夫だけでなく、味をよくしたり、販売する場所を考えたりしている。
・JA直営の販売所の売上は伸びている。
・パッケージのデザインなどをブランド化して、付加価値を高めるような工夫もある。
・安心、安全を高めるために、地域の農業を大切にすることは重要で、JAでも地産地消の取り組みをすすめている。
・販売所では、生産者の顔がみえる様な工夫もしている。

この[メモ]は、クラス全員がグループメールで共同編集者となっているので、他の児童が入力している内容もリアルタイムで確認できます。

Google ドライブ で最低限知っておくべき知識とは？

ドライブ は、クラウド上にあるファイルの保管場所です。
このアプリの使い方もやはり、始める・つくる・共有するの３ステップです。

始める	つくる	共有する
[アプリランチャー] から ドライブ を開く	ファイルを作成する / アップロードする	ファイルを共有、整理する
[マイドライブ] を表示すると、自分で作成またはアップロードしたファイルやフォルダを見ることができる。	パソコンからファイルをアップロードしたり、ドライブ 内にファイルを作成したりできる。	ファイルやフォルダを「共有」して、他のユーザーが表示、コメント、編集できる。

① Google ドライブ の種類と使い分けを理解する

ドライブ で押さえておきたいのは、**「マイドライブ」「共有ドライブ」「共有アイテム」**の違いです。

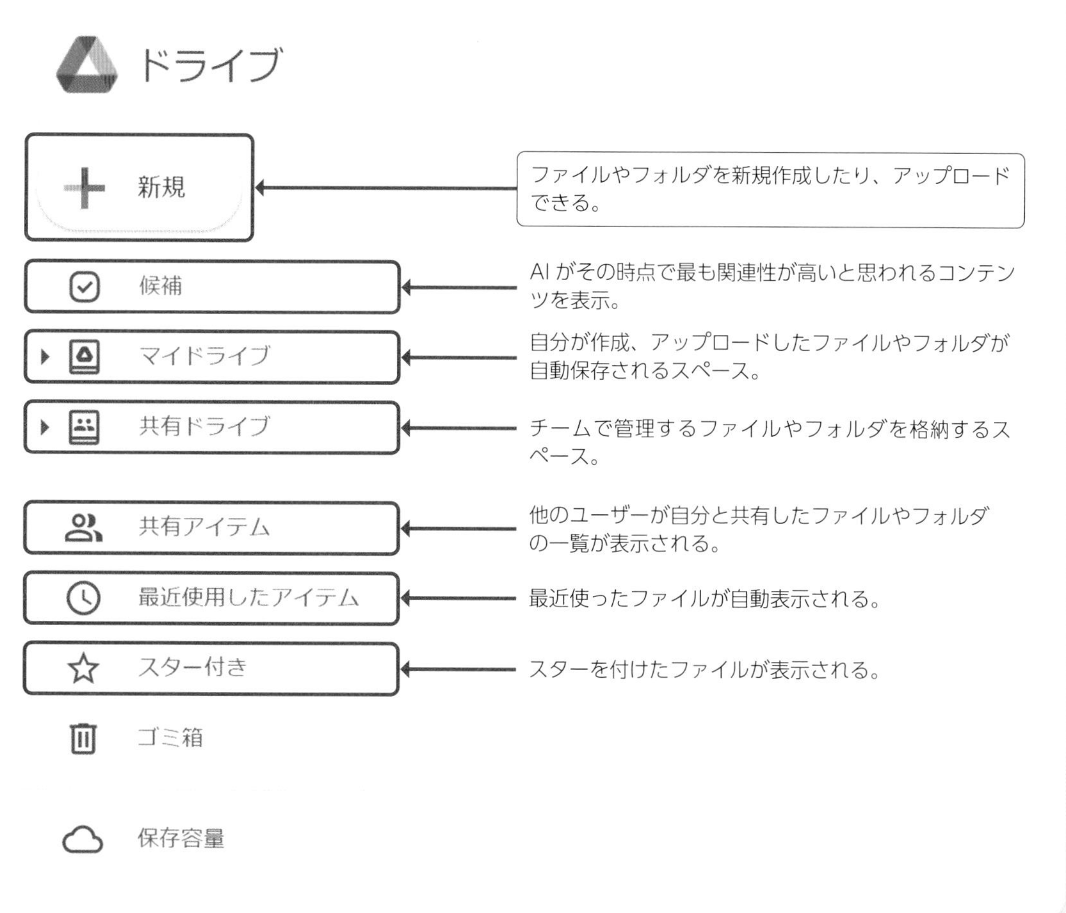

● マイドライブ

あなたが新規で作成したファイルは、すべて自動的に[マイドライブ]に保存されていきます。また、Googleのアプリで作成したファイルのみならず、さまざまなファイル形式のファイルをここに保存しておくことができます。

[マイドライブ]には、[Classroom]というフォルダ内に自分が参加している Classroom の各[クラス]ごとのフォルダが自動で作成されていて、[課題]や[資料]で追加したファイルは自動で保存されます。

● 共有ドライブ[8]

[共有ドライブ]にファイルを格納すると、そのファイルは個人所有から、自動的に「チーム」所有に変更されます。[共有ドライブ]にはいくつでも「チーム」をつくることができ、それぞれにメンバーを指定できます。

[共有ドライブ]のメリットは、[マイドライブ]と異なり、メンバーがチームから去ってもファイルがそのまま残ることです。チームメンバーは、誰が作成したファイルでも引き続き使用することができます。メンバーには**「管理者」「コンテンツ管理者」「投稿者」「閲覧者（コメント可）」「閲覧者」**の五つの権限のうちいずれかを設定できます。

● 共有アイテム

[共有アイテム]とは、**他のユーザーが自分と共有したファイルやフォルダのこと**です。

オーナーが共有制限を変更したり、ファイルを削除した場合は、共有アイテムには表示されなくなります。

8　組織で共有ドライブが作成できる機能が有効になっていないと利用できない。

②ドライブでファイルを検索する

Google Workspace for Education を使い込んでいくと、ドライブ内に大量のファイルが保存されていきます。そこで役に立つのが、「ファイルの検索機能」です。画面上部の「ドライブで検索」のところにキーワードを入力した後、右の ☷ をクリックして検索オプションを指定して検索結果を絞り込むと探し物がすぐに見つかります。

音声入力ってどうやるの？

Chrome ブラウザを使用している場合、**ドキュメント** と、**スライド** の［スピーカーノート］で音声入力をすることができます。

①スライドの［スピーカーノート］に音声入力する

第 3 章の実践例第 2 時の授業の流れ 2 で、［スピーカーノート］に［音声入力］するとありました。「スピーカーノート」とはプレゼンテーションを行う際に、スライドショーで見せる資料の他に、発表者がメモを見ながら発表する際に活用できる機能です。

ここへのメモの入力は、音声入力でもできます。

STEP 1 開いているスライドの下にある、［クリックするとスピーカーノートを追加できます］をクリックします。

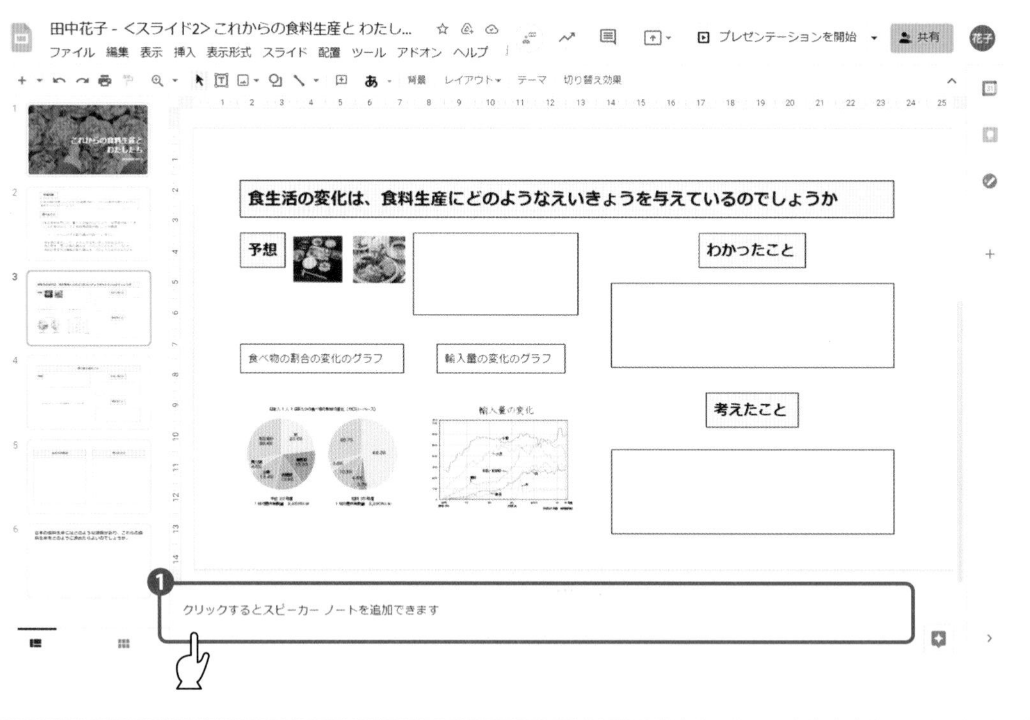

STEP 2 メニューバーの[ツール]＞[スピーカーノートを音声入力]をクリックします。

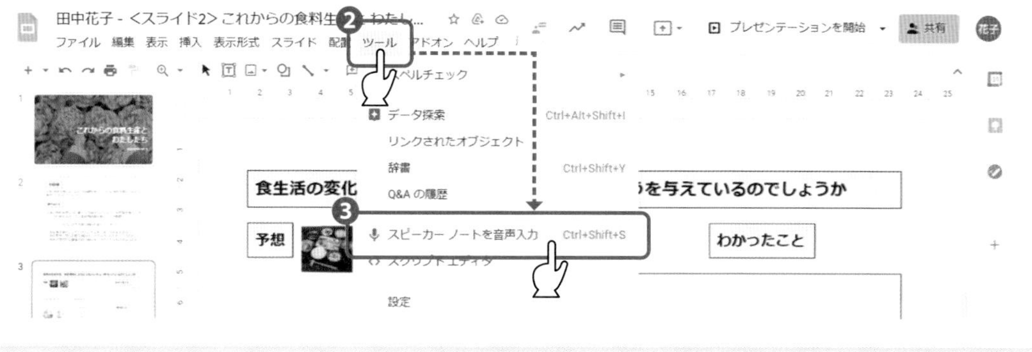

STEP 3 マイクのボックスが表示されます（黒）。話す準備ができたら、マイクをクリックして話します。音声入力が ON の間、マイクの色は「赤」になります。

STEP 4 通常の音量と速度ではっきりと話します。入力し終わったら、マイク（赤）をもう一度クリックします。

②ドキュメントに音声入力する

ドキュメント の場合は、[メニューバー]の[ツール]>[音声入力]でマイクのボックスが表示されます。

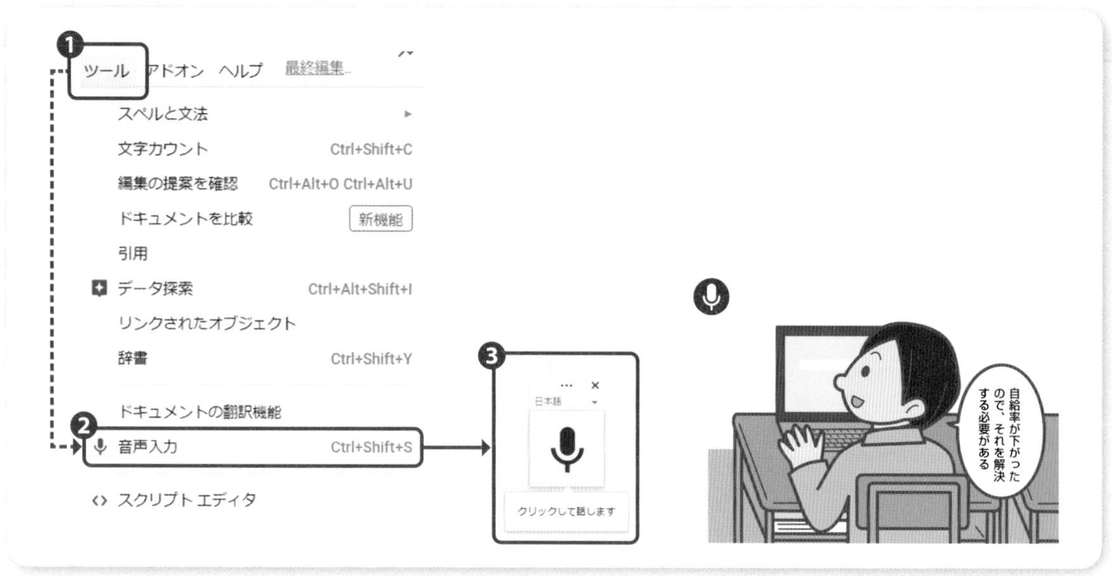

また、Chromebook では、[設定]>[詳細設定]>[ユーザー補助機能]>[キーボードとテキスト入力]で[音声入力を有効にする]の設定を ON にしておけば、アプリに関係なくテキストを入力できる箇所で音声入力が可能となります。

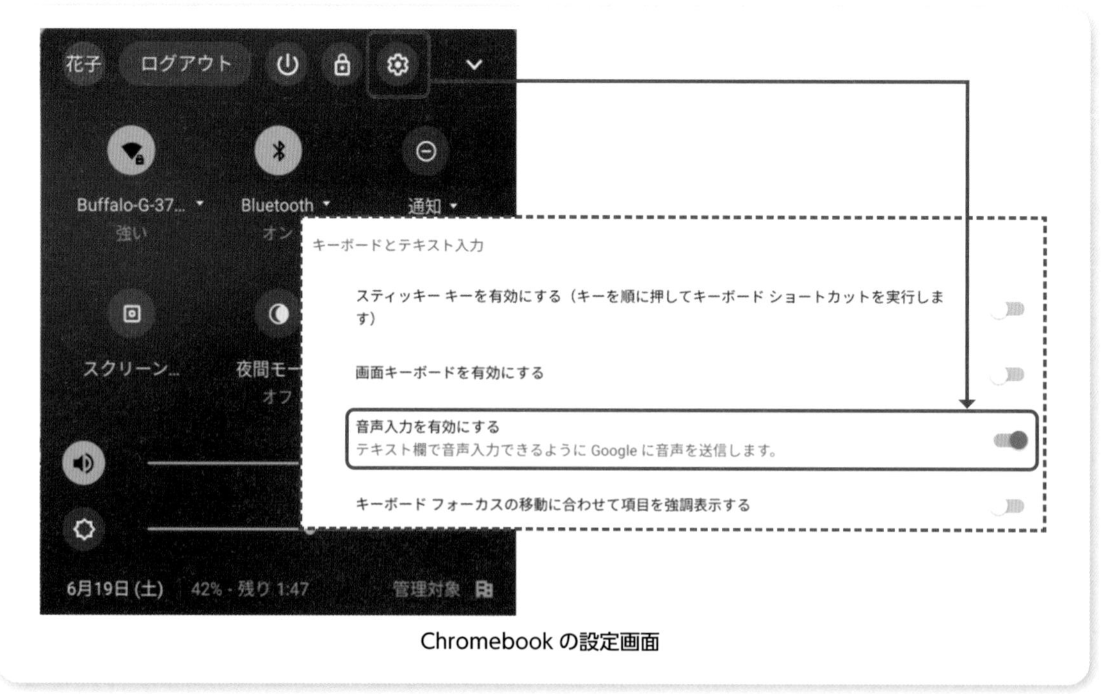

Chromebook の設定画面

安全かつ効率的に共有設定できるグループメールとは？

①グループメールの使い方

グループメールとは、グループごとにメールの送受信を管理する機能です。クラスや学年などチームで特定のグループをつくれば、そのグループごとにメールを共有できます。グループメールは一つのメールをグループ内で共有するもので、その返信も共有できます。そのため、グループ内で情報共有がスムーズに行えます。

Google Workspace for Education で使うグループメールは、Gmail でのメールのやり取りにも使えますが、何より**[共有]を一つのグループメールで指定できる**点が便利です。

ファイルを共有するときに誤った相手を設定してしまうと、無関係の人に情報を誤送信することになります。その点、グループメールで共有すれば、間違えるリスクはなくなり、共有すべきメンバーの抜け漏れもなくなり、スピーディーにストレスゼロで設定できるようになります。

Google Workspace for Education の管理者が一括設定することもできますが、個人でも Google グループ でグループを作成することができます。うまく設定できない場合は、組織の Google Workspace for Education 管理者に確認してください。

② Google グループでグループを作成する

STEP 1 [アプリランチャー]から グループ を立ち上げ、[グループを作成]をクリックします。

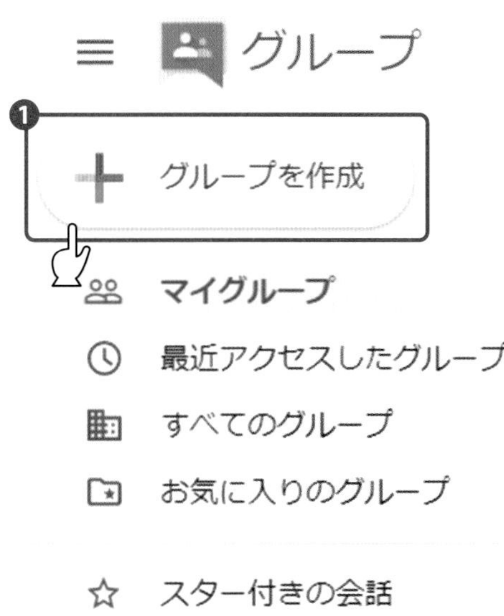

STEP 2 「グループ名」「グループメール」「グループの説明」を入力し、[次へ]をクリックします。

ここで設定する「グループメール」が、グループで使用するメールアドレス（グループアドレス）になります。

STEP 3 「プライバシー設定を選択してください」の画面ではそのまま「次へ」をクリックします。

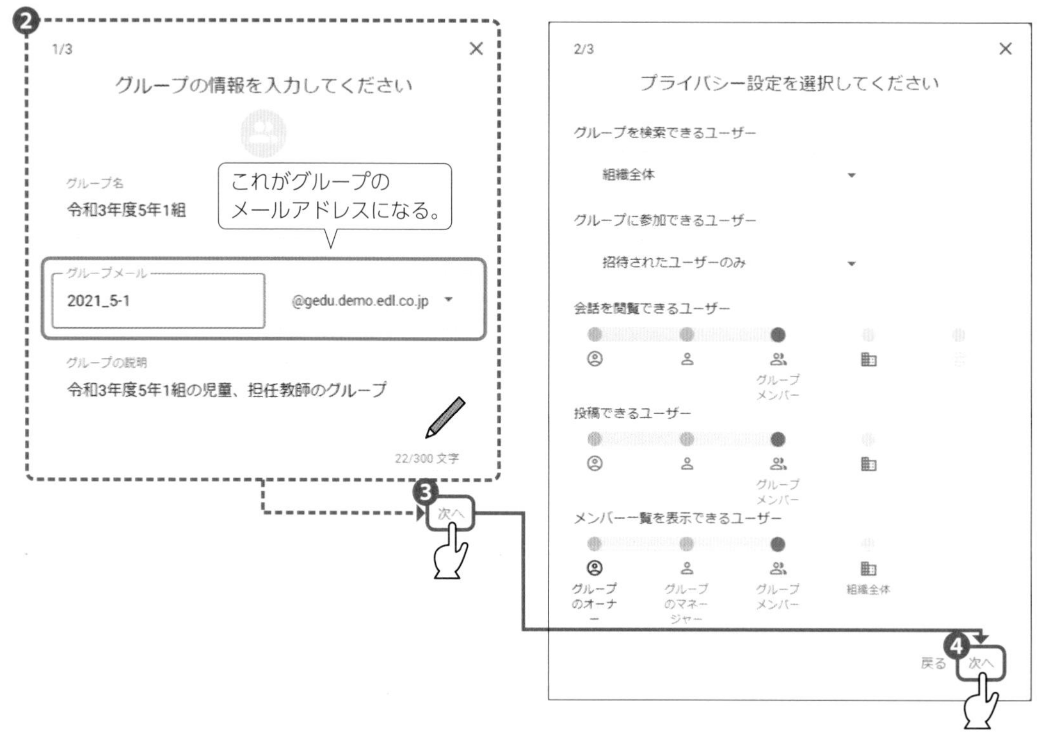

STEP 4 「メンバーを追加」の画面で、「グループメンバー」に、このグループに参加させるメンバーのメールアドレスを入力します。

※メールアドレスの一覧が **スプレッドシート** にまとめてある場合、それをコピーして貼り付けると時短できます。

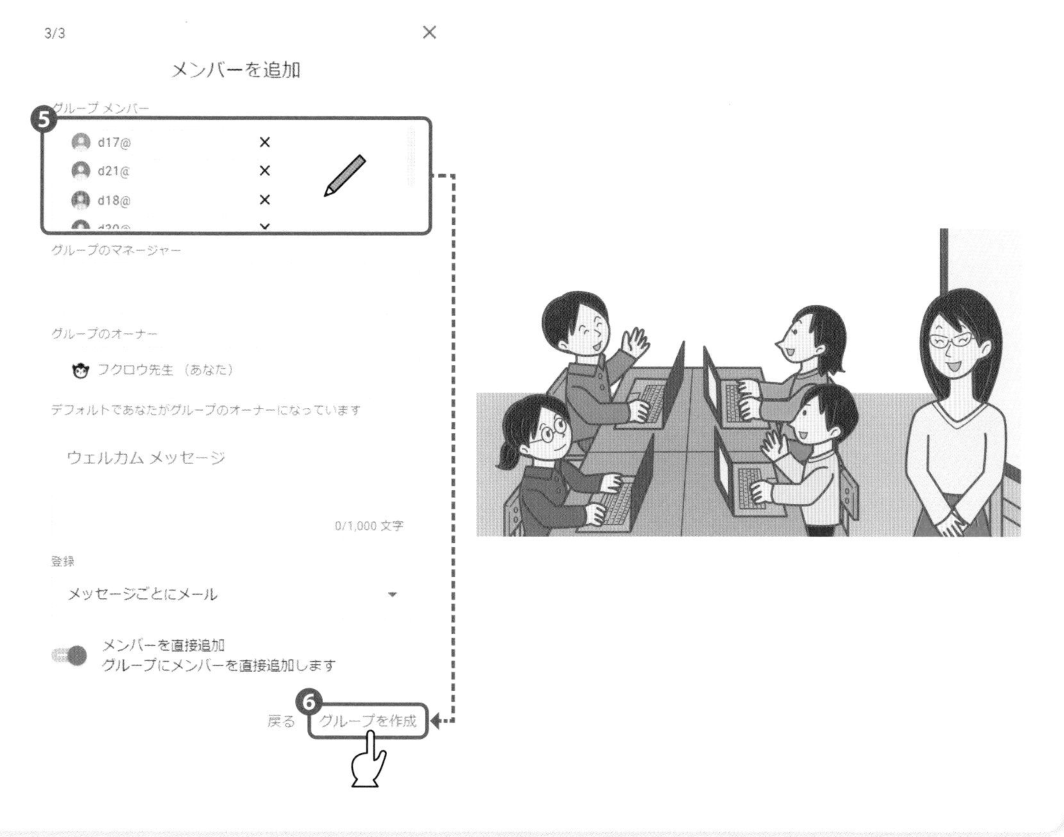

STEP 5 ［グループを作成］をクリックしてグループ作成完了です。
「2021_5-1@gedu.demo.edl.co.jp」がこのグループのメールアドレスとなります。

スライドのデザインを、AI にお任せするには？

スライドを作成しているとき、デザインに悩むことはありませんか？　文字や画像のサイズを変えたり、配置を考えたり、試行錯誤する作業は手間と時間がかかりますよね。この作業、Google の AI が助けてくれます。Google の AI 機能[データ探索]を使えば、一瞬で、見栄えのいいデザインを作成してくれます。

[データ探索]は、**スライド** のほか、**ドキュメント** **スプレッドシート** に搭載されている機能です。アプリごとにできることは異なっていますが、クリック一つで起動できるとても便利な機能です。ぜひ、活用してみてください。

STEP 1 文字や画像を挿入したら、画面右下の[データ探索]ボタン をクリックします。

STEP 2 一瞬で複数のデザインが提案されます。候補から気に入ったデザインを選択すれば、すぐに **スライド** に適用されます。

画像や文字の量が多いと、デザインの提案が表示されないことがあります。

スライドは、1 枚に情報を詰め込みすぎると、注目するポイントが分かりにくく、見づらくなってしまいます。伝えたいことをしっかり伝えるためにも、スライド 1 枚に入れるテキストや画像は適度な量を意識しましょう。

おわりに

「初学者であっても、具体的な活用のイメージがわき、明日からの授業にすぐ取り入れられる Google アプリ活用の指南書。これが、これからの時代、絶対に必要になる！」

コロナ禍直前、2020 年 1 月に開催された Google for Education が主催する教育 ICT ヨーロッパ視察ツアーにて、とある会話から、本書の構想が生まれました。

「初学者でも」「すぐに」Google アプリを「授業で活用できる」。この三つの条件を満たす指南書、あるいはそのための研修とは一体どのようなものか。それは可能なのか。

前代未聞の重要な使命を果たすべく、私なりに暗中模索する日々が始まりました。

最初に浮かんだアイデアは、「Google アプリで作成した教材やワークシートのテンプレートをたくさん作成し、それをヒントとして、先生方にさまざまな場面で転用して使ってもらえばいいのではないか？」というものでした。そこで早速、「教材バンク」として 1,200 のテンプレートを開発、先生方に使ってみていただきました。

すると、活用のイメージは具体的になったものの、あらかじめ想定された場面以外で、そのテンプレートをどう変更して使えばいいのか、イメージを展開させていくこと自体が（初学者にとっては特に）難しいと分かったのです。テンプレートの提供だけでは、そもそもの「なぜ、授業のこの場面でこのアプリなのか？」というアプリ活用の「勘どころ」が腑に落ちない。そんな結果となりました。

次に浮かんだアイデアは「学習指導案」のように、Google 活用を前提として授業デザインした「学習指導・学習支援の計画書」を作成することでした。いきなり「10X 授業の完成形」から入るのではなく、これまで先生方が実践されてきた「授業の流れ」をベースにし、授業の「どこ」で「どのアプリ」を「どう」追加・変更すればいいのか提案できれば、イメージしやすくなると思いついたのです。

しかし、コトはそう簡単ではありません。なにしろ小学校 1 年生から中学校 3 年生までの 9 学年あり、そこから教科・領域に分かれ、教科書も一つではないからです。すべての授業に Google アプリを活用した学習指導案を作成することは、私たちでは実質不可能なことでした。

とはいうものの、「授業のゴール」を真摯に見据えれば、それはアプリの活用ではなく、あくまで「その時間のねらいや目標を達成すること」になるでしょう。**どの場面で、どのアプリを活用すると、学びのゴールを達成するために、どう良く変わるのか。**具体的なメリットを提示して、「基本となる考え方」をこれまでの授業の流れの中で丁寧に解説することができれば、より理解しやすく、応用してもらいやすくなるのではないか。これが、本書の第 2、3 章の内容となりました。

そして、読み手が「迷わずにゴールまでたどり着ける」ことを目指すなら、それは「地図」のようなものをイメージすればいい。あるグーグラーとの会話でヒントを得ました。「地図」がシンプルで分かりやすいのは、記号や読み方の統一ルールがあるからです。

もし、**「Google アプリを使って学びのゴールを目指す地図」**があったとしたら、どんな記号やルールが必要になるでしょうか。イメージしたいのは、今までの授業では実現できなかったことが、アプリを使うことで誰でも簡単にできるようになるということです。そこから**「Google ティーチャーズマップ（GTM）」**が考案されました。

しかし、まだ難問が控えていました。授業に使える Google アプリは一つではなく、数多くあります。そして、アプリは多目的に活用できるため、実は別のアプリを使っても同じゴールを目指すことができます。このことが、初学者にとって複雑に映り、アプリ活用への理解を難しくしていました。

そこで、もっとイメージしやすくなるように、思い切ってアプリごとに理解しようとすることを止め、アプリの持つ「機能」を中心に整理してみることにしました。このインスピレーションが**「10X 授業 10 の型」**の誕生につながったのです。

果たして先生方にとってこの考え方は、現実的に受け入れられるものなのか？

本当にこの方法で、アプリに慣れていなくても、授業デザインが可能になるのか？

この答えを得るためには、現場の先生方のお力がどうしても必要でした。

そこで 2021 年 1 月、これまでのご縁から、本書の執筆陣として、ICT の教育効果について真摯に研究されていらっしゃる渡辺光輝先生、そして文部科学省における情報政策の実務経験もお持ちの松本博幸校長先生にお声がけしました。さらに全国を駆け回って GIGA スクール構想を文字どおり牽引してこられた平井聡一郎先生、山間地域の小規模校ながら地域と現場の力を ICT で引き出し、子どもたちへの成果をハッキリ可視化させた清水洋太郎校長先生、そして青森県在住で、日本はおろかアジアでも初となった Google 認定コーチと Google 認定トレーナーの資格をダブル取得された井上嘉名芽先生に、本プロジェクトへの参加をご快諾いただきました。数千人規模での Chromebook 管理を日本で初めて成功させた井上勝先生には、本書では事務局統括兼執筆者として参画いただきました。

第 1 章から第 3 章までに通底する基本的な考え方は、執筆メンバーがオンライン会議で何度も何度も熱い議論を繰り返し、徐々に無駄なものが削り取られ、より分かりやすく形が整えられて、ついには輝きを放つようになった宝石のようなアイデアです。授業デザインのお手本となる第 4 章の GTM は、先生方全員で分担し、精力を込めて作成いただきました。どの GTM も、今後多くの先生方の力になると確信し、一つでも多くの「ヒント」を提供したいという思いで文章を練り上げてくださいました。

さらに今回、具体的な授業イメージを提示するために、高品質の事例が数多く揃っており、教師に人気のある東洋館出版社「板書シリーズ」が最適と考えていたところ、全面的なご協力のもと GTM を作成できることとなりました。東洋館出版社の錦織圭之介社長には心から感謝申し上げます。

また監修として、筑波大学の樋口直宏教授、横浜国立大学の山本光教授には、毎回目まぐるしく加筆修正される原稿にしっかりと目を通していただき、タイトなスケジュールの中、専門家としてのご意見を頂戴しました。本当に先生方のお知恵とご協力なくして、本書は完成しませんでした。この場を借りて心より御礼申し上げます。そして、Google for Education の皆様。いつも大変お世話になっておりますが、この度もご協力誠にありがとうございました。

この 75 の GTM について、表現や考え方を統合し、より分かりやすい「地図」となるよう、時間との戦いの中、最大限の集中力を持って加筆修正する作業が繰り返されました。本書の編集担当として何度もご調整いただきました近藤智昭さん、編集協力として西村美紀子さん、益子直之さん、真鍋博美さんにご尽力いただき、最大級の感謝をお伝えします。イーディーエルを応援くださる、國持重隆さん、清水章太郎さん、神田秀樹さん、横田伊佐男さん、久保園由美子さん、いつも本当にありがとうございます。

これまでイーディーエルの研修を受講いただいた先生方にも、たくさんの率直なフィードバックをいただき、謹んで感謝の意を表します。現場の先生方の声に私たちはこれからも精一杯応えていきたいと心から思っております。そしていつも支えてくれるイーディーエルの河合恵子さん、小笠原由里さん、島袋海さん、小林佳子さん、高島真由子さん、竹内三輝代さん、トレーナーや社員の皆さん、本当にありがとう！

最後に、ここまで読んでくださったみなさま、ありがとうございます。ぜひ本書を活用して、一人でも多くの先生が、1 日も早く、授業の魅力と成果を 10 倍にし、授業準備の負担を 10 分の 1 にすることができますように。日本の ICT 教育が遅れているなんて、言われない日がすぐに来ると確信しています。「私たちは絶対にできます！」。**さあ、新しい学びを子どもたちと一緒に。ワクワクしながら 10X を実現しましょう！**

GIGA スクール元年 2021 年 7 月

執筆者を代表して　平塚　知真子

監修者・執筆者紹介

[監修者]

平塚　知真子

イーディーエル株式会社代表取締役
早稲田大学第一文学部（教育学専修）卒。筑波大学大学院教育研究科修了（教育学修士）。「Google 認定トレーナー」（個人）及び「Google Cloud Partner Specialization Education」（法人）の 2 つの認定を持つ国内唯一の女性トレーナー経営者。短時間で IT スキルを劇的に引き上げる指導に定評がある。出版社勤務を経て専業主婦になるも、学習欲が高じて大学院に進学。在学中に事業欲が高まり、教育会社を起業し、現在に至る。著書に『Google 式 10X リモート仕事術』（ダイヤモンド社）がある。

樋口　直宏

筑波大学人間系教育学域　教授
筑波大学大学院博士課程・助手の後、立正大学を経て現在に至る。日本義務教育学会副会長、文部科学省学校施設の在り方に関する調査研究協力者会議委員、東京都品川区品川教育検討委員会委員長のほか、茨城県内やつくば市内の学校評議員等を務める。専門は教育方法学であり、特に思考力の育成、授業研究、小中一貫教育に関する研究を中心に取り組んでいる。主な編著書に、『批判的思考指導の理論と実践』（学文社、2013）、『実践に活かす教育課程論・教育の方法と技術論』（学事出版、2020）などがある。

山本　光

横浜国立大学教育学部　教授
大学院では高エネルギー物理を研究し、株式会社野村総合研究所の研究員、横浜国立大学教育人間科学部マルチメディア文化課程の助手、講師、学校教育課程数学教育講座の准教授を経て、現職。大学では、解析学や確率統計およびプログラミングの授業を担当。研究においては、多変量解析や AI などのデータ分析を用いた教育課題についての研究を行っている。その他、横浜市立大学、神奈川県立保健福祉大学にて、情報処理学科目の非常勤講師をしている。2017 年に横浜国立大学ベストティーチャー賞受賞した。

[執筆者]

井上　嘉名芽

東奥義塾高等学校　教諭
弘前大学大学院教育学研究科修了（教育学修士）。青森県庁 県史編さん室 嘱託員を経て東奥義塾高等学校に生物教諭として奉職。学級担任、図書館長、広報渉外部長、教務部長を歴任し、2018 年より情報科主任教諭、2020 年より ICT コーディネーターとして県内外の教育関係機関から ICT 研修会講師を依頼され現在に至る。主な認定資格に Google for Education 認定コーチ・認定トレーナー、Adobe Education Leader 2021、Microsoft Innovative Educator Expert for 2020-2021（MIEE）、ロイロ認定 Teacher 2019・シンキングツールアドバイザーなど。GEG Hirosaki リーダーや LEG Hirosaki 共同リーダーとしても活動している。

井上　勝

八千代松陰中学校・高等学校　元 副校長　　イーディーエル株式会社顧問
筑波大学卒業後、八千代松陰中学校・高等学校に数学科教諭として奉職。2003 年度に高等学校教科「情報」がスタートしてからは情報科を担当。教育情報部主任、教務部長、教頭、副校長を歴任。それぞれの立場で一貫して校務の情報化、教育の情報化、校内ネットワークの構築、インフラ整備に携わる。2016 年勤務校に Google for Education を導入し、運用を統括。定年退職後は同校に引き続き勤務。2020 年 4 月よりイーディーエル株式会社に参画し、現在に至る。

清水 洋太郎

茨城県大子町立生瀬小学校　校長

茨城県の公立小中学校で教諭、小学校教頭、小学校校長として30年間勤務。その間、大子町教育委員会指導主事として6年間、指導室長として2年間、教育行政に携わる。「日本初の『読書のまち』宣言」や「筑波大学との連携・協力推進事業」など、大子町の特色ある教育の推進に関わる。2020年4月に生瀬小学校に校長として赴任し、「未来を幸せに生きる力を育む教育の推進」を理念として掲げ、ICTを活用しコロナ禍に負けない学校経営を進める。2021年度は「Google for Education 事例校」「パナソニック教育財団事例校」「日本生命財団事例校」などの指定を受け、現在も実践的に研究に取り組んでいる。

平井 聡一郎

（株）情報通信総合研究所特別研究員

茨城県の公立小中学校で教諭、中学校教頭、小学校校長として33年間勤務、その間、総和町教委、茨城県教委で指導主事を勤める。古河市教育委員会で参事兼指導課長として、全国初となるセルラー型タブレットとクラウドによるICT機器環境の導入を推進。2018年度より現職。茨城大学非常勤講師、総務省地域情報化アドバイザー、南牧村教育CIO、他自治体や私学のアドバイザー多数、教育関係企業のアドバイザーを務めている。

松本 博幸

千葉県印西市立原山小学校　校長

千葉県公立小学校教諭、印西市教育委員会指導主事、小学校教頭として28年間勤務。その間、情報教育推進に努め、文部科学大臣優秀教職員表彰、千葉県教育功労賞受賞。文部科学省情報教育課情報教育推進係長として、情報活用能力調査や、次世代の教育情報化推進事業（情報活用能力を育成するためのカリキュラム・マネジメントの在り方と授業デザイン【IE-School】、主体的・対話的で深い学びの実現に向けたICT活用の在り方と質的評価【ICT-School】）の4年間業務を経て、現職。文部科学省児童生徒の情報活用能力の把握に関する調査研究企画推進委員、市のICT活用推進委員を努める。Adobe Education Leader としても活動している。

渡辺 光輝

お茶の水女子大学附属中学校　教諭

千葉県公立中学校、千葉大学教育学部附属中学校教諭を経て現職。Google 認定イノベーター（JPN19）、光村図書　中学校国語教科書編集委員、教科書研究センター デジタル教科書に関する調査研究委員会 国語部会委員、GIGAスクール時代のNHK for School 活用研究プロジェクト メンバーを務める。近著に『学びの質を高める！ ICTで変える国語授業―基礎スキル＆活用ガイドブック―』『ICT×国語 GIGAスクールに対応した1人1台端末の授業づくり』（明治図書出版、共著）がある。

第 4 章　板書シリーズ転載一覧（掲載順）

・『板書で見る全単元の授業のすべて　国語　小学校 1 年下』p.48 ～ 49
・『板書で見る全単元の授業のすべて　国語　小学校 2 年下』p.34 ～ 35
・『板書で見る全単元の授業のすべて　国語　小学校 3 年下』p.278 ～ 279
・『板書で見る全単元の授業のすべて　国語　小学校 4 年下』p.46 ～ 47
・『板書で見る全単元の授業のすべて　国語　小学校 5 年上』p.136 ～ 137
・『板書で見る全単元の授業のすべて　国語　小学校 6 年下』p.170 ～ 171
・『板書で見る全単元・全時間の授業のすべて　社会　小学校 3 年』p.54 ～ 55
・『板書で見る全単元・全時間の授業のすべて　社会　小学校 4 年』p.66 ～ 67
・『板書で見る全単元・全時間の授業のすべて　社会　小学校 5 年』p.100 ～ 101 / p.128 ～ 131 / p.134 ～ 137
・『板書で見る全単元・全時間の授業のすべて　社会　小学校 6 年』p.202 ～ 203
・『板書で見る全単元・全時間の授業のすべて　算数　小学校 1 年下』p.72 ～ 73
・『板書で見る全単元・全時間の授業のすべて　算数　小学校 2 年下』p.38 ～ 39 / p.164 ～ 165
・『板書で見る全単元・全時間の授業のすべて　算数　小学校 3 年下』p.60 ～ 61
・『板書で見る全単元・全時間の授業のすべて　算数　小学校 4 年下』p.80 ～ 81
・『板書で見る全単元・全時間の授業のすべて　算数　小学校 5 年下』p.46 ～ 47
・『板書で見る全単元・全時間の授業のすべて　算数　小学校 6 年下』p.82 ～ 83
・『板書で見る全単元・全時間の授業のすべて　理科　小学校 3 年』p.44 ～ 45
・『板書で見る全単元・全時間の授業のすべて　理科　小学校 4 年』p.196 ～ 197
・『板書で見る全単元・全時間の授業のすべて　理科　小学校 5 年』p.34 ～ 35
・『板書で見る全単元・全時間の授業のすべて　理科　小学校 6 年』p.162 ～ 163
・『イラストで見る全単元・全時間の授業のすべて　生活　小学校 1 年』p.80 ～ 81 / p.86 ～ 87
・『イラストで見る全単元・全時間の授業のすべて　生活　小学校 2 年』p.92 ～ 93 / p.152 ～ 153
・『イラストで見る全単元・全時間の授業のすべて　体育　小学校 4 年』p.182 ～ 183
・『イラストで見る全単元・全時間の授業のすべて　体育　小学校 6 年』p.170 ～ 171
・『イラストで見る全単元・全時間の授業のすべて　外国語活動　小学校 3 年』p.102 ～ 103
・『イラストで見る全単元・全時間の授業のすべて　外国語　小学校 6 年』p.60 ～ 61
・『板書で見る全時間の授業のすべて　特別の教科　道徳　小学校低学年』p.112 ～ 113
・『板書で見る全時間の授業のすべて　特別の教科　道徳　小学校中学年』p.134 ～ 135
・『板書で見る全時間の授業のすべて　特別の教科　道徳　小学校高学年』p.86 ～ 87
・『板書で見る全単元・全時間の授業のすべて　理科　中学校 1 年』p.46 ～ 47
・『板書で見る全単元・全時間の授業のすべて　理科　中学校 2 年』p.108 ～ 109
・『板書で見る全単元・全時間の授業のすべて　理科　中学校 3 年』p.138 ～ 139

※画像提供: PIXTA

※本書の内容に関するお問い合わせは、東洋館出版社ホームページの「お問い合わせフォーム」で承ります。

[編集協力]
西村美紀子（千葉県四街道市立四街道小学校）
益子　直之（茨城県大子町教育委員会事務局指導室 指導室長）
真鍋　博美（イーディーエル株式会社）

小学校・中学校
Google Workspace for Education で創る
10X 授業のすべて

2021（令和３）年 ７ 月 30 日　初版第１刷発行
2022（令和４）年 ２ 月 10 日　初版第３刷発行

[監　　修]　イーディーエル株式会社・平塚知真子・樋口直宏・山本 光
[著　　者]　井上嘉名芽・井上 勝・清水洋太郎・平井聡一郎・松本博幸・渡辺光輝
[発 行 者]　錦織 圭之介
[発 行 所]　株式会社　東洋館出版社
〒113-0021　東京都文京区本駒込 5-16-7
営業部　TEL: 03-3823-9206　FAX: 03-3823-9208
編集部　TEL: 03-3823-9207　FAX: 03-3823-9209
振　替　00180-7-96823
U R L　http://www.toyokan.co.jp
[装　　丁]　小口翔平＋畑中茜（tobufune）
[イラスト]　osuzudesign（田中小百合）/ おおたきまりな
[本文デザイン]　藤原印刷株式会社
[印　　刷]　藤原印刷株式会社
[製　　本]　牧製本印刷株式会社

ISBN978-4-491-04525-2　　Printed in Japan